böhlauWien

Jon Mathieu

Geschichte der Alpen 1500–1900
Umwelt, Entwicklung, Gesellschaft

BÖHLAU VERLAG WIEN · KÖLN · WEIMAR

Publiziert mit Unterstützung des Schweizerischen Nationalfonds
zur Förderung der wissenschaftlichen Forschung

Umschlagabbildung: Ferdinand Hodler, Dents du Midi in Wolken, 1913
(Privatbesitz Schweiz; Photo: Schweizerisches Institut für Kunstwissenschaft)

Umschlaggestaltung: Bernhard Kollmann

Die Deutsche Bibliothek – CIP-Einheitsaufnahme
Mathieu, Jon: Geschichte der Alpen 1500–1900 :
Umwelt, Entwicklung, Gesellschaft / Jon Mathieu. –
Wien ; Köln ; Weimar : Böhlau, 1998

ISBN 3-205-98928-7

Das Werk ist urheberrechtlich geschützt. Die dadurch begründeten Rechte,
insbesondere die der Übersetzung, des Nachdruckes, der Entnahme von
Abbildungen, der Funksendung, der Wiedergabe auf photomechanischem oder
ähnlichem Wege und der Speicherung in Datenverarbeitungsanlagen, bleiben,
auch bei nur auszugsweiser Verwertung, vorbehalten.

© 1998 by Böhlau Verlag Ges. m. b. H und Co. KG.,
Wien · Köln · Weimar

Gedruckt auf umweltfreundlichem, chlor- und säurefreiem Papier.

Druck: Manz, Wien

Inhalt

7	Verzeichnis der Karten und Tabellen
9	Vorwort

1 Die Alpen – ein historischer Raum?
(S. 11)

13	Fragen und Forschungsstand
19	Die politische Raumbildung

2 Bevölkerung
(S. 25)

26	Daten und Erhebungsmethoden
35	Langfristige Trends im Vergleich

3 Land- und Alpwirtschaft
(S. 44)

45	Das alpine Intensitätsgefälle
50	Erntehäufigkeit und Erträge
56	Intensivierung von Tierhaltung und Pflanzenbau
64	Technologie

4 Städte
(S. 72)

73	Statistik zur frühen Neuzeit
81	Wachstumsbeschleunigung
85	Wachstumsverzögerung
92	Das 19. Jahrhundert

5 Umwelt und Entwicklung
(S. 98)

99	Eine Zwischenbilanz: differentielles Wachstum
102	Alpen-Umland-Beziehungen
109	Geschichte und ökologische Modelle

129	**6 Zwei Agrarverfassungen (19. Jahrhundert)**
131	Landwirtschaftliche Betriebe
139	Öffentliche Ordnung und Eigentum
145	Erbrecht, kollektive Ressourcen
149	**7 Territorien in der frühen Neuzeit**
151	Savoyen: der Herzog, die Notablen
158	Graubünden: Gemeinden mit Untertanen
166	Kärnten: Herr, Bauer, Knecht
177	**8 Staatsbildung und Gesellschaft**
178	Die europäische Dimension
187	Politik als Differenzierungsfaktor
189	Ländliche Gesellschaften
197	**9 Geschichte der Alpen von 1500 bis 1900**
197	Eine Zusammenfassung
199	Argumente und Ausblick
203	**Anhang**
205	History of the Alps from 1500 to 1900: a summary
208	Tabellen
218	Anmerkungen
242	Bibliographie
247	Register
115	Abbildungen

Verzeichnis der Karten und Tabellen

Karten

0	0.1: Lage der Alpen (Satellitenaufnahme)
15	1.1: Relief der Alpen
21	1.2: Politische Gliederung der Alpen, vor 1790 und 1900
28	2.1: Regionen mit alpinem Flächenanteil von 75 bis 100 Prozent
51	3.1: Landwirtschaftsformen in den Alpen um 1900 nach de Martonne
75	4.1: Städte mit 5000 und mehr Einwohnern in den Alpen und im Umland, 1500
76	4.2: Städte mit 5000 und mehr Einwohnern in den Alpen und im Umland, 1800
87	4.3: Geländeverhältnisse in der Umgebung von Innsbruck, 1928
133	6.1: Landwirtschaftliche Mittel- und Grossbetriebe in alpinen Regionen und Bezirken, 1900
134	6.2: Landwirtschaftliche Dienstboten in alpinen Regionen und Bezirken, 1900
135	6.3: Illegitimitätsquote in alpinen Regionen und Bezirken, 1900
153	7.1: Das Herzogtum Savoyen im späten 18. Jahrhundert
159	7.2: Der Freistaat der Drei Bünde vor 1797
169	7.3: Das Herzogtum Kärnten im späten 18. Jahrhundert
185	8.1: Elemente der Agrarverfassung in den Alpen und im Umland, 18. und 19. Jahrhundert

Tabellen

27	2.1: Angaben zur Gesamtbevölkerung der Alpen, 1500–1900
29	2.2: Bevölkerungsgrösse in alpinen Regionen, 1500–1900
37	2.3: Bevölkerungswachstum und Bevölkerungsdichte in alpinen Regionen 1500–1900
38	2.4: Bevölkerungswachstum und Bevölkerungsdichte in den Alpen und im Umland, 1500–1900
61	3.1: Einführung des Mais- und Kartoffelanbaus in alpinen Regionen, 16.–19. Jahrhundert
77	4.1: Städte mit 5000 und mehr Einwohnern in den Alpen und am Alpenfuss, 1500–1800
91	4.2: Städte und Stadtbevölkerung in den Alpen nach Höhenlage, 1600–1800

93	4.3: Städte und Stadtbevölkerung in den Alpen nach Stadtgrösse, 1800–1900
96	4.4: Städte und Stadtbevölkerung in den Alpen nach Höhenlage, 1800–1900
165	7.1: Haushalt und Familie in Savoyen-Piemont und in Graubünden, 1561–1832
173	7.2: Haushalt und ökonomischer Status in Kärnten und in Graubünden, 1750–1798

Tabellen im Anhang

208	A.1: Agrarquote in alpinen Regionen, 1870 und 1900
210	A.2: Grösse der landwirtschaftlichen Betriebe in alpinen Regionen, 1900
211	A.3: Landwirtschaftliche Arbeitskräfte in alpinen Regionen, 1900
213	A.4: Illegitimitätsquote in alpinen Regionen, 1870 und 1900
214	A.5: Grösse der landwirtschaftlichen Betriebe, landwirtschaftliche Arbeitskräfte und Illegitimitätsquote in alpinen Regionen von Habsburgisch Österreich nach Bezirken, 1870 und 1900
216	A.6: Städte mit 5000 und mehr Einwohnern in den Alpen, 1870 und 1900

Verzeichnis der Abbildungen Seite 115

Vorwort

Zwei Fragen führen uns in diesem Buch durch die Geschichte der Alpen vom Ausgang des Mittelalters bis 1900: Wie gestalteten sich die Beziehungen zwischen Bevölkerungswachstum, Wirtschaftentwicklung und alpiner Umwelt? Und wie wirkten sich politische Faktoren auf die ländliche Verfassung und Gesellschaft aus? Die erste im wesentlichen wirtschaftliche Frage ist Thema der Kapitel 2–5. Die andere, aus dem politisch-gesellschaftlichen Bereich kommt in den Kapiteln 6–8 zur Sprache. Methodisch gehen wir in beiden Teilen davon aus, dass die Geschichte des Alpenraums besser zu verstehen ist, wenn man das umliegende Flachland in die Untersuchung einbezieht. Zum Schluss werden die Resultate und Argumente im Überblick dargestellt. Am Anfang gilt es aber zu erläutern, weshalb sich Historiker überhaupt mit einem Gebiet befassen, das zunächst geographisch bestimmt ist – die Alpen, ein historischer Raum?

»In dieser Entferntheit vom Leben liegt vielleicht das letzte Geheimnis des Eindrucks der Hochalpen«, schrieb Georg Simmel vor bald hundert Jahren über die Empfindungen, welche die Masse, die Gestalt und die Menschenleere des Gebirges hervorrufen können. Der deutsche Kulturphilosoph war bekannt für seine Beobachtungsgabe und Interpretationsfähigkeit. Er verfügte, wie viele Intellektuelle jener reisehungrigen Zeit, über persönliche Bergerfahrung. Mir sind letzte Geheimnisse zu geheimnisvoll. Doch die genannte Distanz und mehr noch die öffentliche Betonung dieser Distanz gehören sicher zu den Gründen für meine anhaltende Unruhe in alpinen Belangen.

Es begann mit der Geschichte eines Tals im Ancien régime, die mich lange in Atem hielt und Seite um Seite füllte. Später kam eine Agrargeschichte hinzu über eine grössere Alpenregion während der frühen Neuzeit. Jetzt stehe ich vor diesem Buch zum 16. bis 19. Jahrhundert, das sich mit dem ganzen Alpenbogen befasst. Eine solche Reise in Zeit und Raum mag zunächst geradlinig, wenn nicht phantasielos anmuten, aus der Nähe aber erscheint sie nur bedingt als Fortsetzungsgeschichte. Viele Themen, die mich in den früheren Untersuchungen beschäftigten, spielen in der vorliegenden Studie keine Rolle. Dafür treten andere, früher beiläufig oder überhaupt nicht behandelte, in den Mittelpunkt. Insgesamt hat sich die Problemstellung auf dem Gang vom Alpental zum Alpenraum oder von der Mikro- zur Makrogeschichte verengt. Die Leser und Leserinnen finden hier keine breit angelegte Schilderung der alpinen Lebenswelt zwischen 1500 und 1900, sondern eine Untersuchung bestimmter Aspekte. Sie wurden allerdings mit Blick auf ihre allgemeine Bedeutung, also auch ihr theoretisches Interesse, ausgewählt.

Dass sich das Buch auf wirtschaftliche und politisch-gesellschaftliche Entwicklungen konzentriert und die kulturellen nur hin und wieder berührt, hängt mit der gewählten

Konzeption zusammen. Als Historiker, der von der Fruchtbarkeit wechselnder Vorgaben überzeugt ist, hielte ich es für abwegig, daraus eine Prinzipienfrage zu machen. Aus sachlichen Gründen werden dagegen einige von der Literatur stark beachtete Themen in eine Nebenrolle verwiesen. So der alpenüberschreitende Verkehr, der aufkommende Tourismus, die zunehmende Erkundung und Erforschung des Gebirges. Was diese an sich faszinierenden Bereiche miteinander verbindet, ist der Umstand, dass sie in der behandelten Periode verhältnismässig wenig Leute betrafen und dass sie aus Sicht des Flachlands wichtiger erscheinen als aus Sicht der Alpenbevölkerung. Einer reinen Innenperspektive will ich damit aber nicht das Wort reden, eine solche könnte den Sinn für die Wirklichkeit ebenso trüben wie die herkömmliche Aussenperspektive.

Eine ganze Reihe von Personen haben mich bei der Arbeit inspiriert und unterstützt, wofür ich ihnen danke: Dionigi Albera, Werner Bätzing, Heinrich Berger, Jean-François Bergier, Ester Boserup, Jean-Pierre Brun, Christoph Brunner, Pierre Dubuis, Hans-Rudolf Egli, René Favier, Paul Guichonnet, Peter Hersche, André Holenstein, Kurt Klein, Franz Mathis, Jakob Messerli, Darja Mihelic, Claude Motte, Arnold Niederer, Anne Radeff, Guglielmo Scaramellini, David J. Siddle, Ferruccio Vendramini und Pier Paolo Viazzo. Dankbar bin ich auch den Studenten und Studentinnen, die sich in Seminaren mündlich oder schriftlich zu den behandelten Fragen äusserten. Niemand von ihnen trägt natürlich die Verantwortung, die sich aus den Äusserungen und Unterlassungen des vorliegenden Texts ergibt.

Ein anderer Dank geht an wissenschaftliche und staatliche Institutionen in den Ländern des Alpengebiets für Hilfeleistungen verschiedenster Art. Sie waren alle wichtig, ich kann hier nur die unschätzbare Stadtbibliothek Burgdorf unter Leitung von Ziga Kump anführen. Der Schweizerische Nationalfonds zur Förderung der wissenschaftlichen Forschung trug einen grossen Teil der Kosten. Den Rest bezahlte wohl die Leidenschaft für intellektuelle Erfahrung bzw. für jene Entferntheit vom Leben, wie sie in Büroräumen und Büchersammlungen vorkommt. Das betraf auch Felicitas, Cla und Luisa, deren Geduld mit dem Gebirge wunschgemäss in anderer Form zu verdanken ist.

1 Die Alpen – ein historischer Raum?

In den Wintermonaten der Jahre 1988/89 kam es zu zwei Begebenheiten, die für die Geschichte, um die es in diesem Buch geht, wichtiger sind, als man zunächst denken könnte. Im November trafen sich die Präsidenten der drei alpenländischen Arbeitsgemeinschaften ALPEN-ADRIA, ARGE ALP und COTRAO in Lugano zu einer Konferenz, die als Beginn von weiteren Zusammenkünften dieser regionalstaatlichen Art gedacht war. Unabhängig davon erklärte der deutsche Umweltminister im Januar, er werde die Kollegen aus allen Staaten mit Alpenanteil zu einer Konferenz nach Berchtesgaden einladen. Das Treffen fand noch im gleichen Jahr statt, am 7. November 1991 unterzeichneten die Minister dann das Rahmenabkommen für eine mittlerweile ausgearbeitete Alpenkonvention. Darin verpflichteten sich die betreffenden Staaten (Deutschland, Frankreich, Italien, Jugoslawien bzw. Slowenien, Liechtenstein, Österreich, Schweiz, später kam Monaco hinzu), zusammen mit der Europäischen Gemeinschaft im Alpenraum eine besondere Umwelt- und Entwicklungspolitik zu betreiben. Das Territorium, auf welchem die Politik Anwendung finden sollte, war im einzelnen abgegrenzt und bildete einen Bestandteil der Konvention. Trotz oder gerade wegen seiner staatlichen Definition lehnte es sich wesentlich enger an geographische Gegebenheiten an als die Territorien der genannten alpenländischen Arbeitsgemeinschaften im Osten, im Zentrum und im Westen des Gebirgsmassivs. Diese umfassten neben den eigentlichen Alpenregionen fast überall noch grosse vorgelagerte Gebiete, zum Beispiel die jugoslawische Republik Kroatien und die ganze französische Region Rhône-Alpes. Doch wie auch immer bestimmt – in den Jahren um 1990 wurde der Alpenbogen erstmals in seiner Geschichte zu einem Raum mit Ansätzen einer gemeinsamen politischen und administrativen Struktur.[1]

Ideelle Vorbedingungen dafür lassen sich in weit zurückreichenden Alpenbildern und Alpendiskursen ausfindig machen, institutionell waren die neuen Strukturen aber ein Produkt der Nachkriegszeit und besonders der Entwicklung nach 1970. Die Organisation, welche den Impuls für die Alpenkonvention gab, die Internationale Alpenschutzkommission CIPRA, war 1952 gegründet worden und bildete einen Ableger der Welt-Naturschutz-Union (1948 auf Initiative der UNESCO ins Leben gerufen). In den 1950er und 1960er Jahren engagierte sich die CIPRA in Fragen des grenzüberschreitenden Naturschutzes, blieb jedoch eine kleine, stark von Einzelpersonen geprägte Vereinigung und stellte die Aktivität schliesslich fast ganz ein. Zu neuem Leben erwachte sie 1974 anlässlich eines internationalen Symposiums in Trento, welches »Die Zukunft der Alpen« zur Diskussion stellte und sowohl Ausdruck wie Mittel eines erweiterten Engagements war. Zwei Jahre zuvor hatte sich, ausgehend von Innsbruck, die Abeitsgemeinschaft Alpenländer ARGE ALP gebildet, die zunächst die Länder Tirol, Vorarlberg und

Salzburg, den Freistaat Bayern, den Kanton Graubünden, die autonome Provinz Bozen-Bolzano und die Region Lombardei, später noch weitere regionalstaatliche Mitglieder umfasste. Mittels Zusammenkünften der Regierungspräsidenten und von hohen Beamten sollte darin ein regelmässiger Austausch über verschiedenste Bereiche des staatlichen Lebens stattfinden. Schon 1973 organisierte die lombardische Regierung im Hinblick auf die Förderung dieser und ähnlicher Initiativen in Mailand einen grossen Kongress über »Die Alpen und Europa«. Nach dem Vorbild der Arbeitsgemeinschaft formierten sich schliesslich 1978 und 1982 die beiden anderen Gemeinschaften, die ALPEN-ADRIA und die Communauté de Travail des Alpes Occidentales COTRAO.[2]

Den historischen Rahmen für diese Aktivitäten gab der europäische Integrationsprozess und die damit verbundene neue Positionierung von nationalstaatlichen Zentren und Grenzregionen. Im Alpenraum mit seiner hohen Grenzdichte trat die Regionalbewegung besonders deutlich hervor, allerdings hatte sie auch einen besonders abstrakten, administrativen Charakter. Welche Berührungspunkte konnten sich etwa zwischen Bürgern und Bürgerinnen des österreichischen Landes Kärnten und der französischen Alpes Maritimes ergeben? In welchem Mass konnte ihr Zugehörigkeitsempfinden angesprochen sein, wenn sich die Präsidenten von weithin unbekannten Arbeitsgemeinschaften trafen? Gewiss, seit den 1970er Jahren kam es auch zu zahlreichen spontanen Initiativen, die mit einem ausgesprochen alpinen Selbstverständnis auftraten. Ausgehend von der Opposition gegen ein Stauseeprojekt wurde es zum Beispiel ab 1987 in Abschnitten des Gebirges gebräuchlich, an einem bestimmten Augustwochenende ein Feuer als Manifestation für den »eigenständigen Kultur- und Lebensraum Alpen« zu entzünden. Und im Sommer 1992 wanderte eine Gruppe von Aktivisten von Wien bis Nizza, um auf gemeinsame Probleme aufmerksam zu machen und alpenweite Kontakte herzustellen. Doch im Vergleich zu anderen Formen und Motiven der politischen Annäherung oder Absetzung, die institutionell gebunden, daher in den einzelnen Gebieten auch sehr unterschiedlich waren, fielen diese Äusserungen wenig ins Gewicht.[3]

Die Wissenschaft bildete von Anfang an ein wesentliches Element der Neuorientierung, teils als eigenständige Kraft, teils als Stütze vorgegebener Ziele. Das Spektrum der beteiligten Disziplinen reichte dabei quer durch die Natur- und Humanwissenschaften, an vorderster Stelle stand aber häufig die Geographie. Sie besass ein altes Interesse an diesem naturräumlich definierten Gebiet und eine stolze Tradition von einschlägigen Monographien. Parallel zur Politisierung des Alpenraums erschien nun eine neue Generation von Übersichtsdarstellungen, welche ihr Engagement öfter im Titel ankündigten, zum Beispiel *Au coeur de l'Europe – les Alpes* (Paul et Germaine Veyret, 1967) oder *Die Alpen. Naturbearbeitung und Umweltzerstörung. Eine geographisch-ökologische Untersuchung* (Werner Bätzing, 1984). Dass ein solcher Blick auf Gegenwartsprobleme und Zukunftsaussichten auch eine spezifische Vorstellung von der Vergangenheit hervorbrachte, unterschied den alpinen Regionalismus nicht von anderen ähnlich gelagerten Bewegungen. Am erwähnten Kongress von Trento, an dem praktisch keine Fachhistoriker teilnahmen, wurde etwa folgende Einleitung in den verabschiedeten Aktionsplan aufgenommen: »Als europäisches Erbe bilden die Alpen eine natürliche, geschichtliche, kulturelle und soziale Einheit von lebenswichtiger Bedeutung. In allen ihren Teilen haben sie eine entscheidende Rolle gespielt, indem sie die grossen Strömungen der Zivilisation trennten, umformten und verbanden. Aber trotz der manchmal schwierigen Beziehungen und Verbindungen zwischen den Völkern und den politischen Systemen hat sich eine eigenständige Alpenkultur herausgebildet, und obgleich die Alpen nie eine politische Einheit gekannt haben, lassen Lebensweise und Tätigkeiten ihrer Bevölkerungen Eigenschaften von auffallender Ähnlichkeit erkennen.«[4]

Die Geschichtswissenschaft kann, wenn sie derart unmissverständlich mit dem Bedürfnis nach einem bestimmten Geschichtsbild konfrontiert wird, auf verschiedene Weise reagieren. Sie kann ihre Autonomie betonen und andere Fragen behandeln, Fragen nämlich, welche sich aus professionellen Traditionen und Diskussionen ergeben. Das ist eine wichtige Strategie: Sie vergrössert den kreativen Spielraum und damit die Fähigkeit der Forschung, für eine mögliche künftige Nachfrage zu arbeiten. Umgekehrt kann unser Fach die gesellschaftlich definierten Problemstellungen gerade aufgreifen, nicht passiv und ohne Distanz, sondern als Chance für Entdeckungen durch eine neue Zusammensetzung von historischer Erfahrung.[5] Das ist die Position, von der ich hier ausgehe.

Fragen und Forschungsstand

Das Buch betrachtet die Geschichte der Alpen vom 16. bis 19. Jahrhundert im Licht je einer Leitfrage wirtschaftlicher und politisch-gesellschaftlicher Art:

(1) Wie gestalteten sich die Beziehungen zwischen Bevölkerungswachstum, Wirtschaftsentwicklung und alpiner Umwelt? Voraussetzung für die Untersuchung dieses ersten Themas ist eine Bestandsaufnahme der demographischen Trends in den verschiedenen Teilen des Gebirgsbogens (Kapitel 2). Auf dem Hintergrund der Bevölkerungsgeschichte wird dann der bedeutende Agrarsektor und anschliessend der kleine, doch in gewisser Hinsicht besonders aufschlussreiche städtische Bereich untersucht (Kapitel 3 und 4). Dabei geht es immer auch um den Einfluss von Umweltfaktoren auf den Gang der Entwicklung, eine Zusammenfassung unter diesem Blickwinkel gibt Kapitel 5. Vorweg sei gesagt, dass ich das demographische Wachstum nicht nur als Ursache von Ressourcenverknappung betrachte, wie dies Studien gerade zum Berggebiet oft tun, sondern auch als Antrieb für Prozesse der Agrarintensivierung und Urbanisierung, also für eine Erweiterung des ökonomischen Potentials. Die Frage lautet, wieweit solche Vorgänge unter alpinen Bedingungen möglich waren. Methodisch können wir sie

nicht abklären, wenn geographische Variablen den Ausgangspunkt der Untersuchung bilden. Zentral muss die tatsächliche Entwicklung sein.

(2) Wie wirkten sich politische Faktoren auf die ländliche Verfassung und Gesellschaft aus? Anders als die erste Problemstellung hebt diese zweite von vornherein auf Unterschiede innerhalb der Bergwelt ab. Sie gründet auf der Beobachtung, dass die grossbäuerlich-feudale Agrarverfassung, welche in den östlichen Teilen der Alpen herrschte, stark von der kleinbäuerlich-kommunalen Agrarverfassung der übrigen Gebiete abwich, was unter allen alpinen Unterschieden wohl der bedeutsamste war. Schon die doppelten Stichworte dieser behelfsmässigen Charakterisierung deuten an, dass man die historischen Bedingungen der jeweiligen Betriebs- und Eigentumsverhältnisse besser unter politischen als unter ökonomischen Gesichtspunkten begreift. Um einen flächendeckenden, statistisch abgestützten Zugang zum Thema zu erhalten, beginnen wir diesmal im 19. Jahrhundert (Kapitel 6). Nachher wird die Entwicklung während der frühen Neuzeit an regionalen Beispielen aus mehreren Gebirgsabschnitten nachgezeichnet und in einer raumzeitlich weiter ausholenden Diskussion nach den Gründen und Folgen der unterschiedlichen Staatsbildung gefragt (Kapitel 7 und 8). Zur Erleichterung der Lektüre enthalten die meisten Kapitel des ersten wie des zweiten Teils zum Schluss eine Rekapitulation von wichtigen Punkten. Einen zusammenfassenden Überblick zu den Ergebnissen der Studie bietet Kapitel 9.

Das Alpengebiet, welches im Zentrum unseres Interesses steht, misst ungefähr 180.000 Quadratkilometer. Auf einer Satellitenaufnahme von Europa zeichnen sich besonders die schneebedeckten Flächen, am östlichen Rand auch die dichten Waldbestände ab. An den hellen und dunklen Stellen erkennt man, wie sich der Gebirgsbogen vom ligurischen Meer im Westen zuerst in nördlicher, dann in östlicher Richtung bis nach Mitteleuropa erstreckt und mit seiner Länge von etwa 1200 Kilometern den italienischen vom nordeuropäischen Raum trennt (vgl. die Aufnahme vorne im Buch). Das Areal liegt zu einem beträchtlichen Teil über 2000 Meter und reicht am Mont Blanc bis auf gut 4800 Meter, ist aber von vielen tiefer und etlichen ganz tief gelegenen Tälern durchzogen. Im westlichen Innenbogen fällt das Gebirge besonders steil zur Ebene ab (vgl. Karte 1.1). Wie viele naturräumlich definierte Gebiete lässt sich das alpine nicht eindeutig abgrenzen. Willkürlich ist vor allem die Grenzziehung gegen die niedrigeren Gebirgszüge des Apennin in Italien und der sogenannten Dinariden in Slowenien, welche in der Karte weggelassen wurden.[6] Auch auf weiten Strecken entlang des Alpenrands ergeben sich bei der morphologischen Abgrenzung kleinere oder grössere Ermessensspielräume. Mit Bezug auf die gesamte Fläche fallen sie allerdings wenig ins Gewicht. Für unser Vorhaben ist eine präzise Definition nur insofern von Bedeutung, als man bei statistischen Erhebungen nicht ohne territoriale Basis auskommt. Ich werde mich dabei auf pragmatische, themenbezogene Weise an zwei geographische Vorschläge halten.[7] In der Geschichtsforschung ist es ebenso wichtig, den Alpenraum ge-

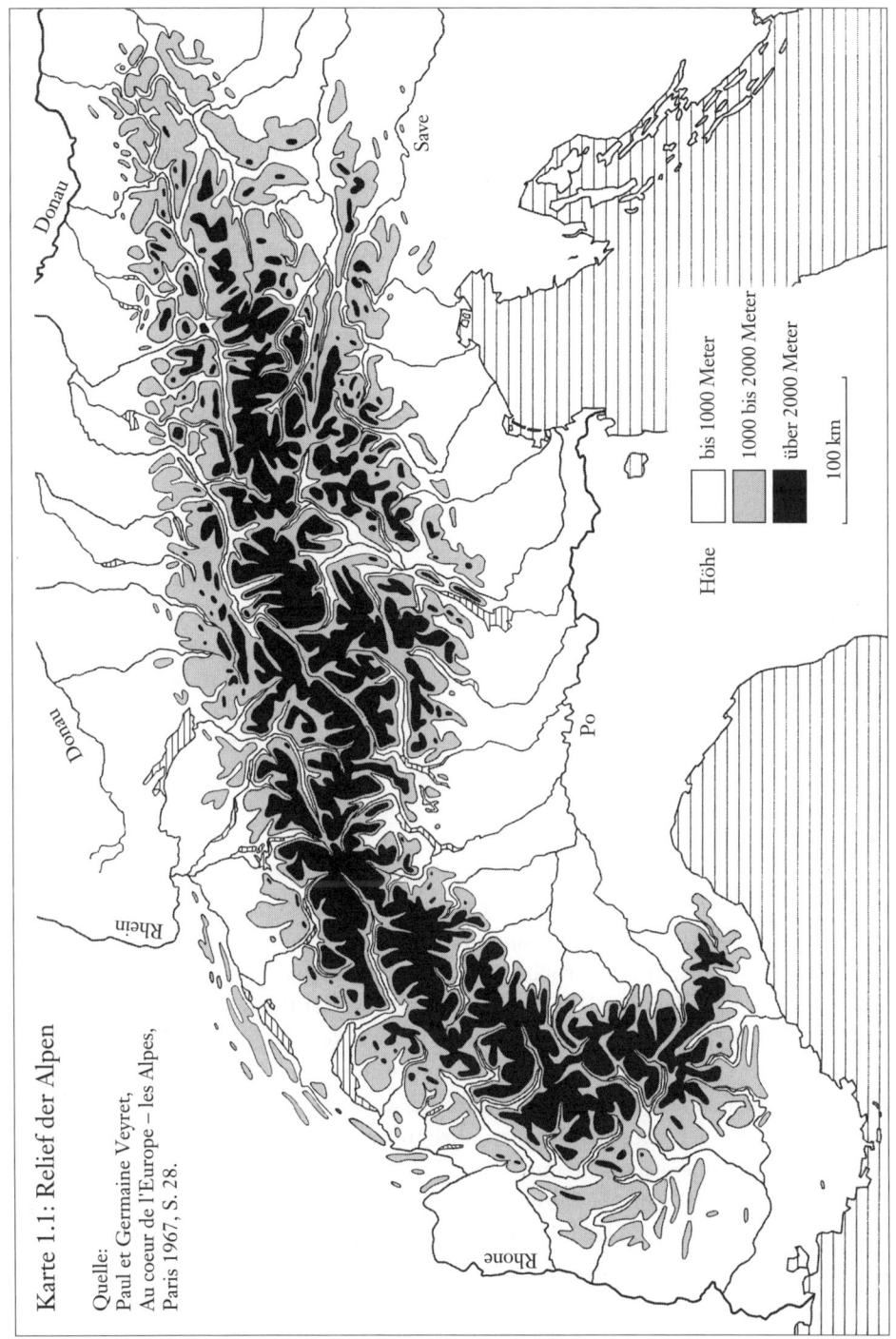

Karte 1.1: Relief der Alpen

Quelle:
Paul et Germaine Veyret,
Au coeur de l'Europe – les Alpes,
Paris 1967, S. 28.

rade *nicht* abzugrenzen, das heisst, die umliegenden Gebiete bewusst als Vergleichsgrössen einzuschliessen und historische Besonderheiten einer systematischen Prüfung zu unterziehen. Die Verhältnisse im Umland gehören daher wiederholt zu den Gegenständen dieser Studie.

Weshalb, so wird man fragen, eine Untersuchung der vier Jahrhunderte zwischen 1500 und 1900? Für die Wahl des Ausgangspunkts waren zwei miteinander verbundene Erscheinungen von Belang: Zu Beginn der Neuzeit erfuhr die Staatsbildung einen starken, von vielen Veränderungen begleiteten Entwicklungsschub. Gleichzeitig verfügen wir ab dem 16. Jahrhundert über wesentlich mehr Daten, nicht zuletzt über solche quantitativer Art, als im Spätmittelalter. Auch für die Fortführung bis um 1900 bildet die Quellenlage mit einen Grund: Im späten 19. Jahrhundert setzte das statistische Zeitalter wirklich ein, so dass vorher schwer dokumentierbare Indikatoren zu Wirtschaft und Gesellschaft auf internationaler Ebene fassbar und vergleichbar werden, was für die Untersuchung eines politisch heterogenen Raums besonders wertvoll ist. Man erhält damit Standards, an denen einzelne historiographische Traditionen gemessen werden können. Die Weiterführung über die frühe Neuzeit hinaus ins industrielle 19. Jahrhundert scheint mir auch insofern nützlich, weil sie keine Zäsur zwischen »traditionellen« und »modernen« Gesellschaften schafft, sondern den Prozesscharakter historischer Entwicklungen betont.[8]

In der gesamtalpinen Geschichtsschreibung, von der gleich die Rede sein wird, gilt unsere Periode nicht selten als Niedergangsperiode. Je nach Ansatz soll die Blütezeit der alpinen Welt mit dem Mittelalter oder erst mit dem 18. Jahrhundert ein Ende gefunden haben. Wir werden uns hier nicht zuvorderst um die Unterscheidung von positiven und negativen Phasen bemühen, wohl aber um einen möglichst breiten, auch statistisch abgestützten Rahmen zur Einordung dieser Argumente und Wertungen.

Die historische Statistik stellt im alpenweiten Umfang eine echte Forschungslücke dar. Die Produktion von quantitativen Angaben ist verbunden mit der Entstehung bestimmter herrschaftlicher und staatlicher Kontrollverfahren und bezieht sich in der Regel auf deren Geltungsbereich. Für die Arbeit in einem Raum wie dem unseren heisst dies, dass eine Vielzahl von Erhebungen zusammengefügt und die entsprechenden methodischen Entscheide gefällt werden müssen.[9] Ausser in diesem quantitativen Bereich, für den auch Primärquellen verwendet werden, beruht die Untersuchung grösstenteils auf der verfügbaren Literatur in ihren verschiedenen Ausprägungen. Der Korpus der regionalen und nationalen Geschichtsschreibung zu den Alpen (und ihrem Umland) erweist sich natürlich für vier Jahrhunderte, selbst in Beschränkung auf einzelne Fragen, als überaus reichhaltig. Vertraut mit der schweizerischen Forschung, war es für mich eine aufregende Erfahrung, historiographische Leistungen in ganz verschiedenen, miteinander wenig bis nicht verbundenen Teilen des Gebirgsbogens kennenzulernen. Nach vielen Lektüren ist mir auch deutlich bewusst, wie weit ich von einer Übersicht entfernt bin, die diesen Namen verdient (was davor warnen mag, sich übertriebene Vorstellungen von den Möglichkeiten einer generalisierenden Studie zu machen).[10]

Recht leicht kann man dagegen die Literatur überblicken, welche die Geschichte des Alpenraums in seiner gesamten Ausdehnung behandelt. Abgesehen von einzelnen Vorläufern entwickelte sie sich parallel zu den erwähnten politisch-kulturellen Bestrebungen, ist also relativ jungen Datums. Drei Werke sind meines Erachtens von besonderer Bedeutung und sollen an dieser Stelle genannt werden.

Zuerst Fernand Braudel. Sein berühmtes, 1949 erschienenes, später überarbeitetes und mehrfach aufgelegtes Werk über *Das Mittelmeer und die mediterrane Welt in der Epoche Philipps II.* befasst sich im ersten Teil mit der Rolle des geographischen Milieus und hat die Forschung zum Berggebiet schon deshalb stark inspiriert, weil es allen anderen vorangestellt ist: »Zuerst die Berge«. Die Gebirgszüge rings um das Mittelmeer werden in diesem anschaulichen, mit Quellenzitaten und vielen Details angereicherten Anfangskapitel von verschiedenen Seiten her geschildert. Die Alpen erhalten dabei eine gewisse Sonderrolle als »aussergewöhnliche Berge« – aussergewöhnlich seien ihre Ressourcen, die kollektiv bewältigten Aufgaben, die Leistungsfähigkeit der Bewohner und die zahlreichen wichtigen Strassen. Mit seinem literarisch gehaltenen Panorama hat Braudel die Forschung in unserem Bereich allerdings nicht nur beflügelt, sondern auch provoziert. Während er nämlich die Gebirgsbevölkerung auf der einen Seite zum historischen Thema macht und damit sein Konzept einer »geographischen Zeit« untermauert, kann er sie bei Gelegenheit wieder aus der Geschichte entlassen: »Gemeinhin bilden die Berge eine Welt abseits der Kulturen, abseits jener Werke, die in den Städten und im Flachland geschaffen werden. Ihre Geschichte besteht darin, keine zu haben, fast immer am Rande der grossen zivilisatorischen Strömungen zu bleiben, obgleich diese nur sehr langsam vorbeiziehen.«[11] In jüngster Zeit sind diese Formulierungen, in denen der Schriftsteller mehr als der Wissenschaftler zu Wort kommt, häufig kritisiert worden, weil sie einen inakzeptablen zentrumsorientierten Begriff von Geschichte implizieren. In ähnliche Richtung zielt die Kritik, dass Braudel das Gebirge von aussen, nicht auch von innen betrachtet und dass er den Einfluss der Umwelt auf die Menschen zu einer Basisvorstellung macht, dem umgekehrten Einfluss der Menschen auf die Umwelt aber keine vergleichbare Aufmerksamkeit schenkt. Braudel selber hat sich schon 1976 im Vorwort zur dritten Auflage von seinem Frühwerk distanziert und auf seine neuen, global gewendeten Untersuchungen hingewiesen. Darin erscheinen die Berggebiete andeutungsweise unter anderen Perspektiven, die in der einschlägigen Forschung allerdings wenig Echo erzeugt haben.[12]

Einen Pionier- und Standardcharakter hat das im Jahre 1980 unter Leitung von Paul Guichonnet erschienene Werk *Histoire et Civilisations des Alpes*. Allein der Umstand, dass die Geschichte und Zivilisation nun ausdrücklich in den Alpen angesiedelt sind, markiert den Abstand zum berühmten Vorläufer. Bei Guichonnet geht es um die Fragen

»Où vont les Alpes?« und »Que faire des Alpes?«, die man, wie in der Einleitung festgehalten, an Europa stellen müsse.¹³ Dazu haben sich zwölf Autoren zusammengefunden, fast die Hälfte von ihnen Historiker. Tatsächlich handelt es sich um das erste Werk, in welchem die Geschichte des Gesamtgebiets von den prähistorischen Anfängen bis in die Gegenwart zur Sprache kommt. Was den hier gewählten Abschnitt angeht, hat die Darstellung eine komplizierte Struktur. Die Periode wird (erstens) von mehreren Beiträgen nach nationalen Arealen und vornehmlich unter politischen Aspekten behandelt. Andere Themen werden (zweitens) in Beiträgen angesprochen, welche die Periode gleichsam von vorne und von hinten beleuchten. Jean-François Bergier schildert die Geschichte des 9. bis 16. Jahrhunderts als einen Zyklus, in dessen Verlauf sich das Alpengebiet von einem geschlossenen (9.–11. Jh.) zu einem offenen Raum (14.–15. Jh.) entwickelt und dann wieder gegen das Umland abgeschlossen habe (15.–16. Jh.).¹⁴ Arnold Niederer gibt einen volkskundlichen Überblick über die »traditionellen«, das heisst bis in die Mitte des 19. Jahrhunderts und vielfach darüber hinaus dominierenden vorindustriellen Wirtschafts- und Kulturformen der Alpen.¹⁵ Drei Autoren beschreiben schliesslich die neuere Entwicklung bis in unsere Tage, für das 19. und frühe 20. Jahrhundert unter dem auf die Marktentwicklung, den Eisenbahnbau, den Tourismus und anderes gemünzten Titel »De l'autarcie à la dépendance«.

Ungefähr zur selben Zeit als die Geographie ihr alpines Engagement verstärkte und die Historiker sich anschickten, den Raum zu entdecken, weckten die Alpen auch das Interesse der internationalen Anthropologie. Nicht zuletzt amerikanische Anthropologen begannen seit den 1960er Jahren mit alpinen Forschungen, die meisten von ihnen in Form von Lokalstudien. Situiert in einem engeren oder weiteren Umfeld und auf einer kürzeren oder längeren Zeitachse, wurden die betreffenden Gemeinden auf Fragen hin untersucht, welche in der jeweiligen Theoriedebatte von besonderer Bedeutung waren. Die 1989 erschienene Arbeit *Upland communities. Environment, population and social structure in the Alps since the sixteenth century* von Pier Paolo Viazzo hat ihren Ursprung ebenfalls in einer Lokalstudie, wendet sich aber zugleich dem ganzen Alpenraum und seiner langfristigen Entwicklung zu. Unter allen genannten Autoren legt Viazzo, entsprechend fachspezifischer Tradition, am meisten Gewicht auf ausdrücklich formulierte und diskutierte Modelle. Sein Hauptinteresse gilt der Weiterführung ökologischer Ansätze der Anthropologie mittels Methoden und Erkenntnissen der historischen Demographie. Dabei wird die Frage zentral, inwiefern man alpine Gemeinden als geschlossene, allein auf ihre lokalen Ressourcen bezogene Systeme betrachten könne. Angesichts der Vielfalt der beobachtbaren Verhältnisse bzw. der zahlreichen Beispiele für offene Systeme mit Migration und anderen Aussenbezügen, so ein Fazit der Studie, sei die Betrachtungsweise weder von der Hand zu weisen noch von generell feststehendem Nutzen: »Much depended on the characteristics of local communal structures, and on their ability to resist economic and political pressure from outside.«¹⁶

Das vorliegende Buch orientiert sich bei seinen Leitfragen und in manchen Ausführungen an anderen, später vermerkten und diskutierten Publikationen. Diese gesamtalpinen Studien bilden aber eine wichtige Grundlage und sind als Referenzgrösse nicht wegzudenken. Am meisten hat mich zweifellos diejenige von Pier Paolo Viazzo beschäftigt. Gerade durch die Nähe treten auch Differenzen klarer hervor. Hier geht es nicht vorrangig um die Geschlossenheit oder Offenheit von kommunalen Systemen, sondern um die in beiden Fällen feststellbare historische Entwicklung. Um ihre wirtschaftlichen Dimensionen zu verstehen, ist es wichtig, demographische Prozesse auch als Faktoren der Veränderung zu betrachten. Um die politisch-gesellschaftlichen Dimensionen zu erfassen, sollten wir den Kommunalbereich nicht von der allgemeinen Formierung staatlicher Macht trennen.

Die politische Raumbildung

Was ist ein historischer Raum? Ein Gebiet mit einem wie auch immer beschaffenen politischen Zusammenhalt oder ein Gebiet, dessen Bevölkerung gewisse Erfahrungen teilt, ohne notwendigerweise Notiz davon zu nehmen, oder einfach ein Gebiet, das von Historikern und Historikerinnen untersucht wird? Je nach Akzentsetzung wird man die Frage, ob es sich bei den Alpen um einen historischen Raum handelt, verschieden beurteilen. Die Tendenz der letzten Jahrzehnte ging dahin, die Strukturierung der Geschichte nach räumlichen Gesichtspunkten als Hypothese statt als vorgegebene Tatsache aufzufassen und eine Vielzahl von möglichen Kriterien zu berücksichtigen. Der staatliche Zusammenhang hat dadurch jene beherrschende Rolle verloren, welche er in der Tradition des historischen Fachs so selbstverständlich besass. Er bleibt jedoch ein wichtiger Aspekt, auch deshalb, weil eine Reihe nichtstaatlicher Bereiche davon beeinflusst wurde. Unser Interesse gilt zunächst nur den Grundlagen für spätere Ausführungen. Dazu dürfte ein knapper Überblick über die Umrisse der politischen Raumbildung im Untersuchungsgebiet samt einigen Vorbemerkungen genügen.

Um 1500 gab es in Europa laut einer Schätzung von Charles Tilly etwa zweihundert unabhängige Staatsgebilde. Vier Jahrhunderte später, kurz vor 1900, zählte man noch deren dreissig. Der zunehmende Umfang der staatsähnlichen oder wirklich staatlich verfassten Gebiete kommt in ihrer rückläufigen Zahl unmissverständlich zum Ausdruck. Ebenso bedeutsam wie die quantitativen waren freilich die qualitativen Veränderungen. Die Gesellschaften unterlagen in der Periode einem Prozess der Territorialisierung und Etatisierung, so dass es fraglich scheint, ob man die Einheiten überhaupt beziffern soll. Ein Antrieb für die seit dem späteren Mittelalter in Gang gekommene Staatsbildung war die Konkurrenz zwischen Herrschaftsträgern; parallel zu anderen Verflechtungserscheinungen nahm die Rivalität während der frühen Neuzeit weiter zu, was sich am deutlichsten im Aufbau stehender Armeen widerspiegelte. Die Finanzierung der steigenden Militärausgaben lieferte einen zusätzlichen Grund zur Akquisition von Territorien wie auch zur Straffung der inneren Kontrolle. Die Fürsten konnten so an Prominenz gewinnen, gleichzeitig stieg der Organisationsgrad von gesellschaftlichen Gruppen und Interessen. Es wurde nun zur Regel, den Hof an einem festen Zentrum niederzulassen, wo sich die wachsende Verwaltung konzentrierte. In föderalistischen Staatswesen, das heisst bei verbündeten Territorien ohne dynastischen Zusammenhang, dauerte die Hauptstadtbildung bis ins 19. Jahrhundert. An der Peripherie entwickelten sich die vagen und vielfach durchbrochenen Grenzen mehr und mehr zu Lineargrenzen, auf welche sich die Macht der entstandenen Nationalstaaten projizierte.[17]

Karte 1.2 zeigt die grösseren, formell selbständigen oder abhängigen Staatsgebilde im Alpenraum und seinem Umland in ihrer ungefähren Ausdehnung vor 1790, zusammen mit den nationalen Grenzen, wie sie sich bis 1900 ausbilden sollten. Die Signaturen markieren auch den Residenz- oder Versammlungsort von Machtträgern. Selbst unter Weglassung der kleinen Herrschaftsgebiete, welche im 18. Jahrhundert noch zahlreich vertreten waren, erweisen sich die Territorien als ausserordentlich verschieden, verschieden in der inneren Struktur und in den äusseren Beziehungen.[18]

• Im Westen des Gebirges: die *Provence* und die *Dauphiné*, entstanden aus Grafschaften, die im 14./15. Jahrhundert an die französische Krone gekommen waren. Die obersten Gerichtshöfe, die Rechnungskammern und die im 17. Jahrhundert auftretenden königlichen Intendanten befanden sich in Aix und in Grenoble. Als »pays d'états« besassen die beiden vom Rhonetal in die Alpen reichenden Provinzen mehr Autonomie als die Kerngebiete Frankreichs, doch nahm die Abhängigkeit zum Zentrum erheblich zu. Mit der Französischen Revolution wurden die Provinzen seit 1790 in acht Departemente unterteilt, die nun die relevanten Verwaltungseinheiten bildeten.

• *Savoyen-Piemont* nördlich und östlich davon. Das Haus Savoyen wurde im 15. Jahrhundert vom Grafen- in den Herzogsrang erhoben und erreichte 1713 die Königswürde. Im Spätmittelalter befand sich der Schwerpunkt nördlich der Alpen mit Zentrumsbildung in Chambéry, auf der Karte als (SP) markiert. Nach einer Besitzvakanz machte Emanuel Philibert 1563 Turin zur Residenzstadt, womit das Piemont zum Kerngebiet wurde. Im 18. Jahrhundert galt Savoyen-Piemont in Europa als moderner Verwaltungsstaat, im 19. Jahrhundert wurde es zum Ausgangspunkt der italienischen Einigungsbewegung. 1860 Abtretung des savoyischen Landesteils an Frankreich.

• Anders als die Stadtrepublik *Genua* erstreckten sich die *Lombardei* und vor allem *Venetien* über weite Alpengebiete. Die Territorialisierung ging im späteren Mittelalter von Städten aus, die sich die ländliche Umgebung als »contado« unterstellten. In der Folge erlagen die kleineren dem Einfluss der Grossstädte und wurden in deren Regionalstaaten integriert. Mailand mit der Lombardei fiel nach den italienischen Kriegen des frühen 16. Jahrhunderts an die spanische Linie des Hauses Habsburg, 1714 an

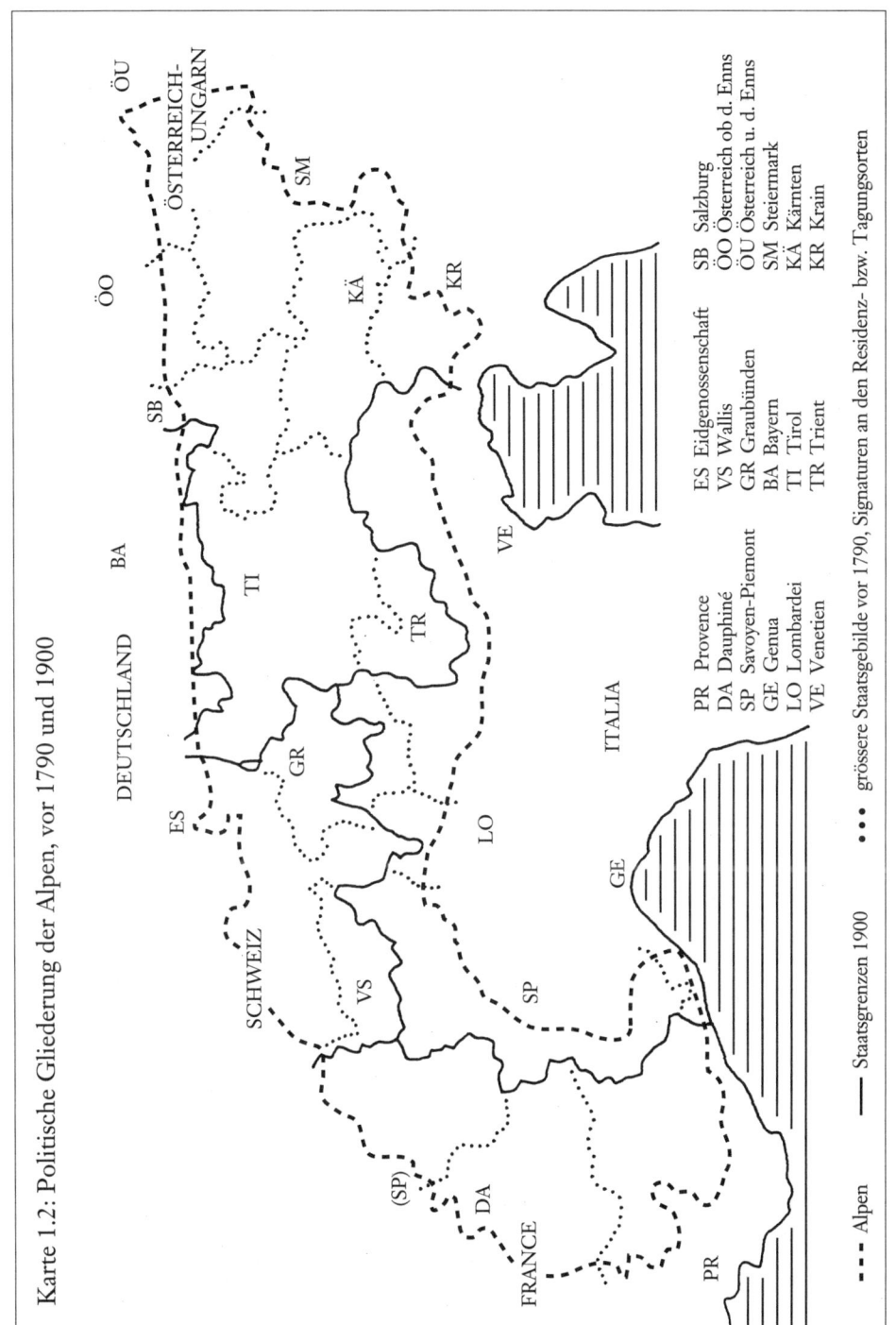

Karte 1.2: Politische Gliederung der Alpen, vor 1790 und 1900

die österreichische. Die Republik Venedig mit ihrem Herrschaftsgebiet auf dem Festland blieb bis 1797 unabhängig. Nach der napoleonischen Periode teilten die beiden Territorien vorerst den Weg unter österreichischer Kontrolle. Einigung Italiens und Verlegung der Macht von Wien nach Rom 1859 bis 1870.
• Die *Eidgenossenschaft* war ein Bündnisgeflecht zwischen dreizehn ländlichen und städtischen Territorien im Berggebiet und Flachland am Rand des Deutschen Reichs. Eine Klammer bildeten die gemeinsamen Untertanenlande nördlich und südlich des Alpenkamms. Die Gesandtenkongresse fanden bis 1798 an kleinen Orten unter Vorsitz von Zürich statt, nachher wechselweise in mehreren Städten. Bei der Gründung des schweizerischen Bundesstaats 1848 einigte man sich auf Bern als Sitz der neuen Institutionen.
• Das *Wallis* und *Graubünden:* zwei Gemeinderepubliken, hervorgegangen aus den Bischofsherrschaften Sion und Chur. Im beginnenden 19. Jahrhundert kamen sie zur Eidgenossenschaft, während sich das südliche Untertanengebiet Graubündens kurz zuvor an die Lombardei anschloss, wo es zur Provinz Sondrio wurde.
• Das Herzogtum und spätere Königreich *Bayern* mit der Residenzstadt München besass einen schmalen Gebirgsstreifen, die beiden geistlichen Staaten der Fürstbischöfe von *Trient (Trento)* und *Salzburg* befanden sich dagegen ganz oder grösstenteils im Alpenraum. Trient war in mancher Beziehung von Tirol abhängig, dem es mehrmals Gebiete abtrat und 1803 einverleibt wurde. Selbständiger und straffer verwaltet war das Territorium des Erzbischofs von Salzburg. Nach der Säkularisation in wechselndem Besitz, wurde es 1849/50 zu einem österreichischen Kronland.
• Schliesslich, aber nicht zuletzt, das mächtige Habsburg. Eine lange Reihe deutscher Kaiser und der Besitz zahlreicher Herrschaftsrechte bezeugten den Erfolg der Dynastie in Europa. Maximilian I. vereinigte im Übergang zur Neuzeit die an verschiedene Linien gefallenen habsburgischen Territorien im Ostalpenraum und seinem Umland. Ein ständiges Zentrum in Wien erhielten diese Herzogtümer und Grafschaften im 16. und 17. Jahrhundert mit Ferdinand I. und seinen Nachfolgern. Von 1564 bis 1619/65 erneute Aufteilung des Hauses Österreich mit Nebenlinien in Graz und in Innsbruck. Wichtig für die Territorialbildung auf der Länderebene waren die Stände, vor allem der Adel, mit hauptsächlichen Tagungs- und Verwaltungsorten in Wien und Linz *(Österreich unter* und *ob der Enns)*, Graz *(Steiermark)*, Klagenfurt *(Kärnten)*, Laibach/Ljubljana *(Krain)*, Innsbruck *(Tirol)*.

Unser geraffter Überblick muss viele Abstufungen und Veränderungen von Herrschafts- und Territorialverhältnissen unberücksichtigt lassen. Ein Resultat würde allerdings auch bei detaillierten Darstellungen ähnlich ausfallen: Die Machtschwerpunkte lagen seit Einsetzen der neuzeitlichen Staatsbildung im späteren Mittelalter zum grossen Teil am Rand oder ausserhalb des Alpenraums. Von den achtzehn auf Karte 1.3 unterschiedenen Staatsgebilden des Gebirges bzw. mit Gebirgsanteilen hatten zwei

Drittel ihren Residenz- oder Tagungsort nicht im Berggebiet. Einige der sechs verzeichneten alpinen »Zentralorte« waren zudem, wie eben angedeutet, mehr oder weniger von anderen abhängig. Das gilt für die zeitweilige Residenzstadt Innsbruck ebenso wie für Grenoble, die Kapitale der Dauphiné. Wenn man von den Beziehungen zum französischen Königshaus absieht, bildete der letztere Ort eine interessante Anomalie auf der politischen Landkarte. Es handelte sich um den einzigen klaren Fall, wo eine Landschaft, welche sich über Alpen- und Umlandgebiete erstreckte, einen Mittelpunkt innerhalb der Gebirgskette besass. Dass sich Grenoble in der Konkurrenz mit den Städten im Rhonetal durchsetzte, wird uns weiter unten beschäftigen, denn es hatte seine Auswirkungen auf die Urbanisierung.[19]

Die andere Seite dieser Machtferne war ein relativ hohes Mass an regionaler und lokaler Autonomie. Beispiele dafür finden sich in weiten Teilen des Alpenbogens, vom Westen bis in den Osten, am Südabhang wie auf der Nordseite. Der formell deutlichste und daher am häufigsten genannte Fall bildet das Berggebiet der nachmaligen Schweiz. Man sollte allerdings nicht übersehen, dass ein beträchtlicher Teil dieses Gebiets in der frühen Neuzeit einen Untertanenstatus hatte und mit Herrschaftsträgern aus städtischen oder ländlichen Orten beschickt wurde. Die Autonomie konnte aber tatsächlich weit gehen. Die fünf kleinen, ganz im Alpenraum liegenden und als Vollmitglieder zur Eidgenossenschaft gehörigen Territorien waren in vielen Belangen souverän. Der Zusammenhang zum grösseren Staatsgebilde wurde nur mittels Gesandtenkongressen hergestellt. Mindestens ebenso ausgeprägt war der lokalistische Charakter in Graubünden, das sich aus drei Bünden bzw. einem halben Hundert Gerichten oder Grossgemeinden zusammensetzte. Auch hier kam es übrigens vor dem 19. Jahrhundert nicht zu einer eindeutigen Zentrumsbildung. Die Versammlungen der Ratsboten fanden ausser in Chur wechselweise an zwei weiteren Orten statt.[20]

Die zunehmende Verflechtung, die intensivere Verwaltung und der um sich greifende Nationalismus des 18. und vor allem des 19. Jahrhunderts hatten für die Berggebiete zwei Folgen. Sie verringerten die Distanz zu den Machtzentren des Umlands und vergrösserten gleichzeitig die Abhängigkeit von ihnen. Am anschaulichsten lässt sich dieser doppelte Prozess an den Grenzverhältnissen nachvollziehen. Die Nationalisierung der Alpen war einerseits ein Öffnungsvorgang, in dessen Verlauf zahlreiche lokale und regionale Schranken an Bedeutung einbüssten, und zwar in allen Bereichen, ökonomisch, sozial, politisch und nicht zuletzt kulturell. Die kleineren Territorien öffneten sich damit weiteren staatlichen Räumen. Andererseits wurden die Grenzen zwischen den entstehenden Nationalstaaten nun zu Barrieren von bis anhin unbekannter Höhe, unterbaut mit geradezu mystischen Gemeinschaftsideologien und mit einer zunehmenden, bis 1900 weitgediehenen Militarisierung.[21] Besonders früh setzte die Militarisierung an den Grenzen zwischen den vergleichsweise zentralistischen Staaten in den Westalpen ein. Schon seit dem späten 16. und dezidiert dann im 18. Jahrhundert begann Frankreich mit der Anlage eines weitläufigen gegen Savoyen-Piemont gerichteten Fortifikationssystems. Die Westalpen waren in der Untersuchungsperiode auch der Ort von besonders häufigen und wichtigen Grenzverschiebungen. Eine Talschaft wie die Ubaye in den heutigen Alpes-de-Haute-Provence konnte während der frühen Neuzeit fünfmal die Staatszugehörigkeit wechseln, was mit fortschreitender Etatisierung immer folgenreicher wurde. Und im 19. Jahrhundert kam es zur genannten grossen Gebietsabtretung von Savoyen an Frankreich, womit sich die »natürliche Grenze« auf den Alpenkämmen durchsetzte.[22]

Diese alte, aber zunehmend deutlich vorgetragene Theorie der »natürlichen Grenzen« verwandelte die Geographie in ein Argument und entsprang nur allzu offensichtlich den Erfordernissen der praktischen Politik, deren Ziele und Resultate der Legitimation bedurften. Für die Staaten, welche im späten 19. Jahrhundert über die Alpen hinwegreichten, wie die schweizerische Eidgenossenschaft und das österreichische Kronland Tirol, war sie nicht ungefährlich. Doch alsbald stellte sich mit der Rede von den »Passstaaten« eine Gegentheorie ein, welche mit Rekurs auf die Geschichte behauptete, die Staatsbildung im Alpenraum richte sich speziell nach wichtigen Passrouten und verbinde damit Gebiete diesseits und jenseits unwirtlicher Übergänge.[23] Die schärfsten Formen nahm der Kampf um das Innere des Gebirges in Tirol an, wo die Ansprüche der italienischen Irredenta auf die österreichische und deutsch-nationale Front stiessen. Im Jahre 1919 wurde das Land am Brenner geteilt: Das deutschsprachige Südtirol und das italienischsprachige Trentino, früher und von der anderen Seite Welschtirol genannt, kamen an Italien.[24] Gut fünfzig Jahre später ging von der historischen Hauptstadt Innsbruck in Nordtirol der Impuls aus zur Gründung der Arbeitsgemeinschaft Alpenländer ARGE ALP. Zusammen mit weiteren Regionen schlossen sich Südtirol und bald auch das Trentino an. Die ARGE ALP war ihrerseits, wie eingangs erwähnt, die erste grössere Institution der alpinen Regionalbewegung.

Doch in diesem Buch untersuchen wir eine andere alpine Geschichte – eine, die viel weniger bekannt und dokumentiert ist, weil sie viel weiter in die Vergangenheit greift. Das folgende Kapitel bringt zunächst eine Zusammenstellung von Bevölkerungsdaten und befasst sich anschliessend mit dem Vergleich von langfristigen Bevölkerungstrends im Gebirge und im Umland.

2 Bevölkerung

Die moderne Bevölkerungsgeschichte ist, wie Massimo Livi Bacci kürzlich bemerkte, geprägt durch die »Entdeckung des demographischen Systems«. Mit dem Aufschwung der bevölkerungsgeschichtlichen Forschung seit den 1950er Jahren verstärkte sich das Bemühen, die demographischen Variablen in systematisch aufgebaute Modelle einzufügen und von anderen Variablen abzugrenzen. Gleichzeitig entstanden unterschiedliche methodische Ansätze. Besondere Impulse kamen von der Mikrodemographie oder Familienrekonstitution, einer nominativen Methode, die sich bei der historischen Untersuchung der Fruchtbarkeit als sehr ergiebig erwies. Für die Untersuchung von anderen Komponenten der Bevölkerungsentwicklung wird ihr Ertrag dagegen weniger hoch eingestuft. Weil die nominativen Studien meist auf punktuellen Datensätzen beruhen, bildet die Generalisierbarkeit der Resultate überdies ein Problem. Schon daher plädierte und plädiert man oft für die Integration von mikro- und makrodemographischen Ansätzen. Laut Livi Bacci gibt es indes noch wesentlichere Gründe für diese Verbindung: Nur mit der umfassenden Untersuchung des demographischen Systems und unter Theorieanwendung sei es möglich, den Bezug zum sozioökonomischen System herzustellen und das Bevölkerungsverhalten angemessen zu erklären.[1]

Aus einer Position, welche die Demographie als historische Teilrichtung betrachtet, muss man daran erinnern, dass die umgekehrte Fragestellung ebenso wichtig ist. Der Bevölkerungsprozess kann und sollte seinerseits zur Erklärung anderer Bereiche beigezogen werden. Dies ist gerade im Alpenraum von Bedeutung, dessen Umweltzwänge in der Literatur häufig so stark gewichtet werden, dass genuin historische Faktoren darob zu kurz kommen. Der Forschungsstand präsentiert sich in diesem Gebiet national und regional sehr unterschiedlich. Die anspruchsvollste Studie zum gesamten Gebirgsbogen ist das 1989 erschienene Buch von Pier Paolo Viazzo mit dem Titel *Upland communities. Environment, population and social structure in the Alps since the sixteenth century*. Ausgehend von eigenen historisch-demographischen Erhebungen in einem Dorf südlich des Monte Rosa, blickt der Anthropologe darin auf viele andere Alpenlandschaften und fasst die verfügbaren Studien zu bestimmten Aspekten zusammen. Er stellt eine ganze Reihe von neuen Fragen und gelangt wiederholt zu interessanten Ergebnissen. Besonders wichtig ist seine Einsicht, dass die »demographic regimes« in den Alpen sehr viel variabler waren als gemeinhin angenommen. Die Untersuchung ist allerdings auch ein Beispiel für die Probleme, welche eine Integration von mikro- und makrodemographischen Ansätzen mit sich bringt. Das zeigt sich schon an der notgedrungen unsystematischen Datenverteilung: für das 16. und 17. Jahrhundert werden fast keine quantitativen Angaben geboten; die angeführten Mikrostudien betreffen für die Zeit vor 1900 gegen zwanzig Orte, während der Alpenraum nahezu 6000 Gemeinden umfasst; die Makrodaten verteilen sich ebenfalls recht zufällig und sind nicht einheitlich auf das Gebirge bezogen.[2]

Die fehlende raumzeitliche Systematik, aber auch die Experimentierfreude von Viazzo haben mich angeregt, nach weiteren Möglichkeiten zu suchen. Das folgende Kapitel beschränkt sich auf die Zusammenstellung von Eckwerten der alpinen Bevölkerungsgeschichte. Wichtig schien mir, dass sie eine gewisse Repräsentativität beanspruchen können. Da ich den demographischen Prozess auch als unabhängigen Faktor betrachte, der zum Verständnis anderer historischer Erscheinungen beiträgt, werde ich nicht versuchen, ihn im einzelnen zu erklären. Dafür lege ich Wert auf Vergleiche mit den Entwicklungen im Alpenumland. Sie können uns von der Makroseite her Anhaltspunkte geben, in welche Richtung eine Interpretation zu gehen hätte.

Daten und Erhebungsmethoden

Die meisten demographisch relevanten Erhebungen sind Akte der gesellschaftlichen Kontrolle, und die retrospektive Bevölkerungsstatistik ist, wie immer man sich dazu stellt, angewiesen auf politisch definierte Räume. Die Alpen bilden aber einen geographisch umschriebenen Raum, sie wurden im Laufe der Geschichte zu einem europäischen Grenzgebiet zwischen verschiedenen Nationalstaaten mit eigenen bevölkerungsstatistischen Traditionen. Bis in die jüngste Zeit sind Angaben zur alpinen Gesamtbevölkerung – aktuelle wie retrospektive – sehr unterschiedlich ausgefallen. Paul Guichonnet bezifferte sie zum Beispiel für 1960 auf 8,2 Millionen, während ein anderer Geograph schon für die Jahrhundertmitte auf 10,9 Millionen kam. Die in Tabelle 2.1 zusammengestellten Angaben widerspiegeln nicht einmal das ganze Spektrum der Literatur[3] und bilden schon das Ergebnis eines Ausgleichs: Bei den nationalen Anteilen gehen die Zahlen noch weiter auseinander. Da die Zone des Alpenfusses vielerorts dicht besiedelt ist, fällt es für solche Aufnahmen stark ins Gewicht, wie man die Grenzen festlegt. Dies hat wiederum Folgen für Bevölkerungsschätzungen während des prä- und protostatistischen Zeitalters. Ausgehend vom Wert von Guichonnet für 1960 schätzte Jean-François Bergier die alpine Bevölkerung um 1500 auf 1,5 Millionen, später aufgrund neuer Wachstumsannahmen auf 2,0 Millionen. Bei veränderten Ausgangswerten würden natürlich beide Schätzungen anders ausfallen.

Dieses Kapitel hält sich an die Definition von Werner Bätzing, der den Alpenraum in einer Studie von 1993 nach einheitlichen Gesichtspunkten auf Gemeindeebene abgegrenzt hat. Damit bietet sich die Möglichkeit, auch grössere politische Regionen quantitativ auf ihren alpinen Flächenanteil zu definieren, was der retrospektiven Statistik, wie wir gleich sehen werden, eine methodische Grundlage gibt. Ohne subjektive Urteile kommt keine Alpenabgrenzung aus. Der Vorschlag von Bätzing bewegt sich im Rahmen der üblichen geographischen Einschätzungen. Er ist jedenfalls weniger poli-

Tabelle 2.1: Angaben zur Gesamtbevölkerung der Alpen, 1500–1990

Methode / Autor	Jahr	Bevölkerung (Mio.)
Rückschätzung von 1960 nach Guichonnet 1975 / Bergier 1980	1500	1,5
Rückschätzung von 1960 nach Guichonnet 1975 / Bergier 1988	1500	2,0
Angenommenes Wachstum seit 1500 / Bergier 1980	1750 ca.	1,5
Angenommenes Wachstum seit 1500 / Bergier 1988	1800–40	4,0
Fläche Bätzing, kommunale Daten / Bätzing 1993	1870	7,0
Fläche Alpenkonvention, kommunale Daten / Bätzing 1993	1870	7,6
Ohne Flächenangabe, nationale Daten / Ruocco 1984	1871	7,5
Ohne Flächenangabe, nationale Daten / Ruocco 1984	1901	8,5
Ohne Flächenangabe, ethnische Daten / de Martonne 1926	1910 ca.	8,3
Ohne Flächenangabe, nationale Daten / Ruocco 1984	1951	10,9
Ohne Flächenangabe, nationale Daten / Guichonnet 1975	1960	8,2
Fläche Glauert, nationale Daten / Glauert 1975	1970	12,3
Ohne Flächenangabe, nationale Daten / Ruocco 1984	1981	12,7
Fläche Bätzing, kommunale Daten / Bätzing 1993	1990	11,0
Fläche Alpenkonvention, kommunale Daten / Bätzing 1993	1990	13,0

Fläche: Alpenkonvention 191.287 qkm, Bätzing 181.489 qkm, Glauert 180.000 qkm.
Quellen, abgekürzt zitiert: Bergier 1980 in: P. Guichonnet (Hg.): Histoire et Civilisations des Alpes, Toulouse, Lausanne 1980, Bd. 1, S. 175; Bergier 1988 in: E. Martinengo (Hg.): Le Alpi per l'Europa. Una proposta politica, Milano 1988, S. 39; W. Bätzing: Der sozio-ökonomische Strukturwandel des Alpenraumes im 20. Jahrhundert, Bern 1993, S. 47; Ruocco 1984 in: Les Alpes – ouvrage offert aux Membres du 25ᵉ Congrès International de Géographie, Paris 1984, S. 79; E. de Martonne: Les Alpes. Géographie générale, Paris 1926, S. 124–125; Guichonnet 1975 in: Le Alpi e l'Europa. Atti del convegno di studi Milano 1973, Bd. 2, Bari 1975, S. 143; G. Glauert: Die Alpen, eine Einführung in die Landeskunde, Kiel 1975, S. 54.

tisch motiviert als die Definition der Alpenkonvention, welche im Spannungsfeld zufälliger Interessen entstand und zum Beispiel den deutschen Flächenanteil stark ausdehnte.[4]

Wer die Bevölkerung des ganzen Gebirgsbogens über den Beginn der modernen Zählungen zurückverfolgen will, ist mit schier unüberwindlichen Problemen konfrontiert, wenn er auf kommunaler Ebene bleibt (Bätzing gibt eine solche Angabe für 1870). Auf der Ebene von politisch konsolidierten Regionen sind Daten und Schätzungen dagegen auch für die frühe Neuzeit relativ häufig beizubringen oder rekonstruierbar. Wie sich gezeigt hat, werden die heutigen Departemente, Provinzen, Kantone und Bundesländer den verschiedenen Anforderungen am besten gerecht. Man muss dabei in Kauf nehmen, dass diese aus unterschiedlichen Verfassungsgeschichten hervorgegangenen Einheiten von ungleicher Grösse sind. Besonders auffällig ist etwa die Differenz zwischen den kleinen Kantonen der nordalpinen Schweiz und den mehrheitlich grossen Ländern Österreichs.[5]

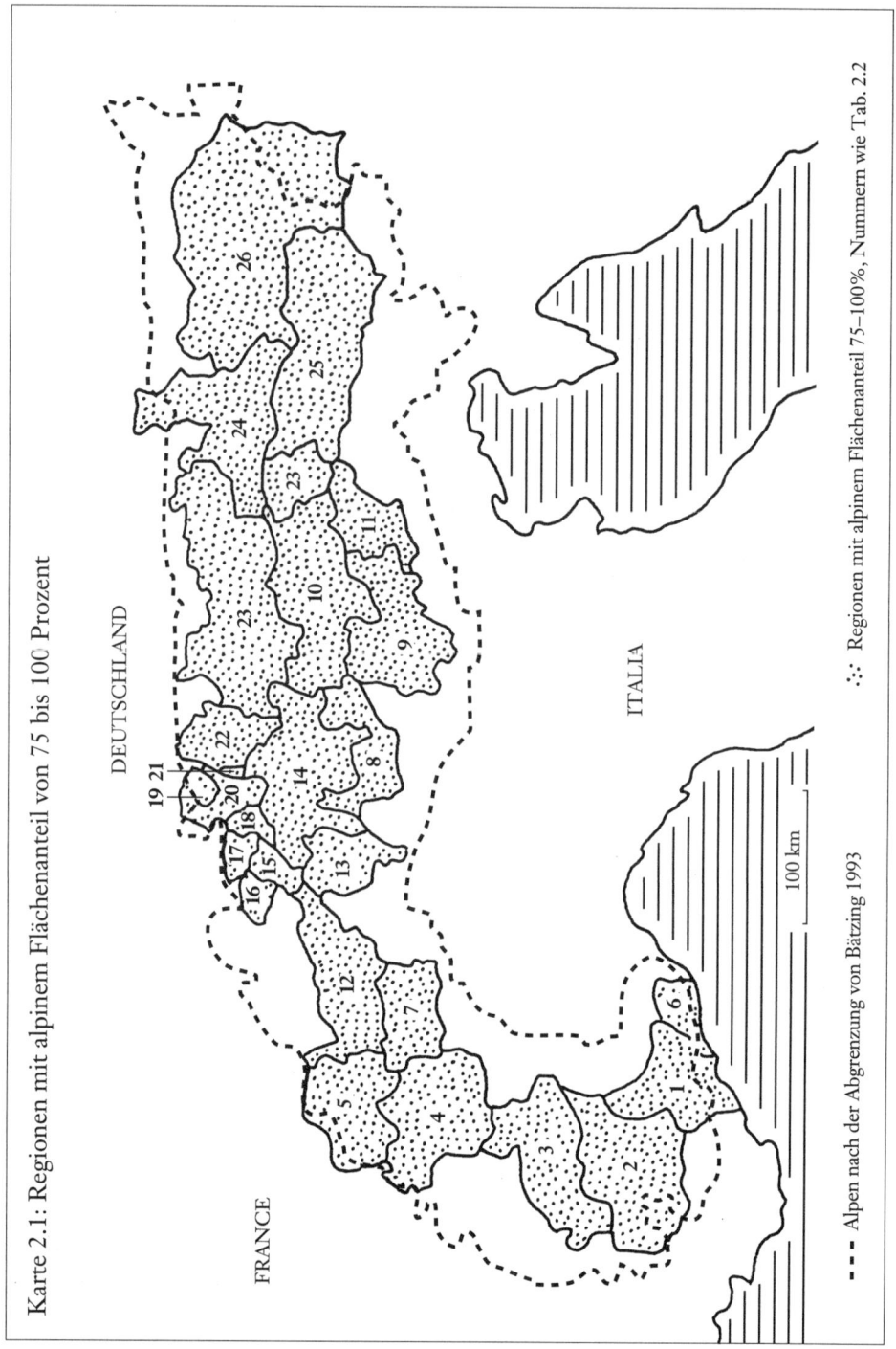

Karte 2.1: Regionen mit alpinem Flächenanteil von 75 bis 100 Prozent

Tabelle 2.2: Bevölkerungsgrösse in alpinen Regionen, 1500–1900

Region	Bevölkerung in Tausend 1471–1543	1573–1615	1685–1723	1795–1810	1868–1872	1900–1901	Fläche qkm	davon in Alpen %
1 Alpes-Maritimes (F)	25,5	–	129,3	134,8	202,7	297,5	4299	87
2 Alpes-de-Haute-Provence (F)	35,4	–	130,5	134,0	139,3	115,0	6945	92
3 Hautes-Alpes (F)	44,1	–	94,8	112,5	118,9	109,5	5632	100
4 Savoie (F)	149,0	193,0	178,0	220,9	268,0	254,8	6230	100
5 Haute-Savoie (F)	137,0	179,0	152,0	184,1	273,0	263,8	4610	87
6 Imperia (I)	71,1	73,1	–	101,3	132,7	144,5	1155	75
7 Valle d'Aosta (I)	–	100,0	61,9	64,9	84,1	84,2	3262	100
8 Sondrio (I)	68,0	98,0	82,4	86,0	117,4	131,0	3212	100
9 Trento (I)	–	167,0	171,8	227,0	335,0	355,0	6218	100
10 Bolzano-Bozen (I)	–	–	138,0	171,0	196,8	222,8	7400	100
11 Belluno (I)	48,2	69,3	92,9	108,4	196,0	220,7	3678	100
12 Valais (CH)	37,5	–	–	60,4	96,7	114,4	5226	100
13 Ticino (CH)	–	79,1	89,4	90,3	121,6	138,6	2811	100
14 Graubünden (CH)	75,0	100,0	88,0	72,9	92,1	104,5	7106	100
15 Uri (CH)	–	8,8	9,6	11,8	16,1	19,7	1076	100
16 Unterwalden (CH)	–	–	13,7	19,1	26,1	28,3	766	100
17 Schwyz (CH)	9,6	14,3	21,0	34,2	47,7	55,4	908	100
18 Glarus (CH)	5,3	7,0	10,5	22,8	35,2	32,3	685	100
19 Appenzell (CH)	19,5	25,5	44,2	47,6	60,7	68,8	415	100
20 St. Gallen (CH)	–	–	–	129,5	190,7	250,3	2014	79
21 Liechtenstein (FL)	–	2,7	–	5,0	7,5	7,5	160	100
22 Vorarlberg (A)	32,0	40,0	50,0	76,5	102,7	129,2	2601	100
23 Tirol (A)	110,0	149,0	175,0	225,0	236,9	266,4	12.647	100
24 Salzburg (A)	75,0	100,0	125,0	141,0	153,2	192,8	7154	93
25 Kärnten (A)	135,0	175,0	215,0	267,6	315,6	343,5	9533	100
26 Steiermark (A)	279,0	320,0	380,0	512,3	721,0	889,0	16.387	79

Regionen: Departemente (F), Provinzen (I), Kantone (CH), Bundesländer (A) nach Gebietsstand 1990, in westöstlicher und südnördlicher Folge. Fläche mit unproduktivem Boden (in F ohne Abzüge der INSEE-Statistik). Alpiner Flächenanteil nach der Abgrenzung von Bätzing 1993, S. 39, berechnet aus seinen handschriftlichen Unterlagen. Jahre und Quellen für die Bevölkerungsangaben im folgenden Anhang.

Anhang zu Tabelle 2.2

Die Liste nennt die Jahre der Bevölkerungsangaben, die Quellen und bei Zahlen, die nicht direkt übernommen wurden, die hier angewandten Schätzungsmethoden (Region: Jahre der Bevölkerungsangaben / Quellen in Reihenfolge der Angaben, beim ersten Zitat voll ausgewiesen / Schätzungsmethoden und Begründungen). Wie im Text ausgeführt, darf man keine hohen Ansprüche an die Genauigkeit der Angaben besonders vor 1800 stellen. Nicht einzeln genannt werden folgende mehrfach verwendeten Quellen:
INSEE Institut National de la Statistique et des Etudes Economiques: Recensement général de la population 1990. Population légale. Fascicule départemental, Paris (für Region 2–6: 1801, 1872, 1901).
ISTAT Istituto Nazionale di Statistica: Popolazione residente e presente dei comuni. Censimenti dal 1861 al 1981, Roma 1985 (für Region 6–8, 11: 1871, 1901).
Bundesamt für Statistik: Eidgenössische Volkszählung 1990. Bevölkerungsentwicklung 1850–1990. Die Bevölkerung der Gemeinden, Bern 1992 (für Region 12–20: 1798–1800, 1870, 1900).

(1) 1471, 1702–16, 1802, 1871, 1901 / Édouard Baratier: La démographie provençale du XIIIe au XVIe siècle. Avec chiffres de comparaison pour le XVIIIe siècle, Paris 1961, S. 199–200; Gaston Imbert: A la découverte d'une population, étude démographique des Alpes-Maritimes, Aix-en-Provence 1958, S. 17, 20; Zählungen von 1716 (Le Bret) und 1765 (Expilly), Gemeindedaten übermittelt von Claude Motte, demnächst in: Paroisses et communes de France. Dictionnaire d'histoire administrative et démographique, Paris; Giuseppe Melano: La popolazione di Torino e del Piemonte nel secolo XIX, Torino 1961, S. 4. / 1471: Vergleich der Feuerstellen mit 1702 und 1754–65 in drei Verwaltungseinheiten; 1702–16 und 1871: Ergänzung der fehlenden Daten bei Imbert mit der Zählung 1716 und Melano.

(2) 1471, 1716, 1801, 1872, 1901 / Baratier 1961, wie (1), S. 164, 197–198; Zählungen 1716 und 1765 wie (1) / 1471: Vergleich der Feuerstellen mit 1765 in acht Verwaltungseinheiten.

(3) 1472–76, 1706, 1801, 1872, 1901 / Joseph Roman: Tableau Historique du Département des Hautes-Alpes. État Ecclésiastique, Administratif et Féodal antérieur à 1789, Gap 1993 (1. Aufl. 1887), S. 169–171; Alfred Fierro: La population du Dauphiné du XIVe au XXe siècle, in: Annales de démographie historique 1978, S. 360–401; Jean-Pierre Brun: Paroisses et communes de France. Dictionnaire d'histoire administrative et démographique. Hautes-Alpes, Paris 1995, S. 24–25, 32, 75–286. / 1472–76: Vergleich der Feuerstellen mit 1699; Angaben von Roman um 8,5% gesenkt aufgrund von Fierro. 1706: fehlende Gemeindedaten aus den nächsten Zählungen; für Queyras die Angabe von 1698.

(4–5) 1500, 1600, 1700, 1801, 1872, 1901 / Roger Devos, Bernard Grosperrin: La Savoie de la Réforme à la Révolution française, Rennes 1985, S. 34, 440; Raymond Rousseau: La population de la Savoie jusqu'en 1861, Paris 1960, S. 124, 226–228; Dominique Barbero: Paroisses et communes de France. Dictionnaire d'histoire administrative et démographique. Savoie, Haute-Savoie, Paris 1979, 1980. / 1500 und 1600: nach der Schätzung für 1561 von Devos (400.000) und den Trendangaben für das frühe und späte 16. Jh. bei Rousseau. Rückschreitende Schätzung 1801–1561 für 178 Gemeinden aufgrund von Barbero, benutzt zur Beurteilung von 1561 und zur Aufteilung zwischen den beiden Departementen.

(6) 1535, 1607, 1805, 1871, 1901 / Karl Julius Beloch: Bevölkerungsgeschichte Italiens, Bd. 3, Berlin 1961, S. 303; Giuseppe Felloni: Popolazione e sviluppo economico della Liguria nel secolo XIX, Torino 1961, S. 52. / 1607: nach dem Wachstum 1535–1607 im östlichen Teil der Republik Genua.

(7) 1573, 1720, 1806, 1871, 1901 / Bernard Janin: Une région alpine originale. Le Val d'Aoste. Tradition et renouveau, Grenoble 1968, S. 133; Beloch 1961, wie (6), S. 270; Melano 1961, wie (1), S. 34.

(8) 1500, 1596, 1697, 1797–98, 1871, 1901 / Guglielmo Scaramellini: I rapporti fra le Tre Leghe e la Valtellina e i Contadi di Chiavenna e di Bormio. Una difficile convivenza, una difficile valutazione, in: Handbuch der Bündner Geschichte, Chur demnächst; Danilo Baratti: La popolazione nella Svizzera italiana dell'Antico Regimo, in: Archivio Storico Ticinese 111 (1992), S. 66; Guglielmo Scaramellini: La Valtellina fra il XVIII e il XIX secolo. Ricerca di geografia storica, Torino 1978, S. 26. / 1596: bündnerischer Teil der Diözese Como abzüglich Poschiavo (auf 2000 geschätzt). 1697: Chiavenna auf 12.000 geschätzt. 1797–98: Mittelwert der beiden Angaben.

(9) 1602, 1685, 1810, 1869, 1900 / Archivio Diocesano Tridentino, Visita ad Limina 1602, fol. 274 r, 1685, fol. 110 v und 1760, fol. 272 r–274 r, übermittelt von Livio Sparapani; Hugo Penz: Das Trentino. Entwicklung und räumliche Differenzierung der Bevölkerung und Wirtschaft Welschtirols, Innsbruck 1984, S. 83. / 1602 und 1685: Rückrechnung vom Provinzwert für 1754 nach dem Wachstum 1602–1685, 1685–1760 in der Diözese Trento.

(10) 1685, 1795, 1869, 1900 / Visita ad Limina 1685 und 1760 wie (9); Bibliothek des Museum Ferdinandeum Innsbruck, Dipauliana 979/VIII, mitgeteilt von Kurt Klein; Südtirol-Handbuch, hg. von der Südtiroler Landesregierung, Bozen 1991, S. 181. / 1685: Rückrechnung von 1754 nach dem Wachstum 1685–1760 in der Diözese Trento.

(11) 1500, 1605, 1702, 1802, 1871, 1901 / Beloch 1961, wie (6), S. 58–63, 163; Relazioni dei rettori veneti in terraferma, vol. 2: Podestaria e Capitanato di Belluno. Podestaria e Capitanato di Feltre, Milano 1974, S. XIX; Allgemeines Ortschaften-Verzeichniss der im Reichsrathe vertretenen Königreiche und Länder nach den Ergebnissen der Volkszählung vom 31. December 1900, Wien 1902, S. 174. / 1500: Rückrechnung von 1548 nach dem gerundeten Wachstum in drei Gebieten der Terraferma. 1702: Belluno geschätzt auf 36.250 aufgrund der Kommunikanten 1712; Cadore geschätzt auf 20.600 nach dem Wachstum in Feltre und Belluno 1702–1802. Alle Jahre: Zusatz von 2,77% für Ampezzo-Buchenstein nach den Zählungen von 1900 und 1901.

(12) 1500, 1798–1800, 1870, 1900 / Pierre Dubuis: Le jeu de la vie et de la mort. La population du Valais (XIVe–XVIe s.), Lausanne 1994, S. 213–215; Leo Meyer: Les recensements de la population du canton du Valais de 1798 à 1900, in: Zeitschrift für schweizerische Statistik 44 (1908), S. 292–307. / 1500: Rückrechnung von 1798 mit der mittleren Wachstumsrate von sieben Gemeinden mit Angaben für 1485–1524.

(13) 1597–1602, 1682–92, 1798–1800, 1870, 1900 / Baratti 1992, wie (8), S. 61, 96. / 1682–92: Kirchgemeinde Brissago auf 2000 geschätzt.

(14) 1500, 1600, 1700, 1798–1800, 1870, 1900 / Jon Mathieu: Die ländliche Gesellschaft, in: Handbuch der Bündner Geschichte, Chur demnächst.

(15) 1611–20, 1691–1700, 1798–1800, 1870, 1900 / Anselm Zurfluh: Une population alpine dans la Confédération. Uri aux XVIIe–XVIIIe–XIXe siècles, Paris 1988, S. 528.

(16) 1700, 1798–1800, 1870, 1900 / Leonard Meister: Kleine Reisen durch einige Schweizer-Cantone. Ein Auszug aus zerstreuten Briefen und Tagregistern, Basel 1782, S. 62–63; Urspeter Schelbert: Bevölkerungsgeschichte der Schwyzer Pfarreien Freienbach und Wollerau im 18. Jahrhundert, Zürich 1989, S. 57. / 1700: Rückrechnung von 1743 nach dem Wachstum in Schwyz 1700–1743.

(17) 1500, 1600, 1700, 1798–1800, 1870, 1900 / Schelbert 1989, wie (16), S. 51.

(18) 1543, 1576, 1700, 1798–1800, 1870, 1900 / Hans Rudolf Stauffacher: Herrschaft und Landsgemeinde. Die Machtelite in Evangelisch-Glarus vor und nach der Helvetischen Revolution, Glarus 1989, S. 271.

(19) 1535, 1597, 1713–34, 1798–1800, 1870, 1900 / Hanspeter Ruesch: Lebensverhältnisse in einem frühen schweizerischen Industriegebiet. Sozialgeschichtliche Studie über die Gemeinden Trogen, Rehetobel, Wald, Gais, Speicher und Wolfhalden des Kantons Appenzell Ausserrhoden im 18. und frühen 19. Jahrhundert, Basel, Stuttgart 1979, Bd. 1, S. 207–209; Walter Schläpfer: Wirtschaftsgeschichte des Kantons Appenzell Ausserrhoden bis 1939, Gais 1984, S. 136–139; Markus Schürmann: Bevölkerung, Wirtschaft und Gesellschaft in Appenzell Innerrhoden im 18. und frühen 19. Jahrhundert, Appenzell 1974, S. 34, 55. / 1535: Mittelwert der divergierenden Angaben bei Ruesch. 1597 und 1713–34: Ausserrhoden nach Schläpfer; Inneres Land von Innerrhoden nach Schürmann; Äusseres Land von Innerrhoden auf 20% von Innerrhoden geschätzt.

(20) 1798–1800, 1870, 1900.

(21) 1584, 1806, 1868, 1901 / Alois Ospelt: Wirtschaftsgeschichte des Fürstentums Liechtenstein im 19. Jahrhundert. Von den napoleonischen Kriegen bis zum Ausbruch des Ersten Weltkrieges, in: Jahrbuch des Historischen Vereins für das Fürstentum Liechtenstein 72 (1972), Anhang S. 25–27; Statistisches Jahrbuch 1991 Fürstentum Liechtenstein, hg. vom Amt für Volkswirtschaft, Vaduz 1991, S. 20. / 1584: niedriger Wert aufgrund der Häuserzahl und eines Vergleichs mit Vorarlberg.

(22–26) 1527, 1600, 1700, 1800, 1869, 1900 / Kurt Klein: Die Bevölkerung Österreichs vom Beginn des 16. bis zur Mitte des 18. Jahrhunderts, in: Heimold Helczmanovszki (Hg.), Beiträge zur Bevölkerungs- und Sozialgeschichte Österreichs, Wien 1973, S. 105. / Verwendung der zeitlich standardisierten Angaben.

Als alpine Regionen habe ich für die vorliegende Bestandsaufnahme alle Einheiten des gewählten Niveaus nach dem Gebietsstand von 1990 definiert, welche einen alpinen Flächenanteil von 75 und mehr Prozent aufweisen. Damit erhält man die auf Karte 2.1 verzeichneten 26 Territorien.[6] Wie aus dem Kartenbild hervorgeht, entfallen nach dieser Methode beachtliche Alpengebiete, vor allem in Italien, wo sich viele Provinzen von der Ebene in die Bergzone erstrecken, und zwar häufig mit einem Flächenverhältnis unter dem angesetzten Kriterium. Immerhin umfasst das Sample Regionen aus allen Teilen des Untersuchungsraums und deckt insgesamt 64 Prozent seiner Fläche ab (5 Prozent liegen nach der genannten Definition im Umland). Wir werden weiter unten einige Studien aus den nicht berücksichtigten Gebieten beiziehen, um die Repräsentativität der Ergebnisse zu verbessern.

Tabelle 2.2 enthält die Bevölkerungsdaten zu den 26 alpinen Regionen für alle Jahrhundertschritte zwischen 1500 und 1900 mit einer Zusatzangabe für die Jahre um 1870, welche den Anschluss an den erwähnten gemeindebezogenen Wert ermöglicht. Die Belege sind, zusammen mit methodischen Bemerkungen, im Tabellenanhang angeführt. Allgemein lassen sich das Vorgehen und die Datenqualität folgendermassen charakterisieren.

Die Bevölkerungszahlen wurden, soweit dies möglich war, der Literatur entnommen. Bei kontroversen Angaben habe ich der Version der offiziellen Statistik den Vorzug gegeben (dies gilt besonders für die Jahre um 1800) oder sonst diejenige Studie ausgewählt, welche am vertrauenswürdigsten erschien. Konnte eine solche Einstufung nicht vorgenommen werden, so gibt die Tabelle einen Mittelwert.[7] Wie eingangs angedeutet, weist die verfügbare Literatur national und regional grosse Unterschiede auf. Am einfachsten ist die Situation in Österreich, wo man sich auf die 1973 erschienene Studie von Kurt Klein stützen kann, welche die Bevölkerung aller Länder seit Beginn des 16. Jahrhunderts nach einheitlichen Kriterien quantifiziert. Für die Periode vor der ersten systematischen Zählung von 1754 handelt es sich um Schätzungen, die laut dem Autor einen Fehlerbereich von ± 5–10 Prozent aufweisen. Klein hat seine Angaben bei späteren Studien nicht revidiert, von der Literatur wurden sie im allgemeinen übernommen.[8] Anders als in Österreich variiert der Forschungsstand in Italien und in der Schweiz von Region zu Region. Durchwegs schwierig ist die Beschaffung früher Daten für die französischen Departemente. Die Gründe liegen weniger in der Quellenlage, die oft gerade als günstig erscheint. Entscheidend ist vielmehr der Umstand, dass die Forschung an anderen demographischen Problemen stärker interessiert war als an Bevölkerungszahlen und dass die staatliche Neugliederung während der Revolution eine tiefe Kluft zwischen dem Ancien régime und dem 19. Jahrhundert hervorbrachte. Zur Abschätzung langfristiger Entwicklungen müssen die Regionen nach modernem Gebietsstand standardisiert werden, was eine Zuteilung der vorrevolutionären Bevölkerung zu den späteren Departementen erfordert. Dies erscheint hier besonders anachronistisch, man muss betonen, dass die

Methode nur darauf abzielt, ein räumliches Koordinatensystem zu schaffen, »un découpage commode de l'espace« (Bernard Lepetit).⁹

Ebenso unterschiedlich wie die verfügbaren Studien sind die Quellen, welche den Daten direkt oder indirekt zugrunde liegen. In bestimmten Gegenden begann die Epoche der Volkszählungen früh: So stammt die erste derartige Angabe im venetianischen Bellunese aus dem Jahre 1548, in Savoyen aus dem Jahre 1561. Während des 18. Jahrhunderts, als neben staatlichen auch genuin statistische Interessen starken Auftrieb hatten, kam es dann in vielen Regionen zu systematischen Erhebungen, der ganze Untersuchungsraum wurde aber erst um 1800 davon erfasst. Selbst wenn einige dieser Aufnahmen für ihre Zeit von bemerkenswerter Qualität waren, können sie sich nicht mit den nationalen Volkszählungen um 1870 und besonders mit denjenigen um 1900 messen.¹⁰ Trotzdem gibt die Gattung im allgemeinen zuverlässigere Resultate als die zahlreichen Dokumente, welche nur demographische Indikatoren enthalten und eine – stets mit Unsicherheit belastete – Umrechnung auf die Gesamtbevölkerung erfordern. Solche Quellen beziehen sich auf Zähleinheiten wie Feuerstellen, Häuser, wehrfähige Mannschaft, Kommunikanten usw. und wurden zu entsprechend vielfältigen Zwecken angelegt.¹¹

Bei der eigenen Datenproduktion habe ich Umrechnungen vor allem zur räumlichen Standardisierung vorgenommen. Nach dem Ersten Weltkrieg wurde zum Beispiel die Provinz Belluno durch die tirolischen Bezirke Ampezzo-Buchenstein erweitert, die in den Jahren 1900–1901 knapp 3 Prozent der Provinzbevölkerung umfassten: Der Wert dient zur Anpassung aller früheren Angaben. Bei den meisten eigenen Schätzungen fällt die synchrone Dimension aber weniger ins Gewicht als die diachrone. Rückschreitende Methoden bieten sich an, wenn es Hinweise zum Wachstum in bestimmten Perioden gibt und die frühen Daten sehr unvollständig sind. Die Wachstumsindikatoren können sich aus Teilmengen der Region oder, mit grösserer Vorsicht gehandhabt, aus umliegenden Regionen ergeben. Eine grundlegende, allerdings auch nur partiell erfüllbare Forderung geht dahin, dass die verwendeten Teilmengen gleiche Zähleinheiten aufweisen.¹²

Wie an den regressiven Schätzungen nachzuvollziehen, nimmt die Unzuverlässigkeit der Daten in der Regel mit der zeitlichen Distanz zu. Viele Regionalwerte für 1500 und 1600 sind nur als Hypothesen aufzufassen. Anders gewendet kann man freilich sagen, dass wir damit zumindest über Hypothesen verfügen, vorgebracht von einer Reihe verschiedener Autoren. Es gehört zu den wichtigen Aufgaben der Forschung, solche Zahlen fortlaufend zu kontrollieren. Besonders nützlich ist die historische Kritik, wenn sie begründete und quantifizierte Alternativen anzubieten hat. Ein Wort schliesslich zur zeitlichen Standardisierung. Angesichts der vielen Unsicherheitsfaktoren habe ich zu diesem Zweck nur wenige Schätzungen riskiert und dafür eine breite zeitliche Streuung in Kauf genommen. Sie bemisst sich bei den Werten um 1900 nach Monaten und erweitert sich schrittweise auf nicht weniger als 72 Jahre für die Werte um 1500. Viele

Angaben variieren allerdings, wie im Tabellenanhang ersichtlich, in engeren Grenzen. Besonders gewagt ist die Eruierung langfristiger Trends anhand weniger Zahlen in Zeiten des raschen Bevölkerungswandels. Dies gilt hier vor allem für die Wachstumsphase im späten 15. und frühen 16. Jahrhundert. Daher wurde darauf geachtet, dass das Sample regionale Angaben vor und nach der gängigen Epochenschwelle enthält.

LANGFRISTIGE TRENDS IM VERGLEICH

Die alpine Bevölkerung scheint sich von 1500 bis 1900 nahezu verdreifacht zu haben, wie ersichtlich wird, wenn man alle beidseitig verfügbaren Eckwerte von Tabelle 2.2 summiert. Um zu einer Gesamtschätzung in absoluten Zahlen zu gelangen, benutzen wir die erwähnte Angabe für 1870 als Vergleichswert und verrechnen die Regionalzahlen nach der Methode mit dem geringsten Datenverlust. Demnach betrug die Bevölkerung des Alpenraums in der genannten Definition schätzungsweise: 2,9 Mio. um 1500, 4,0 Mio. um 1600, 4,4 Mio. um 1700, 5,3 Mio. um 1800, 7,9 Mio. um 1900. Die jährlichen Wachstumsraten wären somit für die vier Jahrhundertschritte: 3,2, 1,0, 1,9, 4,0 Promille.[13]

Diese alpinen Trendwerte verändern sich richtungsgleich mit denjenigen, welche aus der europäischen Bevölkerungsgeschichte bekannt sind. Doch für Vergleichszwecke ist es sinnvoller, ein enger umschriebenes Gebiet beizuziehen. Geeignet erscheinen alle heutigen Staaten mit Alpenanteil, d. h. Frankreich, Italien, Schweiz, Österreich, Deutschland und Slowenien. Die jährlichen Wachstumsraten betrugen in dieser Staatengruppe (nach den aktuellen Grenzen und mit einer wohl ähnlich grossen Fehlermarge) während der vier Jahrhundertschritte schätzungsweise: 3,9, 0,5, 3,2, 5,9 Promille. Die Differenz zum Wachstum im Alpenraum scheint also langfristig stark zugenommen zu haben. Während einer ersten Phase bis 1700 war sie gesamthaft gering, in den beiden folgenden Jahrhunderten stieg der Abstand zuerst auf 1,3, dann auf 1,9 Promille. Da die Bevölkerungsdichte in der Staatengruppe schon zu Beginn wesentlich über derjenigen im Alpenraum lag (schätzungsweise 25 gegen 16 Personen pro Quadratkilometer), nahm die absolute Dichtedifferenz jedoch auch in der Periode mit kleiner Wachstumsdifferenz spürbar zu.[14]

Für Aussagen von allgemein historischer Bedeutung darf die Bevölkerungsgeschichte diesen Bezug zum Raum nicht vernachlässigen[15], was in den Alpen mit einer Reihe von Unwägbarkeiten verbunden ist. Bekanntlich gibt es im Gebirge grosse Flächen von sog. unproduktivem Boden. Allerdings weiss niemand genau, wie gross und wie unproduktiv diese Flächen sind. Die nationalen Arealstatistiken zeigen diesbezüglich auffällige Differenzen, sowohl im zeitlichen Verlauf innerhalb eines Staats wie auch zum selben Zeitpunkt zwischen verschiedenen Staaten: Der statistische Umfang des unproduktiven Bodens hängt relativ eng zusammen mit der jeweils herrschenden Einstellung der nationalen Verwaltungsinstanzen. Weniger bekannt oder zumindest in der Literatur weniger beachtet ist der Umstand, dass die Flächenvermessung auf einer Flächenprojektion beruht, womit die abschüssigen Geländepartien künstlich verkleinert werden. Man hat geschätzt, dass die effektive Fläche des Alpengebiets – wäre es gleichsam ausgewalzt – nicht 180.000, sondern 240.000 Quadratkilometer beträgt. Diese Differenz dürfte die unproduktiven Flächen, wie sie nach diversen Definitionen veranschlagt wurden, gesamthaft übertreffen, hat aber ihrerseits eine fiktive Seite, weil die Verwendbarkeit des Geländes mit zunehmender Steilheit in der Regel abnimmt. Die Gegenläufigkeit der beiden schwer zu objektivierenden Grössen bestärkt uns in der Präferenz für das einfache Flächenmass.[16] Als Indikator für das agrarische Potential, auf das sich die Produktivitätsbeurteilung ja wesentlich bezieht, soll hingegen die Höhenlage der Gemeinden gelten. Sie lässt sich leichter operationalisieren – das Gemeindezentrum kann als Messpunkt dienen – und hat einen starken Einfluss auf die landwirtschaftliche Nutzungsmöglichkeit.[17] Bevor wir auf regionaler Ebene zum Alpen-Umland-Vergleich zurückkehren, betrachten wir nun die verschiedenen Entwicklungstendenzen innerhalb des Alpenraums.

Tabelle 2.3 enthält die Angaben zum Wachstum und zur Dichte der Bevölkerung für die 26 alpinen Territorien. Sie weist aus Makroperspetive darauf hin, dass der Bevölkerungsprozess im Gebirge viele Ausprägungen hatte. Angesichts der fragilen Datenbasis ist es ratsam, bei der Interpretation der Frühphase Zurückhaltung zu üben, doch für das 17. Jahrhundert darf man den unterschiedlichen Wachstumsziffern mehr Realitätsgehalt zubilligen. In fünf Regionen, die sich zu zwei Gebieten zusammenschliessen, sind uns während dieser krisendurchsetzten Periode rückläufige Entwicklungen bekannt.

Einen wichtigen Grund sehen die Autoren der betreffenden Studien in den Epidemien, welche vor allem in den 1630er Jahren zahllosen Menschen das Leben kosteten. In der Valle d'Aosta bedeutete die Pest von 1629 bis 1631 »incontestablement un immense désastre«. Ein offizielles Memorandum von 1646 veranschlagte den Bevölkerungsverlust auf zwei Drittel, in Aosta selber war kaum ein Dutzend Häuser verschont geblieben, weite Strecken des Tales wurden regelrecht entvölkert. Für das benachbarte Savoyen verfügt man über komparative Anhaltspunkte: Es gehörte im französischen Überblick zu den Territorien, denen die Pestzüge um 1630 und um 1637 besonders hart zusetzten. Die Militäroperationen des Dreissigjährigen Krieges trugen hier wie auch im zweiten Gebiet mit Negativtrend zur Krise bei. In der Provinz Sondrio zeigen Erhebungen vor und nach der schlimmsten Pest einen Bevölkerungsrückgang, der die Verluste im Ticino (damals teilweise zur selben Diözese gehörig) deutlich überstieg. Im nördlich anschliessenden Graubünden waren die Einbussen ebenfalls gross, auffälliger an der Entwicklung dieser Region ist aber der Rückgang im 18. Jahrhundert. Er betraf vor allem den Südteil des Landes, der damals in besonderem Mass den Weg der gewerblichen und kommerziellen Auswanderung wählte. Das ist einer der Hinweise,

Tabelle 2.3: Bevölkerungswachstum und Bevölkerungsdichte in alpinen Regionen, 1500–1900

Region	Jährliche Wachstumsrate in Promille				Personen pro Quadratkilometer						Fläche qkm	Höhe Ø m
	~16. Jh.	~17. Jh.	~18. Jh.	~19. Jh.	~1500	~1600	~1700	~1800	~1900			
1 Alpes-Maritimes (F)	6,8	6,8	0,4	8,0	6	–	30	31	69		4299	566
2 Alpes-de-Haute-Provence (F)	5,3	5,3	0,3	-1,5	5	–	19	19	17		6945	773
3 Hautes-Alpes (F)	3,3	3,3	1,8	-0,3	8	–	17	20	19		5632	999
4 Savoie (F)	2,6	-0,8	2,1	1,4	24	31	29	35	41		6230	642
5 Haute-Savoie (F)	2,7	-1,6	1,9	3,6	30	39	33	40	57		4610	632
6 Imperia (I)	0,4	1,6	1,6	3,7	62	63	–	88	125		1155	272
7 Valle d'Aosta (I)	–	-3,3	0,6	2,7	–	31	19	20	26		3262	951
8 Sondrio (I)	3,8	-1,7	0,4	4,1	21	31	26	27	41		3212	596
9 Trento (I)	–	0,3	2,2	5,0	–	27	28	37	57		6218	698
10 Bolzano-Bozen (I)	–	–	2,0	2,5	–	–	–	23	30		7400	850
11 Belluno (I)	3,5	3,0	1,5	7,2	13	19	25	29	60		3678	751
12 Valais (CH)	1,6	1,6	1,6	6,3	7	–	–	12	22		5226	1004
13 Ticino (CH)	–	1,4	0,1	4,3	–	28	32	32	49		2811	550
14 Graubünden (CH)	2,9	-1,3	-1,9	3,6	11	14	12	10	15		7106	1129
15 Uri (CH)	–	1,1	2,0	5,1	–	8	9	11	18		1076	784
16 Unterwalden (CH)	–	–	3,4	3,9	–	–	18	25	37		766	539
17 Schwyz (CH)	4,0	3,9	4,9	4,8	11	16	23	38	61		908	628
18 Glarus (CH)	8,5	3,3	7,9	3,5	8	10	15	33	47		685	604
19 Appenzell (CH)	4,3	4,4	1,0	3,7	47	61	107	115	166		415	825
20 St. Gallen (CH)	–	–	–	6,5	–	–	–	64	124		2014	573
21 Liechtenstein (FL)	–	2,8	2,8	4,3	–	17	–	31	47		160	547
22 Vorarlberg (A)	3,1	2,2	4,3	5,3	12	15	19	29	50		2601	696
23 Tirol (A)	3,3	2,2	2,5	1,7	9	11	14	18	21		12.647	880
24 Salzburg (A)	3,9	2,2	1,2	3,1	10	14	17	20	27		7154	736
25 Kärnten (A)	3,6	2,1	2,2	2,5	14	18	23	28	36		9533	648
26 Steiermark (A)	1,9	1,7	3,0	5,5	17	20	23	31	54		16.387	542

Bevölkerungswachstum und Bevölkerungsdichte nach Tabelle 2.2 mit Anhang. Die Angaben beziehen sich auf die dort vermerkten Daten, meist nicht genau auf die Jahrhundertenden. *Kursive* Wachstumsraten betreffen mehrere Jahrhundertschritte ohne dazwischenliegende Angaben. Höhe: Durchschnittshöhe der Gemeindezentren berechnet nach den nationalen Statistiken (F 1988, I 1988, CH 1952, FL 1991, A 1981).

Bevölkerung

Tabelle 2.4: Bevölkerungswachstum und Bevölkerungsdichte in den Alpen und im Umland, 1500–1900

Staat Region	Jährliche Wachstumsrate in Promille				Personen pro Quadratkilometer						Fläche qkm	davon in Alpen %
	~16. Jh.	~17. Jh.	~18. Jh.	~19. Jh.	~1500	~1600	~1700	~1800	~1900			
Staaten:												
1 Frankreich (F)	3,7	1,6	2,6	3,3	24	35	41	53	74		551.208	7
2 Italien (I)	2,9	0,1	3,0	6,3	33	44	44	60	112		301.277	17
3 Schweiz (CH)	4,8	2,8	3,4	6,8	14	22	29	40	80		41.293	65
4 Österreich (A)	2,5	1,5	3,8	6,7	18	21	25	37	72		83.856	65
5 Deutschland (DE)	5,9	-1,4	4,5	8,7	21	37	32	50	121		356.804	2
6 Slowenien (SLO)	–	–	2,0	4,9	–	–	33	41	65		20.251	34
Regionen:												
7 (F) drei Departemente A	5,1	5,1	0,8	3,1	6	–	21	23	31		16.876	93
8 (F) drei Departemente U	6,9	6,9	1,8	6,3	7	–	40	47	87		14.645	14
9 (I) drei Provinzen A	3,6	0,4	1,8	5,2	18	26	26	32	54		13.108	100
10 (I) zwei Regionen U	4,4	-0,1	3,5	6,8	43	66	66	93	185		35.306	27
11 (CH) sechs Kantone A	3,3	1,1	0,6	4,0	13	18	20	22	32		13.001	100
12 (CH) „Kornland" U	6,4	4,3	4,2	7,6	19	36	55	84	179		14.318	0
13 (A) drei Länder A	3,6	2,2	2,1	2,4	11	14	18	22	27		29.334	98
14 (A) drei Länder U	2,1	1,3	4,5	8,2	25	29	33	52	119		35.117	28

A = Alpen, U = Umland: Alpine Regionen mit Umlandanteil bis 15%, anschliessend ar. Umland-Regionen mit Alpenanteil bis 30%. Die Regionen sind:
(7) Departemente Alpes-Maritimes, Alpes-de-Haute-Provence, Hautes-Alpes. (8) Departemente Bouches-du-Rhône, Var, Vaucluse. (9) Provinzen Belluno, Sondrio, Trento. (10) Regionen Lombardia und Veneto ohne alpine Provinzen Sondrio und Belluno. (11) Kantone Appenzell, Glarus, Graubünden, Schwyz, Ticino, Uri. (12) Nicht-alpine Schweiz, Fläche nach Bätzing 1993, S. 39. (13) Bundesländer Kärnten, Salzburg, Tirol. (14) Bundesländer Burgenland, Niederösterreich, Oberösterreich. Gebietsstand 1990. Staatsfläche nach Brockhaus, Ausgabe 1986-1994 (F ohne Abzüge der INSEE-Statistik). Alpiner Flächenanteil wie Tabelle 2.2. Die Bevölkerungsangaben beziehen sich nicht immer genau auf die Jahrhundertschritte. *Kursive* Wachstumsraten betreffen mehrere Jahrhundertschritte ohne dazwischenliegende Angaben. Jahre und Quellen für Bevölkerungswachstum und Bevölkerungsdichte in Anm. 24.

dass die Migration einen überdurchschnittlichen Einfluss auf das demographische Geschehen ausübte. Bis um 1900 lassen sich Bündner Berufsleute in nahezu 600 europäischen Städten nachweisen. Während des 19. Jahrhunderts bildete die Migration auch einen wichtigen Grund für den rückläufigen Trend in den französischen Südalpen bzw. in den Departementen Alpes-de-Haute-Provence und Hautes-Alpes.[18]

Aus Tabelle 2.3 geht weiter hervor, dass die Bevölkerungsdichte der untersuchten Territorien schon zu Beginn der Neuzeit markante Abweichungen vom Mittelmass aufwies. Die Unterschiede am Westende des Gebirgsbogens sind allerdings vom Erhebungsjahr beeinflusst. Die sehr tiefen Werte für die französischen Gebiete stammen aus den 1470er Jahren, der überaus hohe Wert der benachbarten Provinz Imperia von 1535: Die Zwischenzeit bildete vielerorts eine ausgeprägte Wachstumsphase. Dass die niedrig gelegene und kleine Provinz Imperia, von der ein knappes Viertel ausserhalb der Alpen im hier verwendeten Sinn liegt, dicht bevölkert war, steht freilich ausser Zweifel. Das ligurische Küstengebiet gehörte ganz allgemein zu den Gebieten mit der höchsten Bevölkerungsdichte Italiens. Ein zweites alpines Dichtezentrum war Appenzell, ebenfalls am Gebirgsrand gelegen und mit seinen gut vierhundert Quadratkilometern fast die kleinste Region des Samples, was die Vergleichbarkeit herabsetzt. Im 17. Jahrhundert wuchs die appenzellische Bevölkerung sehr schnell, und im 18. Jahrhundert galt die Gegend als eine der am dichtesten bevölkerten Landregionen Europas. »Wenn ich kein Augenzeuge wäre«, bemerkte ein Reiseschriftsteller, »so hätte ich nie glauben können, dass ein Bezirk von diesem Umfang eine so beträchtliche Menge Volks zählen könnte.« Die hohe Bevölkerungsdichte war Ursache und Folge der frühen Gewerbeverdichtung und Industrialisierung, welche die Wirtschaft der Region, wie mehrere Studien ausführen, vom 16. bis 19. Jahrhundert auf eine ganz neue Grundlage stellten.[19] Im Jahre 1900 betrug der Anteil der aktiven Agrarbevölkerung an der aktiven Gesamtbevölkerung noch 20 Prozent.

Ähnlich tief war dieser Anteil nur im benachbarten St. Gallen und in Glarus, während die Hälfte der untersuchten Regionen damals Werte von über 60 Prozent aufwies. Die Agrarquote ist allerdings eine komplexe und unpräzise Grösse. Sie bezieht sich nicht nur auf den Umfang der agrarischen innerhalb der gesamtwirtschaftlichen Aktivität, sondern auch auf den Spezialisierungsgrad (die Sachgüterproduktion innerhalb der Bauernbetriebe wird nicht erfasst). Die Ungenauigkeit rührte vor allem von der mangelhaften Berücksichtigung der landwirtschaftlich tätigen Frauen. Da die statistische Praxis von Staat zu Staat, ja von Region zu Region variierte, sind detaillierte Vergleiche problematisch, selbst wenn man weitere Indikatoren beizieht.[20]

Doch in grossen Zügen ist eine Beziehung zwischen Bevölkerungsdichte und Agrarquote nicht zu verkennen. Dicht besiedelte Regionen (wie Appenzell und St. Gallen) hatten um 1900 häufig einen niedrigen, spärlich besiedelte Regionen (wie Valais, Alpes-de-Haute-Provence, Hautes-Alpes) häufig einen hohen Landwirtschaftsanteil. Daneben gab es andere Fälle. Eine mittlere bis hohe Bevölkerungsdichte mit hoher Agrarquote fand man in den Provinzen Imperia und Belluno, im benachbarten Trentino und in der Haute-Savoie. Zu nennen wäre auch die Provinz Sondrio, die etwas weniger dicht besiedelt war, aber mit 82 Prozent die grösste aktive Agrarbevölkerung des Samples aufwies. Dies deutet an, dass man die Möglichkeit für landwirtschaftliche Entwicklungen im Alpenraum nicht unterschätzen sollte. Anders kombiniert geben die Daten einen Hinweis auf die allgemeine Bedeutung und Dynamik der alpinen Landwirtschaft während der Untersuchungsperiode: Um 1870 lagen viele Agrarquoten wesentlich höher als um 1900 – die Veränderung betrug im regionalen Normalfall gut 10 Prozent –, und es lässt sich plausibel vermuten, dass eine statistische Erfassung zu früheren Zeitpunkten noch höhere Werte ergeben hätte. Gemäss den präsentierten Daten war die Bevölkerung aber seit Beginn der Neuzeit ganz erheblich gewachsen. Die beiden Beobachtungen legen nahe, dass man in dieser Zeitspanne von einer wesentlichen Steigerung der landwirtschaftlichen Produktion auszugehen hat.[21]

Wie wirkte sich die Höhenlage auf diesen Wachstumsprozess aus? Die in Tabelle 2.3 angeführten regionalen Durchschnitte stellen natürlich wieder eine starke Vereinfachung dar, die sich nur durch die grossflächige Betrachtungsweise rechtfertigen lässt. Beschränken wir uns zunächst auf den einheitlichen Datensatz für die österreichischen Regionen: Im 16. und 17. Jahrhundert kann hier von einer höhenspezifischen Wachstumslimitierung keine Rede sein – die Zahlen zeigen fast umgekehrte Verhältnisse –, während ein solcher Zusammenhang im 18. und 19. Jahrhundert immer deutlicher zutage tritt. Besonders klar ist der Fall der niedrig gelegenen und teilweise ausseralpinen Steiermark, die in den beiden ersten Jahrhunderten das kleinste Wachstum aufwies, im 19. Jahrhundert aber alle anderen Regionen übertraf. Damals sank Tirol, das höchstgelegene Land, das bisher immer eine mittlere Zunahme gekannt hatte, auf den letzten Platz ab.

Von 22 der 26 alpinen Regionen gibt die Tabelle Wachstumsziffern für die Periode von 1700 bis 1900. Klassiert nach einer Durchschnittshöhe von unter und über 750 Metern, lassen sie während des 18. und 19. Jahrhunderts ebenfalls deutliche Unterschiede erkennen. Die niedrigen Regionen hatten damals eine mittlere Wachstumsrate von 2,2 und 4,1 Promille, in den hohen Regionen betrugen die Werte nur 1,5 und 2,7 Promille. Die mittlere Bevölkerungsdichte der beiden Kategorien unterschied sich bereits in den Jahren um 1700 (mit 23 gegenüber 19 Personen pro Quadratkilometer). Wirklich signifikant war der Unterschied aber erst um 1800 und erst recht um 1900 (mit 31 und 49 gegenüber 20 und 21 Personen pro Quadratkilometer).[22] Die Höhenlage scheint also im Laufe der Untersuchungsperiode zunehmend Einfluss auf das regionale Wachstum gewonnen zu haben. Dies führte allerdings nicht zu einer Einebnung anderer Differenzen. Unter Berücksichtigung der Höhe waren um 1800 vor allem österreichische Regionen, zum Beispiel die Steiermark, wenig bevölkert. Dasselbe galt um 1900 für die Alpes-de-Haute-Provence.[23]

Regionale Unterschiede gehörten zu den üblichen Erscheinungen der europäischen Bevölkerungsgeschichte. Sie zeigten sich auch im Flachland und im grossen Massstab, wie die obere Rubrik von Tabelle 2.4 illustriert, in der die verfügbaren Zahlen für die heutigen Staaten mit Alpenanteil zusammengestellt sind. Um einen Alpen-Umland-Vergleich auf mittlerem Niveau zu ermöglichen, habe ich in der unteren Rubrik vier Gruppen von Regionen gebildet. Bei der Auswahl waren mehrere Gesichtspunkte wegleitend: die Existenz von Daten, der Alpenanteil und der Umfang der Territorien, die Verteilung über den Raum. Kein Kriterium liess sich auf wirklich befriedigende Weise erfüllen (die alpinen Schätzungen für das 16. Jahrhundert mussten beispielsweise weiter ergänzt werden), doch alles in allem dürfte die Gruppierung ein brauchbares Bild ergeben.[24]

Es lässt sich wie folgt zusammenfassen. Bezogen auf die Gesamtperiode von 1500 bis 1900 wuchs die Bevölkerung in den alpinen Regionen überall langsamer als in den anschliessenden Umland-Regionen. Im 16. und 17. Jahrhundert gab es jedoch Gebiete, in denen die Bergzonen höhere Wachstumsraten aufwiesen als das Flachland. Sie lagen im zentral-östlichen Abschnitt und besonders im Nordosten des Gebirgsbogens (italienische und österreichische Gruppen). Da die Bevölkerungsdichte von Alpen und Umland dort schon zu Beginn erheblich differierte, vermochte die schnellere Zunahme den absoluten Dichteunterschied zwischen den Zonen allerdings nicht zu vermindern. Im 18. und 19. Jahrhundert nahm die allgemeine Wachstumsdisparität dann spürbar zu und wurde in allen Gruppen zur Regel, womit sich das Dichtegefälle rapide vergrösserte.

Zum Schluss wollen wir einen Blick auf alpine Regionen werfen, die unser Sample aus methodischen Gründen nicht berücksichtigen konnte. In der Dauphiné wuchs ein Berggebiet von 3304 Quadratkilometern, heute im Departement Isère, von 1476 bis 1800 geringfügig schneller als ein kleineres Gebiet im vorgelagerten Tiefland mit vergleichbaren Daten, während sich der Trend nachher deutlich umkehrte; für die ganze Provinz weist René Favier allerdings schon im 18. Jahrhundert eine Wachstumsdisparität zwischen »haut« und »bas Dauphiné« nach. Dichter besiedelt als die französischen Teile der Westalpen war die piemontesische Seite, für welche Raoul Blanchard eine höhenspezifische Analyse vorgelegt hat: In den »hautes vallées« wuchs die Bevölkerung zwischen 1734 und 1838 mit jährlich 3,5 Promille und begann wenig später zurückzugehen (1838–1901: - 2,6 Promille); in den »basses vallées« lagen die Raten besonders in der zweiten Phase höher, so dass die gesamte Bergbevölkerung im Piemont bis zum Ende der Untersuchungsperiode leicht anstieg. Im Kanton Bern, der weit in die Alpen reicht (nach der verwendeten Definition mit 3876 Quadratkilometern), wuchs die Bevölkerung im Oberland gemäss Markus Mattmüller während der frühen Neuzeit überaus schnell, schneller auch als diejenige des Mittellands (1499–1764: 6,6 gegenüber 5,2 Promille); im 19. Jahrhundert blieb das alpine Wachstum weiterhin hoch, wurde nun aber vom flachen Land überholt. In den Provinzen Udine und Pordenone (mit einem Alpenanteil von 4317 Quadratkilometern) lässt sich von 1548 bis 1802 ein erstaunlicher Zunahmeüberschuss der »montagna« im Vergleich zu einem mittleren Gebiet der »pianura« beobachten (2,8 gegenüber 0,6 Promille); das 19. Jahrhundert brachte eine Wachstumsbeschleunigung verbunden mit einer klaren Tendenzwende.[25]

Trotz aller Vorbehalte, die man auch diesen Daten gegenüber anmelden muss, verstärken die Beispiele den Eindruck, dass der Einfluss der Gebirgs- und Höhenlage auf das Bevölkerungsgeschehen zunächst gering war und im Laufe der Untersuchungsperiode erheblich zunahm. Man kann ihn, mit anderen Worten, als Ergebnis eines historischen Prozesses betrachten.

Fassen wir zusammen. Voraussetzung für eine grossflächige Untersuchung der alpinen Bevölkerungsgeschichte ist eine Methode, die es erlaubt, einen geographisch umschriebenen Raum mittels politischer und damit demographisch fassbarer Räume abzubilden. Gestützt auf eine gemeindebezogene Alpenabgrenzung von Werner Bätzing aus dem Jahre 1993 konnte hier ein Sample von 26 alpinen Regionen definiert werden. Die Regionen sind staatliche Verwaltungseinheiten einer bestimmten Grösse und Festigkeit, welche eine in die frühe Neuzeit zurückreichende Bevölkerungsrekonstruktion ermöglichen, und das Sample umfasst diejenigen unter ihnen, welche mindestens zu 75 Prozent als alpin gelten. Die der Literatur entnommenen oder selber geschätzten Daten für die Jahrhundertschritte zwischen 1500 und 1900 legen nahe, dass sich die alpine Bevölkerung während dieser Zeitspanne nahezu verdreifachte. In der genannten Abgrenzung betrug sie um 1500 schätzungsweise 2,9 Millionen, um 1900 etwa 7,9 Millionen.

Dieser Bevölkerungsprozess hatte schon auf der gewählten regionalen Ebene zahlreiche Ausprägungen. Eine Analyse nach Höhenlage lässt den Schluss zu, dass höhenspezifische Faktoren im Laufe der Untersuchungsperiode zunehmend Einfluss auf das Wachstum gewannen. Zu einem ähnlichen Ergebnis gelangt man durch Vergleich von Alpenregionen mit Umlandregionen und durch Vergleich des Alpenraums mit den Staaten, die sich heute in ihn teilen. Auf beiden Ebenen zeigt sich, dass die Wachstumsdifferenz zwischen Gebirge und Umland vorerst gering war, ja zugunsten des Gebirges ausfallen konnte und sich im 18. und 19. Jahrhundert rasch vergrösserte. Weil das Umland dichter bevölkert war als die Alpen, kam es allerdings auch im Fall von höheren alpinen Wachstumsraten selten zur Verminderung der absoluten Dichtedifferenz zwischen den Zonen.

Die meisten Dokumente, die sich zur Rekonstruktion demographischer Prozesse verwenden lassen, entstanden im Interesse der gesellschaftlichen Kontrolle und bildeten ihrerseits ein Element im gesellschaftlichen Kräftefeld. Die politische Dynamik verwandelte Aussagen über die Bevölkerung gerade im Alpenraum schnell in Urteilssprüche gegen die Über- oder Entvölkerung, wobei die Behauptung wichtiger sein konnte als der Befund.[26] Langfristig nahmen die Produktion und die Öffentlichkeit von statistischen Angaben enorm zu, aber ihre argumentative Verwendung blieb stets umstritten. Auch in Epochen, die von Übervölkerungsängsten geprägt waren, fehlte es nicht an anderen Stimmen. Im späten 19. und frühen 20. Jahrhundert scheinen in den Alpen diejenigen überwogen zu haben, welche von einer Entvölkerung sprachen und zum Beispiel die »Höhenflucht« beklagten. Tatsächlich gab es auf lokaler und regionaler Ebene viele Konzentrationsbewegungen und teilweise rückläufige Entwicklungen, gesamthaft musste man eine zunehmende Differenz zum Umland feststellen. Doch die Klagen wurden auch zu einem Zeitpunkt laut, als der Alpenraum ein Jahrhundert hinter sich hatte, in dem seine Bevölkerung schneller gewachsen war als in allen früheren Perioden, die wir hier betrachtet haben.

3 Land- und Alpwirtschaft

»There are no grounds less susceptible of improvement than mountain pastures«, schrieb Thomas R. Malthus im Jahre 1803. »They must necessarily be left chiefly to nature; and when they have been adequately stocked with cattle, little more can be done.« Diese Feststellung über das schweizerische Alpengebiet schien ihm von zentraler Bedeutung, denn er betrachtete die Bergweiden als Angelpunkt der alpinen Landwirtschaft und ihr limitiertes Umweltpotential als Illustration für seine allgemeine Bevölkerungstheorie. Aus unterschiedlichem Blickwinkel und mit unterschiedlichen Absichten haben sich vor und nach seinem »Essay on the principle of population« viele Stimmen über die beschränkten Ressourcen im Alpenraum geäussert. Mindestens seit Beginn der Neuzeit weisen die Gebirgsbewohner häufig auf die Unfruchtbarkeit ihrer Länder hin, wenn sie sich öffentlich zu rechtfertigen hatten, und als die modernen Agrarwissenschaften seit dem 19. Jahrhundert die Entwicklungspotentiale grösserer Gebiete abzuschätzen begannen, schnitten die Bergregionen schlecht ab.[1] Trotzdem wuchs die Gesamtbevölkerung des Alpenraums von 1500 bis 1900 wahrscheinlich fast um das Dreifache, und es besteht kein Zweifel, dass die Zunahme mit einer wesentlichen Steigerung der Agrarproduktion einherging. Wie war ein derartiger Wachstumsprozess möglich?

Zur Abklärung dieser Frage behandelt das folgende Kapitel eine Reihe von wichtigen Aspekten der alpinen Landwirtschaft. Die Ausgangslage ist nicht eben günstig. Obwohl sich in den vergangenen Jahrzehnten Tendenzen einer gesamtalpinen Geschichtsforschung gebildet haben, gibt es bisher nur wenige Überblicksstudien zur Agrargeschichte in diesem europäischen Grenzraum. Bezeichnend für einen grossen Teil der wissenschaftlichen Literatur ist einerseits die nationale oder regionale Ausrichtung, andererseits die Dominanz von geographischen und anthropologischen Untersuchungen. In den agrarhistorischen Darstellungen zu einzelnen Staaten werden die alpinen Gebiete, auch entsprechend ihrem jeweiligen Flächenanteil, in sehr unterschiedlichem Mass behandelt. Während sie etwa in Österreich eine wichtige Rolle spielen und in Italien öfter angesprochen werden, findet man in französischen Synthesen eher beiläufige Hinweise.[2] Dass die alpine Geschichtsschreibung in besonderem Mass auf die Diskussion mit Nachbardisziplinen angewiesen ist, zeigt schon der Umstand, dass die ausführlichste Gesamtdarstellung der älteren Landwirtschaft von kulturgeographischer Seite stammt. In den Jahren 1940 und 1941 publizierte John Frödin ein zweibändiges Werk über »Zentraleuropas Alpwirtschaft«, in welchem er die Resultate seiner langjährigen, teilweise auch historisch orientierten Forschungen festhielt. Wir werden darauf zurückkommen.[3]

Das Verhältnis zwischen alpiner Umwelt, Bevölkerung und Landwirtschaft lässt sich in verschiedener Richtung analysieren. In den folgenden Ausführungen gehe ich davon aus, dass bei steigender Bevölkerung neue, sparsame Formen der Umweltnutzung notwendig wurden und dass bei solchen Innovationen nicht nur der jeweilige Konsumbedarf ins Gewicht fiel, sondern auch der Arbeitsaufwand. Raumsparende Formen der Bodennutzung waren unter vorindustriellen Verhältnissen in der Regel arbeitsintensiv, also auf einen bestimmten Bevölkerungsstand angewiesen. Dabei stiegen die erzielten Erträge oft nicht im selben Mass wie der Aufwand, so dass ältere, extensive Formen der Bodennutzung eine höhere Arbeitsproduktivität ermöglichten und so lange beibehalten wurden, als es die vorhandenen Landressourcen erlaubten.[4] Dieses Entwicklungsmodell betrachtet das Umweltpotential innerhalb eines historischen Gesamtzusammenhangs und unterscheidet sich von der Perspektive vieler geographischer Studien. Gemäss ihrer fachspezifischen Grundposition fragen sie bedeutend häufiger nach dem Einfluss der alpinen Natur auf die Agrarstrukturen als nach anderen Zusammenhängen, womit die Umweltbedingungen von vornherein einen privilegierten Erklärungswert erhalten.[5]

Dass die bäuerliche Arbeitslast in Gebirgsregionen besonders gross sein konnte, wird von allen Seiten versichert, allerdings meistens in genereller Weise. Wichtig für unser Vorhaben wären genaue, nach Möglichkeit quantitative Informationen zu verschiedenen Nutzungsformen unter verschiedenen Umständen. Die Quellenlage und die Forschungssituation lassen hier viel zu wünschen übrig. Immerhin gibt es neben verschiedenen Schätzungsmethoden auch einzelne Zahlenangaben. Bezogen auf technologische Verhältnisse, wie sie vor 1900 herrschten, werden für die französischen Alpen zum Beispiel folgende Personenstunden pro Jahr und Hektar angeführt: Heuwiesen 230, Getreide 315, Kartoffeln 2500, Wein 2750. Daran lässt sich etwa ablesen, dass die Futterproduktion punkto Arbeit schon auf gleicher Bodenfläche drei Viertel der Getreideproduktion ausmachte und dass die Hackfrucht auch hier einen sehr grossen Einsatz erforderte (der Stundenertrag betrug beim Getreide 8 Kilo, bei der Kartoffel 5 Kilo). Man wird freilich sehen, dass die ökonomischen Parameter vielen zeitlichen und räumlichen Variationen unterworfen waren, so dass Einzelbeispiele immer nur beschränkte Aussagekraft besitzen.[6]

Zuerst fragen wir nun nach der Bedeutung der Alpwirtschaft, dann geht es um die Formen der Bodennutzung und um die Intensivierung von Tierhaltung und Pflanzenbau, schliesslich wird die technische Dimension der landwirtschaftlichen Entwicklung betrachtet.

Das alpine Intensitätsgefälle

Unter den verschiedenen Zweigen der alpinen Landwirtschaft nimmt die Alp- oder Almwirtschaft in der Literatur einen bevorzugten Platz ein. Historische Überblickswerke nennen sie manchmal als primäre Erwerbsquelle, Regional- und Lokalmonographien widmen ihr oft besondere Aufmerksamkeit, zudem gibt es einen Korpus von Spezialstudien. Die Alpwirtschaft bildete eine variantenreiche Wirtschaftsform und lässt sich nicht leicht definieren. Zu ihren wichtigen, weithin verbreiteten Merkmalen gehörten die sommerliche Weidenutzung, die Höhenlage der Weideflächen (Alpstufe) und die von den Wohnsiedlungen abgesonderte, aber rechtlich und wirtschaftlich abhängige Betriebsweise. Die prominente Stellung des Alpwesens innerhalb der wissenschaftlichen Tradition ist weniger selbstverständlich als man zunächst annehmen könnte. Sie ergab sich nämlich nicht nur aus der Beschäftigung mit den Gegebenheiten im Alpenraum, sondern auch durch den Vergleich mit den Verhältnissen im Alpenumland. Um sie ins rechte Licht zu rücken, muss man berücksichtigen, dass die Landwirtschaft des Umlands vom 16. bis 19. Jahrhundert in vielfacher Hinsicht ein neues Antlitz erhielt.

Mit besonderer Schnelligkeit verlief die Entwicklung in Oberitalien, von Reisenden oft als »Garten Europas« bezeichnet. Um 1500 trafen sie südlich der Alpen auf eine nach zeitgenössischem Massstab dichte Bevölkerung und auf eine intensive Landwirtschaft, die in gewissen Gebieten bereits ohne Brache auskam. Bis um 1800 erfolgte die Bodennutzung dann fast überall im jährlichen oder kürzeren Turnus. Auch die Weide- und Waldgebiete wurden im Zuge der frühneuzeitlichen Agrarintensivierung zurückgedrängt. Für das 18. Jahrhundert hat man die Zunahme der festen Anbaufläche in Italien auf 10 Prozent geschätzt, in Oberitalien dürfte der Wert übertroffen worden sein. Gleichzeitig vervielfachten sich die Aufwendungen für die Bewässerung und die Entwässerung. Wichtig waren ferner pflanzenbauliche und viehwirtschaftliche Innovationen: der im 16. Jahrhundert eingeführte, später weit verbreitete Maisanbau; die regionale Ausdehnung der Reiskulturen; die gesteigerte, schon früh auch mit Kunstgräsern und Fruchtwechsel betriebene Futterproduktion; die Zunahme der Stallhaltung.[7]

Diese Entwicklungen gewannen im 19. Jahrhundert an Dynamik und verstärkten die seit langem bestehenden Differenzen zum benachbarten Alpenraum. Arealstatistische Angaben sind bis ans Ende der Periode bei extensiv genutzten Böden sehr ungenau, doch die grossregionalen Unterschiede kommen in den Daten, wie sie etwa aus dem habsburgischen Staatsgebiet überliefert sind, deutlich zum Ausdruck. 1861 wurden im Lombardisch-Venetianischen Königreich, das auch einige Bergregionen einschloss, 33 Prozent der produktiven Bodenfläche als Weiden und Waldungen ausgewiesen. In den Alpenländern Tirol (mit Vorarlberg, Nord- und Südtirol, Trentino), Salzburg und Kärnten betrug dieser Anteil 72–75 Prozent, in den mehrheitlich ausseralpinen, nördlichen Kronländern Ober- und Niederösterreich 41 Prozent. Die Kataster geben auch Einblick in Veränderungen. So sank der Weideanteil in Niederösterreich von 9,4 Prozent im Jahre 1789 auf 3,7 Prozent im Jahre 1897. In den genannten Alpenländern veranschlagte man die Weiden damals auf 25–40 Prozent, nicht weniger als ein gutes Jahrhundert zuvor.[8]

Die frühe Berichterstattung über die Alpwirtschaft ist vor dem Hintergrund solcher Wandelerscheinungen zu lesen: Die langfristige Verknappung der extensiv genutzten Ressourcen steigerte die Aufmerksamkeit für die entlegenen Bergweiden und beeinflusste auf unterschiedlichen Wegen auch wichtige Wahrnehmungsfaktoren wie die kommerzielle Bekanntheit bestimmter Alpprodukte und die rousseauistische Hinwendung zur »Natur«. Ludwig Wallrath Medicus, ein deutscher Schriftsteller, der 1795 einen Bericht über die Alpwirtschaft in der Schweiz veröffentlichte, ging von der gängigen Ansicht aus, wonach die Hebung des Ackerbaus im flachen Land eine Hebung der Viehwirtschaft bedinge. Folglich habe man sich vermehrt mit diesem Betriebszweig zu befassen, wertvolle Einsichten könne gerade die in Lehrbüchern mit keinem Wort erwähnte Alpwirtschaft vermitteln. Darunter stellte er sich zunächst eine intensive Wirtschaftsform vor. »Was die Fruchtbarkeit der Alpen betrifft, so gieng es mir, wie so manchen andern Reisenden: ich hatte so viel von der Fruchtbarkeit und Ergiebigkeit der Alpen gehört, dass ich mir vorstellte, die Kühe müssten wenigstens bis an den Bauch im Gras gehen, weil ich diese Bergweiden mit Wiesen verwechselte.« Am Reiseziel angekommen, war er nicht wenig erstaunt über die wirklichen Alpweiden und ihr »kurzes, ganz niederes Gras«, das gleichwohl eine »gemächlichen Unterhalt, ja sogar Reichthum« versprechende Vieh- und Milchwirtschaft ermöglichte.[9]

Später erweiterten sich die wissenschaftlichen Ressourcen und Perspektiven. Der schwedische Kulturgeograph John Frödin, der in den 1920er Jahren an die Erforschung der Alpwirtschaft ging, konnte schon eine umfangreiche, nun auch statistisch abgestützte Literatur beiziehen. Ebenso wichtig waren eigene Felderhebungen, die ihn durch die ganze Gebirgskette, von Kärnten bis in die französischen Südalpen, führten. Anders als Medicus betrachtete er die Alpwirtschaft von vorherein unter dem Aspekt der Extensivität, denn sein Interesse galt dem Vergleich mit sonstigen Formen der Weidewirtschaft. In Abgrenzung vom Nomadismus und von der Transhumanz rechnete er zur Alpwirtschaft auch die Acker- und Wiesenflur, welche die Bevölkerung an eine feste Niederlassung band und dem Vieh das Futter zur Winterung gab. In diesem weiten kulturvergleichenden Sinn fiel der Begriff also praktisch zusammen mit der bergbäuerlichen Ökonomie. Die Bedeutung der Alpnutzung unterstrich Frödin mit dem Hinweis auf die geographische Verbreitung und das historische Alter. Für die ältere Geschichte konnte er wenig Material vorlegen. Wichtig ist aber in unserem Zusammenhang, dass er den Stellenwert der Alpstufe innerhalb seines Konzepts gar nicht untersuchte, sondern voraussetzte.[10]

Wie schon an diesen klassischen Darstellungen ersichtlich, fällt der jeweilige Referenzpunkt bei der Analyse stark ins Gewicht, was auch heisst, dass er vorgängig präzisiert werden sollte. Man kann die Alpwirtschaft vor allem in drei Perspektiven betrachten: einmal als besonderen Zweig der Berglandwirtschaft in Relation zum flachen Land (wie Medicus); dann als extensive Nutzungsform im Vergleich zu anderen Formen der Weidewirtschaft (wie Frödin); schliesslich wäre abzuklären, welche Bedeutung die Alpwirtschaft im regionalen Kontext der Bergökonomie hatte. Diese letzte Frage ist für unsere Problemstellung die entscheidende. Wir wollen sie in gebotener Kürze am Beispiel einer ausgesprochen alpinen Region erörtern.

In Graubünden betrug die mittlere Bestossungsdauer von über 800 klassierten Alpweiden laut der ersten einigermassen zuverlässigen Statistik, die um 1900 erhoben wurde, 87 Tage. In einigen Fällen wurde der Durchschnitt damals deutlich unter-, in anderen überschritten. Die vorerst spärlichen, seit etwa 1750 dichteren Quellen der frühen Neuzeit zeigen, dass man die Angabe als Annäherungswert für die gesamte Untersuchungsperiode akzeptieren kann. Während drei Viertel des Jahres wurde das Vieh also nicht auf den Alpweiden, sondern von den Ressourcen der unteren Stufen ernährt, in den Übergangszeiten von der Weide, im langen Winter von der Stallfütterung. Auf diesen unteren Stufen produzierte man neben dem nötigen Heu auch Getreide, je nach Tal ausserdem Kastanien, Obst und Wein. Die Zahl der Personen und Arbeitskräfte, die sich in den Sommermonaten auf den Alpen aufhielten, hing von der Betriebsweise ab. In Graubünden dominierte, seit wir die Situation überblicken, die Genossenschaftssennerei, bei welcher die Viehhut und die Molkenproduktion von angestellten Alpknechten besorgt wurden. Ihr Anteil an der Bevölkerung belief sich nach Ausweis lokaler Dokumente auf wenige Prozente. Wie verhielt es sich mit den Milchprodukten? Die ökonomischen Schriften berichten seit dem späten 18. Jahrhundert übereinstimmend, dass die auf der Alp hergestellte Gesamtmenge an Butter, Käse und Zieger deutlich geringer war als die im Tal produzierten Molken. Der Sommernutzen einer Kuh betrug damals an verschiedenen Orten ein Drittel des Jahresnutzens.[11]

Ganz anders präsentierte sich die Bilanz, wenn man neben den Erträgen den Aufwand einbezog, was eine Berechnung in Geldwert erforderte. »Es ist bey uns eine gemachte Erfahrung«, schrieb ein Geistlicher 1789, »dass der reine Ertrag, den man von einer Kuh das Jahr hindurch hat, in ihrem Sommernutzen bestehe; was eine Kuh die Zeit des Winters durch an Nutzung abwirft, wird vom Heu, welches sie verzehrt, so fast aufgewogen, wenn dazu noch die Mühe ihrer Wartung und Futterung in Anschlag kommt.« Laut seiner Überschlagsrechnung verzehrte eine Kuh während der Winterung 3 bis 4 Klafter Heu oder, in Geld gerechnet, 27 bis 36 Gulden. Die in dieser Zeit erzeugte Butter bringe etwa 30 Gulden, und der gewonnene Käse könne etwa den Fütterungslohn ausgleichen, so dass sich Aufwand und Ertrag unter dem Strich aufhöben. Während des Alpsommers könne man von einer Kuh Molken im Wert von 11 oder 12 Gulden erwarten; nach Abzug der Löhne für Senn und Hirten blieben davon ungefähr 10 Gulden als reiner Ertrag übrig. Andere detailliertere Bilanzen bestätigten die Regel, wonach der Winternutzen einer Kuh vom verbrauchten Heu fast aufgewogen wurde, wenn man diese Güter mit monetären Massstäben verglich. Allgemein kann festgestellt werden, dass die Produktion von Stallfutter wertvollen, weil beschränkt verfügbaren Boden und einen hohen Arbeitsaufwand erforderte, während die weitläufigen, extensiv genutzten Alpweiden das Futter ohne viel Zutun hervorbrachten. Die Alpwirtschaft bildete in anderen Worten eine raumkonsumierende und arbeitssparende Nutzungsweise mit einem günstigen Ertragsverhältnis. Hinsichtlich Nutzungsdauer, Beschäftigungszahl und Produktionsmenge erreichte sie aber in Graubünden bei weitem nicht die Bedeutung der Talwirtschaft, selbst wenn man dort nur den Viehsektor betrachtet.

Es ist nicht leicht, den Geltungsbereich der regionalen Ergebnisse abzuschätzen. Dabei wären viele Faktoren mit teilweise gegenläufigen Wirkungen zu kontrollieren. Ich beschränke mich hier auf wenige Hinweise. Nimmt man die aktuelle Staatsgliederung und die Höhenlage der Siedlungen zum Massstab, so ist Graubünden, wo sich die Gemeindezentren durchschnittlich auf 1129 Meter befinden, die höchste Region des Alpenraums.[12] Mit der Höhenlage waren oft grosse Weideressourcen verbunden; in Graubünden bezifferte man den Anteil der Weide am produktiven Boden um 1900 je nach Berechnungsart auf 41 oder 55 Prozent. Auf der anderen Seite konnte sich die mittlere Alpdauer mit zunehmender Höhe spürbar verkürzen; so gab es zu jenem Zeitpunkt Regionen, welche die Bündner Werte um ein Viertel und mehr übertrafen.[13] Diese Rahmenbedingungen der Alpwirtschaft lassen sich allerdings nur bedingt mit Umweltfaktoren erklären, denn die Aufteilung zwischen Winter- und Sommerressourcen war in einem historischen Prozess entstanden, der nicht gleichmässig verlaufen musste. Ein Hinweis darauf sind die häufigen Abweichungen von der eben genannten Verkürzungsregel. Viele italienische Alpen lagen zum Beispiel bedeutend tiefer als die bündnerischen und hatten gleichwohl eine kürzere Bestossungsdauer. Man darf davon ausgehen, dass es sich um Gebiete mit starker demographischer und agrarischer Verdichtung handelte.[14]

In teilweisem Vorgriff auf die weiteren Ausführungen können wir zweierlei festhalten. Erstens: Die Alpwirtschaft des 16. bis 19. Jahrhunderts war mit einer aufwendigen Futterproduktion und Stallhaltung auf den Talstufen verbunden. Nichts ist fragwürdiger als eine derartige Wirtschaftsform archaischen Entwicklungsstadien zuzuweisen. Wollte man den Arbeitsaufwand klein halten, so musste die Winterung wo immer möglich vermieden werden, was nach Massgabe der regionalen Umstände auch tatsächlich geschah (vgl. unten). Zweitens macht es historisch wenig Sinn, die alpine Landwirtschaft im Gefolge von Malthus oder Frödin als geschlossenes System dazustellen, das von seinem extensivsten Pol bestimmt wurde. In Wirklichkeit konnten Intensivierungsprozesse auf den unteren Stufen ansetzen und die Nutzung der hochgelegenen Weideflächen erheblich beeinflussen. Bezeichnend für die alpine Landwirtschaft war also weniger die Alpwirtschaft an sich als das steile Intensitätsgefälle.[15]

Aus einer solchen flexiblen Position hat der französische Geograph Emmanuel de Martonne in einer frühen, klassisch gewordenen Synthese eine regionale Agrartypologie erstellt, die trotz starker Vereinfachung und Benutzung verschiedenartiger Kriterien eine

nützliche Übersicht über den Alpenraum in der Zeit um 1900 bietet.[16] Seine Erklärungen lassen sich wie folgt zusammenfassen (vgl. Karte 3.1 mit Signaturenziffern):
- *Innere Alpenregionen:* vorwiegend Grossviehhaltung, Wiesenbau, daneben Getreide, Kartoffeln (1).
- *Bedeutende Schafhaltung:* Schafe dominierend südlich der Linie (8), teilweise transhumanter Betrieb; ausgeprägt neben Getreidebau im »pays à moutons« (5).
- *Viehwirtschaftsregionen:* Spezialisierung auf Grossviehhaltung, Wiesenbau (2).
- *Bedeutende Waldwirtschaft:* grosse Wälder mit besonderem Gewicht in der ländlichen Ökonomie (3).
- *Insubrische Regionen:* Mischwirtschaft mit bedeutender Kastanienkultur; Wein, Mais; dichtere Bevölkerung (4).
- *»Golfes de plaine«:* ausgeprägte Agrarvielfalt mit Mais und anderen Kulturen in den tiefliegenden Flusstälern; dichte Bevölkerung; Weinbau bedeutend in den Regionen (6), zurücktretend oder nicht vorhanden in den Regionen (7).

Es versteht sich, dass die stichwortartige Beschreibung und kartographische Zuweisung der »genres de vie agricoles« einen behelfsmässigen Charakter haben und nur eine erste Orientierung ermöglichen. Was daraus klar hervorgeht, ist die Variationsbreite, welche man im Alpenraum zu Ende der Untersuchungsperiode bezüglich landwirtschaftlicher Intensität beobachten konnte. Wie lässt sich die Variation genauer fassen und in eine historische Perspektive stellen?

Erntehäufigkeit und Erträge

Der wichtigste Faktor, der das agrarische Potential im Gebirge beschränkte, war die mit steigender Höhe kürzer werdende Vegetationszeit. Die Steilheit vieler Geländepartien brachte eine bedeutende Erschwerung der bäuerlichen Arbeit, war aber im Vergleich zum teilweise hügeligen Umland und mit Blick auf die zeitgenössische Technologie für den Alpenraum weniger bezeichnend als die Höhenlage. Die Verkürzung der Vegetationszeit wirkt sich in mehrfacher Weise aus. So gehen etwa die jährlichen Graserträge nach Schätzungen von Agronomen bei einer Höhendifferenz von 1000 Metern um ungefähr 40 Prozent zurück, und auf dem Ackerland reduziert sich die Möglichkeit, nach der Haupternte zusätzliche Nachfrüchte anzupflanzen. Die Ausdehnung der kalten Jahreszeit führt unter gleichen Bedingungen zu einer langen Dauer der Schneedecke, welche die Stallhaltung dringlicher und aufwendiger macht.[17]

Wie variabel die Witterung während den untersuchten Jahrhunderten war, hat uns die moderne Klimageschichte vor Augen geführt. Sehr ungünstige Umweltbedingungen häuften sich vor allem von 1565 bis 1629 und in der Zeit um 1690, weniger gedrängt oder einschneidend erschienen sie in weiteren Perioden, während das späte 19. Jahrhundert von einer Erwärmung geprägt war, anschaulich bezeugt durch den

Karte 3.1: Landwirtschaftsformen in den Alpen um 1900 nach de Martonne

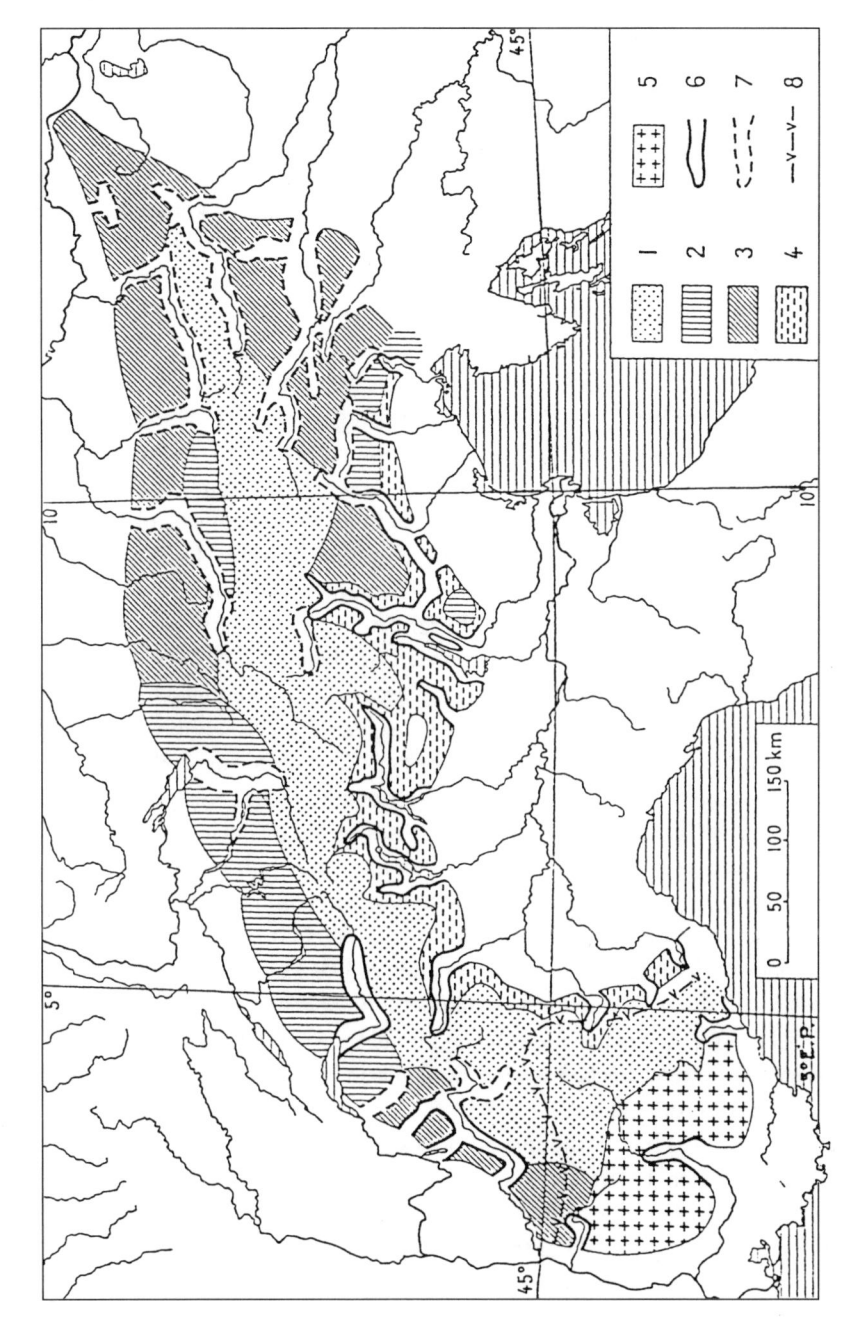

Quelle: Emmanuel de Martonne, Les Alpes. Géographie générale, Paris 1926, S. 157. Legendenerklärung im Text.

Land- und Alpwirtschaft 51

Rückgang der Gletscher.[18] Der klimahistorische Ansatz trägt wesentlich bei zur Erklärung kurzfristiger Produktionsschwankungen, umstritten ist dagegen seine Bedeutung für die langfristige Agrarentwicklung. Angesichts der vielen, verschiedenartigen Ungunstfaktoren und Landwirtschaftsformen bleibt vorläufig auch unklar, ob eine Grossregion wie der Alpenraum im Vergleich zum Umland generell als krisenanfällig einzustufen ist. Methodisch gilt es dabei zu bedenken, dass die klimatische Sensibilität an der obersten Grenze bestimmter Kulturpflanzen oder der menschlichen Siedlung – ein bevorzugtes Thema der traditionellen Geographie – geringe Aussagekraft hat. In solchen Gegenden wohnte nur ein sehr kleiner Teil der alpinen Bevölkerung.

Ein nützliches Mass für das Agrarpotential bzw. dessen historische Realisierung gibt das Konzept der Erntehäufigkeit. Es bezeichnet die zeitliche Frequenz der Ernten auf einer bestimmten Fläche, welche nicht notwendigerweise als »Kulturland« definiert sein muss, und lässt sich sowohl auf die Ackernutzung wie auf Grasland beziehen.[19] Von der unterschiedlichen Häufigkeit der Grasnutzung im Alpenraum berichtet eine ganze Reihe von Landesbeschreibungen und anderen Quellen. Folgen wir Johann Jakob Staffler, der im Jahre 1839 einen minutiösen Bericht über Tirol (in der damaligen Ausdehnung) und über Vorarlberg veröffentlichte. Man unterschied hier gewöhnlich drei Kategorien: Frühwiesen, Spätwiesen und Bergmähder. »Die Frühwiesen der Thalebenen liefern reichlichen Grasertrag. Sie werden im Innthale, im Wippthale, im Pusterthale und in Vinschgau zweimal, und nur die allerbesten davon in einigen Gegenden dreimal gemäht. (…) Bei Meran, Lana und Bozen, wo man die Wiesen mit ausgezeichnetem Fleisse behandelt, gibt es dagegen auf den besten Gründen sogar vierfache Ernte – Heu, Grumet, Povel und Nachpovel –, welche so hoch geschätzt wird, dass sie von einem Jauch 80 bis 100 Centner betragen soll.« Anders als die Frühwiesen erhielten die Spät- oder Galtwiesen keinen Dünger und wurden nur einmal im Jahr gemäht. »Die Bergwiesen endlich, welche weder gedüngt, noch bewässert, und einzig dem Walten der Natur überlassen werden, pflegt man nicht überall jährlich, sondern in vielen Orten im zweiten oder auch erst im dritten Jahr zu mähen. Das Heu eines solchen Mahdes, dessen Gräser sehr dünn und kurz, oft kaum über eine Spanne hoch aufwachsen, kann auch nur auf 2 bis 6 Centner von einem Jauch geschätzt werden.« Weil manche Gegenden »die ausgedehntesten Strecken solcher Bergwiesen besitzen«, war der Gesamtertrag indessen nicht unbeträchtlich.[20]

Beispiele für die Heugewinnung auf höchstgelegenen, auch abschüssigen Gebieten, lassen sich aus vielen Teilen des Alpenraums beibringen. Ihre Nutzung unterlag starken Schwankungen und erfolgte unter Umständen nur sporadisch. Dieser langsame bis unterbrochene Ernterhythmus kontrastierte in hohem Mass mit den Wirtschaftsformen in der lombardischen Ebene, wo man bei Kunstgras und Grünfütterung schon während der frühen Neuzeit bis zu sieben oder acht Schnitte im Jahr einbringen konnte.[21] Sehr beträchtlich – ja bei der Heugewinnung ebenso gross – waren auch die Frequenzunterschiede innerhalb des Alpenraums selbst: Die von Staffler angeführten Extremwerte unterscheiden sich um den Faktor zwölf. Es lässt sich plausibel vermuten und anhand einiger Quellen belegen, dass solche Unterschiede in der alpinen Wiesennutzung bereits zu Beginn der Neuzeit verbreitet waren, doch scheinen sie bei weitem nicht überall das spätere Ausmass gehabt zu haben. Jedenfalls begegnen wir immer wieder Fällen, wo man die Schnitthäufigkeit, besonders im Talgrund, vom 16. bis zum 19. Jahrhundert erhöhte.[22]

Das Graswachstum und die Erntemöglichkeit wurden von der Höhenlage und weiteren Klimafaktoren beeinflusst, sehr wesentlich aber auch von den Kultivierungsarbeiten, zu denen neben der Düngung vor allem die Bewässerung gehörte. Die verfügbaren Darstellungen zeigen, dass Wässerungstechniken vielerorts bekannt waren, auch in feuchteren Gebieten der Alpennordseite, wo sie mehr der Anreicherung und frühzeitigen Erwärmung des Bodens dienten. Was die Bewässerungsintensität anlangt, gab es freilich grosse regionale und zeitliche Unterschiede. Ein Indikator dafür ist der infrastrukturelle Aufwand, der sich für historische Zwecke auch deshalb anbietet, weil er leichter dokumentierbar ist. Bemerkenswerte Kunstbauten waren etwa der 500 Meter lange Tunnel in Exilles (Piemont), den man von 1526 bis 1533 zur Umleitung eines Gebirgswassers erstellte, und der Aquädukt von 600 Meter Länge in Laas (Südtirol), errichtet im Jahre 1790, um das Wasser über das Tal hinweg zu führen. Anhand einer Zusammenstellung der wichtigen Zuleitungskanäle mit approximativen oder genauen Baudaten lassen sich für das Wallis grobe Konjunkturphasen unterscheiden: Von den zuweisbaren Kanälen stammten auffällig viele aus dem 15. und 16. Jahrhundert (21), sehr wenige dagegen aus dem 18. Jahrhundert (4), während im 19. Jahrhundert eine äusserst rege Bautätigkeit herrschte (21). Diese Chronologie entspricht, nach allem was wir wissen, den demographischen Trends der Region. Auch in anderen Gebieten scheint der Zusammenhang zwischen Bevölkerungsentwicklung und Agrarintensivierung bei der Bewässerung besonders eng gewesen zu sein.[23]

Gründe dafür findet man sowohl auf der Aufwands- wie auf der Ertragsseite. Laut der Münsterschen Kosmographie pflegten die Walliser bereits im 16. Jahrhundert zu sagen, »es gang jnen mere kosten und arbeit auff das wasser dann auff den wein.« Eine Studie aus dem beginnenden 20. Jahrhundert nennt den Fall eines Bauern mit einem Grundbesitz für vier Stück Grossvieh, der im Sommer 160 Wässerungen vorzunehmen hatte, was etwa 80 Arbeitstage in Anspruch nahm. Das Wässern gab damit auf den Wiesen mindestens doppelt soviel zu tun wie die Ernte. Dafür liess sich die Futterproduktion um ein Mehrfaches steigern. Der Literatur ist zu entnehmen, dass Wässerwiesen unter Umständen einen Ertrag abwarfen, der fünf- oder sogar achtmal grösser war als derjenige eines unbewässerten Grundstücks.[24]

Wie beim Grasland gab es im Alpenraum auch bei der Ackernutzung sehr unterschiedliche Erntefrequenzen. In der Steiermark und in benachbarten Landschaften der Ostalpen gehörte die sogenannte Brandwirtschaft während der Untersuchungsperiode zu

Land- und Alpwirtschaft

den üblichen Techniken. In den 1830er und 1840er Jahren schätzte man, dass etwa ein Viertel des steirischen Getreides in Bränden produziert wurde. Dabei konzentrierte sich diese Wirtschaftsform in den Gebirgsregionen der Obersteiermark, besonders in den Einzelhofgegenden mit grossen Waldbeständen. Die Waldbauern verfügten in Hofnähe über intensiv genutzte Flächen, daneben legten sie jährlich neue Äcker an, je nach Ressourcen und Bedarf etwa alle 15 bis 50 Jahre an derselben Stelle. Zunächst wurde der zwischenzeitlich aufgekommene Wald geschlagen, um die besseren Stämme betrieblichen und kommerziellen Zwecken zuzuführen. Dann äscherte man das übrige Holz in einem kontrollierten Verfahren ein, verwendete den Brand kurzfristig als Acker und anschliessend einige Zeit als Weide, nachher wuchs er wieder ein. Historische Untersuchungen zeigen, wie sich diese Methode neben anderen Methoden im 16. und 17. Jahrhundert ausdehnte und seit dem 18. Jahrhundert unter den Druck der staatlichen Forstgesetzgebung geriet. In der Steiermark war die Brandwirtschaft aber so wichtig, dass sie in die Verrechtlichung einbezogen werden musste und bis in die zweite Hälfte des 20. Jahrhunderts überlebte. Mit grossen raumzeitlichen Differenzen lassen sich ähnliche Techniken vielerorts belegen. Von Bedeutung waren sie etwa in Randgebieten der französischen Alpen, deren Waldreichtum von de Martonne hervorgehoben wurde (vgl. Karte 3.1, Signatur 3). So bildete der Westen des Vercors lange »un domaine d'essarts, c'est-à-dire de cultures sur brûlis, pratiquées à travers les forêts.«[25]

Abgesehen von der Brandwirtschaft und beschränkt auf Formen des Dauerackerbaus, variierte die Erntehäufigkeit im Alpenraum ungefähr um den Faktor vier. Überdurchschnittlich gut dokumentiert und untersucht sind Feldsysteme mit einer Brachperiode in jedem zweiten oder dritten Jahr in den Westalpen, namentlich in der Provence. Sie lassen sich hier seit dem Spätmittelalter in verschiedenen Mischungen neben anderen Anbauformen fassen. Bezeichnend für die Entwicklung der »Alpes du Sud« war der Umstand, dass dieser Rhythmus im 18. und 19. Jahrhundert nur geringfügige Veränderungen erfuhr, jedenfalls im Vergleich zu benachbarten savoyisch-piemontesischen Gebirgsregionen, die damals zu intensiveren Nutzungsweisen übergingen. Die Beibehaltung der Brachwirtschaft hing nicht zuletzt mit speziellen demographischen Verhältnissen zusammen. Trotz einer ziemlich durchschnittlichen Höhenlage zählte das Departement Alpes-de-Haute-Provence im Jahre 1801 lediglich 19 Personen und im Jahre 1901 noch 17 Personen pro Quadratkilometer, während die zwei savoyischen Departemente eine Bevölkerungsdichte von 35–40 (1801) und 41–57 (1901) hatten.[26]

Die Beispiele für kürzere Erntesequenzen entnehmen wir einigen Regionen des mittleren Alpenabschnitts. Im Engadin wurde das Ackerland mindestens seit Beginn der Neuzeit im jährlichen Turnus angepflanzt. Brachjahre lassen sich in diesem hochgelegenen Tal nur ausnahmsweise, etwa in Fällen von Düngermangel, belegen. Beobachter aus dem Norden nahmen während des Ancien régime häufig Notiz von den »doppelten Ernten« in tieferen Lagen der Alpensüdseite. 1706 äusserte sich Johann Jakob

Scheuchzer auf überschwengliche Weise über das Veltlin, das teilhabe »an der kostlichkeit der Italiänischen Lust- und Fruchtbarkeit«. Ein anderer Zürcher Forscher berichtete 1786, dass im unteren Tessin weiterhin Getreide angebaut werde, »ja vast überall säet man in denselbigen Acker im gleichen Jahr zweymal, zwar nicht die gleiche Fruchtart, aber neben dem Getreid noch etwa sehr ergiebiges, wie z. E. türkisch Korn, Fennich, Hirss, usw.«[27]

Die Geschichte des Mehrfachanbaus lässt sich am besten anhand der Verbreitung neuer Pflanzen verfolgen, die häufig als Zweitfrüchte verwendet wurden: Buchweizen seit dem 15. Jahrhundert, Mais seit dem ausgehenden 16. Jahrhundert (vgl. unten). Zu den wichtigen Eigenschaften der Zweitfrüchte gehörte ihre relativ kurze Vegetationsperiode. Was eine solche Frequenzsteigerung in oberen Höhenlagen erschwerte und schliesslich verunmöglichte, war einerseits die abnehmende Zahl an anbaubaren Pflanzen und ihre etwas zunehmende Vegetationsperiode, andererseits die markante Verkürzung der umweltgegebenen Vegetationszeit. Wie sich der stufenweise Ausschluss im einzelnen gestaltete, ist vorläufig schwer zu sagen. Eine geographische Studie hat das Thema anhand der obersten Zonen aufgegriffen und dabei eine spezifische, klimatisch bedingte Höhenbrache unterschieden. Die These beruht auf der Beobachtung, dass man in Hochtälern der Westalpen häufig Wintergetreide im Zweijahresturnus anpflanzte und dass sich das Getreide für einen alljährlichen Anbau zu lange im Boden befand. Ohne die klimatische Ungunst zu bestreiten, halte ich die Interpretation für überspitzt. Man kannte, wie der Autor selber schreibt, Pflanzen mit kürzeren Vegetationsperioden, und es gab verschiedene Techniken der Wachstumsbeschleunigung. Die Studie nennt überdies Gründe der saisonalen Arbeitsbelastung, unterschätzt aber den Einfluss von Bevölkerungsfaktoren auf Intensivierungsprozesse. Es dürfte also sinnvoller sein, die Brache im Gesamtzusammenhang der westalpinen Geschichte zu deuten, die viele ähnliche Anbauformen kannte.[28]

Nicht einfach zu beantworten ist auch die Frage nach den Ernteerträgen. Man ist oft geneigt, sie als niedrig zu betrachten, doch mangelt es an vergleichenden Untersuchungen und die verfügbaren bruchstückhaften Daten ergeben kein klares Bild. Belege zum Saat-Ernte-Verhältnis während der frühen Neuzeit aus verschiedenen Teilen des Alpenraums zeigen keine durchgängigen Differenzen zwischen den höheren Stufen und den Talböden oder den vorgelagerten Regionen. Manchmal war etwa die Weizenproduktion im Tal ergiebiger, während der Roggen im Berggebiet besser abschnitt. Ähnliche Eindrücke vermitteln Schätzungen des 19. Jahrhunderts, die sich nun zunehmend auf Hektarerträge bezogen und wesentlich systematischer und teilweise zuverlässiger wurden. So lagen die Flächenerträge verschiedener Getreidesorten laut einer Erhebung von 1847 im Berggebiet des Kantons Bern nicht unter jenen des tieferen Mittellands. In den alpinen Kronländern der habsburgischen Monarchie scheint die Getreideproduktion insgesamt von 1789 bis um 1880 leicht höhere Durchschnittserträge erbracht zu haben als in den mehrheitlich ausseralpinen Ländern Nieder- und Oberösterreich, während sich das

Land- und Alpwirtschaft

Verhältnis nachher umkehrte. Wirtschaftliche Rahmenbedingungen vermochten die Ertragssituation auf jeden Fall stark zu beeinflussen. Wichtig war zum Beispiel die Düngung, für welche Bergregionen oft über bessere Voraussetzungen verfügten.[29]

Das Spektrum der Erntehäufigkeit, so lässt sich zusammenfassend sagen, reichte im Alpenraum sowohl beim Grasland wie bei den Äckern von der sporadischen bis zur jährlich mehrmaligen Nutzung, war also sehr breit. In intensiven Zonen wurden Wiesen- und Ackerbau in verschiedener Weise kombiniert.[30] An den extensiven Polen gingen beide in Weiden und Wälder über, auf besonders fliessende Art bei der Bergheugewinnung und bei der Brandwirtschaft. Angesichts solcher Verhältnisse wäre es verfehlt, dem Unterschied zwischen kultiviertem und unkultiviertem Boden oder zwischen Agrarintensivierung und Agrarexpansion eine zentrale Bedeutung beizumessen. Abgesehen von Gipfelregionen, für die sich erst der Alpinismus des späten 18. und des 19. Jahrhunderts interessierte, dürfte es bereits zu Beginn der Neuzeit wenige ganz unberührte Landschaften gegeben haben. Zumindest erweisen sich Belege für die Erschliessung von Neuland bei näherer Betrachtung meist als Belege für den Übergang von extensiven zu intensiven Nutzungsformen.

Da sich viele davon auf breite, tiefliegende Flusstäler beziehen, ist anzunehmen, dass diese Zone ein überdurchschnittliches Agrarwachstum aufwies. Die Flusslandschaften konnten fast von Jahr zu Jahr eine andere Gestalt annehmen und wurden in der Regel sehr extensiv bewirtschaftet. Mittels behelfsmässiger Dämme und kleiner Kanäle, initiiert und ausgeführt von lokalen Bevölkerungen, kam es hier während der frühen Neuzeit fallweise zu spürbaren Nutzungssteigerungen. Im 18. und vor allem im 19. Jahrhundert begann die Epoche der grossräumig organisierten Flusskorrekturen und Meliorationen. Die Unternehmen erhielten nun einen geradezu programmatischen Charakter und wurden zunehmend von staatlichen Instanzen unterstützt und bestimmt. Im einzelnen erfolgte die Umgestaltung der Talebene unter verschiedenen Bedingungen und zu verschiedenen Zeitpunkten, betraf aber schon vor 1900 alle grossen Flussläufe und »golfes de plaine«: Durance, Isère, Rhone, Rhein, Inn, Salzach, Enns, Mur, Drau, Tagliamento, Piave, Etsch, Adda, Ticino, Dora Baltea u. a. m. Die Landwirtschaft konnte in diesen Gebieten von günstigen Klimabedingungen profitieren. Dazu mussten die nötigen Infrastrukturen allerdings nicht nur hergestellt, sondern auch unterhalten werden.[31]

Intensivierung von Tierhaltung ...

Auf breiter Basis lässt sich der Intensivierungsprozess am Wandel der Tierbestände und des Pflanzensortiments dokumentieren. Wir sehen zunächst vom Verhältnis zwischen den beiden Sektoren ab, um die Entwicklung einzelner Gattungen zu betrachten.

Über die Gewichtsverlagerung von der Schaf- zur Rindviehhaltung – eine wichtige, seit dem Mittelalter beobachtbare Erscheinung – findet man in der neueren Forschung zum schweizerischen Berggebiet besonders viele, aber auch unterschiedliche Darstellungen. Nicolas Morard und Hans Conrad Peyer haben vor allem anhand der Geschichte der Freiburger Voralpen argumentiert, dass sich die Dominanz des Rindviehs in nordalpinen Regionen im Übergang zur Neuzeit etablierte und dass die Schafhaltung speziell in hochgelegenen Regionen weiterhin eine Rolle spielte. Laut einer groben Schätzung belief sich der Schafbestand in der Schweiz im 17. Jahrhundert auf 600.000, zu Beginn des 19. Jahrhunderts betrug er etwa 500.000 und um 1900 noch 220.000, wovon zwei Drittel auf die Bergkantone entfielen. Dieser Auffassung steht eine andere gegenüber, welche die Bedeutung des Rindviehs zumindest seit dem Hochmittelalter höher veranschlagt, die Verlagerung also früher datiert oder überhaupt weniger gewichtet. Die Meinungen scheinen auch vom jeweiligen Untersuchungsgebiet beeinflusst zu sein, was darauf hinweist, dass der Wandel in Wirklichkeit differenziert verlief. Regional konnte es vor und nach 1500 zu eigentlichen Umwälzungen der Viehbestände kommen, mit Blick auf ein Land und mehr noch auf den ganzen Alpenraum muss aber von einer langfristigen Tendenz gesprochen werden.[32]

Entsprechende Beispiele lassen sich für das 16. bis 19. Jahrhundert aus vielen Teilen nennen. In Slowenien zeigen punktuelle Daten aus den Jahren 1510 und 1630 einen starken Rückgang des Kleinviehs und eine markante Zunahme der Rinder. Nachher kann man die Veränderung auf zunehmend breiter Basis beobachten: Von 1630 bis zum Ende des 19. Jahrhunderts scheint die Zahl der Schafe im Berggebiet um ungefähr die Hälfte gefallen zu sein, während die Rinder einen weiteren Anstieg verzeichneten. Im venetianischen Bellunese sank die Zahl des Kleinviehs zwischen 1564 und 1780 nur von 41.000 auf 37.000 (möglicherweise mit einer Verschiebung vom Schaf zur Ziege, welche am letzteren Zeitpunkt ein Drittel ausmachte); das Grossvieh nahm dagegen deutlich, von 14.000 auf 20.000 zu. Wie in weiten Gebieten der italienischen Alpen kam es im 19. Jahrhundert zur Fortsetzung und Beschleunigung dieser Entwicklung. Besonders viele frühneuzeitliche Zahlenangaben sind aus Savoyen überliefert. In der Maurienne hatte ein durchschnittlicher Haushalt im Jahr 1759 weniger Kleinvieh als 1561, sein Rinderbestand war indes um ein Drittel grösser. Ähnlich einschneidend wie in Freiburg scheint die Verlagerung im Beaufortin verlaufen zu sein, nur setzte sie später ein. Von den gewinterten Tieren waren 1561 noch 46 Prozent Schafe und 18 Prozent Milchkühe, bei der Zählung von 1758 betrugen die Anteile dann 9 bzw. 38 Prozent.[33]

Die letzteren Daten verweisen auf den starken Aufschwung der Milchwirtschaft im Beaufortin, das sich seit dem Übergang zum 17. Jahrhundert zunehmend auf die Herstellung von marktgängigem Hartkäse spezialisierte. Unter den verschiedenen Formen viehwirtschaftlicher Intensivierung bildete dies einen ausgeprägten Fall, doch die wachsende Bedeutung des Rindviehs war auch bei anderen Varianten mit einer Steigerung von Produktion und Aufwand verbunden. Der Mehraufwand resultierte in erster Linie aus der im Vergleich zur Schafhaltung anspruchsvollen Winterungspraxis, das heisst aus der Verlängerung der Stallhaltung und der entsprechenden Zunahme der Futterproduktion.

Regional gab es von der skizzierten Entwicklung eine bedeutende Ausnahme: In den französischen Südalpen, besonders in der Provence, war die Schafhaltung noch um 1900 ausserordentlich wichtig (vgl. Karte 3.1, Signaturen 5 und 8). Die verfügbaren Daten deuten hier langfristig eher auf Kontinuität. Das Rindvieh machte in gewissen provenzalischen Gegenden sowohl im späten 15. wie im ausgehenden 19. Jahrhundert nur einen sehr kleinen Teil des Viehbestands aus. Die südfranzösische Schafwirtschaft ist vor allem im Zusammenhang mit der Transhumanz diskutiert worden, die auf einer Kombination von Winterweiden der Ebene und Sommerweiden der Berge basierte, was lange Wanderungen erforderlich machte. Von Geographen wurde sie oft als Paradefall einer urtümlichen, primär von Umweltfaktoren bestimmten Wirtschaftsform betrachtet. Historische Untersuchungen haben dagegen festgestellt, dass die Wanderungen erst im späteren Mittelalter einsetzten, zuerst von Seite der Bergregion, in der eine zusätzliche Nachfrage nach Winterungsgelegenheiten entstanden war, im 14. und 15. Jahrhundert dann zunehmend in umgekehrter Richtung seitens der Ebene. Den Ausbau der Transhumanz verbindet man mit dem Bevölkerungseinbruch jener Epoche. Er habe im Berggebiet ungenutzte Weidemöglichkeiten entstehen lassen und gleichzeitig, besonders auch in der Ebene, den relativen Anteil des Fleischkonsums erhöht.[34]

Für die Beibehaltung des Systems können ebenfalls demographische Faktoren angeführt werden. Wie oben angedeutet, war die Bevölkerungsdichte in den südfranzösischen Alpen noch beim Maximalstand im frühen 19. Jahrhundert auffällig niedrig. Ebenso wichtig dürfte der Umstand gewesen sein, dass im Tiefland, vor allem im Umkreis der Rhonemündung, wenig beanspruchte Weidegebiete bestehen blieben. In Oberitalien bildete die Verknappung der Winterweide durch Agrarintensivierung jedenfalls einen entscheidenden Grund für den Rückgang der weit verbreiteten Schaftranshumanz zwischen Flachland und Alpen. Einen politischen Ausdruck fand dieser Trend zum Beispiel im Dekret der venezianischen Behörden aus dem Jahre 1765, welches die Weiderechte auf dem grossen Gebiet der Terraferma vereinheitlichen und beschränken sollte.[35] Parallel zur Weideverknappung entstanden seit dem 16. Jahrhundert neue, intensivere Formen von Transhumanz. Ihre unternehmerischen Akteure waren in Italien unter Bezeichnungen wie »malgaro« oder »malghese« bekannt, auf der Alpennordseite sprach man unter anderem von »Kühern«, was kenntlich macht, dass nun die Nutzung von Rindvieh im Zentrum stand. Anders als beim bisher betrachteten Schafbetrieb wurden die Tiere während des Aufenthalts im Flachland teilweise im Stall gehalten und gefüttert. Dort, wo sich seit dem 18. Jahrhundert die ganzjährige Stallhaltung von eigenem Vieh durchsetzte, wurde dann auch dieser Verkehrsform die Basis entzogen.[36]

Schwer, weil häufig nur negativ erfassbar ist die Veränderung der Ziegenbestände. Die Ziegen galten als produktive und genügsame Tiere, die bei gleicher Fütterung höhere Milcherträge gaben als Kühe und deren Haltung weniger Güter voraussetzte. »Da sie nicht theuer im Ankaufe sind, und wegen des vielerlei und schlechtern Futters, das sie geniessen, mit geringem Aufwande genährt werden«, schrieb Staffler über Alt-Tirol, »so sind es grösstentheils die dürftigen Familien, welche ein Paar Ziegen allein oder neben einer Kuh sich einstellen.« Die auf kollektive Ressourcen aller Art ausgerichteten Haltungsmethoden führten, zusammen mit dem schichtspezifischen Aspekt, häufig zu Konflikten, Beschränkungen und Verboten. In der Dauphiné wurde die Ziegenhaltung in der Ebene mit Parlamentsdekret vom Jahre 1565 untersagt. Zwischen 1672 und 1698 erliess das oberste Gericht dann drei Dekrete, in denen das Verbot auf die kultivierten Zonen des Berggebiets ausgedehnt wurde. Nur wenig genutzte, abgelegene Zonen sollten den Ziegen weiterhin offenstehen. Gerichtsakten und andere Quellen zeigen jedoch, dass die Erlasse wenig fruchteten, ja sie könnten auch als Indizien für eine Intensivierung gedeutet werden. Im Beaufortin vermehrte sich der Anteil der Ziegen parallel zur Zunahme der Kühe und zur Abnahme der Schafe. 1561 machten sie noch 16 Prozent des gewinterten Viehs aus, zweihundert Jahre später 35 Prozent. Ähnliche Entwicklungen spielten sich vermutlich in weiteren Regionen ab, allerdings in starker Abhängigkeit vom sozialen Umfeld. Die grosse Zeit der Ziegenhaltung war, wenn man den verstreuten Daten Glauben schenkt, das späte 18. und frühe 19. Jahrhundert.[37]

... UND PFLANZENBAU

Der alpine Pflanzenbau veränderte sich während der Untersuchungsperiode durch die Vermehrung oder die Verminderung älterer Kulturen (wie Kastanien, Wein und Obst) und durch die Einführung neuer Nutzpflanzen (wie Mais und Kartoffeln).

Die Kastanienkultur, seit der Antike nachgewiesen, war vor allem am Alpensüdhang verbreitet, besonders in dessen westlichem Teil. Im Hoch- und Spätmittelalter scheint sie einen bedeutenden Aufschwung erfahren zu haben, der sich nach 1500 fortsetzte oder gar beschleunigte. Im Piemont dauerte die Expansion gemäss Katastererhebungen von 1699 und 1752 bis ins beginnende 18. Jahrhundert. In einigen südpiemontesischen Tälern bildeten Kastanienbäume damals die bei weitem wichtigsten Pflanzen. Zu ihren Vorzügen gehörten hohe Flächenerträge, aber auch der Umstand, dass sie mittels treppenartiger Terrassierung in steilsten Lagen angebaut werden konnten. Während des 18. Jahrhunderts wich die Kastanienkultur im Südpiemont dann tendenziell dem Weinbau, in den vorher entvölkerten Waldensertälern scheint sie hingegen die neue Siedlungswelle begleitet zu haben.[38] Zu den Nutzpflanzen, deren Laufbahn über die konventionelle Epochenscheide hinweg zu beobachten ist, gehört auch der Buchweizen, ein Knöterichgewächs, das sich infolge kurzer Vegetationsperiode be-

Land- und Alpwirtschaft

sonders gut als Zweitfrucht eignete. Südliche Alpengebiete dürften den Buchweizen seit dem 15. Jahrhundert gekannt und verwendet haben. Dies gilt nicht nur für Italien: In Slowenien wird der Anbau 1426 erwähnt und war um 1500 offenbar weit verbreitet; in Kärnten findet man einen ersten Beleg für 1442. Je nach Gegend konnte die Einführung allerdings lange auf sich warten lassen. So wurde der »Heiden« in Vorarlberg erst zweihundertfünfzig Jahre später, im ausgehenden 17. Jahrhundert, angebaut.[39]

Die frühen Nachrichten über Maisanbau im Alpenraum stammen ebenfalls aus den südöstlichen Gebieten. Im Jahre 1572 kam es in der steirischen Pfarre Thal westlich von Graz zu einer Auseinandersetzung um Stecken, welche Bäuerinnen zum Aufbinden von Mais verwendeten und widerrechtlich aus einem herrschaftlichen Wald geholt hatten. Eine Erwähnung in der Grazer Müllerordnung von 1608 weist darauf hin, dass das neue Getreide in der Gegend bald eine gewisse Bedeutung erlangte. Im Amt Salurn an der heutigen Grenze zwischen Südtirol und Trentino figuriert »türggischer Weizen« seit 1573 in den Zehntrechnungen. Um 1600 wird der Anbau besonders für dieses Gericht durch eine Landesbeschreibung bestätigt: Man erzeuge da allenthalben viel von dieser Frucht, »ist gut trayt zum kochen und zum prot zu machen«. In einer Vorratserhebung von 1615 erscheint Mais dann in einigen Gemeinden Nordtirols, wo es vorher nur spärliche Indizien für eine entsprechende Produktion gibt. Ungefähr zur selben Zeit fand er Eingang in der Umgebung von Belluno. 1633 lobte eine agronomische Schrift die aus Amerika stammende Pflanze als »Thesoro del nostro paese«, welche den armen Mann erhalte, den mittleren kräftige und dem grossen den Geldsack fülle. Zum Vorteil der Gegend seien hier »tutti impiegati in simil lavoro«. Später kamen kritischere Meinungen zum Ausdruck. 1797 bemängelte eine Abhandlung, der Mais beanspruche im Bellunese zu viel Raum. Er war nun, mit anderen Worten, wirklich wichtig geworden. In der Tat zeigen viele Quellen, dass die rasche Expansion dieser Kultur nicht in die Frühphase fiel, sondern ins 18. und 19. Jahrhundert, besonders in die Zeit zwischen 1750 und 1850. Im Kronland Tirol samt Vorarlberg scheint der Anbau in den drei Jahrzehnten vor 1839 um beinahe die Hälfte zugenommen zu haben. In den beiden Kreisen des heutigen Trentino stammte damals über ein Viertel aller Ackererzeugnisse vom Mais, flächenmässig war er zumindest am Ende der Untersuchungsperiode die dominante Pflanze der Region.[40]

Die verstreute und öfter unpräzise Literatur macht es nicht leicht, ein zusammenhängendes Bild von der Chronologie des Mais- wie auch des Kartoffelbaus im Alpenraum zu gewinnen. Tabelle 3.1 umfasst alle modernen Verwaltungsregionen, deren Territorien mindestens zu drei Viertel innerhalb der Alpen liegen. Angeführt ist der Zeitpunkt, an dem man im betreffenden Gebiet mit dem feldmässigen, also nicht mehr experimentellen oder auf Gärten beschränkten Anbau der beiden Pflanzen begann. Trotz der Gliederung in 25-Jahre-Perioden behält die Darstellung einen approximativen Charakter, was schon den vermerkten besonders fraglichen Datierungen zu entnehmen ist. Im Überblick tritt die Tatsache hervor, dass der Mais mit seiner langen

Tabelle 3.1: Einführung des Mais- und Kartoffelanbaus in alpinen Regionen, 16.–19. Jahrhundert

Region	1500	1600	1700	1800	1900
1 Alpes-Maritimes (F)				M̶K̶ ════	
2 Alpes-de-H.-Prov. (F)			K ───────	════════	
3 Hautes-Alpes (F)			K ───────	════════	
4 Savoie (F)				MK ════	
5 Haute-Savoie (F)				MK ════	
6 Imperia (I)				M̶K̶ ════	
7 Valle d'Aosta (I)				M̶K̶ ════	
8 Sondrio (I)				M̶ ── K ══	
9 Trento (I)	M̶ ───────────	────────	────────	K ═══════	
10 Bolzano-Bozen (I)		M ────────	────────	K ═══════	
11 Belluno (I)		M ───────	────────	────────	K ════
12 Valais (CH)				M̶K̶ ════	
13 Ticino (CH)			M ───	K ═══════	
14 Graubünden (CH)				M K ════	
15 Uri (CH)				K ═══════	
16 Unterwalden (CH)				K̶ ═══════	
17 Schwyz (CH)				K ── M ══	
18 Glarus (CH)				K ═══════	
19 Appenzell (CH)				K ═══════	
20 St. Gallen (CH)			M ───	K̶ ═══════	
21 Liechtenstein (FL)			M ──	K ═══════	
22 Vorarlberg (A)			M ──	K ═══════	
23 Tirol (A)		M ───────	────────	K ═══════	
24 Salzburg (A)				K ═══════	
25 Kärnten (A)				M ─── K ══	
26 Steiermark (A)		M ───────	────────	K ═══	

M, K = Mais, Kartoffeln im feldmässigen Anbau, bis 1900 auf relevanter Fläche. M̶, K̶ = fraglich.

Quellen, abgekürzt zitiert: (1–3) F. E. Foderé: Voyage aux Alpes Maritimes, 2, Paris 1821, 43; Le monde alpin et rhodanien 1987, 117–133; Blanchard 1938–1956, wie Bibl., 5, 423. (4–5) Nicolas 1978, wie Bibl., 2, 691–694. (6) wie 1 und G. Felloni: Popolazione e sviluppo economico della Liguria nel secolo XIX, Torino 1961, 15. (7) Bulletin de la Société de la Flore Valdotaine 7/1911, 98–100; L. Jacquemod: Trefolle, tartifle, pommes de terre en Vallée d'Aoste, Aoste 1993, 53–67. (8) P. Ligari: Ragionamenti d'agricoltura, Sondrio 1988, 72–77; Biblioteca Ambrosiana di Milano, L 42 inf/7, f. 26. (9–10) H. Telbis: Zur Geographie des Getreidebaues in Nordtirol, Innsbruck 1948, 30, 33; H. Penz: Das Trentino, Innsbruck 1984, 197; Berichte zur dt. Landeskunde 12/1954, 217–218. (11) L. Messedaglia: Il mais e la vita rurale italiana, Piacenza 1927, 150; A. M. Bazolle: Il possidente bellunese, 2, Feltre 1987, 72. (12) Archives d'Etat du Valais, Fonds de Courten, Livres 14; Netting 1981, wie Bibl., 162. (13) Guzzi 1990, wie Bibl., 126; Archivio Storico Ticinese 111/1992, 76. (14) J. A. v. Sprecher: Kulturgeschichte der Drei Bünde im 18. Jh., Chur 1976, 77; Bündner Monatsblatt 1982, 117–147. (15) J. Bielmann: Die Lebensverhältnisse im Urnerland während des 18. und zu Beginn des 19. Jh.s, Basel 1972, 179. (16) S. Bucher: Bevölkerung und Wirtschaft des Amtes Entlebuch im 18. Jh., Luzern 1974, 168. (17) Bircher 1938, wie Bibl., 13. (18) F. Kundert: Die Lebensmittelversorgung des Landes Glarus bis 1798, Glarus 1936, 93. (19) Hp. Ruesch: Lebensverhältnisse in einem frühen schweizerischen Industriegebiet, 1, Basel 1979, 112. (20) Montfort 3/1948, 83; E. Gmür: Die Geschichte der Landwirtschaft im Kanton St. Gallen, St. Gallen 1907, 13. (21) Ospelt 1972, wie Bibl., 164–165. (22–26) E. Hinrichs (Hg.): Sozialer und kultureller Wandel in der ländlichen Welt des 18. Jh.s, Wolfenbüttel 1982, 166–177; R. Sandgruber: Österreichische Wirtschaftsgeschichte vom Mittelalter bis zur Gegenwart, Wien 1995, 158–159; Carinthia 177/1987, 243.

Anbaugeschichte in mehreren Regionen bis ans Ende der Periode von marginaler Bedeutung blieb (nur auf wenigen Hektaren gepflanzt wurde oder statistisch gar nicht in Erscheinung trat). Anders verlief die Einführung der Kartoffel. In europäischen Gelehrtenkreisen während des späten 16. Jahrhunderts weithin bekanntgeworden, wurde sie in den meisten Alpenregionen seit der zweiten Hälfte des 18. Jahrhunderts angebaut und war im 19. Jahrhundert wirklich über den ganzen Raum verbreitet. Im Unterschied zum Mais, der sich vor allem während der frühen Neuzeit nur für den Anbau in tiefen Lagen eignete, konnte die Kartoffel in eigentlichen Bergzonen angepflanzt werden.

Zusammen mit dem Umstand, dass die Knollenfrucht dort manchmal früh eingeführt und dann zur dominanten Ackerpflanze wurde, hat dies einige Autoren zur Meinung veranlasst, ihr Anbau sei im Gebirge allgemein wichtiger gewesen als im Umland. Pier Paolo Viazzo hat zudem die These vertreten, dass sich die Kartoffel in österreichischen Alpenregionen später und weniger stark verbreitete als in schweizerischen, was auf den Einfluss bestimmter Sozialstrukturen zurückzuführen sei.[41] Die quantitativen Daten, welche zur Abklärung dieser Fragen erforderlich wären, setzen je nach Land und Region an verschiedenen Zeitpunkten ein. Die Schweiz, wo die erste landesweite Anbaustatistik aus dem Jahre 1917 stammt, war ein Nachzügler, was die Möglichkeit zur Überprüfung vermindert. Immerhin zeigen die Quellen, dass der Kartoffelbau im 19. Jahrhundert, bezogen auf die landwirtschaftliche Bevölkerung, in einigen Umlandregionen wesentlich wichtiger wurde als in angrenzenden Berggebieten. Was die österreichischen Alpen angeht, könnte besonders die späte Einführung in Kärnten für die Retardierungsthese sprechen. Die Region begann allerdings schon um 1700 mit Kleebau, scheint also zunächst eine andere Richtung der Agrarintensivierung privilegiert zu haben. In den Jahren um 1910 entfielen in Kärnten dann 4,2 Ar Kartoffeln auf jede Person der Agrarbevölkerung. In den Alpenkantonen der Schweiz lag die höchste Anbauquote kurz darauf bei 3,8 und die durchschnittliche nur bei 2,5 Ar. Die beiden Annahmen können demnach in dieser Form nicht bestätigt werden.[42]

Mit Blick auf den gesamten Zeitraum fallen die Unterschiede zwischen einzelnen Gegenden freilich weniger ins Gewicht als die allgemeine Differenz zwischen der botanischen Verfügbarkeit im 16. Jahrhundert und der agrarischen Verbreitung im 18. und mehr noch im 19. Jahrhundert, eine Differenz, die auf den Mais fast ebenso zutrifft wie auf die Kartoffel. Es ist bekannt, dass ihre Erträge die üblichen Getreideerträge weit übersteigen, aber auch sehr variabel sein konnten. Wesentliche Produktionssteigerungen ergaben die Hackfrüchte vor allem unter Voraussetzung einer markanten Aufwandssteigerung. Von der Bevölkerungsseite her lässt sich argumentieren, dass erst das demographische Wachstum seit dem 18. Jahrhundert diesen Schritt wirklich sinnvoll, das heisst nötig und möglich machte.[43]

Beim Wein- und Obstbau war die Intensivierung stark mit grossräumigen Integrationsprozessen verbunden: In vielen nördlichen Tälern ging der Weinbau zurück, während der Obstbau zunahm; im Süden dehnten sich dagegen beide Kulturen weiter aus, wobei der Weinexport Richtung Norden anstieg. Nachrichten zu solchen Entwicklungen betreffen grosse Teile des Alpenbogens, allerdings mit beträchtlichen Unterschieden bezüglich Chronologie und Ausmass. Wir beschränken uns hier auf den mittleren Abschnitt.

Wie auf Karte 3.1 angedeutet, war der Rebbau im Rhein- und Inntal um 1900 nebensächlich bis inexistent, ganz anders als in den »golfes de plaine« südlich des Gebirgskamms (Signaturen 6 und 7). Diese Verteilung muss zu einem guten Teil ein Produkt der Neuzeit gewesen sein. Das Veltlin gehörte zwar zu den alten Weingegenden, erlebte aber vor allem seit der zweiten Hälfte des 17. Jahrhunderts eine rasche Ausdehnung der Rebfläche, was neue, mit Mauerwerk befestigte Terrassierungen erforderte. Bald war die Sonnseite über weite Strecken »coperta di viti maestrevolmente lavorate, e tutta sostenuta a corone murate«, wie eine Beschreibung von 1716 festhielt. Trotz einsetzender Kritik an der Forcierung des Weinbaus ging das Wachstum weiter, auch nach dem Wechsel der veltlinischen Staatszugehörigkeit im Jahre 1797. In Welschtirol oder Trentino scheint die Rebfläche von 1500 bis um 1700 gar um das Vierfache zugenommen zu haben, das 18. und das 19. Jahrhundert brachten eine Fortsetzung des Trends. Zusammen mit dem wichtigen Südtirol erzeugte die Region nun fast die gesamte Produktion des Landes, denn im nordtirolischen Inntal wurde der Rebbau bis ins 18. Jahrhundert durch den Importwein verdrängt. Ähnliche, wenn auch weniger ausgeprägte Folgen zeitigte die Konkurrenz des Veltliners in Vorarlberg und weiteren rheintalischen Gegenden. Hier wie dort kam es aber seit dem Ancien régime zu einem Aufschwung des Obstbaus.[44]

Nach diesem Überblick über Entwicklungstendenzen in Viehwirtschaft und Pflanzenbau müssen die beiden Bereiche noch gemeinsam betrachtet werden. Schon den bisherigen Ausführungen war zu entnehmen, dass ihr Verhältnis gross- und kleinregional stark variieren konnte. Bis zu den Transport- und Marktrevolutionen des späten 19. Jahrhunderts ist es auch schwierig, einen alpenweit gültigen Trend auszumachen. Für bestimmte Gegenden dürfte die Annahme einer langfristigen Agrarisierung nicht abwegig sein. Besser untersucht sind aber umgekehrte Verlagerungen, besonders ausgeprägt in einer nordalpinen Zone, die von Savoyen über die Schweiz bis ins Österreichische reichte (vgl. Karte 3.1, Signatur 2). In diesem »Hirtenland« – so eine ursprünglich regionale, dann ausgedehnte Bezeichnung der deutschsprachigen Literatur – wurde der Getreidebau seit dem Spätmittelalter durch die Viehwirtschaft zurückgebunden und je nachdem vollständig verdrängt. Ein bekanntes Beispiel dafür sind die Freiburger Voralpen, wo die Getreidefelder im Übergang zur Neuzeit mehr und mehr aus der Landschaft verschwanden, und die Schafherden, wie erwähnt, zusammenschrumpften: Man spezialisierte sich nun auf die Rindviehhaltung. Mehrere Autoren setzen diese Spezialisierung mit Extensivierung gleich. Sie führen allerdings keine Belege ins Treffen, sondern begnügen sich mit der Feststellung, die Viehwirtschaft erfordere weniger Arbeit als der Getreidebau.[45]

Dagegen ist folgendes einzuwenden: Allgemein liess sich sowohl der Getreidebau wie die Viehwirtschaft mit ganz unterschiedlicher Intensität betreiben, wofür gerade die Geschichte des Alpenraums genügend Anschauungsmaterial bietet – die Tierhaltung brauchte nicht in jedem Fall arbeitsextensiver zu sein als die Kornproduktion. Auch bei der besonderen Verlagerung, wie sie in Freiburg feststellbar ist, halte ich die Annahme für unrealistisch. Der frühe raumkonsumierende Getreidebau ging einher mit einer ausgeprägten Weidewirtschaft. Die folgende Rindviehhaltung erforderte einen intensiven Wiesenbau, der neben der Düngung und anderen Vorarbeiten zwei- bis dreimalige Ernten pro Jahr umfasste; die Stallfütterung wurde wesentlich aufwendiger; dazu trat die zunehmende Milchwirtschaft und Hartkäseproduktion. Später kam der Kartoffelbau hinzu. Und wie entwickelte sich die Bevölkerung? Gemäss den verfügbaren Daten wuchs sie im freiburgischen Territorium vom Beginn der Neuzeit bis 1811 um den Faktor 3,5, wobei der regionale Verlauf nicht genau bekannt ist. Vom 19. Jahrhundert weiss man aber, dass sich die Einwohnerzahl in den voralpinen Bezirken verdoppelte.[46]

Vieles deutet also darauf hin, dass die Spezialisierung auf Grossviehhaltung das regionale Arbeitsvolumen nicht verkleinerte, sondern vergrösserte. Auch die Herausbildung des sogenannten »Hirtenlandes« konnte mit anderen Worten eine Form der Agrarintensivierung sein (was die aufklärerisch-romantische Bezeichnung, welche nur den pastoralen Teilbereich anspricht, von vornherein ausblendet). Als einen wesentlichen Faktor für diesen Intensivierungs- und Spezialisierungsprozess muss man das langfristige Wachstum der äusseren Nachfrage betrachten. Überhaupt war die alpine Viehwirtschaft in besonderer Weise mit grossräumigen Märkten verbunden. Tiere und Tierprodukte bildeten während der Untersuchungsperiode zweifellos die wichtigsten Absatzgüter des Gebirgsbogens – ein Thema, das unten in einem weiter gefassten Rahmen erörtert wird (vgl. Kapitel 5). Hier steht noch die technische Dimension der landwirtschaftlichen Entwicklung zur Diskussion.

Technologie

Dabei sind zwei Fragen von zentraler Bedeutung: Inwiefern hing die gebräuchliche Agrartechnologie mit der alpinen Umwelt, besonders mit der Steilheit vieler Geländepartien, zusammen? Und welche Rolle spielte sie im allgemeinen Verlauf der alpinen Agrargeschichte? Die Beispiele, die wir im Hinblick auf diese Problemstellung aus dem breiten Spektrum bäuerlicher Arbeitsmittel und Arbeitsmethoden herausgreifen, beziehen sich wie in den vorigen Abschnitten zuerst auf die Tierhaltung, dann auf den Pflanzenbau.

Der landwirtschaftliche Transport im weitesten Sinn des Wortes, das heisst die räumliche Verschiebung von Gütern, Vieh und Mensch innerhalb des Bauernbetriebs, war in den Alpen häufig mit überdurchschnittlichem Aufwand verbunden. Zum einen erstreckte sich die betriebliche Nutzfläche bei bedeutender Viehhaltung und für die Nutzung von hochgelegenen, extensiven Ressourcen über sehr grosse Areale. Zum anderen verlangte die vertikale Staffelung des Bodens, das vielfach abschüssige oder schwer zugängliche Gelände, erhebliche Zusatzleistungen von der betreffenden Bevölkerung. In gewissen Gegenden hat man die Zeit, welche für Transporte und Wanderungen verwendet wurde, auf mehr als die Hälfte der gesamten landwirtschaftlichen Arbeitszeit geschätzt. Einen Eindruck von ihrer historischen Bedeutung vermitteln auch Besitzinventare, in denen Transportmittel oder Wirtschaftsgebäude aufgelistet und bewertet sind.[47]

Diese beiden Kategorien waren funktional aufeinander bezogen und bildeten zusammen die materielle Seite der agrarischen Raumorganisation. Je nach den Investitionen für Transportsysteme oder für Ökonomiegebäude lassen sich im Untersuchungsgebiet mehrere Wege der infrastrukurellen Entwicklung unterscheiden. Als Kriterium dient die Form der winterlichen Stallfütterung bzw. der Umgang mit dem volumenmässig wichtigsten Produkt, dem Heu:

(1) Transportinvestition: Strassenbau und -unterhalt; Fahrzeuge und Zugtiere für Langstreckentransport; das Futter wird gleich nach der Ernte an eine zentrale Stelle transportiert und später dort verfüttert.

(2) Gebäudeinvestition: Bau und Unterhalt von räumlich gestreuten Stallscheunen zur dezentralen Lagerung und Fütterung; Tragtransport auf engem Radius, sonst Wanderung; das Vieh geht zum Futter, nicht das Futter zum Vieh.

(3) Zwischenform: zeitweilige Lagerung des Futters im Freien oder in dezentralen Scheunen; später Transport und Fütterung an zentraler Stelle; nur Aufschub, nicht Vermeidung des Transports.[48]

Die ältere und neuere Literatur, die man zum Thema beiziehen kann, befasst sich vor allem mit den auffälligen dezentralen Systemen (Form 2, erste Phase Form 3) und begründet sie in der Regel mit terrainbedingten Behinderungen des Fahrtransports. Laut einer detaillierten Beschreibung aus dem 18. Jahrhundert wurden landwirtschaftliche Produkte im Tessin, wo es eine Vielzahl gestreuter Ökonomiegebäude gab, sehr häufig auf dem Rücken befördert. Angesichts der Geländeformen, bemerkte der Autor, könnten vielerorts keine Karren verwendet werden. Nur in gewissen flacheren Partien dieser südalpinen Landschaft sehe man einfache ochsengezogene Fahrzeuge. Solche kleinräumig differenzierten Transportformen, wie sie ähnlich in anderen Regionen nachzuweisen sind, deuten unmissverständlich auf Beziehungen zwischen Technik und Terrain hin. Auch bei der Zwischenlagerung des Futters im Freien oder in gestreuten Scheunen lassen sich manchmal Umweltbezüge feststellen, besonders wenn der spätere Transport über weite Strecken bergabwärts ging. Dies war mit Hilfe von Gleittechniken auf der winterlichen Schneedecke leichter zu bewerkstelligen als gleich nach der

Ernte auf trockenem Gelände. Der zeitliche Aufschub und die Anwendung des sogenannten »Heuzugs« bildeten unter Umständen eine wesentliche Arbeitsersparnis.[49]

Den Hinweisen auf die Bedeutung der natürlichen Voraussetzungen stehen andere gegenüber, die sich nicht in das gängige Interpretationsmuster einfügen. Gerade die Zwischenlagerung ist bei weitem nicht überall mit dem Nutzen der Gleittechnik zu begründen. In gewissen Regionen erfolgte sie, unabhängig von der Geländeform, auch relativ nahe am späteren Fütterungsort. Überhaupt zeigt die komparative Betrachtung, dass es neben kleinräumigen auch grossräumige Differenzen gab, die auf wichtige, bislang ungenügend erforschte historische Zusammenhänge verweisen.[50] Die umfangreichste Materialsammlung zu bäuerlichen Transportmitteln stammt von Paul Scheuermeier, der unmittelbar nach dem Ersten Weltkrieg die meisten italienischen und viele südschweizerische Alpentäler bereiste, um sprach- und sachkundliche Erhebungen durchzuführen. Nach seinen Beobachtungen dominierten in einzelnen Abschnitten dieses grossen Gebiets unterschiedliche Technologien. Stark vereinfacht kann man die damalige Situation folgendermassen umschreiben: Säumerei im Westen (Piemont), Tragen im Zentralabschnitt (vom Val Sesia bis zum Val Camonica), Fahren im Osten (Teile Graubündens, Tirol, Trentino).[51]

Was die Entwicklung seit dem 16. Jahrhundert betrifft, lassen sich Zeugnisse für Kontinuität wie für Wandel nennen. Aus den reichhaltigen Hofinventaren einer östlichen Region (Kärnten) wissen wir beispielsweise, dass Fahrzeuge während der frühen Neuzeit einen festen Bestandteil der Agrartechnologie bildeten. Von Interesse ist auch die Tatsache, dass die grossen Alpenpässe des Ostens schon seit Beginn der Neuzeit und vorher befahrbar waren, während man die Übergänge in den Zentral- und Westalpen erst durch die Strassenbauten um und nach 1800 für den Fahrverkehr zugänglich machte. Andererseits spielten sich in dieser langen Zeitspanne wichtige Veränderungen ab. Der schwunghafte Handel mit Maultieren, wie er im 18. und 19. Jahrhundert in westalpinen Regionen dokumentiert ist, weist auf die Zunahme der dortigen Säumerei hin. Zudem machte der Wagenverkehr allenthalben Fortschritte und bürgerte sich, vor allem im späten 19. Jahrhundert, auch in Bergtälern ein, wo er vorher undenkbar erschienen war.[52]

Dieser Triumph des Fahrtransports hat retrospektive Interpretationen der historischen Verkehrsformen vielfach behindert. Anders als man zunächst annehmen könnte, war nämlich das »archaische« Tragen unter Umständen eine effiziente Technik. Dies lässt sich besonders in Regionen dokumentieren, wo die Raumsysteme benachbarter Landschaften ganz verschiedenartig waren und infolgedessen seit langem miteinander verglichen wurden. In Graubünden hoben die Agrarschriftsteller ausdrücklich hervor, dass das Einbringen des Heus in räumlich gestreute Stallscheunen, also auf kurzen Strecken, mit der Tragmethode weit schneller bewältigt wurde als mit Fahrzeugen. Bis ins frühe 19. Jahrhundert war es hier keineswegs ausgemacht, welche Betriebsweise gesamthaft vorzuziehen sei, die zentrale oder die dezentrale (Form 1 und 2). Die Vergleiche der Ökonomen ergaben meist eine Reihe von Vorteilen und Nachteilen, die sich gegenseitig aufzuwiegen schienen. In einem bestimmten Sinn muss ihre Diskussion allerdings als theoretisch bezeichnet werden. Selbst im Fall klarer Präferenzen hätte sie das individuelle Verhalten nur beschränkt zu beeinflussen vermocht, denn die Einzelbetriebe waren stark auf die kommunale Infrastruktur angewiesen und in die herrschende Rechtsordnung eingebunden. Diese historisch generierte »Umwelt« zeichnete gleichsam den Entwicklungsweg vor, den man beschreiten konnte – notfalls gegen die natürlichen Voraussetzungen. In den Jahren nach 1530 wurde zum Beispiel im Engadin ein schwer zugängliches Seitental für den Fahrverkehr erschlossen, dessen Heu vorher im Winter heimgeschafft werden musste. Die Investition der betreffenden Gemeinde war vor allem deshalb möglich und ökonomisch sinnvoll, weil die ansässigen Betriebe schon über Fuhrwerke und geräumige Dorfscheunen verfügten, das heisst grösstenteils zentralisiert waren.[53]

Neben der chronologischen Verknüpfung, die jede Generation von früheren Investitionen abhängig machte, konnten wirtschaftliche Rahmenbedingungen einen Einfluss auf die Raumorganisation ausüben. Zu den wichtigen Wandlungsprozessen gehörte, wie erwähnt, die langfristige Zunahme der Stallfütterung. Im Bellunese schätzte ein Beobachter im ausgehenden 19. Jahrhundert, dass sich die Futtermenge seit der Revolutionszeit mehr als verdoppelt habe. Dies führte zusammen mit technischen Entscheiden zu einer Verschiebung des bestehenden Systems: Auf hochgelegenen Bergwiesen wurde dank Strassenbau weniger Futter zwischengelagert und ein grösserer Teil gleich nach der Ernte auf Wagen heimgeschafft; im Tal bewirkte die zunehmende Platznot in den Heimscheunen, dass man in der Umgebung immer mehr freistehende oder mit Dächern versehene Heuhaufen erstellte, womit sich die oben rückläufige Zwischenlagerung unten ausdehnte (Form 3).[54]

Bezeichnenderweise wurden dabei erhebliche Mittel für Verkehrssysteme aufgebracht, während die bauliche Ausstattung auf einem improvisierten Niveau blieb. Ganz allgemein begannen sich im 19. Jahrhundert die Bedingungen für Transport- und Gebäudeinvestitionen zu ändern. Die technischen Fortschritte und die erhöhten Ansprüche begünstigten Innovationen im Verkehr und machten Aufwendungen für eine Vielzahl von Gebäuden weniger zweckmässig. Damit verschoben sich die Parameter, die bisher einen wichtigen Grund für die Möglichkeit verschiedener Entwicklungen gebildet hatten. Der Wandel der ökonomischen Lehrmeinung und vor allem die Geschichte nach 1900 zeigen, dass die Vorteile nun deutlich auf seiten der betrieblichen Zentralisierung lagen.[55]

Beim Ackerbau war die Bewirtschaftung abschüssiger Geländepartien schon infolge der Erosionsgefahr schwieriger als beim Wiesenbau, weil die Pflanzendecke keinen kontinuierlichen Halt gab und weil sich die offene Erde durch die Bearbeitung nach unten verschob. Andererseits waren sonnige Hänge in mikroklimatischer Hinsicht oft gerade geeignet für pflanzenbauliche Nutzung. Sie konnte in solchen Lagen zwei besondere Arbeiten erforderlich machen: Terrassenbau zur Reduzierung des Hangwinkels, Erdeauftragen zum Ausgleichen der Humusdecke.

»On peut dire que les deux tiers de ces champs sont artificiels«, konstatierte François Emmanuel Foderé, der kurz nach 1800 das Departement Alpes-Maritimes in aller Gründlichkeit beschrieb. Die Terrassierung mittels Trockenmauern sei häufig unumgänglich, um das sehr steile Ackergelände abzustützen und vor den Folgen der heftigen Regengüsse zu bewahren. Für die Mauerarbeit verwende man spezielle Werkzeuge, unter anderem eiserne Hebel zur Fortbewegung schwerer Steine. Der regelmässige Unterhalt und die anfallenden Reparaturen würden als drückende Last empfunden: »J'ai entendu dire par tous les cultivateurs que les murailles les ruinent.«[56] Weiter verbreitet als künstlich erstellte Terrassenanlagen waren aber im Untersuchungsgebiet zweifellos Ackerstufen, die sich einfach durch häufige Bodenbearbeitung gebildet hatten. Auf ihnen fiel vor allem die zweite terrainbedingte Arbeit an, das Hinauftragen oder Hinaufbefördern der Erde. Anders als beim Terrassenbau wurde der Hangwinkel damit in der Regel vergrössert, um auf der oberen Parzellenhälfte eine genügend tiefe Humusdecke zu erhalten. Die Belege dafür stammen aus zahlreichen Gegenden. Von Berglagen der Valle d'Aosta heisst es zum Beispiel im 18. Jahrhundert, dass die Erde in jedem dritten Jahr hinaufbefördert werden müsse.[57]

Für die Bodenbestellung brauchte man im Alpenraum während der frühen Neuzeit eine Vielzahl von Arbeitsmitteln, die auch im Umland verwendet wurden: Hacken, Spaten, Pflüge verschiedener Machart und Anspannungsvorrichtung. Während sich die Geräte in einigen Regionen bis nach 1800 oder 1850 wenig veränderten, kam es in anderen zu deutlichen Innovationen. In der Dauphiné lässt sich seit dem 17. Jahrhundert die Verbreitung von Pflügen mit Radvorgestell dokumentieren, wie sie vorher nicht üblich gewesen waren. In der Steiermark und in Kärnten bürgerten sich Pflüge mit einseitig wirkender Schar und Streichbrett in immer weiteren Gebieten ein und drängten den symmetrischen Hakenpflug (Arl) zurück. Der Wandel erfolgte nicht gleichmässig: An Steilhängen behauptete sich der leichte Hakenpflug, welcher wenig Erdverschiebungen verursachte, gegenüber dem konkurrierenden Gerät; auch Mittelkärnten mit seinen vornehmlich flachen Ackerböden blieb lange ein Gebiet des Hakenpflugs. Die Geländebeschaffenheit war also ein Bestimmungsfaktor für die Technologie, aber nur einer unter verschiedenen anderen.[58]

Solche Hinweise auf die Bedeutung des weiteren historischen Zusammenhangs sind vielerorts beizubringen. In einer Berggemeinde Vorarlbergs musste man laut einem Bericht von 1770 alle Äcker an den Hängen, »weilen es viel zu stotzig«, von Hand mit der Hacke bearbeiten und konnte keine Pfluggeräte verwenden. Auch in den Talgebieten war der Hackbau damals weit verbreitet, doch nicht aus Gründen der Terraingestalt. Noch im 16. Jahrhundert hatte man den Boden üblicherweise mit dem Pflug bestellt. Das Bevölkerungswachstum, die Besitzverkleinerung und die Agrarintensivierung, besonders die Einführung des Mais, führten dann seit dem 17. Jahrhundert zu einer starken Expansion der Handarbeit und zum Rückgang des Pflügens. Angesichts der Verbreitung von Intensivierungsprozessen darf man davon ausgehen, dass diese Entwicklung keinen Sonderfall darstellte.[59]

Damit sind einige Elemente genannt, die es uns erlauben, die Rolle technischer Faktoren für die alpine Agrarentwicklung abzuschätzen. Bis ins 19. Jahrhundert war die Transporttechnik in die bestehende Raumorganisation eingebunden und vermochte diese nur beschränkt zu verändern. Auch die Pflüge mit Radvorgestell oder Kehrvorrichtung wiesen keine allgemein gültigen Vorzüge auf. Obwohl teilweise seit dem Mittelalter bekannt, verbreiteten sie sich nur in bestimmten Gebieten, anderswo griff man mit fortschreitender Intensivierung gerade auf einfache Handgeräte zurück. Die ausgeprägte Kontextabhängigkeit der Technologie verweist auf ihre geringe Eigendynamik: Die landwirtschaftliche Entwicklung wurde bis gegen Ende der Untersuchungsperiode viel stärker durch die Vermehrung des Arbeitseinsatzes bestimmt als durch die Verbesserung des Gerätebestands. Die internationale Diskussion über Agrartechnologie, welche vor allem seit dem 18. Jahrhundert überall aufkam (und häufig ein einseitig negatives Bild von den gebräuchlichen Arbeitsmitteln zeichnete, um andere desto heller erstrahlen zu lassen), konnte daran wenig ändern. Zwar vergrösserten die zunehmenden Kontakte das gesellschaftliche Innovationspotential, doch in der Praxis blieben viele Verbesserungsvorschläge ohne Anwendung. Dies galt freilich auch für Gebiete ausserhalb des Alpenraums. Die technische Revolution in der Landwirtschaft setzte im allgemeinen erst in der zweiten Hälfte des 19. Jahrhunderts ein, als die Industrie zu einer starken Konkurrentin auf dem Arbeitsmarkt und zu einer effizienten Anbieterin von Produktionsmitteln wurde. In bestimmten Alpenregionen ging man nun rasch zu modernen Techniken über, so in Teilen der französischen Hautes-Alpes, wo der Bevölkerungsrückgang einen zusätzlichen Anreiz für diese Art von Innovation gab.[60]

Im steilen Terrain war die Technisierung der Landwirtschaft jedoch besonders schwierig. Die aufkommende Mähmaschine mit Pferdezug konnte beispielsweise nur auf einigermassen flachen Wiesen eingesetzt werden, obwohl die Beschleunigung und Erleichterung der Heuernte vielerorts stark ins Gewicht gefallen wäre. Wie oben ausgeführt, musste man zur Bewirtschaftung abschüssiger Geländepartien auch während der frühen Neuzeit einen überdurchschnittlichen Arbeitsaufwand erbringen, durch den technologischen Wandel wurde die Differenz nun aber erheblich grösser. Die vermehrten Kontakte und internationalen Diskussionen über landwirtschaftliche Verhältnisse konnten die Differenz auf der subjektiven Seite weiter vergrössern. Anstatt zur Forcierung der regionalen Agrarentwicklung trugen sie dann dazu bei, die Motivation für Zusatzleistungen zu vermindern. Vielleicht ist es nicht bloss mit der Quellensituation zu erklären, wenn drastisch überhöhte, populäre Ausdrücke für »Steilheit« vor allem seit der zweiten Hälfte des 19. Jahrhunderts überliefert sind. Damals pflegte man von verschiedensten Orten zu sagen, dass die Hühner der betreffenden Siedlung mit Fusseisen auszurüsten seien, um sie vor dem Hinunterfallen zu schützen, oder dass dort sogar die Ameisen den Hang hinunterpurzelten. Andererseits wiesen diese Redewendungen auf besonders abschüssiges Gelände und damit auf die Tatsache, dass nur ein Teil des Alpenraums aus solchen Gemeinden bestand.[61]

Im Rückblick auf dieses Kapitel können wir folgendes festhalten. Typisch für die alpine Landwirtschaft war ein bedeutendes Intensitätsgefälle auf kleinem Radius. Es zeigte sich augenfällig am Unterschied zwischen der raumkonsumierenden Nutzung der Alpweiden und den raumsparenden Nutzungsformen auf den Siedlungsstufen. Die extensive Alpwirtschaft ergab hohe Erträge pro Arbeitseinheit, ihr Anteil am Gesamtprodukt sollte aber nicht überschätzt werden. Die meisten landwirtschaftlichen Güter wurden auf den unteren Stufen erzeugt, wo auch der Viehsektor mit seiner ausgedehnten Stallhaltung einen besonders intensiven Charakter hatte.

Alles spricht dafür, dass sich das Intensitätsgefälle während der Untersuchungsperiode wesentlich verstärkte: (1) Zu Beginn der Neuzeit nutzte man die Flusstäler über weite Strecken als Weide- und Sammelland. Durch vorerst lokale, später grossräumige Gewässerregulierungen wurden viele Talebenen zu bevorzugten Zonen der Agrarintensivierung. (2) Die Erntehäufigkeit nahm in tieferen Lagen oft stärker zu als in höheren. Beim Grasland ging man unter Umständen zu viermaligen Heuschnitten über, beim Ackerland zu doppelten Ernten. Frequenzsteigerungen diesen Ausmasses waren in höher gelegenen Gebieten mit kürzeren Vegetationszeiten unergiebig, weiter oben unmöglich. (3) Einige Pflanzen und Tiere, die neu eingeführt wurden oder an Bedeutung gewannen, trugen zum Gefälle bei. Der Maisanbau beschränkte sich vor allem in den frühen Phasen auf tiefere Lagen. Die Zunahme der Rinder gegenüber den Schafen war im Tal mit vermehrter Stallfütterung verbunden, auf der Alpstufe wurden die günstig gelegenen Weideplätze wichtiger.

Schon die frühneuzeitliche Agrarentwicklung hatte somit einen räumlich selektiven Charakter. Es gab aber auch limitierende Faktoren ökonomischer Art. Der Arbeitsaufwand konnte in alpinen Landschaften eine prohibitive Wirkung entfalten, lange bevor eine Steigerung der Flächenerträge nach zeitgenössischem Massstab undenkbar wurde. Gut zu belegen ist die Arbeitslast bei Transporten im unwegsamen und weitläufigen Gelände oder beim routinemässigen Terrassenunterhalt und Erdauftragen. Die Grösse des akzeptablen Aufwands ergab sich unter anderem aus dem Vergleich mit üblichen Formen der Landwirtschaft. Man kann davon ausgehen, dass agrartechnische Fortschritte des Flachlands und der Talgegenden im späten 19. Jahrhundert die Motivation für Zusatzleistungen verminderten. Vorher hatten technische Faktoren nur einen beschränkten Einfluss auf die landwirtschaftliche Entwicklung.

Entgegen den pessimistischen Äusserungen zum alpinen Umweltpotential, wie sie in der Literatur verbreitet sind, muss betont werden, dass die Untersuchungsperiode im ganzen eine Wachstumsperiode war. Mit ihrem Schwerpunkt auf den unteren Nutzungsstufen und rund um die Siedlungsgebiete erwies sich die Gebirgslandwirtschaft bei zunehmender Bevölkerung als flexibel und anpassungsfähig. Dass der demographische Druck tatsächlich eine wichtige Bedingung für Intensivierungsprozesse darstellte, lässt sich an den Formen der Bodennutzung und an einzelnen Techniken zeigen. Die Bewässerung brachte zum Beispiel eine wesentliche Steigerung der Heuproduktion, war aber mit viel Umtrieben verbunden. Die Daten legen nahe, dass die Bewässerungsintensität – über die Nachfrage und die Arbeitskapazität – stark vom Bevölkerungsdruck abhing. Die Kartoffel wurde im späten 18. und vor allem im 19. Jahrhundert zu einer wichtigen Nutzpflanze, deren Ertrag die üblichen Getreideerträge weit übertraf, sofern man den grossen Mehraufwand erbrachte. Mit dem demographischen Wachstum nahm die Bereitschaft zum Anbau zu, möglich wäre er seit dem 16. Jahrhundert gewesen.

4 Städte

Dass die Alpen in der frühen Neuzeit und darüber hinaus ein städtearmer Raum waren, ist eine altbekannte Tatsache. Im Jahre 1588 schrieb der Staatstheoretiker Giovanni Botero in seinem Buch über die Grösse und Würde der Stadt, ein Motiv für Menschenansammlungen liege in der Suche nach Schutz vor verschiedenen Gefahren, wie ihn bergige und rauhe oder auch sumpfige und andere isolierte Orte böten. Als Piemontese hatte er bei den »luoghi montuosi ed aspri« zweifellos den Alpenkranz vor Augen. Weil aber mit der Sicherheit dieser Orte gewöhnlich keine besondere Gunst bezüglich Territorium, Verkehr, Attraktion und Unterhaltung verbunden sei, habe man dort nie sehr berühmte Städte gesehen: »non vi si è visto mai città molto famosa.« Ähnliche Bemerkungen manchmal grundsätzlicher, manchmal beiläufiger Art findet man während der ganzen Periode. Um 1730 wurde zum Beispiel Aosta als eigentümliches Gemisch von Dorf und Stadt beschrieben. Wer die ungeordneten Nebenquartiere mit ihren schmutzigen Strässchen, Misthaufen und Viehställen betrachte, müsse trotz römischer Stadtmauer von einem Dorf sprechen. Die Häuserzeilen an den Hauptstrassen im Zentrum hinterliessen dagegen einen städtischen Eindruck, ja ihre Bauart sei nicht schlecht »pour un endroit de montagne«.[1]

Die Bekanntheit und Selbstverständlichkeit der alpinen Städtearmut bildeten einen wichtigen Grund für die Seltenheit, mit der sie in der modernen Forschung untersucht wurde. Selbst die Geographie, die sich sowohl der Alpen als auch der Städte schon lange in besonderer Weise annahm, begann erst vor wenigen Jahrzehnten (als die Urbanisierung im Berggebiet unübersehbar, also zum »Problem« wurde) mit systematischen Untersuchungen. In den frühen 1970er Jahren entstand unter Leitung von Giuseppe Dematteis eine Erhebung, welche den gesamten Gebirgsbogen umfasste und mehrere hundert Zentren in den Alpen und am Alpenfuss betraf. So interessant diese Arbeit für Abgrenzungsfragen und für eine gewisse Modernisierung des Alpenbilds ist, so knapp sind ihre historischen Analysen. Dematteis begnügte sich mit einem kursorischen Rückblick und mit der Feststellung, die räumliche Verteilung der Zentren zeige den abweisenden Effekt des Reliefs auf Städte, eine generelle Regel, von der die Alpen keine Ausnahme machten. Trotz einzelner Lichtblicke sind andere Studien kaum aufschlussreicher. Zur Begründung der Stagnation verweisen viele geographische Autoren in allgemeiner Art auf die Höhe und Geländeformen des Gebirges. Als Hauptgrund für die gleichwohl feststellbare Stadtentwicklung wird häufig ohne nähere Abklärung der transalpine Verkehr in Anspruch genommen.[2]

Dass die Geschichtsschreibung wenig Mühe an eine vertraute, von staatlichen Gegebenheiten scheinbar losgelöste Erscheinung verwendete, ist nicht weiter erstaunlich. Doch mit mehreren Aspekten haben sich Historiker seit langem beschäftigt, und seit der sprunghaften Zunahme ihrer Interessen in der Nachkriegszeit ist die Untersuchungsbasis wesentlich tragfähiger geworden. Nicht zuletzt unter dem Einfluss von systematischen Fragestellungen der Geographie entwickelten sich in den letzten Jahrzehnten besonders innovative Tendenzen der städtischen Geschichtsforschung. Es kam auch zu einzelnen Versuchen, das urbane Diskussionsfeld mit dem alpinen zu verbinden. Sie hatten allerdings einen programmatischen oder essayistischen Charakter und vermochten die festgestellten Defizite nicht zu beheben.[3]

Das folgende Kapitel konzentriert sich auf einen bestimmten Ausschnitt dieser Diskussion. Es bringt eine Zusammenstellung von städtischen Bevölkerungsdaten und eine Analyse der sichtbar gewordenen Wachstumserscheinungen, zuerst für die frühe Neuzeit, dann für das 19. Jahrhundert. Viele Themen der modernen Stadtgeschichte bleiben dabei ausgeklammert; nicht berührt wird etwa die Frage nach dem »fait urbain«, dem spezifisch städtischen Effekt. Die Urbanisierungsforschung, welche eine solche Frage schon aus organisatorischen Gründen stellen muss, hat ja gleichzeitig der Einsicht zum Durchbruch verholfen, dass es möglich und nützlich ist, die Urbanität in verschiedener Perspektive zu betrachten. Damit verliert auch das traditionelle Problem der Stadtdefinition an Brisanz. Ich gehe im folgenden von einem demographischen Stadtbegriff aus, bin aber nicht der Meinung, der soziopolitische Rang einer Siedlung und dessen Wahrnehmung seien bedeutungslos.[4] Eine isolierte Betrachtung des Gebirges könnte die Ertragsaussichten allerdings stark vermindern – die Untersuchung muss gerade hier über die Alpen hinausgehen und das Umland einbeziehen.

Statistik zur frühen Neuzeit

Die umfangreichste Sammlung von Bevölkerungszahlen zu europäischen Städten der frühen Neuzeit stammt von Paul Bairoch und seinen Mitarbeitern.[5] Die Autoren verweisen darin nachdrücklich auf die Schwierigkeiten einer derartigen Erhebung. Bis ins 19. Jahrhundert sind Bevölkerungsangaben für viele Städte spärlich und aus mehreren Gründen ungenau. Die Ungenauigkeit vergrössert sich durch die Interpolation der zeitlich gestreuten Daten auf runde Jahreszahlen, wie sie für statistische Darstellungen wünschbar sind. Die Qualität der Statistik hängt auch mit den gewählten Grenzwerten zusammen. Ihre Unvollständigkeit erhöht sich, wenn man nicht nur Grossstädte betrachtet, sondern die Erhebung gegen unten erweitert wie Bairoch, der die Grenze bei 5000 Einwohnern ansetzt. Für den Alpenraum mit seinen dünngesäten Städten ist gerade diese Erweiterung von entscheidender Bedeutung. Die genannte Datenbank kann also vorläufig kein präzises Bild der städtischen Bevölkerung geben, wohl aber ein nützliches Koordinatensystem von raumzeitlichen Grössenordnungen. Sie wird hier zur Darstellung der Urbanisierung im weiteren Kontext des Alpenumlandes benutzt.

Für die Betrachtung des engeren Alpenraums bedürfen die Daten der Präzisierung.

Das grösste Problem der Bestandsaufnahme von Bairoch besteht nach meinem Dafürhalten in der ungenügenden Kontrolle des städtischen Agglomerationsgrads. Die Bevölkerungszahlen beziehen sich häufig auf politische Territorien, die auch abgelegene Nebensiedlungen einschliessen konnten. Für Barcelonnette, eine Stadt der Haute Provence, wird zum Beispiel für 1750 eine Einwohnerzahl von 6000 genannt. In Wirklichkeit handelte es sich um eine Grossgemeinde, deren agglomerierter Kern bloss 2000 Personen umfasste. Noch stärker sind die Diskrepanzen im Fall von Asiago im Berggebiet der Sette Comuni bei Vicenza. Die Datenbank gibt für 1850 eine Einwohnerzahl von 12.000 (und rechnet Asiago deswegen zu den Städten, die bis 1800 möglicherweise, aber nicht nachgewiesenermassen 5000 Einwohner erreichten). Aus einer etwas späteren Volkszählung geht hervor, dass lediglich 500 Personen zur agglomerierten Bevölkerung der »borgata« gehörten.[6] Solche Erfahrungen haben mich bewogen, bei der Aufnahme der Städte im Alpenraum nicht nur die Marke von 5000 Einwohnern anzulegen, sondern das zusätzliche Kriterium einer agglomerierten Bevölkerung von mindestens 3000 Personen einzuführen. Wir betrachten die quantitativen Umrisse der Urbanisierung also auf zwei Arten: erstens mit Einschluss des Alpenumlands anhand der Zahlen von Bairoch; zweitens beschränkt auf den Alpenraum anhand von Angaben, welche seiner Datenbank entnommen, dann unter Verwendung eines Zusatzkriteriums und mittels Spezialliteratur korrigiert und auch ergänzt wurden (ohne der Illusion zu verfallen, sie seien nun genau).

Die territoriale Abgrenzung ist im ersten Fall ganz willkürlich. Die beiden Karten zur Situation in den Jahren um 1500 und 1800 beziehen sich auf das Gebiet zwischen dem 4. und 18. östlichen Längengrad und dem 44. und 49. nördlichen Breitengrad, in Frankreich inklusive des weiter südlich gelegenen Küstenstrichs. Das ergibt einen Raum, der im Norden nach Karlsruhe reicht (aber Regensburg knapp ausschliesst), im Süden durch den Apennin begrenzt wird und insgesamt eine Landfläche von knapp 580.000 Quadratkilometern umfasst. Für die Definition der Alpen verwenden wir die erwähnte Studie von Dematteis, welche das Gebirge nach morphologischen Kriterien vom Umland abgrenzt. Zur Verminderung der subjektiven Entscheide, die bei der Absteckung von Geländegrenzen unvermeidbar sind, unterscheidet Dematteis eine Zwischenzone zwischen Alpen und Umland. Diese Alpenfusszone erstreckt sich von einer idealen Randlinie aus je zehn Kilometer in die Ebene und in das Gebirge hinein. Erst die Städte innerhalb des so definierten Alpenfusses gelten somit als Städte der Alpen. Man könnte freilich einwenden, die langen, tiefliegenden Flusstäler innerhalb des Gebirges wie das Etschtal seien ebenfalls auszuklammern, weil solche »golfes de plaine« (Emmanuel de Martonne) nicht zum Berggebiet gehören. Wir werden unten sehen, dass der Einwand einen interessanten Punkt anspricht, aber nur halbwegs gerechtfertigt ist.

Karte 4.1: Städte mit 5000 und mehr Einwohnern in den Alpen und im Umland, 1500

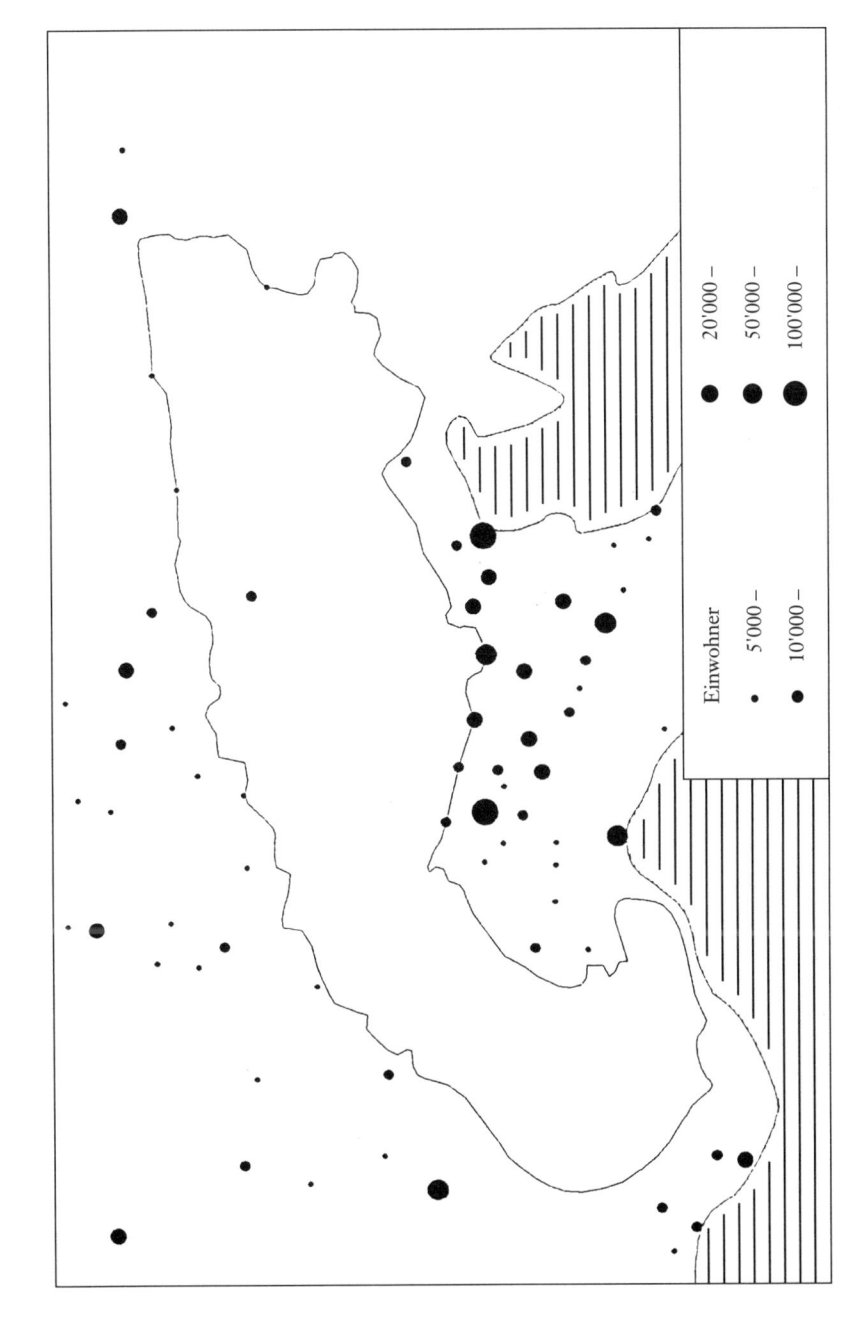

Datenbasis: Bairoch 1988, S. 4–69.

Karte 4.2: Städte mit 5000 und mehr Einwohnern in den Alpen und im Umland, 1800

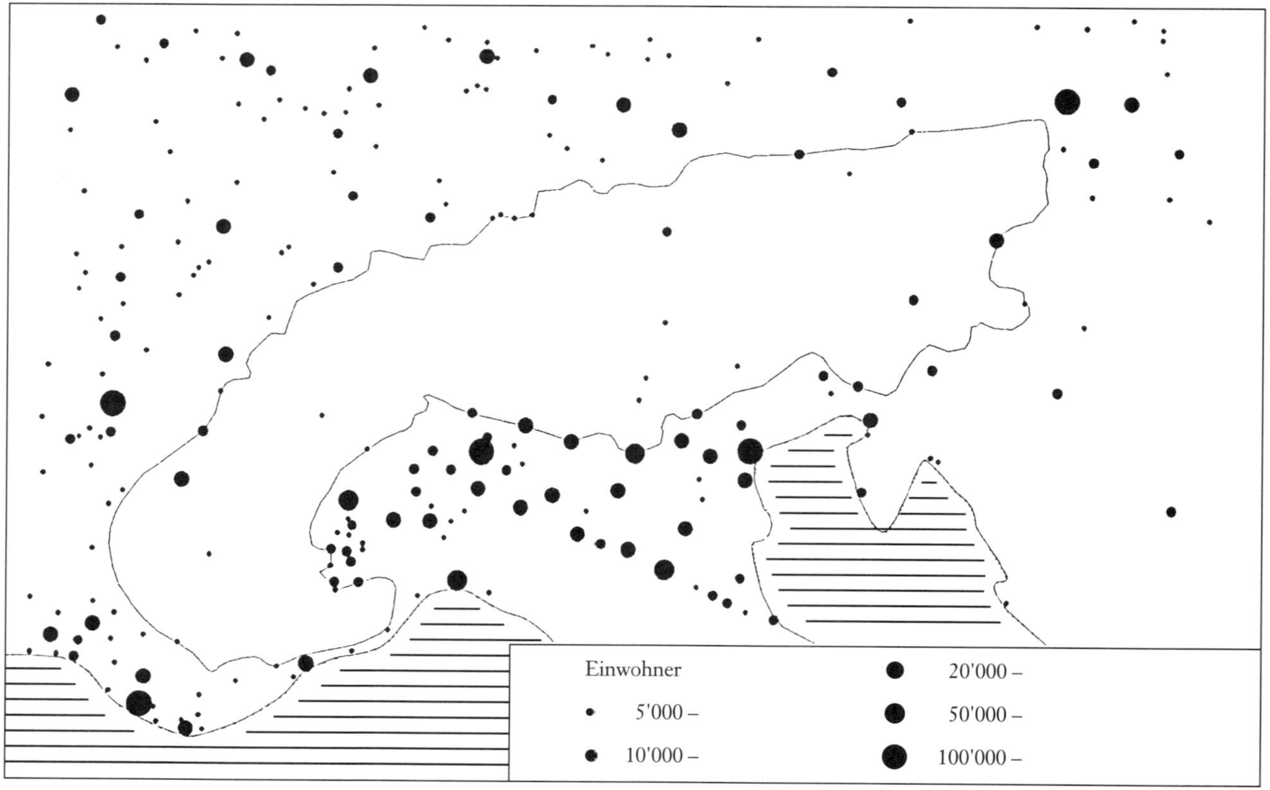

Datenbasis: Bairoch 1988, S. 4–69.

Tabelle 4.1: Städte mit 5000 und mehr Einwohnern in den Alpen und am Alpenfuss, 1500–1800

Stadt	Einwohner in Tausend					Höhe (m)	Distanz zum Alpenrand (km)
	1500	1600	1700	1750	1800		
Alpen:							
Gap (F)	–	–	5	6	9	733	128
Grenoble (F)	2	12	20	23	20	214	15
Sisteron (F)	–	–	5	3	3	482	62
Aosta (I)	3	–	–	4	5	583	69
Belluno (I)	–	5	–	4	7	389	53
Bolzano-Bozen (I)	–	–	–	–	8	262	126
Rovereto (I)	–	–	–	5	8	205	44
Susa (I)	–	5	–	2	3	503	28
Trento (I)	4	7	6	9	11	194	68
Innsbruck (A)	4	6	7	10	12	574	106
Klagenfurt (A)	1	4	5	7	10	446	125
Schwaz (A)	17	9	8	6	4	538	78
Alpenfuss:							
Annecy (F)	2	–	5	4	5	448	0
Chambéry (F)	2	2	10	9	10	272	0
Grasse (F)	–	–	9	9	9	333	0
Manosque (F)	–	–	5	4	5	387	7
Bassano (I)	3	7	–	8	10	122	0
Bergamo (I)	18	24	25	27	24	249	0
Biella (I)	–	7	–	6	6	420	0
Brescia (I)	49	36	35	30	32	149	0
Como (I)	10	12	13	14	15	201	0
Cuneo (I)	–	10	12	13	18	534	–8
Dronero (I)	–	–	–	–	6	622	4
Gorizia (I)	–	5	10	–	10	84	0
Ivrea (I)	–	4	–	6	7	267	0
Mondovì (I)	–	11	10	7	10	395	0
Pinerolo (I)	–	8	–	7	11	376	0
Saluzzo (I)	–	6	5	9	10	340	0
Verona (I)	50	45	35	45	51	59	–5
Luzern (CH)	3	–	4	5	4	419	0
St. Gallen (CH)	5	5	6	8	6	671	–5
Graz (A)	5	8	22	20	31	364	0
Salzburg (A)	7	9	13	15	16	424	0
Steyr (A)	6	9	6	7	8	307	–1
Kempten (D)	–	5	–	3	3	677	0
Maribor (SLO)	–	–	4	–	5	274	0

Anhang zu Tabelle 4.1

Städte mit gerundet mindestens 5000 Einwohnern (Rundung auf 1000, also genau ab 4500); davon mindestens 3000 Einwohner in agglomerierter Hauptsiedlung. Moderne Stadtnamen und Staatszugehörigkeit. Nach Bairoch 1988, S. 4–69 und diversen Quellen in der folgenden Liste.
Alpenabgrenzung nach morphologischen Kriterien; Distanz zum Alpenrand gemessen an der kürzesten Talstrasse; negative Angaben beziehen sich auf die Distanz vom Alpenrand nach aussen; als Alpenfuss gilt eine Zone von ± 10 km um den Alpenrand. Nach Dematteis 1975, S. 84–99.

Die folgende Liste nennt die Ergänzungen und Korrekturen, welche für die Tabelle an den Daten von Bairoch angebracht wurden (Stadt: Daten von Bairoch / Kommentar und Quelle, beim ersten Zitat voll ausgewiesen). Die Korrekturen betreffen vor allem fehlerhafte Lokalisationen und Zurückstufungen von Städten aufgrund des hier verwendeten Agglomerationskriteriums. Die Einwohnerzahlen wurden mit wenigen Ausnahmen unverändert übernommen: Die abweichenden Angaben für einen bestimmten Zeitpunkt machen häufig keinen zuverlässigeren Eindruck, bei Interpolationen auf die runden Jahreszahlen ist der Ermessensspielraum ohnehin beträchtlich.

Alpen:
Annaberg (D): Koordinaten für Annaberg im Lammertal (A) / betrifft Annaberg-Buchholz (D). Aosta (I): – / Einw. für 1500 und 1750 nach Lino Colliard: Vecchia Aosta, Aosta 1986, S. 15, 211. Bad Ischl (A): 5000 Einw. für 1800 / niedriger Agglomerationsgrad, vgl. Bad Ischl. Ein Heimatbuch, hg. vom Ischler Heimatverein, Linz 1966, S. 226, 234. Barcelonnette (F): 6000 Einw. für 1750 / niedriger Agglomerationsgrad, vgl. Jean-Joseph d'Expilly: Dictionnaire géographique, historique et politique des Gaules et de la France, Bd. 5, Amsterdam 1768, S. 933. Gap (F): – / Einw. für 1750 nach René Favier: Les villes du Dauphiné aux XVIIe et XVIIIe siècles, Grenoble 1993, S. 437. Rovereto (I): – / Einw. für 1750 nach Casimira Grandi: La popolazione della città di Trento nel corso del Settecento: una capitale che si spegne, in: Cesare Mozzarelli, Giuseppe Olmi, Il Trentino nel Settecento fra Sacro Romano Impero e antichi stati italiani, Bologna 1985, S. 751. Schwyz (CH): 5000 Einw. für 1750 / niedriger Agglomerationsgrad, vgl. Daniel Scheitlin: Contribution à l'étude de la population urbaine suisse: 1200–1850. Constitution d'une banque de données et analyse des résultats, Lizentiatsarbeit Universität Genf 1985, Bd. 2, S. 103. Susa (I): nicht angeführt / Einw. für 1600, 1750 und 1800 nach Karl Julius Beloch: Bevölkerungsgeschichte Italiens, Bd. 3, Berlin 1961, S. 250; Raoul Blanchard: Les Alpes Occidentales, Bd. 6, Grenoble 1954, S. 744; Giuseppe Prato: Censimenti e popolazione in Piemonte nei secoli XVI, XVII e XVIII, in: Rivista Italiana di Sociologia 10 (1906), S. 345; René Le Mée: Population agglomérée, population éparse au début du XIXe siècle, in: Annales de démographie historique 1971, S. 500. Trento (I): 7000 Einw. für 1800 / Einw. für 1500–1800 nach Mariano Welber: Due estimi e un principe. Trento prima e dopo il Cles, in: derselbe (Hg.), Bernardo Cles e il suo doppio, Trento 1987, S. 168; Archivio Diocesano Tridentino, Visita ad Limina 1610, fol. 228 v; Grandi 1985, S. 744, 748, 761. Varallo (I): 5000 Einw. für 1700 mit Koordinaten für Varallo Piomba / betrifft Varallo Valsesia mit 3500 Einw. für 1697, persönl. Mitt. von Pier Paolo Viazzo, vgl. derselbe: L'evoluzione della popolazione della Valsesia dagli inizi del '600 alla metà dell'800, in: Novarien. Associazione di storia della chiesa novarese 15 (1985), S. 121, 124.

Alpenfuss:
Altstätten (CH): 6000 Einw. für 1800 / niedriger Agglomerationsgrad, vgl. Scheitlin 1985, Bd. 2, S. 6. Biella (I): 4000 Einw. für 1800 / Einw. für 1600 und 1800 nach Beloch 1961, S. 279; Le Mée 1971, S. 501 (population totale). Boves (I): 6000 Einw. für 1800 / niedriger Agglomerationsgrad, vgl. Le Mée 1971, S. 501 (enquête »1000«). Busca (I): 5000 Einw. für 1600 ohne Quellenangabe, 7000 Einw. für 1800 / niedriger Agglomerationsgrad, vgl. Le Mée 1971, S. 501 (enquête »1000«). Dornbirn (A): 5000 Einw. für 1800 / niedriger Agglomerationsgrad, vgl. Österreichisches Städtebuch, hg. von Alfred Hoffmann, Bd. 3, Wien 1973, S. 115.

Dronero (I): 3000 Einw. für 1800 / Einw. für 1800 nach Le Mée 1971, S. 501 (population totale). Herisau (CH): 5000 Einw. für 1750, 6000 Einw. für 1800 / niedriger Agglomerationsgrad, vgl. Scheitlin 1985, Bd. 1, S. 22 , Bd. 2, S. 51. Ivrea (I): – / Einw. für 1600 und 1750 nach Beloch 1961, S. 279. Pinerolo (I): nicht angeführt / Einw. für 1600, 1750 und 1800 nach Beloch 1961, S. 279; Le Mée 1971, S. 500 (population totale). Saluzzo (I): – / Einw. für 1600–1750 nach Beloch 1961, S. 279; Prato 1906, S. 338.

Bairoch nennt ausserdem eine Reihe von Städten, die zwischen 1500 und 1800 möglicherweise, aber nicht nachgewiesenermassen 5000 und mehr Einwohner hatten; in den Alpen: Asiago (I), Die (F), Digne (F), Lugano (CH), Ormea (I); am Alpenfuss: Caraglio (I), Giaveno (I), Gmunden (A), Neunkirchen (A), Verbania (I), Vevey (CH). Abklärungen haben für keinen dieser Orte Hinweise auf Erfüllung der obigen Kriterien erbracht. Mögliche Zusätze zu unserer Liste sind die nicht angeführten italienischen Städte Ala, Arco, Feltre (Alpen) und Arzignano, Schio (Alpenfuss) mit zeitweise 5000 Einwohnern, aber sehr fraglichem Agglomerationsgrad.

Wie aus Karte 4.1 hervorgeht, war die räumliche Verteilung der urbanen Bevölkerung im Untersuchungsgebiet zu Beginn des 16. Jahrhunderts ausserordentlich ungleich. In Oberitalien fand man bekanntermassen zahlreiche und grosse Städte, allen voran Venedig und Mailand mit je ungefähr 100.000 Einwohnern, während die Regionen nördlich der Alpen weit weniger urbanisiert waren. Neben diesem markanten Süd-Nord-Gefälle zeichnet sich ein Gefälle in west-östlicher Richtung ab; in den Alpen erscheint nur ein einziger Ort, nämlich die Bergbausiedlung Schwaz in der Nähe von Innsbruck. Drei Jahrhunderte später war der gleiche Raum durch eine starke Verdichtung und einen gewissen regionalen Ausgleich der städtischen Bevölkerung geprägt (Karte 4.2). Das Wachstum hatte sich laut Bairochs Datenbank in folgenden Schritten vollzogen: 69 Städte mit insgesamt 1,2 Millionen Einwohnern für das Jahr 1500, 97 mit 1,7 Mio. für 1600, 113 mit 2,0 Mio. für 1700, 233 mit 3,4 Mio. für 1800. Da die frühen Zeitpunkte quellenmässig schlechter erfasst sind, war die Zunahme in Wirklichkeit weniger ausgeprägt. Doch die grossen Tendenzen, zum Beispiel der Urbanisierungsschub des 18. Jahrhunderts, dürften sich in den Zahlen realistisch abbilden.

Die Zentren am Alpenfuss (in den Karten auf der Alpenlinie) wuchsen über die Gesamtperiode gesehen am langsamsten, nämlich von 8 Städten mit 150.000 Einwohnern auf 24 mit 312.000 Einwohnern. Ausschlaggebend dafür war nicht die geographische Übergangslage, sondern die Dominanz der italienischen Städte in dieser Gruppe. Das Wachstum fiel in den stark urbanisierten oberitalienischen Gebieten bedeutend geringer aus als im Gesamtraum, vor allem im 17. Jahrhundert, das in Oberitalien nicht nur eine verminderte Zunahme brachte, sondern einen absoluten Rückgang der Städte- und Einwohnerzahl. Ironischerweise bildeten die Alpenstädte während der frühen Neuzeit die am schnellsten wachsende Gruppe: Von 1 Stadt mit 17.000 Einwohnern nahm sie – immer aufgrund der genannten Datenbank – auf 10 Städte mit 91.000 Einwohnern zu. Diese überproportionale Steigerung lässt sich leicht als statistisches Artefakt erkennen, das auf dem Umstand beruht, dass nur Orte mit mindestens 5000 Einwohnern berücksichtigt werden. Jeder Übergang in die Stadtkategorie muss einen starken Effekt auslösen, solange sie nur wenige Elemente enthält.[7] Ein angemessenes Bild geben dagegen Zahlen zur Städtedichte, an denen sich zeigt, dass die absolute Differenz zum Umland nicht kleiner, sondern erheblich grösser wurde. Um 1500 zählte man in den Alpen 0,1 Städte/10.000 Quadratkilometer und 0,1 Stadtbewohner/Quadratkilometer, im Umland 1,5 und 2,7. Bis um 1800 stiegen diese Indikatoren in den Alpen auf 0,6 und 0,5, im Umland dagegen auf 5,0 und 7,5. Besonders schnell vergrösserte sich diese Differenz im 18. Jahrhundert.[8]

Tabelle 4.1 enthält die verfügbaren Bevölkerungszahlen für die Städte der Alpen und des Alpenfusses, eingereiht nach der modernen Staatszugehörigkeit in einer Anordnung von West nach Ost. Die Angaben sind, wie gesagt, nicht identisch mit den bisher verwendeten Daten von Bairoch, sondern wurden nach Möglichkeit präzisiert, was im einzelnen aus dem Anhang ersichtlich ist. Trotz Zusatzkriterium und hohem Rundungsgrad dürfen wir keine gehobenen Ansprüche an ihre Zuverlässigkeit stellen. So ist schwer zu entscheiden, ob es um 1500 in den Alpen tatsächlich eine Stadt im hier verwendeten Sinn gab. Das Spektrum der Möglichkeiten reicht von null bis fünf.[9] Eine ganz spezielle Struktur und Entwicklung, die in der Tabelle nicht richtig darzustellen ist, kannte das tirolische Schwaz (vgl. unten). Sonst treten vor allem die wenigen deutlich wachsenden Städte hervor: in erster Linie Grenoble, das nach einer rasanten Zunahme im 16. und 17. Jahrhundert 20.000 Einwohner zählte und alle anderen Alpenstädte weit in den Schatten stellte, auch Trento, Innsbruck und Klagenfurt, die im 18. Jahrhundert 10.000 Einwohner erreichten. Einem Dutzend Städte der Alpen stehen in der Tabelle doppelt so viele Städte des Alpenfusses gegenüber. Durch den Bevölkerungsreichtum der italienischen und später auch der österreichischen Alpenfusszentren war die mittlere Stadt dieser Gruppe um einiges grösser als diejenige der Alpen. Die Höhenlage unterschied sich erstaunlich wenig. Während die mittlere Stadt des Alpenfusses auf 352 Metern lag, befand sich diejenige der Alpen auf 464 Metern. Das ist nicht viel für ein Gebirge mit zahlreichen Hochtälern und wirft die Frage nach den Bedingungen des urbanen Wachstums auf.

Wachstumsbeschleunigung

Bei der Identifizierung von besonderen Wachstumsfaktoren ist es ratsam, zunächst von einem allgemeinen Urbanisierungsmodell auszugehen, also anzunehmen, dass mit wachsender Bevölkerungsdichte die Möglichkeit für städtische Konzentrationen zunimmt und dass sich die Aktivität in den zentralen Orten nach einem bestimmten Entwicklungsmuster verändert. Abweichungen von diesem Muster können dann als wichtige Faktoren für den jeweiligen Fall betrachtet werden. Man ist aber nicht gezwungen, den Städten individuell einzigartige Funktionen zuzuschreiben, was leicht zu künstlichen, wenn nicht ideologischen Klassifikationen führt. In der gebotenen Kürze sollen nun einige beschleunigende Faktoren erörtert werden, die für die alpine Stadtentwicklung der frühen Neuzeit ins Gewicht fielen oder in der Literatur an prominenter Stelle figurieren.[10]

»Le fait urbain dans les Alpes est lié à la circulation routière«, stellt eine geographische Talmonographie von Aosta im Rückblick auf den transalpinen Verkehr fest und bringt so eine herkömmliche, immer noch gängige Ansicht in prononcierter Weise zum Ausdruck.[11] Was lässt sich aufgrund der Bevölkerungsdaten und einiger Untersuchungen zum Verkehrs- und Beschäftigungsvolumen dazu sagen? Vergleicht man die aufgelisteten Städte mit den wichtigen Verkehrsrouten – kleine Passübergänge gab es überall –, so findet man geographische Übereinstimmungen für die italienische Seite des Mont Cenis und Montgenèvre (Susa um 1600) sowie für die Brennerlinie (Rovereto 1750–1800, Trento 1600–1800, Bolzano-Bozen 1800, Innsbruck 1600–1800). Einen negativen Befund ergeben die grossen Pässe auf heute schweizerischem Gebiet: Chur zählte um 1800 2500 Einwohner, Bellinzona war nicht einmal halb so gross. Einzig der Beleg für die Alpenfussstadt Luzern (1750) könnte mit dem Gotthard in Verbindung gebracht werden. Allerdings nahm der Verkehr auf dieser wie auf vielen anderen Routen in der zweiten Hälfte des 18. Jahrhunderts massiv zu, während die Einwohnerzahl in Luzern leicht zurückging. Gleichgerichtete Bewegungen von Verkehrsaufkommen und städtischer Bevölkerung lassen sich in Susa und in Innsbruck beobachten, ihre Aussagekraft ist aber beschränkt. Susa wuchs im Laufe des 18. Jahrhunderts zu einem Ort mit 3000 Einwohnern (deutlich unter der Zahl von 1600), das angesetzte Stadtkriterium wurde erst wieder im ausgehenden 19. Jahrhundert erreicht, nachdem die flach geführte Zufahrt zum neuen Eisenbahntunnel die Stadt vom internationalen Verkehr abgekoppelt hatte. In Innsbruck kam es im 16. und 18. Jahrhundert zu einem gleichzeitigen Anstieg von Brennerverkehr und Stadtbevölkerung, doch das 17. Jahrhundert mit seiner Krise und Stagnation im Verkehr bleibt unklar.[12]

Mehr Gewissheit geben Daten zur Beschäftigungsstruktur. Franz Mathis hat aufgrund von Steuerlisten gezeigt, dass das Transportgewerbe in Innsbruck sehr schwach vertreten war. 1605, also noch während der Verkehrshausse, zählte man in der Stadt neun selbständige Fuhrmänner und zwei weitere im Transportwesen beschäftigte Personen. In einer besonders detaillierten Liste aus dem Jahre 1647 erscheinen insgesamt neun Selbständige in diesem Gewerbe, was drei Prozent der berufstätigen Haushaltsvorstände entsprach. Einen gleichen Prozentsatz erhält man auch bei Berücksichtigung der Gehilfen. Das Verkehrswesen ist allerdings generell schwer von anderen Sektoren abzugrenzen. Man müsste Teile des besser vertretenen Gastgewerbes und Handels dazurechnen. Andererseits waren in Innsbruck zahlreiche Beamte, Hofbedienstete, Adlige und Geistliche von den Steuern ausgenommen, so dass sich der genannte niedrige Anteil nur auf ungefähr ein Drittel der Bevölkerung bezog. Wesentlich wichtiger war der Transportsektor in der nahegelegenen Stadt Hall, wo viele Güter des Brennerpasses von der Strasse auf den Fluss kamen, was den Ort zu einem eigentlichen Verkehrsknotenpunkt machte und ein beachtliches Arbeitsvolumen auslöste. 1647 waren nicht weniger als ein Fünftel der Haller Beschäftigten im Transportwesen tätig. Besonders gross wurde die Verkehrs- und Salinenstadt allerdings nicht: Sie zählte im 17. Jahrhundert 2500–3000 Einwohner und um 1800 knapp 4000.[13]

Allgemein lässt sich sagen, dass keine der bedeutenden Alpenstädte in auffälliger Weise vom transalpinen Verkehr abhing. Auch in den meisten Städten mit 5000–9000 Personen fiel er meines Erachtens nicht besonders ins Gewicht.[14] Diese Einschätzung des Transitverkehrs widerspricht der traditionell hohen Einstufung durch viele Autoren, korrespondiert aber mit neueren Forschungstrends. Für eine Redimensionierung sprechen vor allem folgende Punkte: (1) Die passüberquerenden Transporte hatten in der frühen Neuzeit ein kleineres Volumen als aus der Perspektive des 19. und 20. Jahrhunderts häufig angenommen wurde. (2) Von diesem Volumen entfiel ein wesentlicher Anteil auf den interregionalen, nicht auf den transalpinen Verkehr (das wäre auch für Hall zu berücksichtigen). (3) Die Transporttätigkeit spielte sich aus technischen und organisatorischen Gründen vor allem etappenweise ab, was mehr eine lineare als eine konzentrierte und wirklich zentrumsbildende Verteilung des ökonomischen Potentials ergab.[15]

Bei der Beurteilung des Bergbaus bzw. seiner Urbanisierungseffekte bildet die Lokalität ebenfalls eine wichtige Frage. Am ausgiebigsten wurde die Rolle des alpinen Montanwesens in Österreich diskutiert, wo es seit dem Mittelalter überdurchschnittlich viele und bedeutende Abbaugebiete gab. Michael Mitterauer hat in einer Übersichtsstudie die Ansicht vertreten, dem Bergbau eigne nicht jene städtebildende Kraft, die ihm in der älteren Historiographie zugeschrieben wurde. Das Verhältnis von Montanwesen und Stadt bedürfe einer differenzierten Analyse, da die Auswirkungen schon von der Ökonomie her ganz unterschiedlich sein konnten je nach Art der Bergbauprodukte (Edel- und Buntmetalle, Eisen, Salz), nach den Phasen der Arbeit (Abbau, Verhüttung, Verfrachtung, Handel, Weiterverarbeitung) und nach dem Stand der Technologie (der sich in der frühen Neuzeit erheblich veränderte). Was den Abbau angeht, war etwa der Arbeitskräftebedarf bei Edelmetallen weitaus am grössten. Aber auch dort, wo der Bergbau ein starkes Bevölkerungswachstum erzeugte, kam es nur bedingt zur Siedlungskonzentration: »Das Montanwesen durchdringt im Umkreis der Abbaustätte die bäuerliche Siedellandschaft. Es führt weniger zur Ausbildung einzelner zentraler Orte als vielmehr zur Entstehung von grossräumigen Revieren.« Innerhalb dieser Reviere konnten sich dann allerdings Markt- und Gewerbezentren bilden oder vergrössern, ein Effekt, den Mitterauer nicht bestreitet.[16]

Ein Musterbeispiel für einen Bergbauort ist Schwaz, das in unserem Alpensample die Reihe der grossen Städte mit einem spektakulären Debüt eröffnet (Tabelle 4.1). Tatsächlich erlebte die Siedlung im Übergang zur Neuzeit einen ausserordentlichen Boom, der im frühen 16. Jahrhundert seinen Höhepunkt erreichte. Der Schwazer Bergbau stand damals an der Spitze der europäischen Silber- und Kupferproduktion, 1523 wurden in der grössten Abbaustätte etwa 17 Tonnen Silber und 1400 Tonnen Kupfer gewonnen. Schwaz umfasste aber drei Reviere, in denen 1526/45 mindestens 9000 Personen beschäftigt waren. Im Ort selber entstanden seit der Jahrhundertwende eine ganze Reihe von Sakral- und grösseren Profanbauten, nicht zuletzt das Palais der Augsburger Geschäftsleute Fugger. Was an der Geschichte von Schwaz sehr unsicher bleibt, sind die Einwohnerzahlen. Jüngste Überprüfungen haben gezeigt, dass viele von der Literatur genannten Zahlen in den Quellen nicht verifizierbar und zu hoch gegriffen sind. Das relativ geschlossene Siedlungszentrum könnte in der Mitte des 16. Jahrhunderts nur 300–350 Wohnhäuser mit vielleicht 3000 Einwohnern gehabt haben. Während der Bergbau und die weitere Umgebung in der Folge stark rückläufig waren, scheint das Zentrum bis ins 18. Jahrhundert gewachsen zu sein, bevor auch hier ein gewisser Rückgang einsetzte. Mit Bezug auf die agglomerierte, eigentlich urbane Bevölkerung dürfte die langfristige Entwicklung also fast umgekehrt verlaufen sein, als sie in unseren Daten erscheint.[17]

Sehr wichtig bei der Entstehung grosser Städte waren, wie aus historischen Untersuchungen vielfach hervorgeht, Faktoren soziopolitischer Art. In Klagenfurt, einem besonders instruktiven Fall, kamen die Impulse vom regionalen Adel, der im 15. Jahrhundert ein landständisches Bewusstsein entwickelte und immer regelmässiger zu Kärntner Landtagen zusammentrat. Angesichts beständiger Kriege an den südlichen Grenzen und mehrerer Bauernaufstände, aber auch in Abhebung vom habsburgischen Landesfürsten und nach dem Vorbild anderer Landschaften strebte der adlige Verband nach einem festen Ort. Die Wahl fiel nicht auf St. Veit, eine Stadt mit gewissen Zentralfunktionen, sondern auf das nahegelegene weniger bedeutende Klagenfurt. Im Jahre 1518 gelang es den Landständen, die kurz zuvor abgebrannte Stadt mit ungefähr 800 Einwohnern vom Kaiser eigentümlich zugesprochen zu erhalten. Sie schufen hier permanente Standesinstitutionen und Ansätze zu einer Landesverwaltung. Gleichzeitig begannen die Stadtherren mit einem grossangelegten urbanistischen Ausbau: Der Kanal zum Wörther See, das nach italienischer Manier entworfene Festungswerk, das Landhaus und andere Repräsentativbauten gaben der Stadt schon um 1600 ein neues Antlitz. Ihre Bevölkerung hatte sich mittlerweile verfünffacht, was zu einem guten Teil auf das Wachstum des lokalen Handwerks zurückzuführen ist. Im 18. Jahrhundert scheint das Gewerbe erneut expandiert zu haben. Es war nun zahlreicher vertreten, stärker differenziert und teilweise auf weitere Absatzgebiete ausgerichtet. Protegierte Grossunternehmen fingen auch an, für den internationalen Markt zu produzieren. Aber Klagenfurt blieb eine Stadt, in welcher der Adel, die Beamtenschaft und die Geistlichkeit selbst demographisch stark ins Gewicht fielen. Laut einer Quelle des frühen 19. Jahrhunderts machten sie die Hälfte der Bevölkerung aus.[18]

Auch in Grenoble, seit dem 17. Jahrhundert die weitaus grösste Stadt der Alpen, bildete der Adel eine bedeutende Kraft, allerdings schon früh in Verbindung mit dem französischen König bzw. unter seinem zunehmend starken und direkten Einfluss. Das oberste Gericht der Dauphiné, im 14. Jahrhundert entstanden und kurz darauf nach Grenoble verlegt, wurde bereits 1453 als königliches »Parlement« anerkannt. Es hatte ausnehmend viele Kompetenzen, unter anderem das Recht, die Stände der grossen im Rhonetal und Gebirge liegenden Provinz einzuberufen. Bis zu ihrer Auflösung entwickelte sich Grenoble dann auch zum Zentrum der Ständeversammlungen. Im 16. Jahrhundert wurden die Gouverneure zu Trägern der neuen Militärorganisation. Der mächtigste unter ihnen, François de Bonne, Duc de Lesdiguières, liess sich um 1600 eine städtische Residenz errichten und initiierte den Stadtausbau nach zeitgemässen Vorstellungen. Als schliesslich im 17. Jahrhundert die Intendanten des Königs in die Provinz kamen, lag es nahe, dass sie sich hier etablierten. Wie René Favier mit Blick auf die Dauphiné hervorhebt, gab die sukzessive Machtballung der Stadt ihr Gepräge: »Le développement des fonctions administratives avait réuni dans la ville une concentration exceptionnelle d'hommes de loi et d'officiers royaux, et, depuis le début du XVIIe siècle, la majorité de la noblesse de la province. A côté des modestes cités rentières, des bourgs artisanaux, d'une minorité de villes où les élites marchandes contestaient aux hommes de loi et aux officiers royaux le premier rang, Grenoble était la seule cité dauphinoise à se rattacher véritablement à un modèle aristocratique.« Dass die Impulse von aristokratischen Eliten kamen, heisst nicht, dass sich die Bevölkerung mehrheitlich aus ihnen und ihrem Gefolge zusammensetzte. Im Zeitalter der katholischen Reform expandierte der geistliche Stand, im 18. Jahrhundert erhielt die Stadt eine wichtige Militärgarnison. Vor allem aber hatten sich Gewerbe und Handel seit Beginn des urbanen Aufstiegs stark entwickelt und diversifiziert. Besonders erfolgreich wurde die Handschuhindustrie, die im 18. Jahrhundert auch für überseeische Märkte tätig war und zahlreiche Arbeitskräfte in und um Grenoble beschäftigte. Die städtische Bevölkerungszunahme erfuhr allerdings seit 1700 eine Verflachung.[19]

Wie wirksam soziopolitische Kräfte für das alpine Städtewachstum waren, lässt sich auch andernorts belegen, besonders klar in Innsbruck, einer zeitweiligen Residenz der Habsburger. Als weiteren Hinweis auf ihre Bedeutung kann man die Tatsache auffassen, dass in den schweizerischen Berggebieten keine Stadt das angesetzte Kriterium erreichte. Hätte der Transitverkehr die starken Wachstumsimpulse ausgelöst, die ihm öfter zugeschrieben wurden, so hätten hier grössere Agglomerationen entstehen können. In Wirklichkeit blieb sein Einfluss bescheiden, während die Entwicklung von Staat und Gesellschaft eine wichtige Rolle spielte. Beide bewahrten aber in den schweizerischen Alpenregionen einen lokalistischen Charakter, was einer beschleunigten Zentrumsbildung im Wege stand.

Obwohl die betrachteten Faktoren also von ungleichem Gewicht waren, trug doch jeder von ihnen, nach Massgabe regionaler Unterschiede, zum Städtewachstum bei. Dies gilt während der frühen Neuzeit auch für viele andere Teile Europas.[20] Im folgenden sollen nun die Beziehungen zwischen alpiner Umwelt und Urbanisierung zur Sprache kommen, bei denen Besonderheiten des Untersuchungsraums in erster Linie zu erwarten sind. Dies lenkt das Interesse zunächst auf das agrarische Potential und seine Beschränkungen.

Wachstumsverzögerung

Für die Versorgung der städtischen Bevölkerung mit landwirtschaftlichen Gütern werden gewöhnlich zwei ökonomische Umstände als grundlegend erachtet: die Erzeugung eines agrarischen Surplus und die Möglichkeiten seines Transports. Während der letztere Faktor wenig Anlass zur theoretischen Debatte gibt, sind die Bedingungen und Möglichkeiten der Surplusbildung umstritten. Paul Bairoch geht vom Niveau der Agrartechnologie aus. Unter traditionellen Verhältnissen, so seine Argumentation, war die Produktivität einer ländlichen Arbeitskraft und damit das Surpluspotential generell beschränkt, was einen bestimmten Plafond für das Städtewachstum schuf, der erst durch eine technische Agrarevolution überschritten werden konnte. Ester Boserup weist hingegen darauf hin, dass nicht der Surplus der einzelnen Arbeitskraft, sondern der gesamte in einem Gebiet verfügbare Surplus die entscheidende Grösse bildete. Je nach Bevölkerungsdichte bzw. Landwirtschaftsintensität konnte dieser verfügbare Gesamtsurplus auch unter vorindustriellen Verhältnissen stark variieren. Somit war die Urbanisierung, schon was die agrarischen Bedingungen angeht, nicht so sehr von technischen Gegebenheiten, wohl aber vom Bevölkerungswachstum abhängig.[21] Anders als man vielleicht meinen könnte, ist diese Theorie in unserem Zusammenhang besonders nützlich: Statt von der problematischen Denkfigur eines festen Plafonds auszugehen, macht sie Intensitätsunterschiede bei vergleichbarer Technologie zum Kerngedanken. Das passt gut zum Gefälle zwischen den Alpen mit ihrer mehrheitlich dünnen und verstreuten Besiedlung und dem teilweise stark bevölkerten und urbanisierten Umland.[22]

Wie hat man sich die frühneuzeitliche Stadtversorgung vorzustellen? Die Literatur befasst sich vor allem mit dem flachen Land und gibt zu erkennen, wie schwierig die präzise Beschreibung schon eines einzelnen Falls ist. Verschiedenste Wege der Zufuhr müssen dabei ins Auge gefasst werden: Städtische Haushalte alimentierten sich aus der Bewirtschaftung von Gärten und anderem Boden in der Stadt selber und in ihrer unmittelbaren Umgebung. Als Besitzer von ländlichen Gütern oder Rechtstiteln aller Art bezogen sie Naturaleinkünfte aus dem Umland. Andere Lebensmittel kamen über kommerzielle Beziehungen in die Stadt, einerseits an Wochenmärkten, wo Bauern ihre Produkte feilboten, andererseits durch Händler und Kaufleute. Seit dem Spätmittelalter erfuhren viele Aspekte der Stadtversorgung eine rechtliche Regelung. Die entsprechenden Dokumente ermöglichen wertvolle Einblicke, können aber unrealistisch starren Vorstellungen von wirtschaftlichen Prozessen Vorschub leisten. Besonders flexibel musste man sich in Krisenjahren verhalten, in denen Einkäufe weit ausserhalb der üblichen Region getätigt wurden. Schon in normalen Zeiten unterschieden sich die Versorgungsregionen je nach den Produkten, unter denen das Getreide bisher am meisten Beachtung gefunden hat. Als Kennwert findet man in der Literatur ein Areal mit einem Radius von 15–20 Kilometern. Bis zu einer Grösse von 20.000 Einwohnern habe sich eine frühneuzeitliche Stadt im wesentlichen aus diesem Umkreis ernähren können.[23]

Wie immer man die Kennwerte ansetzt, für die Alpen bedürfen sie der Korrektur. Der wichtigste Faktor, der das agrarische Potential im Gebirge beschränkte, war die mit steigender Höhe kürzer werdende Vegetationszeit. Die Verkürzung bewirkte einen Rückgang der jährlichen Graserträge, auf dem Ackerland verminderte sich die Möglichkeit, nach der Haupternte zusätzliche Nachfrüchte anzupflanzen. Damit ist nicht ge-

Karte 4.3: Geländeverhältnisse in der Umgebung von Innsbruck, 1928

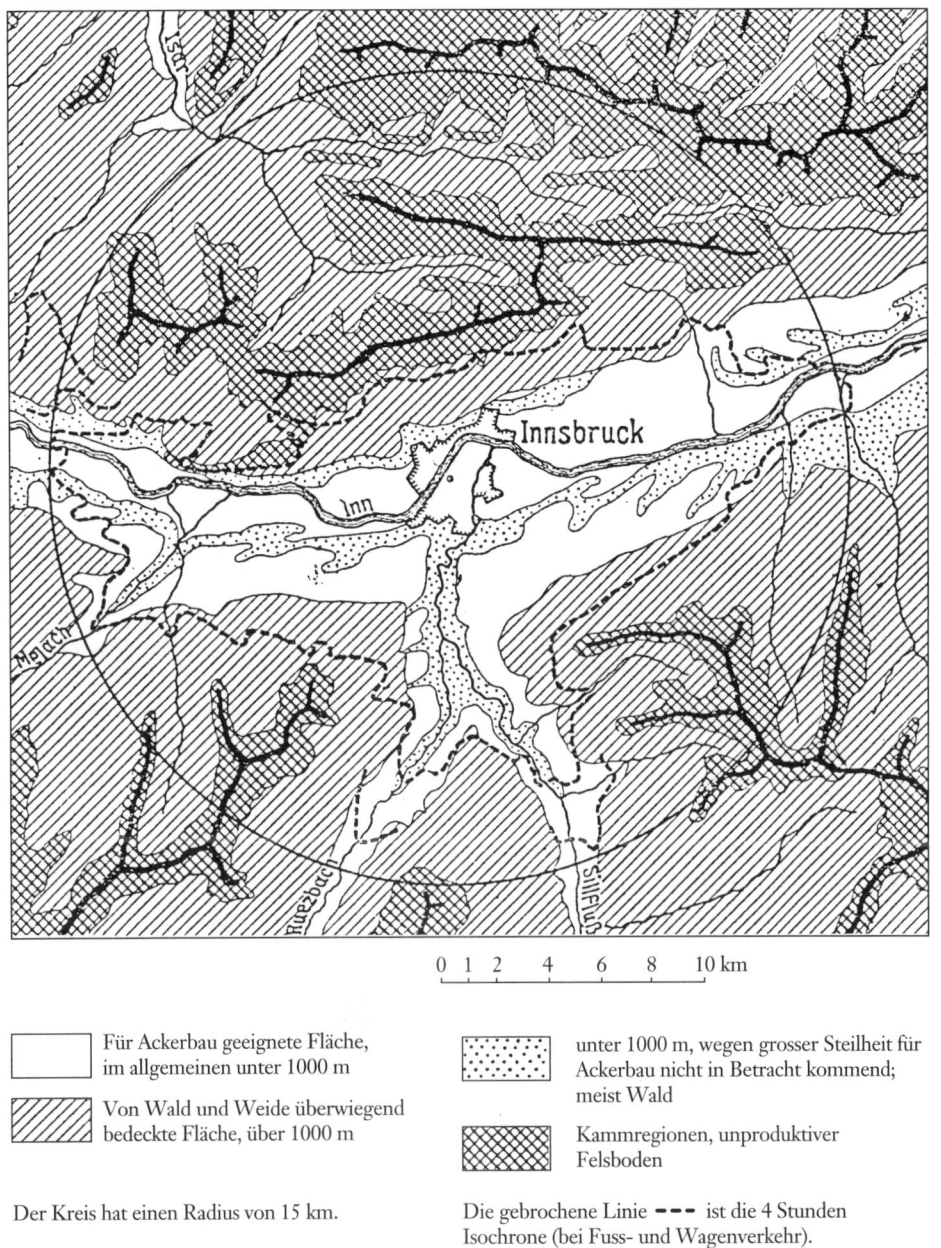

	Für Ackerbau geeignete Fläche, im allgemeinen unter 1000 m		unter 1000 m, wegen grosser Steilheit für Ackerbau nicht in Betracht kommend; meist Wald
	Von Wald und Weide überwiegend bedeckte Fläche, über 1000 m		Kammregionen, unproduktiver Felsboden

Der Kreis hat einen Radius von 15 km.

Die gebrochene Linie --- ist die 4 Stunden Isochrone (bei Fuss- und Wagenverkehr).

Quelle:
Hans Bobek, Innsbruck. Eine Gebirgsstadt, ihr Lebensraum und ihre Erscheinung, Stuttgart 1928, S. 87.

sagt, dass sich Höhenlage und Agrarintensivierung ausschlossen. Die Steigerung des Flächenertrags war aber aufwendiger bzw. weniger ergiebig, was auch die Stadtversorgung betreffen musste. Hans Bobek, ein Begründer der funktionellen Stadtgeographie, hat in seiner klassischen Untersuchung über die Entwicklung von Innsbruck auf die eingeengten Verhältnisse in der Stadtumgebung hingewiesen.[24] Innerhalb des sogenannten Eintaggebiets, also in der mittels Hin- und Rückwanderung erreichbaren Kreisfläche von 15 Kilometern Radius, befinden sich zwei Drittel des Bodens über 1000 Meter, während der tiefer liegende Siedlungsboden nur ungefähr ein Drittel ausmacht. Zudem erweist sich die 15-Kilometer-Distanz für vier Wegstunden infolge des gestaffelten Geländes als fragliche Grösse. Das Eintaggebiet schrumpft, in der Flächenprojektion betrachtet, wesentlich zusammen (vgl. Karte 4.3).

Wie oben erwähnt, befanden sich die Alpenstädte, welche in der frühen Neuzeit mindestens 5000 Einwohner zählten, im Mittel auf rund 460 Metern Höhe, lediglich 110 Meter über der mittleren Stadt am Alpenfuss. Was die beiden Gruppen klar unterschied, waren dagegen die Höhenverhältnisse im Stadtumland. Wenn wir die 15-Kilometer-Kreisfläche und die 1000-Meter-Höhenlinie als Massstäbe zugrunde legen, können wir für das Umland von Innsbruck einen Flächenanteil von 31 Prozent unter 1000 Meter errechnen. In zwei Städten des Alpensamples ist der Prozentsatz noch wesentlich geringer (Aosta 17, Susa 16). Neben diesen und weiteren Orten mit sehr beengten Verhältnissen findet man eine Reihe von Städten mit einem Anteil von immerhin 50 bis 75 Prozent. Aber auch hier bleibt der Abstand zum Alpenfuss deutlich. Ein gutes Beispiel dafür sind die Städte am Flusslauf der Etsch: In Verona, am Fuss der Alpen, liegt der gesamte Umkreis unter der genannten Höhe. Nur eine kurze Strecke flussaufwärts und innerhalb des Gebirges, bei Rovereto und Trento, sinkt der Anteil schon um ein Drittel. In Bolzano-Bozen beträgt er dann knapp die Hälfte, obwohl die Stadt selber bloss auf 260 Metern liegt. Wie wichtig die allgemeine Lage sein kann, zeigen auch die beiden Städte St. Gallen und Kempten am nördlichen Alpenrand, deren Höhe die meisten Städte der Alpengruppe übertrifft, deren Umland aber zu fast 95 Prozent unter 1000 Metern liegt. In unserer Gruppe von Alpenstädten gibt es diesbezüglich nur eine Ausnahme: In Klagenfurt befindet sich fast der gesamte Umkreis unter der angesetzten Höhenlimite. Die günstigen Geländeverhältnisse dürften mit ein Grund sein für die Städtedichte, die man im Klagenfurter Becken schon früh feststellen kann.[25]

Ein anderer Faktor, der sich recht systematisch überblicken lässt, sind die Transportverhältnisse. Als Indikator besonders geeignet ist der Flussverkehr, und zwar in Form des Schifftransports (also ohne Flösserei oder gar Trift, die nur flussabwärts betrieben werden konnten). Der langsame, aber billige Schiffverkehr auf Flüssen und Kanälen bildete in der frühen Neuzeit allgemein ein wichtiges Mittel zur urbanen Versorgung, vor allem im 16. und 17. Jahrhundert und vor allem bei grossen Städten, da seine Vorteile auf weiten Strecken besser zur Geltung kamen. Obwohl auch die Schiffbarkeit der

Flüsse teilweise eine human generierte Ressource darstellte, wie die Beseitigung von erstaunlichen Hindernissen zeigt, war der Alpenbogen gegenüber dem Umland in mehrfacher Weise benachteiligt: kleinere Schiffe, schwierigere Bergfahrt und namentlich viele Wasserläufe, die selbst mit grossem Aufwand nicht befahrbar gemacht werden konnten. Innerhalb der Alpen lässt sich ein gewisser Zusammenhang zwischen Stadtgrösse und Schiffverkehr nahelegen. Von den zwölf Städten des Samples hatten deren acht – eine beachtliche Zahl – unmittelbar oder in der Nähe Anschluss an den Schiffverkehr. Darunter befanden sich die vier grössten Städte, die am Ende des 18. Jahrhunderts 10.000–20.000 Einwohner aufwiesen, während das Maximum bei den Städten ohne Schiffverkehr tiefer lag: Belluno erreichte damals höchstens 7000 Einwohner, Gap nur wenig mehr.[26]

Zur Illustration von weiteren Aspekten der urbanen Ökonomie wollen wir kurz an den letztgenannten Orten verweilen. Belluno in der venezianischen Terraferma lag für eine Alpenstadt relativ günstig, auch was das Hinterland betraf, wo die Städter zudem viele eigene Güter besassen. Trotzdem kam es immer wieder zu Konflikten über die Versorgung. So beklagten sich die ländlichen Gemeinden im Jahre 1580 bei der Staatskanzlei in Venedig über die herrschenden Marktzwänge. Der während den Wintermonaten obligatorische Verkauf von Brennholz in der Stadt sei oft ein Ding der Unmöglichkeit und erbringe bisweilen kleinere Erlöse als der Verkauf in den Dörfern. Der städtische Rat bestehe auch darauf, dass sich beim zweiwöchentlichen »mercato dei latticini« nach einem bestimmten Gemeindeschlüssel insgesamt mehr als dreihundert Personen einzufinden hätten, mit einem Angebot von Geflügel, Käse, Butter und anderem. Angesichts der vielen Beschäftigungen sei es unvermeidlich, die Vorschriften zu missachten und entsprechende Strafen in Kauf zu nehmen, »essendo molte ville distanti dalla città 10, 12 et più miglia«. Tatsächlich lastete die Marktpflicht auf allen Dörfern im Umkreis von knapp 15 Kilometern, während eine etwas entferntere Gemeinde des Distrikts davon befreit war. Wie viele Bauern in der Stadt mit ihren gegen 5000 Einwohnern lebten, wissen wir nicht. Es dürften nicht wenige gewesen sein. Im späten 18. Jahrhundert machten sie noch knapp 10 Prozent der aktiven Bevölkerung aus.[27]

Dass die Bauern in den Städten der frühen Neuzeit präsent blieben, lässt sich im ganzen Alpenbogen nachweisen, doch ihre Zahl und ihre Erscheinung unterlagen starken Schwankungen. Teilweise sind sie mit der Stadtgrösse zu erklären, teilweise hängen sie mit schwer fassbaren Faktoren wie dem kulturellen Habitus bzw. der Vorgeschichte der jeweiligen Region zusammen. Sehr hoch war der Landwirtschaftsanteil in den Städten des südlichen Frankreich. In Gap wird die Agrarbevölkerung im Ancien régime auf gut 60 Prozent der Gesamtbevölkerung veranschlagt. Innerhalb der Mauern wohnten hier vor allem die Taglöhner, welche zur Hauptsache landwirtschaftlichen Beschäftigungen nachgingen, während sich die Hofbesitzer, die Pächter und das Gesinde zum grossen Teil auf das Umland verteilten. Die städtische Gemeinde konnte sich auf diese

Weise praktisch selber versorgen. Für 1730 lässt sich zum Beispiel die jährliche Getreideproduktion pro Einwohner auf 185 Kilogramm schätzen, was nach zeitgenössischen Konsumstandards einen Selbstversorgungsgrad von 95 bis 126 Prozent ergibt – eine erstaunliche Zahl angesichts der Tatsache, dass Gap die höchstgelegene Stadt des Samples ist und im Umkreis nicht besonders günstiges Gelände aufweist. Es ist aber in Rechnung zu stellen, dass das Stadtgebiet mit mehr als 110 Quadratkilometern einen grossen Umfang hatte und dass entsprechend der hohen Agrarquote nur eine kleine nicht-agrarische Bevölkerung zu versorgen war.[28]

Ganz anders lagen die Verhältnisse in Grenoble. Die Landwirtschaft trat in dieser Grossstadt sehr stark zurück, die Versorgung wurde rigoros geregelt und war auf weite Einzugsbereiche angewiesen. So tätigte das städtische Hospital in der zweiten Hälfte des 18. Jahrhunderts Getreideeinkäufe in den Tälern des Drac und der Isère, zum allergrössten Teil jedoch in der dicht bevölkerten Ebene von Bièvre ausserhalb des Gebirgszugs. Nahezu sämtliches Getreide, das in Grenoble auf den Markt kam, stammte so aus einer Entfernung von 30 bis 50 Kilometer. Dass die Stadtumgebung nur wenig beitrug, hing auch mit der Spezialisierung auf Gemüse- und Hanfkulturen zusammen, welche sich an der Isère mit der urbanen Nachfrage verbreitet hatten. Mit viel Dünger und ohne Brache betrieben, gehörten diese Formen der Landwirtschaft im ausgehenden 18. Jahrhundert zu den intensivsten der ganzen Provinz und wurden als Modell für den agrarischen Fortschritt gepriesen: »Qu'un agriculteur, qu'un chimiste viennent des rives de la Seine jeter un coup d'oeil sur les récoltes de la vallée de l'Isère; qu'ils comparent avec les productions de leur sol, nos chanvres dont la hauteur est quelquefois de dix à quinze pieds; qu'ils examinent avec scrupule s'il y a un pied carré de terrain qui ne soit pas cultivé ou en production!«[29]

Intensivierungserscheinungen kleineren oder grösseren Ausmasses lassen sich in der Nähe vieler Alpenstädte beobachten. Die Beziehungen zwischen alpiner Umwelt, Bevölkerung und Urbanisierung waren also nicht einseitig. Einmal entstanden und gewachsen, wirkten die urbanen Konzentrationen über die steigende Nachfrage auf die Bevölkerung und Nutzung der Umgebung zurück, womit sich gleichzeitig die Nachfrage nach den städtischen Leistungen vergrösserte. Mit zunehmender Höhe wurden solche Verdichtungsprozesse allerdings immer weniger wahrscheinlich. Da für die frühe Neuzeit nur verstreute Daten vorliegen, entfällt die Möglichkeit, die Städte unter diesem Gesichtspunkt mit der Gesamtbesiedlung des Gebirgsbogens zu vergleichen. Als Notbehelf wollen wir eine moderne Erhebung beiziehen, welche die Höhenlage aller alpinen Gemeindeterritorien gemessen an den Siedlungszentren (nicht an ihrem oft viel höher gelegenem Nutzland) anführt. Obwohl die Erhebung aus methodischen und chronologischen Gründen die tiefen Zonen stark gewichtet[30], zeigt der Vergleich einen grossen Abstand zwischen den untersuchten Städten und den summierten Gemeindeflächen. So verteilten sich um 1800 zwei Drittel der Städte und der Stadtbevölkerung

Tabelle 4.2: Städte und Stadtbevölkerung in den Alpen nach Höhenlage, 1600–1800

Höhe Meter	1600 S	1600 E	1700 S	1700 E	1800 S	1800 E	Alpenfläche (1990) qkm	Prozent
0–499	3	24.000	4	36.000	6	64.000	41.100	23
500–	3	20.000	3	20.000	3	26.000	92.300	51
1000–	–	–	–	–	–	–	40.400	22
1500–	–	–	–	–	–	–	7.700	4
	6	44.000	7	56.000	9	90.000	181.500	100

S = Zahl der Städte mit 5000 und mehr Einwohnern, E = Einwohnerzahl in diesen Städten.
Alpenfläche nach Gemeindeterritorien, gemessen an der Höhe der Gemeindezentren im Jahre 1990, vgl. Bätzing 1993, S. 75. Quellen und Kriterien für Städte wie Tab. 4.1.

auf die Höhenlage unter 500 Meter, während diese Stufe nicht einmal ein Viertel der kommunalen Alpenfläche ausmacht (Tabelle 4.2).

Aus der Tabelle geht auch hervor, dass sich die Zahl der Städte und Stadtbevölkerung in den tiefen Lagen von 1600 bis 1800 mehr als verdoppelte, während sie in den mittleren nur geringfügig zunahm. Dies lässt sich als weiterer Hinweis auf die Bedeutung der Agrarintensivierung für die frühneuzeitliche Urbanisierung auffassen, besonders wenn man berücksichtigt, dass hinter der wenig ausgeprägten Höhenstufung der Stadtzentren eine viel stärkere Stufung im Stadtumkreis stand.[31] Wir müssen aber erneut betonen, dass das Sample für statistische Aussagen zu klein ist und zudem auf ungenauen, lückenhaften Daten beruht. Mindestens ebenso viel Interesse verdienen andere Beobachtungen. Als die französische Militärverwaltung im Jahre 1746 die Ernährungskosten für ein Bataillon an verschiedenen Garnisonplätzen der Dauphiné bezifferte, schnitt Briançon, auf gut 1300 Metern gelegen, am schlechtesten ab. Die Kosten lagen hier 40 Prozent über denjenigen, welche für die Städte des Rhonetals veranschlagt wurden. Offenbar war es in der Bergstadt besonders teuer, eine grosse Zusatznachfrage zu befriedigen, denn das normale Preisniveau unterschied sich im Briançonnais kaum von demjenigen der Ebene. Solche Probleme waren mit ein Grund für die Enttäuschungen, welche die französischen Strategen mit Montdauphin erlebten. Wie die Pläne seit 1700 vorsahen, sollte die ausgebaute Festung an der Gebirgsgrenze gegen Savoyen-Piemont nicht nur eine starke Garnison beherbergen, sondern auch eine grosse Bevölkerung anziehen, so dass ein veritables Zentrum entstehen würde. Doch die Geschichte nahm einen anderen Verlauf. Was als alpine Kunststadt des 18. Jahrhunderts gedacht war, blieb eine kleiner, militärischer Ort.[32]

Das 19. Jahrhundert

Im 19. Jahrhundert trat die Produktion von Zahlenangaben in ein neues Stadium. Verbunden mit dem Ausbau der nationalen Administrationen erfuhr die Statistik vor allem nach der Jahrhundertmitte einen ungeheuren Aufschwung samt einer gewissen internationalen Vereinheitlichung, so dass ab 1870 für den gesamten Untersuchungsraum fast zeitgleiche, relativ präzise und detaillierte Volkszählungen vorliegen. Als Ausgangspunkt benutzen wir die Daten für die Jahre um 1870 und 1900, an denen auch eine besonders starke Phase des urbanen Wachstums sichtbar wird.

Da die quantitative Erfassung nun wesentlich genauer ist als in der Vorperiode, stellt sich das Problem der Kriterien in akzentuierter Weise. Massgebend für die territoriale Definition der Stadtbevölkerung soll weiterhin die zeitgenössische Gemeindeeinteilung sein. Von den denkbaren Alternativen entfällt eine erste schon aus Quellengründen: Die agglomerierte Bevölkerung, die uns eigentlich interessiert, wird nicht in allen Zählungen von der Gesamtbevölkerung unterschieden. Eine zweite, in der Literatur öfter angewandte Methode wäre die Benutzung moderner Gemeindegebiete. Die Nachteile solcher retrospektiven Statistiken zeigen sich jedoch in den vielen Fällen, wo Eingemeindungen des 20. Jahrhunderts so viel Gewicht hatten, dass die Rückprojektion zu ganz unrealistischen Ergebnissen führt. Im Vergleich dazu sind die Verzerrungen bei der variablen zeitgenössischen Definition gering. Es gab zwar Städte, in denen die politische Expansion der demographischen lange vorausging oder umgekehrt, aber sie bilden Ausnahmen und beeinflussen die Resultate nur teilweise.[33]

Was die Erhebungen des späten 19. Jahrhunderts von den Daten bis 1800 unterscheidet, ist die erwähnte Systematik und Zuverlässigkeit. Ich gehe davon aus, dass sich die Vergleichbarkeit der beiden Datengruppen verbessert, wenn wir bei gleicher Stadtdefinition von mindestens 5000 Einwohnern die bisher benutzten Zusatzkriterien verengen. Das betrifft den Agglomerationsgrad (für dessen Abklärung man in einzelnen Ländern Ortschaftsverzeichnisse beiziehen muss) und die angewandte Rundungsregel (vgl. Tabelle 4.3). Trotz dieser Verengung zeigt die Statistik eine stark beschleunigte Zunahme der Städte und Stadtbevölkerung. Ihre Zahl erfuhr zuerst zwischen 1800 und 1870 und dann zwischen 1870 und 1900 eine gute Verdoppelung, über das ganze Jahrhundert eine Verfünffachung.[34]

Besonders ausgeprägt war das Wachstum bei den kleinen Städten, die vor allem im späten 19. Jahrhundert die angesetzten Schwellen überschritten. Darunter befanden sich – in den Alpen ein neues Phänomen – auch einige Vororte von bestehenden Städten, zum Beispiel Hötting und Wilten in unmittelbarer Nähe von Innsbruck. 1900 zählte die Stadt 26.900 Einwohner, zusammen mit den beiden Vorstädten wären es 45.100 gewesen. Doch auch bei dieser Zählweise blieb Grenoble mit zunächst 20.000, dann 42.700 und schliesslich 68.600 Einwohnern im ganzen Zeitraum die weitaus grösste Stadt. Überhaupt stand das Wachstum der Städte in einer deutlichen Beziehung

Tabelle 4.3: Städte und Stadtbevölkerung in den Alpen nach Stadtgrösse, 1800–1900

Stadtgröße Einwohner	1800 S	1800 E	1870 S	1870 E	1900 S	1900 E
5.000–	2	12.000	7	41.500	18	109.000
7.500–	3	25.000	7	57.800	10	83.600
10.000–	3	33.000	1	13.100	8	92.800
15.000–	0	0	4	64.700	2	34.300
20.000–	1	20.000	0	0	3	76.100
30.000–	–	–	1	42.700	0	0
50.000–	–	–	–	–	1	68.600
	9	90.000	20	219.800	42	464.400

S = Zahl der Städte mit 5000 und mehr Einwohnern, E = Einwohnerzahl in diesen Städten.
Quellen und Kriterien für 1800 wie Tab. 4.1. Für 1870 und 1900 mit engeren Zusatzkriterien (Rundung auf 100, also genau ab 4950 Einwohnern, davon mindestens 3500 in agglomerierter Hauptsiedlung); die detaillierte Liste mit Quellennachweis im Anhang Tab. A.6.

zu ihrer Ausgangsgrösse. Dies gilt schon für die Periode zwischen 1800 und 1870 und lässt sich beim breiteren Sample von 1870 bloss besser belegen. Die jährliche Wachstumsrate der Städte, die zu diesem Zeitpunkt 5000–10.000 Einwohner aufwiesen, belief sich bis 1900 im Mittel auf 5,6 Promille. Bei den Städten von 10.000–20.000 Einwohnern betrug der Wert 12,2 Promille und in Grenoble 16,5. Dass die grossen Städte bessere Wachstumschancen hatten als die kleinen, heisst allerdings nicht, dass sie unter allen Orten am schnellsten wuchsen. Die höchsten Zuwachsraten hatten einige Kleingemeinden, die erst in der Zeitspanne zwischen 1870 und 1900 die Stadtkriterien erreichten, etwa Knittelfeld in der Steiermark und Davos in Graubünden mit jährlichen Wachstumsraten von 46,2 bzw. 47,7 Promille, beide im Jahre 1900 mit einer Einwohnerzahl von 8100.

Die Urbanisierung des 19. Jahrhunderts lässt sich aus Quellengründen auch besser als zuvor mit der allgemeinen Bevölkerungsgeschichte verbinden. Während der frühen Neuzeit sind solche Zusammenhänge nur in Umrissen zu erkennen. Das starke Städtewachstum im 16. Jahrhundert, der Rückgang und Wiederanstieg der Zuwachsrate im 17. und 18. Jahrhundert gleichen den Trends der alpinen Gesamtbevölkerung. Das rasante Städtewachstum im 19. Jahrhundert muss nun vor dem Hintergrund einer demographischen Entwicklung gesehen werden, die vielerorts, aber nicht überall, das Ancien régime weit hinter sich liess.[35]

Diese regionalen Unterschiede trugen dazu bei, dass sich die räumliche Städteverteilung erheblich veränderte. Wenn wir die modernen Staatsgebiete zugrunde legen, war der französische und namentlich der italienische Alpenraum um 1800 bezüglich Städte und Stadtbevölkerung überrepräsentiert. In der Periode von 1800 bis 1870 kam es dann in den schweizerischen Teilen zu einem besonders schnellen Bevölkerungswachstum sowie zur Angleichung der urbanen Dichte. Die österreichischen Regionen blieben vorerst zurück, holten aber zwischen 1870 und 1900 in beiden Hinsichten auf. Die Urbanisierungsrate lag allerdings im ganzen Raum über der allgemeinen Wachstumsrate, so dass der Zusammenhang nur einen begrenzten Erklärungswert hat. Besonders gross war die Differenz in den französischen Gebieten, deren Städte in der letzten Periode fast im Gleichschritt mit allen andern wuchsen, obwohl die regionale Bevölkerung stagnierte, wenn nicht zurückging. Dies deutet an, wie wichtig nationale Einflüsse waren, denn die beiden Entwicklungen gingen in vielen Teile Frankreichs aussergewöhnlich weit auseinander.[36]

Kennzeichnend für die städtische Ökonomie des 19. Jahrhunderts waren Prozesse der Öffnung, welche ohne Umwälzungen im Transportwesen so nicht möglich gewesen wären. Der schon im Ancien régime vorangetriebene Ausbau der Strassen wurde seit der napoleonischen Zeit allenthalben forciert und führte, zusammen mit technischen und organisatorischen Innovationen, bis zur Jahrhundertmitte spürbare Änderungen herbei. Die ersten Eisenbahnlinien, welche alpine Orte berührten, wurden in den 1850er Jahren eröffnet. Um 1870 waren die grossen Zentren an die entstehenden Netze angeschlossen, und um 1900 besassen praktisch alle Städte, die hier in Betracht kommen, einen Bahnanschluss. Ganz allgemein ist daran zu denken, dass sich die Stadtversorgung nun leichter als zuvor von der Nahregion lösen konnte. Dazu trug auch die Internationalisierung der Getreidemärkte bei, die seit den 1870er Jahren zu einem Angebotsüberhang und zu entsprechenden Preisentwicklungen führte. Im Einzelfall bot die Transportrevolution allerdings keine Gewähr für beschleunigtes Wachstums. Susa, bereits 1854 mit Turin verbunden, wies in den letzten drei Dezennien des Jahrhunderts eine bescheidene jährliche Zuwachsrate von 4,3 Promille auf. Neben Beispielen dieser Art gab es aber eine Reihe von Städten, in denen die Eisenbahn zu einem starken Wachstumsfaktor wurde.[37]

Überhaupt nahm die ökonomische Entwicklung in mancher Hinsicht einen ungleichen Verlauf. Obwohl die städtische Landwirtschaft zurückging, spielte sie an einigen Orten noch am Ende des Jahrhunderts eine wichtige Rolle. 1901 wurde in Sondrio, einer Stadt mit 7700 Einwohnern inmitten einer Weinbaugegend, fast die Hälfte der aktiven Bevölkerung dem Agrarsektor zugerechnet, was selbst die traditionell hohen Anteile in den französischen Südalpen übertraf.[38] Auf der anderen Seite hatte die Industrialisierung auch im Zeitalter ihrer Beschleunigung nicht überall dieselben Effekte. Die einzige Stadt unseres Samples, deren Bevölkerung zwischen 1870 und 1900 spürbar zurückging, war Glarus, Hauptort einer früh und stark entwickelten Textilregion. In mehreren Gebieten kam es hingegen zu einem Aufschwung von nie dagewesenem

Ausmass. So trat die Handschuhindustrie von Grenoble seit den 1840er Jahren in eine neue Expansionsphase. Zwischen 1866 und 1893, kurz bevor moderne Wirtschaftszweige einen »take-off« erlebten, beschäftigte sie in der Stadt und in der Region ein Heer von 25.000–32.000 Arbeitskräften. Auch andernorts knüpfte die Industrie an ältere Formen an. In der Steiermark entwickelten der Bergbau und die Eisenverarbeitung im ausgehenden 19. Jahrhundert so viel Dynamik, dass im Mittelabschnitt des Murtales fünf neue Städte in unserem Sinn entstanden: Bruck, Leoben, Donawitz, Knittelfeld, Fohnsdorf.[39]

Der Ausbau der öffentlichen Verwaltung mit all ihren Zweigen bis hin zum Gesundheits- und Bildungswesen begünstigte im allgemeinen die grossen Städte, welche schon im Ancien régime eine dominante Stellung innegehabt hatten. Nicht zu übersehen war die vermehrte Militarisierung, die teilweise mit der gesteigerten Grenzfunktion der Alpen inmitten der entstandenen Nationalstaaten zusammenhing. In Grenoble, seit langem ein wichtiger Garnisonplatz, wurden 1891 8900 Militärpersonen gezählt, was fast einem Viertel der aktiven Bevölkerung entsprach. In Briançon stieg der Militärbestand zwischen 1872 und 1901 von 460 auf knapp 2700. Ohne Garnison hätte die Stadt mit ihren nun 7400 Einwohnern die angesetzten Kriterien gar nicht erreicht.[40] Dasselbe gilt für einige Siedlungen, in denen der Kurtourismus des 19. Jahrhunderts stark expandierte. Obwohl in seiner Begründung ein stadtabgewandtes Phänomen – man suchte in den Bergen die heilsame Natur – und obwohl auf gesellschaftliche Eliten beschränkt, hatte der Fremdenverkehr erste Urbanisierungseffekte. Ein ganz besonderes Renommee erwarb sich Ischl im Salzkammergut, seit der Jahrhundertmitte die alpine Sommerresidenz der österreichischen Kaiserfamilie. Am rasantesten verlief die Entwicklung aber im erwähnten Fall von Davos. Der Aufschwung war hier ganz mit der Höhenlage und Höhenluft verbunden, von der man sich eine Heilung der verbreiteten Lungenkrankheiten versprach. 1870, kurz nach Eintreffen der ersten Winterkurgäste, zählte Davos 2000 Einwohner. Zwanzig Jahre später, als die Eisenbahn eröffnet wurde, hatte sich die Zahl verdoppelt. Für die nächste Verdoppelung brauchte es nur noch zehn Jahre.[41]

Mit Briançon und Davos entstanden im späten 19. Jahrhundert zwei Städte auf rund 1300 bzw. 1600 Meter, weit über den höchstgelegenen Siedlungskonzentrationen des Ancien régime. Wie Tabelle 4.4 zeigt, erfuhr die Höhenverteilung der alpinen Städte und Stadtbevölkerung auch sonst markante Verschiebungen. Im Gegensatz zur Vorperiode wuchs nun die Gruppe auf 500 Meter und mehr am schnellsten, was zweifellos einen Hinweis auf die nachlassende Bedeutung des agrarischen Umlands gibt.

Man tut jedoch gut daran, diese Interpretation mit anderen zu verbinden. Erstens resultierte die Verlagerung auch aus der oben angedeuteten nachholenden Urbanisierung des ostalpinen Raums, die sich nicht bloss auf Umweltverhältnisse zurückführen lässt. Zweitens ist das Sample nach wie vor klein und vor allem ungleich verteilt. Die schnelle Wachstumsrate in den mittleren Lagen entspricht auch einer statistischen Anfangs-

Tabelle 4.4: Städte und Stadtbevölkerung in den Alpen nach Höhenlage, 1800–1900

Höhe Meter	1800 S	1800 E	1870 S	1870 E	1900 S	1900 E	Alpenfläche (1990) qkm	Prozent
0–499	6	64.000	12	153.500	20	268.300	41.100	23
500–	3	26.000	8	66.300	20	180.600	92.300	51
1000–	–	–	–	–	1	7.400	40.400	22
1500–	–	–	–	–	1	8.100	7.700	4
	9	90.000	20	219.800	42	464.400	181.500	100

S = Zahl der Städte mit 5000 und mehr Einwohnern, E = Einwohnerzahl in diesen Städten.
Alpenfläche nach Gemeindeterritorien, gemessen an der Höhe der Gemeindezentren im Jahre 1990, vgl. Bätzing 1993, S. 75. Quellen und Kriterien für Städte wie Tab. 4.3.

phase, bei der kleine Übergänge in die Stadtkategorie grosse Wirkungen zeigen. Absolut gesehen nahm die Differenz zwischen den tiefen und mittleren Lagen in einer ersten Phase nicht ab, sondern zu. Es scheint, dass das Wachstum im 19. Jahrhundert einen wesentlich grösseren Spielraum hatte, aber gerade deshalb auch stärker von den urbanen Ballungen mit ihrer Eigendynamik bestimmt werden konnte. Dies legt besonders ein Vergleich zwischen den Entwicklungen der Alpen und des Umlands nahe. Am Anfang des Kapitels haben wir für die Zeit um 1800 eine approximative Dichte von 0,6 Städten/10.000 Quadratkilometer in den Alpen und von 5,0 Städten/10.000 Quadratkilometer in einem schematisch abgegrenzten Umland ermittelt. Für die Zeit um 1900 ergibt eine andere ebenfalls approximative Methode Dichtezahlen von 2,1 in den Alpen und 12,4 im Umland. In hundert Jahren dürfte der absolute Abstand somit um mehr als das Doppelte gestiegen sein.[42]

Während der frühen Neuzeit, so kann man zusammenfassend sagen, befand sich die Urbanisierung der Alpen in den Anfängen.[43] Um 1500 erreichte möglicherweise nur eine Stadt die hier verwendeten Kriterien von 5000 Einwohnern bei einer agglomerierten Bevölkerung von mindestens 3000 Personen. Um 1600 waren es wahrscheinlich sechs, um 1700 sieben und um 1800 neun. Wenn wir die Untersuchung auf diese grösseren Zentren beschränken und die schwer überblickbaren Kleinstädte ausklammern, erweisen sich soziopolitische Kräfte als wichtige Faktoren des urbanen Wachstums. Zu seiner Verzögerung trugen dagegen wirtschaftliche Umstände wesentlich bei. Mit zunehmender Höhe ging das Potential für die landwirtschaftliche Intensivierung und damit für die städtische Versorgung zurück. Dies fiel auch bei tiefen Siedlungen ins Gewicht, weil sich der Stadtumkreis in der Regel zu einem beträchtlichen Teil in eigentlichen Bergzonen befand. Innerhalb der Alpen scheint das städtische Wachstum in niedrigen Lagen schneller verlaufen zu sein als in etwas höheren Tälern mit engen

Verhältnissen. Im Umland erfuhr die Dichte der Städte und der Stadtbevölkerung von 1500 bis 1800 eine weit stärkere Zunahme als in den Alpen.

Während des 19. Jahrhunderts kam es zu einer Beschleunigung dieser Trends und zu einem teilweisen Bruch mit der Vergangenheit. Selbst bei Anlegung von engeren Zusatzkriterien stieg die Zahl der alpinen Städte mit mindestens 5000 Einwohnern nun von neun auf zweiundvierzig. Zugleich veränderte sich ihre Höhenverteilung, und die höchstgelegene Stadt befand sich schliesslich statt auf 700 Metern auf fast 1600 Metern. Doch die Differenz zwischen der Städtedichte von Alpen und Umland nahm in der Periode erneut kräftig zu. Mit der Transportrevolution und weiteren Wandlungsprozessen büsste das agrarische Hinterland an Bedeutung ein. Dies gewährte der urbanen Eigendynamik mehr Spielraum, was nicht zur Angleichung zwischen den verschiedenen Regionen führte, sondern die bestehenden Unterschiede weiter vergrösserte.

Das ungleiche Städtewachstum trug dazu bei, dass der Alpenraum vom Beginn der Neuzeit bis ins frühe 20. Jahrhundert zu einer Grenzregion zwischen den europäischen Nationalstaaten wurde und jahrhundertelang ein Emigrationsgebiet war. Andererseits hatte das Gefälle eine geradezu magische Anziehungskraft auf eine wachsende Zahl von Zeitgenossen, wovon besonders der Kurtourismus des 19. Jahrhunderts zeugt. Wie immer man solche Entwicklungen einschätzt, eines dürfte deutlich geworden sein. Die ungleiche Urbanisierung von Alpen und Ebene lässt sich nicht zu einer kategorischen Differenz von quasi-zeitlosem Charakter erheben, was anti-urbane Ideologien ebenso gern suggerieren wie anti-rurale. In Wirklichkeit handelte es sich um einen ähnlichen Prozess, der unter anderen Bedingungen stattfand.

5 Umwelt und Entwicklung

»Alpen: Alpes, bedeuten bey Strabone, Ptolomaeo, Herodiano, Plinio, Caesare und andern Griechischen und Lateinischen Scribenten die hohe Gebirge, welche in einer Reihe und Länge von 188 Meilen Jtalien von Deutschland, Franckreich und denen Eydgenössischen Landen söndern«, unterrichtete der erste Band des Helvetischen Lexikons, erschienen im Jahre 1747, seine gehobene Leserschaft. Diese hohen Gebirge, hiess es weiter, seien in ihren Einzelteilen unter verschiedenen Bezeichnungen bekannt und besonders in einem Traktat von Josias Simler abgehandelt. Ausführlich beschreibe der Zürcher Gelehrte darin der Alpen »Namen, Länge, Breite, Höhe« und berichte von den »ersten darüber von Hannibal vorgenommenen, und denen annoch dermahl vornehmenden beschwehrlichen Reisen, Völkern, Wassern, Bäumen, Kräutern und Thieren«.[1]

Der Alpenraum gehört in bestimmter Hinsicht zu den Gebieten, in denen man die Beziehungen zwischen Umwelt und Entwicklung – heute ein wichtiges Thema verschiedener Disziplinen – besonders gut beobachten kann. Zum einen tritt das, was wir »Umwelt« zu nennen uns angewöhnt haben, in der Gebirgswelt mit ihren »Wassern, Bäumen, Kräutern und Thieren« augenfällig in Erscheinung. Zum andern liegen die Alpen an einer Schnittstelle zwischen Ländern mit reger Forschungstätigkeit. Schon während der Untersuchungsperiode wurden hier viele ernsthafte, um Methodik bemühte Abhandlungen über das Berggebiet verfasst. Einige davon sind berühmt geworden und mehr oder weniger lang im Gespräch geblieben wie der Traktat *De Alpibus Commentarius* von Josias Simler (1574) oder die Gedanken von Friedrich Ratzel über *Die Alpen inmitten der geschichtlichen Bewegungen* (1896). Natürlich unterschied sich der Rahmen, in welchem sich die Gelehrten der frühen Neuzeit bewegten, stark von den Bedingungen gegenwärtiger Wissenschaft. So schätzte und kannte man den antiken Kanon, jene »Griechischen und Lateinischen Scribenten«, in einem schwer nachvollziehbaren Mass. Doch die Merkwürdigkeiten von Natur und menschlicher Gesellung in nicht allzu grosser Entfernung von den Bildungszentren vermochten bei vielen auch eine Neugier persönlich-empirischer Art zu wecken. Das Wachstum und die Spezialisierung der Forschung im 19. und vor allem im 20. Jahrhundert führten dann zu einem raschen Wandel der Leitbilder und zu einer ebenso raschen Zunahme des Kenntnisstandes. Die Naturwissenschaftler und Geographen teilen uns mit, dass die Alpen heute »weltweit gesehen der am besten erforschte Gebirgsraum« sind.[2]

Historisch gesehen muss man feststellen, dass es nach wie vor schwierig ist, die demographisch-ökonomische Entwicklung dieses Gebiets schon nur seit Ende des Mittelalters zu überblicken. Das hat seine Bedeutung, denn bei der Rekonstruktion und Interpretation von zeitlichen Abläufen im Humanbereich fühlt sich das historische Fach speziell angesprochen. Die vorangegangenen Kapitel haben die Geschichte der Bevölkerung, der Landwirtschaft und der Städte im Alpenraum zur Sprache gebracht. Hier ist der Ort, um eine Zwischenbilanz zu ziehen und Zusammenhänge zwischen den betrachteten Bereichen zu verdeutlichen. Anschliessend wird die Untersuchung auf die Beziehungen zwischen Alpen und Umland ausgedehnt. Schliesslich stehen theoretische Implikationen der erzielten Ergebnisse zur Debatte. Das Kapitel wird uns erneut mit Quellenproblemen konfrontieren, aber auch mit der Tatsache, dass die Thematik von Umwelt und Entwicklung aus verschiedener Sicht betrachtet werden kann. Es stellt sich die Frage, welche Perspektive in welchem Kontext besonders angemessen ist.

Eine Zwischenbilanz: differentielles Wachstum

Mit Blick auf die Bedeutung von Umweltfaktoren haben wir folgende langfristigen Entwicklungen in Erinnerung zu rufen: Von 1500 bis 1900 lässt sich in den Alpen ein demographischer, agrarischer und urbaner Wachstumsprozess fassen (1); anders als in den beiden ersten Jahrhunderten verlief dieses Wachstum seit dem 18. Jahrhundert in hochgelegenen Regionen häufig langsamer als in tiefgelegenen Regionen (2) und im Alpenraum langsamer als im Umland (3). Der Stellenwert dieser allgemeinen Tendenzen darf freilich nicht überschätzt werden, denn in jeder Phase gab es Gebiete mit anderen Entwicklungen. Die Tendenzen zeichnen sich ab unter der Voraussetzung, dass man einen grossen Raum während langer Zeit betrachtet, was angesichts der bruchstückhaften Dokumentation und der gegenwärtigen Forschungslage nicht leichtfällt – die meisten quantitativen Angaben beruhen auf groben Schätzungen.[3]

(1) Zwischen 1500 und 1900 scheint sich die Bevölkerung der Alpen fast verdreifacht zu haben. Bezogen auf die Abgrenzung von Werner Bätzing betrugen die absoluten Zahlen an den Jahrhundertwenden schätzungsweise 2,9, 4,0, 4,4, 5,3 und 7,9 Millionen. Das demographische Wachstum und die vielerorts nachweisbaren hohen Agrarquoten legen nahe, dass man in der Untersuchungsperiode von einer wesentlichen Zunahme der landwirtschaftlichen Produktion auszugehen hat. Eine wichtige Form der Agrarintensivierung war die Steigerung der Erntehäufigkeit auf einer bestimmten Bodenfläche, sei es zur Grasgewinnung oder für den Ackerbau. Quellenmässig leichter zu fassen ist der Wandel der Tierbestände und des Pflanzensortiments. Die Verlagerung von der Schaf- zur Rindviehhaltung und die Einführung des Mais- und Kartoffelbaus figurieren dabei an prominenter Stelle. Die neuen, raumsparenden Formen der Umweltnutzung erforderten im allgemeinen eine beträchtliche Steigerung des Arbeitsaufwands. Viele Möglichkeiten zur landwirtschaftlichen Intensivierung wurden deshalb erst dann ergriffen, wenn der Bevölkerungsdruck den Konsumbedarf und die Arbeitskapazität erhöhte. Die Kartoffel verbreitete sich zum Beispiel im späten 18. und vor allem im 19. Jahrhundert über den gesamten Alpenraum, war aber in allen Ländern schon zweihun-

dert Jahre früher bekannt. Stellt man in Rechnung, dass der Kartoffelbau nicht nur die Flächenerträge erhöhte, sondern auch einen grossen Aufwand verursachte, so wird die lange Einführungszeit besser verständlich.

Zur Untersuchung der städtischen Entwicklung haben wir die Alpendefinition von Giuseppe Dematteis benutzt und als Stadtkriterium eine Mindestgrösse von 5000 Einwohnern festgesetzt. Unter solchen Vorgaben zählte der Alpenraum um 1500 möglicherweise nur eine Stadt, um 1800 waren es wahrscheinlich neun Städte und um 1900 schon deren zweiundvierzig. Die Urbanisierung hing in verschiedener Weise mit dem demographischen Wachstum und mit der Steigerung der Agrarproduktion zusammen. Bei der Bildung von grossen Städten spielten aber soziopolitische Faktoren eine wesentliche Rolle. Die Geschichte von Grenoble, seit dem 17. Jahrhundert die weitaus bevölkerungsreichste Siedlung der Alpen, war beispielsweise geprägt von einer sukzessiven Machtakkumulation, initiiert vom regionalen Adel und zunehmend auch vom Zentrum des entstehenden französischen Staates.

(2) Als alpine Regionen wurden hier alle modernen, politisch konsolidierten Verwaltungseinheiten einer bestimmten Grösse definiert, deren Territorien zu drei Viertel und mehr im Alpenraum liegen. Wenn man diese Regionen nach der Durchschnittshöhe ihrer Gemeindezentren klassiert, lässt sich die generelle Bevölkerungsentwicklung zumindest behelfsmässig auf höhenspezifische Faktoren untersuchen. Dabei treten im 18. und 19. Jahrhundert zunehmende Wachstumsverzögerungen von hohen gegenüber tiefen Regionen zutage, vorher scheint die demographische Entwicklung ausgeglichener verlaufen zu sein. Vieles spricht dafür, dass sich in der zweiten Phase auch das höhenabhängige Intensitätsgefälle in der alpinen Landwirtschaft besonders schnell verstärkte. So wurden die tiefgelegenen Flusstäler noch zu Beginn der Neuzeit über weite Strecken als Weide- und Sammelland genutzt. Durch die Anlage von kleineren Dämmen und Kanälen kam es später an vielen Orten zu spürbaren Produktionssteigerungen. Die Epoche der grossräumig organisierten Flusskorrekturen und Meliorationen, welche die Talebenen zu bevorzugten Zonen der Agrarintensivierung machte, begann aber im 18. und 19. Jahrhundert.

Um 1600 zählte der Alpenraum gemäss unseren Daten sechs Städte mit 5000 und mehr Einwohnern. In den tiefen Lagen nahmen die urbanen Zentren in der Folge vorerst langsam, dann schneller zu, so dass sich bis 1800 eine Verdoppelung ergab, während die Zahl in den höheren Lagen unverändert blieb. Das 19. Jahrhundert sah indessen eine andere Entwicklung. Nun wuchs die Zahl der Städte in den tiefen Lagen weniger schnell, zugleich verschoben sich die Höhenlimiten nach oben. Gegen 1900 entstand mit Davos eine Stadt auf fast 1600 Metern, weit über der früheren Maximalhöhe. Die ökonomischen Voraussetzungen für Urbanisierungsprozesse unterlagen damals einem raschen Wandel: Waren die frühneuzeitlichen Städte stark auf das agrarische Hinterland angewiesen, so schuf die Transportrevolution des 19. Jahrhunderts erweiterte Möglichkeiten für das urbane Wachstum.

(3) Jeder Vergleich der Alpen mit ihrem Umland steht vor dem Problem, dass der Umland-Begriff räumlich unbestimmt ist. Mir schien es sinnvoll, je nach Fragestellung und Datenbasis von verschiedenen Referenzgebieten auszugehen. Laut den vorliegenden Schätzungen veränderten sich die Bevölkerungstrends des Alpenraums richtungsgleich mit den Bevölkerungstrends der Staatengruppe, welche diesen Raum heute miteinander teilt. In einer ersten Phase unterschied sich das Wachstum in den beiden Gebieten nur geringfügig, nach 1700 lässt sich eine zunehmende Differenz zwischen dem langsameren alpinen Wachstum und der schnelleren Zunahme in der Staatengruppe feststellen. Zu einem ähnlichen Ergebnis führt ein Alpen-Umland-Vergleich auf grossregionaler Ebene. Im 16. und 17. Jahrhundert gab es Gebiete, in denen die Bergzonen höhere Wachstumsraten aufwiesen als das angrenzende Flachland. Später blieb das Wachstum der Alpenregionen in allen betrachteten Gruppen hinter den Umlandregionen zurück, gleichzeitig nahm die allgemeine Wachstumsdifferenz zu. In der Landwirtschaft gewann die Vegetationszeit und damit die Höhenlage mit fortschreitender Intensivierung an Bedeutung: Je häufiger die Bodennutzung, desto kritischer wurde der zeitliche Faktor. Ein gutes Beispiel dafür ist die unterschiedliche Steigerung der Erntefrequenz bei der Heugewinnung. In der lombardischen Ebene und in tiefen Flusstälern ging man während der frühen Neuzeit teilweise zu vier Ernten pro Jahr über, bei Kunstgras und Grünfütterung in der Poebene gar zu sieben bis acht. In ausgeprägten Berglagen mit sehr kurzer Vegetationszeit war das Graswachstum dagegen so beschränkt, dass oft nur ein Schnitt in jedem zweiten oder dritten Jahr lohnend schien.

Gemessen an absoluten Werten erfuhr auch die Städtedichte im Umland eine weit grössere Zunahme als im Alpenraum. Besonders markant waren die Differenzen erneut im 18. und 19. Jahrhundert. Die meisten alpinen Städte befanden sich zwar in geringer Meereshöhe (bis 1800 betrug ihre Durchschnittshöhe bloss 460 Meter), doch der Stadtumkreis wies fast überall einen erheblichen Anteil an hochgelegenen Boden auf, was das Wachstum von der Versorgungsseite her erschwerte. Im 19. Jahrhundert, als das agrarische Hinterland an Bedeutung verlor, nahmen die Unterschiede zwischen Alpen und Umland weiter zu. Die urbane Entwicklung hatte nun mehr Spielraum, wurde aber gerade deshalb auch stärker als zuvor von den bestehenden Ballungszentren mit ihrer Eigendynamik bestimmt.

Insgesamt stellen wir fest, dass Umweltfaktoren im historischen Prozess eine variable Rolle spielten. Mit dem demographischen Wachstum und der landwirtschaftlichen Intensivierung vergrösserte sich der Einfluss der Höhenlage und damit die innere und äussere Differenzierung des Alpenraums. Gleichzeitig konnte der Einfluss von geographischen Bedingungen zurückgehen, wie die Transportrevolution und die Urbanisierung im 19. Jahrhundert zeigen. Besondere Beachtung verdient auch folgender Gesichtspunkt: Selbst in der Phase mit geringen Wachstumsunterschieden nahm die

Dichtedifferenz zwischen Alpen und Umland spürbar zu, denn das Gebirgsmassiv war schon am Ende des Mittelalters und vorher im Durchschnitt weniger bevölkert und urbanisiert als umliegende Gebiete, hatte also eine andere Ausgangslage für die frühneuzeitliche Entwicklung. Ein anschaulicher Beleg ist die ungleiche Verteilung der Städte, welche um 1500 eine Mindestgrösse von 5000 Einwohnern erreichten (vgl. Karte 4.1). Mit den zunehmenden Wachstumsunterschieden, wie sie später typisch wurden, vergrösserte sich das Gefälle in bedeutendem Mass.

Viele Beziehungen zwischen Alpen und Umland können unter dem Aspekt dieses Dichtegefälles betrachtet werden, und einige der Beziehungen tragen zur Erklärung von dessen Vergrösserung bei. Im folgenden erwähne ich zunächst den Holztransfer und den Viehhandel, bei denen der Dichtebezug besonders klar zu erkennen ist, nachher werden Fragen der Migration und der staatlichen Integration angeschnitten. Wenn Zeitgenossen das Gebirge vom Flachland unterschieden, hatten sie in der Regel die lokalen oder regionalen Verhältnisse vor Augen. Um Missverständnisse und falsche Projektionen zu vermeiden, muss man wohl betonen, dass sich unsere allgemeine Betrachtung von Alpen-Umland-Beziehungen aus einer modernen Perspektive ergibt.

Alpen-Umland-Beziehungen

Um 1560 sollen vom kleinen Ort Stanzach im tirolischen Lechtal zeitweise 250.000–350.000 Baumstämme pro Jahr auf dem Lech nach Augsburg geschwemmt worden sein. Das wären im Tagesdurchschnitt bis zu tausend Stämme. Anhand von Zollregistern, erhoben und überliefert an verschiedenen Durchgangsorten, lässt sich für das frühe 17. Jahrhundert recht detailliert nachweisen, dass auf allen rechtsseitigen Nebenflüssen der Donau ein reger, mitunter entfernte Absatzgebiete erreichender Holzverkehr herrschte. Im Jahre 1603 berichtete ein Autor auf der südlichen Seite des Gebirges von ähnlichen Verhältnissen in seiner Region. Die Täler im oberen Einzugsbereich des Ticinoflusses seien überaus reich an Wäldern, besonders auch an geeigneter Ware für Maste von grossen Schiffen und Galeeren und vor allem für Balken zum Hausbau. Alle diese Hölzer würden auf dem Wasserweg befördert und zuerst auf den Lago Maggiore gebracht, »da dove poi s'inviano a Milano, Pavia, Cremona, Venetia, et per tutte le parti d'Italia«.[4]

Der Holzhandel oder besser der Holztransfer (manchmal kamen staatliche Abgaben und Produkte aus Staatswäldern hinzu) gehörte zu den langfristigen Erscheinungen der alpinen Geschichte. Seine elementaren, vielerorts nachweisbaren Bedingungen sind bereits in diesen Nachrichten angedeutet: Auf der einen Seite gab es zahlreiche Waldungen, auf der anderen Seite hatte die Bevölkerungsverdichtung die Bestände weiträumig verknappt und vor allem in den grossen Städten eine starke Nachfrage nach Holz für verschiedenste Zwecke erzeugt. Die vom Alpenbogen in die umliegenden Gebiete fliessenden Gewässer boten die Möglichkeit, den Transport der schweren und voluminösen Güter auf einigermassen ökonomische Weise zu bewältigen.[5]

Mit dem Bevölkerungs- und Wirtschaftswachstum stieg die Nachfrage im 18. Jahrhundert steil an und erreichte im 19. Jahrhundert einen Höhepunkt, bevor das Holz als Energieträger durch das Aufkommen der Steinkohle an Bedeutung verlor. Die Entwicklung der Transportmethoden gibt von der technischen Seite Hinweise auf die langfristige Konjunktur. Anders als auf den unteren Strecken der Wasserläufe, wo man die Hölzer zu Flössen zu binden und mit anderen Waren zu beladen pflegte, dominierte auf den oberen Strecken die Trift, das heisst das Treibenlassen von einzelnen Baumstämmen und Baumstücken. Neben diese ältere Technik traten zunehmend aufwendige Methoden, welche eine weitere Erschliessung der Gebirgswälder möglich machten. Besonders seit dem 18. Jahrhundert behalf man sich in vielen Seitentälern mit kilometerlangen, kunstvoll aus Holz gefertigten Gleitbahnen und mit Stauvorrichtungen, die einen spärlichen Wasserlauf zeitweise unterbrachen, um nachher eine Flutwelle auslösen zu können. Ein erstaunliches Beispiel für Transportinvestitionen sind die Wasserkanäle und Wassertunnels, die ab 1822 beim Preintaler Gscheidl nördlich des Semmering gebaut wurden. Das rasche Wachstum von Wien und die entsprechende Holznachfrage hatten schon zwei Jahrzehnte zuvor Anlass für die Erstellung des Wiener Neustädter Kanals entlang des Alpenfusses gegeben. Die weiter oben jenseits des Preintals erbauten Kanäle, welche zum Teil nicht nur trift-, sondern auch schiffbar waren, verliefen aber mitten im Berggelände, und die Tunnels führten das Holz auf einer längeren Strecke unter der Wasserscheide hindurch (vgl. Abbildung 9).[6]

War die »Holznot« im 18. Jahrhundert ein verbreitetes Thema des öffentlichen Diskurses, so wurde im 19. Jahrhundert der »Schutz der Gebirgswälder« in allen Ländern zu einem weiteren Gegenstand der politischen Besorgnis und staatlichen Intervention. Den Hintergrund dazu gaben einerseits wirtschaftliche Verknappungserscheinungen, andererseits der verstärkte Aufbau von zentralen Forstverwaltungen und die allgemeinen nationalen Integrationsprozesse. Im Zentrum der Argumentation standen aber Überschwemmungen und Überschwemmungsgefahren in Talgebieten, welche man mit der Entwaldung von Berggebieten erklärte. Schnell und stark entwickelte sich der staatliche Protektionismus in den französischen Alpen, wo der Umgang mit den Wäldern besonders von einer 1841 erschienenen *Etude sur les torrents des Hautes-Alpes* gebrandmarkt wurde. »The work provided justification for taking forest management away from peasants«, schreibt die Anthropologin Harriet G. Rosenberg, »by apparently demonstrating that communal practices of pasturing sheep in forests, as well as extravagant woodcutting and clearing, had drastically increased river flooding.« Versuche zur zentralen Intervention hatte es hier schon hundert Jahre früher gegeben, das französische Forstgesetz von 1827 schuf eine moderne juristische Grundlage, und mit der immer wieder entfachten Debatte erhielten die Verwaltungsorgane starken Auftrieb. Laut Rosenberg griffen sie in einem Mass in die lokale Ökonomie ein, dass diese zu Schaden kam, der dann weitere Eingriffe rechtfertigen konnte. In anderen Gebieten mangelte es oft an den institutionellen Voraussetzungen, aber nicht am Willen für solche Formen der Schutzpolitik. In der Schweiz, vom Staatsaufbau ganz anders geartet, hatte das erste nationale Forstgesetz von 1876 nur für das »Hochgebirge« Geltung.[7]

Mit aller Deutlichkeit lässt sich der Dichtebezug auch beim Rinderhandel zwischen Alpen und Umland erkennen. Als Ausgangspunkt für die weiträumige Einordnung eignet sich eine Übersichtskarte zum europäischen Fernhandel mit Grossvieh, die auf Studien von Othmar Pickl und Wilhelm Abel beruht und die Situation um 1600 auf sehr approximative, aber kohärente Weise festhält. Sie zeigt, dass die wichtigsten Aufzucht- und Exportgebiete von Rindern damals in den dünn besiedelten »äusseren Weidezonen« des östlichen Europa lagen. So wurden aus der ungarischen Tiefebene und den Fürstentümern Moldau und Walachei schätzungsweise 200.000 Stück Schlachtvieh pro Jahr in die dichter bevölkerten und urbanisierten Verbraucherzentren des Westens getrieben, manchmal über eine Distanz von 1000 bis 1500 Kilometern. Stark war die Nachfrage nach Fleisch vor allem in Mittel- und Grossstädten. Venedig bezog schon um 1500 jährlich etwa 15.000 ungarische Rinder, bis 1600 nahm der Import um die Hälfte zu (seine Bevölkerung stieg in der Zwischenzeit von ungefähr 100.000 auf 151.000). Dieser Handelsstrom aus dem Osten erreichte auch alpine Gebiete. Ein Teil des Viehs, welches in Innsbruck auf die Schlachtbank kam, stammte zum Beispiel aus Ungarn. Insgesamt bildete der Alpenraum freilich eine Exportzone: In der Mitte des Kontinents verzeichnet die genannte Karte nur das Gebirge als spezielles Zuchtgebiet, mit einer grob geschätzten Ausfuhr von 50.000 Stück Vieh pro Jahr.[8]

Im Unterschied zu den Tiefländern des Ostens beschränkte sich der raumkonsumierende und arbeitssparende Weidebetrieb in der alpinen Viehwirtschaft auf die warme Jahreszeit, dafür lagen die Absatzmärkte näher und die Transportkosten niedriger. Die grossräumigen Rindertriebe aus dem Osten gingen nach dem Höhepunkt um 1600 langfristig zurück, denn im Lauf der Agrarentwicklung vermehrte sich der Getreidebau in den Herkunfts- und die Viehwirtschaft in den Zielgebieten. Der Viehexport aus den Alpen, der auf einem engräumig ausgeprägten Dichte- und Intensitätsgefälle beruhte, wies dagegen laut den verfügbaren Studien bis ins 19. Jahrhundert kontinuierliche, wenn nicht steigende Tendenz auf.[9] Es ist davon auszugehen, dass die wichtigsten Absatzmärkte für diesen Export lange Zeit im oberitalienischen Raum lagen, der besonders im 16. Jahrhundert weit stärker urbanisiert war als andere Umlandgebiete. Die Nachfrage wurde durch das städtisch-gewerbliche Wachstum erfahrungsgemäss angehoben, unter Umständen in einem Ausmass, dass der Preisverlauf für tierische Produkte auch bei zunehmender Gesamtnachfrage die Preisbewegung des Getreides übertraf.[10]

Von der Ausfuhr aus Kärnten, die während des 17. und 18. Jahrhunderts häufig in den Händen von privilegierten Monopolgesellschaften lag, ging der grösste Teil, jährlich etwa 1000 bis 2000 Rinder, ins Venetianische. Vom savoyischen Beaufortin hiess es

1635, man könne sich hier zwar am Ende der Welt wähnen, doch seien die meisten Leute wohlhabend, »à cause de la grande quantité de bêtes à cornes qu'ils nourissent desquelles ils font ordinairement traffic en Piedmont«. Im schweizerischen Abschnitt gehörte fast das ganze Berggebiet zum Einzugsbereich des »Welschlandhandels«. Besonders intensiv war er in einigen Landschaften der Alpennordseite. Im September des Jahres 1527 betonten die innerschweizerischen Stände anlässlich einer Auseinandersetzung um politische Handelsbeschränkungen, dass sie zu dieser Zeit gewohnt seien, das Vieh, »so wir das ganz jar erziechend und darum rüstend, in mailand zuo füeren oder den kouflüten, so harus kommend, zu verkoufen«.[11] 1513 hatten die Eidgenossen die Errichtung eines Marktes in Lugano gestattet, der während der zweiten Oktoberwoche abgehalten und auf diesem Abschnitt bald zum wichtigsten Umschlagplatz wurde. Im 18. Jahrhundert bezifferte man das aufgeführte Vieh auf mehrere Tausend. Genauer sind allerdings die Zahlen zum Rindertrieb über den Gotthard. Laut Zollregister betrugen sie um 1725 im mehrjährigen Durchschnitt 3210 Stück, um 1806 5810 Stück und um 1832 7690 Stück.[12]

In der Lombardei wurden die Rinder aus der Schweiz damals vor allem für die Milchwirtschaft und nur sekundär als Schlachtvieh verwendet. Wegen der intensiven Bodennutzung war es nach Aussage von Gewährsleuten und Ökonomen unvorteilhaft, Aufzucht im eigenen Land zu betreiben. Verglichen mit dem Erlös aus der Käseherstellung, die hier schon während des 18. Jahrhunderts stark aufkam, erachtete man das Importvieh trotz steigender Preise als günstig. Dieser Trend in Richtung Milchwirtschaft hatte regional und zeitlich ganz verschiedene Auswirkungen auf den Grossviehhandel. In einigen alpinen Gegenden, die sich während des Ancien régime vermehrt dem Käseexport zuwandten, scheint die Ausfuhr von Rindern dadurch stagniert oder sogar abgenommen zu haben.[13]

Zu einem starken Wandel kam es im 19. Jahrhundert, als die intensive Vieh- und Milchwirtschaft im Gefolge von Urbanisierung und Industrialisierung fast in allen Umlandgebieten einen Aufschwung erlebte und die Viehbestände des Flachlands schneller wuchsen als die Bestände der Bergregionen, selbst dort wo auch die letzteren markant zunahmen wie in der Steiermark. Damit ergab sich oft die Möglichkeit zum Rinderverkauf in näher gelegene Gebiete. Dafür konnte der Käsehandel hier wie dort eine neue Dimension annehmen. Waren die Kosten für den Langstreckentransport von Vieh bis ins 19. Jahrhundert vergleichsweise niedrig, so begünstigten die Umwälzungen im Verkehrssystem den grossräumigen Export von Milchwirtschaftsprodukten.[14]

Unter allen Alpen-Umland-Beziehungen hat die Migration in der Forschung seit jeher das grösste Interesse gefunden. Es gibt zu diesem Thema eine überaus umfangreiche, gerade in jüngster Zeit erweiterte und erneuerte Literatur. Auch in allgemeinen Darstellungen zur Migrationsgeschichte spielen die Berge und besonders die Alpen eine wichtige Rolle, denn sie gelten als Paradebeispiel für frühe Auswanderungen. Fernand

Braudel schrieb in seinem Werk über den Mittelmeerraum im 16. Jahrhundert gar von einer »fabrique d'hommes à l'usage d'autrui« und prägte damit eine vielzitierte Formel für die Lehrmeinung, wonach die Emigration auf die Übervölkerung des Berggebiets bzw. auf dessen spärliche Ressourcen zurückzuführen sei.[15] Die moderne Forschung hat diesen Ansatz von verschiedener Seite her kritisiert und relativiert.

So betont Laurence Fontaine in ihren differenzierten Studien über die vorwiegend temporäre, kommerzielle Migration in französischen und weiteren Alpenregionen die soziale Logik und Eigendynamik der Auswanderung. Sie zeigt, dass man die frühneuzeitliche Mobilität als eigenständige Lebensweise in stets wechselnden Räumen zwischen Land und Stadt verstehen kann und dass der Bezug zu den Bergdörfern wohl wichtig war, aber auf anderen Prämissen beruhte, als sie vor allem von der französischen Geographie dargestellt wurden. Von besonderer Bedeutung sind auch die Einwände von Pier Paolo Viazzo, der die traditionelle Übervölkerungsthese anhand eigener Untersuchungen im Piemont zusammen mit einer alpenweiten Literatursichtung in Frage stellt. Laut seiner Darstellung war die Emigration aus dem Gebirge bezüglich Ausmass und Form ausserordentlich variabel; die Emigranten zählten nicht regelmässig zu den Armen, sondern oft zu den Wohlhabenderen; neben der Auswanderung gab es im kleineren Rahmen auch eine Einwanderung; die Migration konnte nicht nur Folge, sondern über die Nuptialität auch ein Bestimmungsmoment der inneren Bevölkerungsbewegung sein. Die Forschung hat solchen ebenso wichtigen wie komplexen Erscheinungen häufig wenig Aufmerksamkeit geschenkt, so dass man das pessimistische Urteil verstehen kann, zu dem der Autor am Schluss seiner Studie gelangt. Dabei ist allerdings in Rechnung zu stellen, dass historische Wanderungsphänomene generell schwer zu erfassen und vor allem zu quantifizieren sind und dass sie oft verschiedene Interpretationen zulassen. Ausserdem sollte die Geschichtsschreibung ob der festgestellten Komplexität den Nutzen von Verallgemeinerungen nicht aus den Augen verlieren.[16]

Anders als beim Holztransfer und Viehhandel ist der Dichtebezug bei Migrationsprozessen ambivalent. Die Verdichtung der Bevölkerung in einem bestimmten Gebiet konnte ein Grund zur Auswanderung in Gebiete mit grösseren oder umweltbedingt besser nutzbaren Landreserven sein, sie konnte aber auch die Agrarintensivierung, Marktbildung und Urbanisierung vorantreiben und in ihrem Gefolge eine Einwanderungsbewegung veranlassen. Die Übervölkerungsthese fasst nur die erste Möglichkeit in Betracht: Die alpine Bevölkerung soll ungefähr seit Beginn der Neuzeit vielerorts einen Stand erreicht haben, dass die Ressourcen nicht mehr ausreichen und eine jahrhundertelange Emigration unvermeidbar wurde. Unsere Ergebnisse weisen hauptsächlich in die andere Richtung. Wenn die Bevölkerung im Alpenraum zwischen 1500 und 1900 fast um den Faktor drei wachsen konnte, obwohl die Landwirtschaft noch am Ende der Periode eine grosse Rolle spielte, ist schwer einzusehen, weshalb der Ressourcenmangel um 1500 ein entscheidender Grund für die um sich greifende Auswanderung gewesen sein soll. Was auf der allgemeinen Ebene oft vernachlässigt wird, ist die Tatsache, dass das Alpenumland wesentlich stärker bevölkert und vor allem auch urbanisiert war. Diese Rahmenbedingungen sprechen zusammen mit vielen anderen Indizien für die Bedeutung von Anziehungs- und Sogeffekten im Wanderungsprozess.

Nennen wir noch einmal das Beispiel Venedig. Als die Lagunenstadt durch die Pest von 1630 zahlreiche Einwohner verlor, kam es binnen zwölf Jahren – trotz gleichzeitigem Rückgang des ländlichen Bevölkerungsdrucks – zu einer Nettoimmigration von 23.000 Personen, und bis 1655 sorgten dann 39.000 Einwanderer dafür, dass die städtische Bevölkerung auf 158.000 anstieg. Darunter befanden sich auch Leute aus Graubünden, wo die Bevölkerungsdichte zu Beginn des Jahrhunderts 14 Personen pro Quadratkilometer betragen haben dürfte. Venedig bildete schon früher ein Ziel für die meist temporäre Bündner Auswanderung und wurde in der Folge zu ihrem wichtigsten Stützpunkt. Als die Serenissima 1765 den Allianzvertrag mit Graubünden aufkündigte, musste sich jedenfalls eine ganze Kolonie von Gewerbetreibenden und Geschäftsleuten nach neuen Tätigkeitsfeldern umsehen. Sie konnten dabei auf ein weiträumiges Beziehungsnetz zurückgreifen, das andere Landsleute schon zuvor geknüpft hatten und das sich in rascher Ausdehnung befand. Bis 1900 sind Bündner Emigranten, nun vor allem auf Zuckerbäckerei und das moderne Kaffeehaus spezialisiert, in nicht weniger als 594 europäischen Städten nachzuweisen. Angesichts dieser Sachlage besteht kaum Zweifel, dass ihre Wanderungsbewegung stark vom urbanen Wachstum beeinflusst wurde.[17]

Auch gewisse zeitliche und regionale Variationen lassen sich nach meinem Dafürhalten am besten in einen solchen Interpretationsrahmen einordnen. Der Entwicklungsschub des städtischen Sektors seit dem 18. Jahrhundert dürfte ein wichtiger Grund für die allgemein zunehmende Wachstumsdisparität zwischen Alpen und Umland gewesen sein. Das genaue Ausmass der Emigration ist zwar selbst im Einzelfall schwer zu bestimmen, doch es gibt viele Anzeichen, dass es in dieser Periode oft neue Dimensionen erreichte und das Bevölkerungswachstum im Gebirge spürbar vermindern konnte.[18]

Zu den Regionen, in denen die Auswanderung vor dem 19. Jahrhundert vergleichsweise gering war, gehörten laut den verfügbaren Informationen vor allem die nordöstlichen Teile des Alpenbogens. Sehr stark scheint die Migration dagegen schon während der frühen Neuzeit am Südabhang gewesen zu sein. Vom Piemont über die Lombardei bis ins Venetianische gab es damals Täler, in denen die vorwiegend handwerkliche Wanderung der Männer ganz unausgeglichene Geschlechterverhältnisse hervorbrachte. In diesen »vallées des femmes« (Dionigi Albera) lastete die landwirtschaftliche Arbeit in hohem Mass auf der weiblichen Bevölkerung, gelegentlich kam es infolge Männermangels sogar zu Rollenverkehrungen in der Politik wie bei jener Frau, welche 1722 in der comaskischen Valsassina Gemeindevorsteherin wurde.[19] Die unterschiedliche Migrationsintensität im Nordosten und Süden des Alpenraums entspricht in groben Zügen – und meines Erachtens nicht zufällig – den Urbanisierungsdifferenzen, welche man dort zwischen 1500 und 1800 im Umland beobachten kann.[20]

Die Stadt eignet sich ferner als Beobachtungsort, um die Besonderheit des alpinen Mobilitätsverhaltens abzuschätzen. Inwiefern ist die Sonderrolle gerechtfertigt, welche man dem Gebirge in dieser Hinsicht beimisst? Das durchschnittliche, das heisst im Flachland weithin übliche Ausmass der Mobilität wird in der Literatur für die frühe Neuzeit unterschiedlich beurteilt, nicht zuletzt aufgrund von länderspezifischen und methodischen Differenzen. Allgemein hält man aber dafür, dass sich städtische Einwanderer zu einem grossen Teil aus dem Nahbereich rekrutierten, wobei der Umfang des Einzugsgebiets mit der Bedeutung der Stadt variierte. Wie andernorts stammten beispielsweise in Vienne, südlich von Lyon im Rhonetal, viele der in der Stadt verheirateten oder verstorbenen Personen von auswärts. Von den fremden Eheleuten kamen im 18. Jahrhundert 43 Prozent der Männer und 60 Prozent der Frauen aus einem Umkreis von lediglich 20 Kilometern. Mit seinen 8000–11.000 Einwohnern war Vienne damals zehnmal kleiner als die benachbarte Metropole Lyon, wo gut die Hälfte der zugewanderten Eheleute in Ortschaften aus einer Entfernung bis 50 Kilometern ansässig gewesen war. Verbinden wir diese häufig festgestellten, im einzelnen natürlich variablen Distanzmuster mit der Urbanisierung in den Alpen und ihrem Umland, so wird deutlich, dass man das Ausmass der alpinen Mobilität nicht überschätzen darf: Städtische »Fabriken«, welche andere Menschen in ihren Bann zogen, gab es in erster Linie im flachen Land.[21]

Was die Mobilität in Berggebieten kennzeichnete, scheint weniger der zahlenmässige Umfang gewesen zu sein als der hohe Anteil von Fernwanderern und der überdurchschnittliche Grad ihrer beruflichen Spezialisierung. Die beiden Tendenzen hingen oft miteinander zusammen. Die Betätigung in speziellen Gewerbezweigen und Handelssparten war bei geringer Bevölkerungsdichte auf grosse Absatzgebiete angewiesen. Wollten die Bewohner bestimmter Täler bei einer einmal entdeckten, attraktiv scheinenden Erwerbsmöglichkeit bleiben, wofür es gute Gründe gab, so mussten sie das Tätigkeitsfeld vor allem räumlich ausdehnen. In Städten, die vom Herkunftsort weit entfernt waren, fielen solche Gruppen dann in doppelter Hinsicht auf, durch die berufliche Festlegung wie durch die kulturelle Distanz. Diese Sichtbarkeit trug nicht wenig dazu bei, dass die alpine Mobilität in urbanen Zentren (und später in der Geschichtsschreibung) als Besonderheit wahrgenommen wurde, auch wenn die Mobilität in der Umgebung ein beträchtliches Niveau erreichte.[22]

Auf einer allgemeinen Ebene kann man also sehr verschiedenartige Beziehungen zwischen Alpen und Umland mit dem bestehenden Dichtegefälle in Verbindung bringen. Dass die Allgemeinheit zugleich eine Beschränkung dieser Betrachtungsweise ist, zeigt sich vielleicht am deutlichsten am Beispiel der staatlichen Integration.

Die Umrisse der politischen Raumbildung wurden schon weiter oben dargestellt (Kapitel 1). Demnach lagen die Schwerpunkte der grösseren Staatsgebilde und Machtformationen fast durchwegs in näheren oder entlegeneren Flachlandgebieten. Bezeichnend für eine ganze Reihe von Gebirgsgegenden war ihre Herrschaftsferne und ihr vergleichsweise hohes Mass an lokaler und regionaler Autonomie. Mit der Intensivierung der Verwaltungstätigkeit und dem zunehmenden Nationalismus des 18. und vor allem 19. Jahrhunderts wurde der Alpenraum enger an die verschiedenen Staaten und ihre Zentren gebunden. Im Laufe dieses Integrationsprozesses gewannen bestimmte Grenzen – die nationalen – stark an Bedeutung, während andere – lokale und regionale – zurücktraten. Was sich auf der einen Seite als Aufteilung des Gebirges darstellte, bildete auf der anderen Seite einen Öffnungsvorgang. Generell wies der politisch-staatliche Bereich damit deutliche Parallelen auf zu den beschriebenen Dichtezonen und Wachstumsphänomenen (und bildete seinerseits einen Differenzierungsgrund: die Öffnung gegenüber dem umliegenden Staatsgebiet konnte die alpine Migration erhöhen). Die konkreten Formen der Staatsbildung und Machtausübung, die für das politische Leben mindestens ebenso wichtig waren und gerade an dieser Schnittstelle zwischen verschiedenen Einflusssphären weit auseinandergingen, werden aber so nicht verständlich. Sie hingen mit anderen Umständen zusammen – einige von ihnen wollen wir in den folgenden Kapiteln erörtern.[23]

Geschichte und ökologische Modelle

Abschliessend stellt sich die Frage, wie man das Verhältnis von Umwelt und Entwicklung für das Untersuchungsgebiet theoretisch einschätzen soll. In der Literatur wird der Einfluss der alpinen Naturbedingungen bekanntlich hoch veranschlagt. Gewiss, das Berggebiet bildet seit langem eine bevorzugte Domäne der Geographie und der Anthropologie mit ihren fachspezifischen Interessen. Doch Umweltbezüge erscheinen auch in vielen andern Arbeiten, nicht zuletzt in historischen, und die Forschung tut gut daran, die betreffenden Argumente immer wieder über Fachrichtungen hinweg in allgemeiner Form zu reflektieren. Eine solche Reflexion wird durch den Umstand erschwert, dass die Modelle, welche man als ökologisch bezeichnen kann, weil sie den Naturraum und seine humane Verwendung betreffen, einen grossen Variantenreichtum aufweisen. Es empfiehlt sich daher, von einzelnen Ansätzen auszugehen. Ich führe hier drei Studien an, die unterschiedlich grosse Ausschnitte in verschiedenen Teilen des Alpenbogens behandeln und von Autoren verschiedener Disziplinen stammen.[24]

Raoul Blanchards Werk *Les Alpes Occidentales*, zwischen 1938 und 1956 in vielen Bänden erschienen und mittlerweile zum Klassiker geworden, ist eine geographische Beschreibung des französischen und südpiemontesischen Alpengebiets. In den späteren Bänden berücksichtigt der Autor auch zunehmend historische Quellen, vor allem zur Demographie des 18. und 19. Jahrhunderts, wobei er vielfach seine Ansicht von einer chronischen Übervölkerung der Bergregionen betont. Eine Art Quintessenz dieser enzyklopädischen, facettenreichen Beschäftigung mit den Westalpen bietet ein kurzer Artikel von 1952, der das menschliche Leben im Gebirge schlechthin thematisiert: »Pour le montagnard, la plaine est toujours un bon pays, et la réciproque n'est jamais vraie.« Zu diesem Schluss gelangt Blanchard, indem er Umweltvariablen zum Ausgangspunkt seiner Überlegungen macht. Das Relief der Bergwelt erzwinge mühsame Anpassungsleistungen an die vielen Hanglagen und habe schwerwiegende Folgen bezüglich Erosion und Bodenbildung. Die Höhenlage bringe ein hartes Klima hervor mit kurzen Vegetations- und langen Winterzeiten, was unter anderem grosse Schwankungen des bäuerlichen Arbeitsvolumens nach sich ziehe. Infolge ihrer reliefbedingten Isolation seien die Bergbauern zudem der Routine ausgeliefert, die eigentlich nur eine Anhänglichkeit an die Praktiken darstelle, welche von entfernten Vorfahren ersonnen wurden, um den Fallen der stiefmütterlichen Natur zu entgehen (»Rien d'étonnant dès lors qu'ils soient livrés à ce que nous appelons la routine, qui n'est en fait que l'attachement à des pratiques éprouvées, imaginées par de lointains ancêtres pour déjouer les embûches d'une nature marâtre.«).[25]

Unter dem programmatischen Titel *Balancing on an Alp. Ecological change and continuity in a Swiss mountain community* publizierte der Anthropologe Robert McC. Netting 1981 eine vielbeachtete Studie über die Walliser Gemeinde Törbel. Sie untersucht vor allem die Frage, wie die Bevölkerung an diesem hochgelegenen Ort auf lange Sicht mit ihren beschränkten Ressourcen auskam. Aufgrund einer Analyse der im 17. Jahrhundert einsetzenden demographischen Quellen kommt der Autor zum Schluss, dass innere Regulationsmechanismen im Ganzen eine erfolgreiche Umweltanpassung im Sinn eines homöostatischen Gleichgewichts gestatteten. Die Bodenerosion sei hier ebensowenig zu einem vordringlichen Problem geworden wie die Waldübernutzung. Das Ausbleiben von dramatischen Hungersnöten oder einer allmählichen Verarmung deute an, dass die lokale Bevölkerung nicht über ihre Ressourcenbasis hinauswuchs. »Rather than being a society that periodically exceeded its carrying capacity, only to be ruthlessly cut back, Törbel seems to have approached a homeostatic condition in which density-dependent mechanisms such as a high age at marriage, celibacy, and migration kept population growth within supportable limits.« Die Migration fiel dabei laut Netting wenig ins Gewicht. Er unterstreicht, dass die Gemeinde stark gegen aussen abgegrenzt gewesen sei, ja als »island in the sky« betrachtet werden könne. Was den Wandel angeht, steht bei ihm allerdings nicht die innere Entwicklung im Vordergrund, sondern eine externe Erscheinung, nämlich die Verbreitung der Kartoffel, welche die ökonomische Grundlage vergrösserte und das demographische Wachstum begünstigte.[26]

Einen anderen territorialen und inhaltlichen Kontext betrachtet die historische Untersuchung von Michael Mitterauer über *Formen ländlicher Familienwirtschaft. Historische Ökotypen und familiale Arbeitsorganisation im österreichischen Raum* (1986, Kurzversionen 1990 und 1992). Seine Modellbildung bezieht sich auf regionale und überregionale Einheiten, die untereinander über Austauschprozesse verbunden sind: »Räumliches Wirtschaften wird in diesem Konzept nicht bloss als spezifische Form der

Adaptation an natürliche Umweltbedingungen gesehen. Vielmehr finden auch überregionale Formen der Arbeitsteilung in das Modell Eingang, die sich in der lokalen Produktionsweise niederschlagen.« Der Autor will damit die Vielfalt von Anpassungsmöglichkeiten zur Geltung kommen lassen und der Gefahr einer statischen Betrachtungsweise entgegensteuern. Die mehrschichtige Vorstellung von Ökotypen dient ihm zur Interpretation von Haushalts- und Familienformen des 17. bis 19. Jahrhunderts, wie sie vor allem anhand von Zensuslisten zu rekonstruieren sind. Entsprechend den Unterschieden von Bodenbeschaffenheit und Klima seien die historischen Wirtschaftszonen auf dem Gebiet des heutigen Österreich sehr kontrastreich. Auch im Gebirge finde man unterschiedliche Varianten, im wesentlichen stehe aber bei den Bergbauern – anders als in den Voralpen und im Flachland – die Viehhaltung im Vordergrund. Durch ihren kontinuerlichen Arbeitsablauf begünstige diese Wirtschaftsweise die feste Anstellung von Dienstboten, was zu einem starken, auf grossräumigen Arbeitsmärkten gedeckten Gesindebedarf geführt habe, idealtypisch gesprochen zu einer alpinen »Gesindegesellschaft«. In der Vermittlung über die Arbeitsorganisation komme dem ökologischen Ansatz somit ein relativ hoher Erklärungswert für die historischen Familienformen zu.[27]

Die drei Beispiele zeigen, wie wichtig der Ausgangspunkt und die Art der Modellbildung für die jeweiligen Ergebnisse sind. Blanchard überträgt alpine Umweltvariablen direkt auf den Humanbereich und kommt zu einem höchst unrealistischen Bild vom Berggebiet als einem generellen Ungunstraum, in welchem seit jeher die gleichen unwandelbaren Anpassungspraktiken erforderlich waren. Bei Netting und Mitterauer ist dieser Zusammenhang abgeschwächt und vermittelt. Im Zentrum ihrer Untersuchung steht die Bevölkerung bzw. die Familie, Umweltfaktoren werden zur Erklärung tatsächlich beobachteter Phänomene beigezogen. Netting konzentriert sich dabei auf Wachstumsmöglichkeiten innerhalb eines Lokalsystems und unterstreicht die flexible Anpassung demographischer Variablen an die Ressourcen. Für Mitterauer sind lokale Produktionsweisen auch ein Ausdruck von regionalen Strukturen. Gegenüber einer direkten Adaptation ist er besonders skeptisch, doch über die Viehwirtschaft spielt eine solche Vorstellung auch in seinem Ansatz eine Rolle. Die Kontinuität der viehwirtschaftlichen Produktion, die er hervorhebt, kontrastiert nicht wenig mit den extremen saisonalen Arbeitsschwankungen, welche Blanchard aus dem Gebirgsklima ableitet.

Indem sie verschiedenste Bereiche von Natur und menschlicher Existenz zu einem einheitlichen Ganzen verbinden, haben ökologische Modelle häufig einen ausgesprochen synthetischen Charakter. Er erschwert die Kontrolle einzelner Zusammenhänge und verringert die Achtsamkeit bezüglich der eigenen Prämissen und Erfahrungen. Für die Diskussion über das Verhältnis von Umwelt und Entwicklung ist es jedenfalls wichtiger, eine Verständigung über methodische Fragen anzustreben als eine Synthese auf der sachlichen Ebene zu forcieren. In den vorangegangenen Kapiteln haben wir das Bevölkerungswachstum als einen bedeutenden Faktor für die landwirtschaftliche und städtische Entwicklung im Alpenraum betrachtet und dabei nach Möglichkeit geographische Bedingungen, vor allem die Höhenlage, berücksichtigt. Es hat sich gezeigt, dass Umwelteffekte im historischen Prozess eine variable Rolle spielten. Aus dieser Perspektive erscheinen einige in der Literatur verbreitete Redeweisen und Urteile über den Einfluss der alpinen Natur in einem anderen Licht.

Das Problem mit der Anpassung an die Umwelt besteht darin, dass sich die Anpassung im zeitlichen Ablauf gewissermassen selbst anpasst. Eine kleine Bevölkerungsgruppe nutzte das Berggebiet und seine unterschiedlichen Eigenschaften auf andere Weise als eine grosse Bevölkerungsgruppe, die vielleicht noch für einen weiträumigen Markt produzierte. Man kann davon ausgehen, dass bei jedem agrarischen Intensivierungsschritt diejenigen Geländepartien bevorzugt wurden, welche unter den gerade gegebenen Verhältnissen besonders geeignet schienen. Hatte der Pflanzenbau zum Beispiel einen geringen Umfang, so boten sich im bewegten Terrain die vorhandenen flacheren Teile an. Mit zunehmender Ausdehnung der Getreide- oder Rebflächen wurde die zielgerichtete Terrassierung von Steilhängen unter Umständen opportun. Wenn der Bevölkerungsdruck weiter stieg, konnten schliesslich Tal- und Flussebenen einer intensiven Nutzung zugeführt werden, die man vorher aus Gründen des Meliorationsaufwands als Weideland gebraucht hatte.

In jeder Phase gehörte das Abwägen von Vor- und Nachteilen einer spezifischen Ressourcenverwendung zur bäuerlichen Praxis, doch zu keinem Zeitpunkt lässt sich die Nutzung in feststehender Weise aus dem Terrain und der Umwelt herleiten. In diesem Sinn ist die Rede von der Anpassung an bestimmte Naturbedingungen irreführend. Die historische Relativität gilt selbst für die Vieh- und Alpwirtschaft, die oft als Paradefall einer dem Berggebiet angepassten Nutzungsform dargestellt wird. Man übersieht dabei, dass sich die Viehhaltung im Unterschied zum Pflanzenbau über das ganze Jahr erstreckte. Die Tierbestände mussten in gewissem Ausmass überwintert werden, was schlecht mit der Vorstellung einer naturgegebenen Nutzung zu vereinbaren ist.[28]

Einer genauen Betrachtung bedürfen auch die knappen Ressourcen und engen Wachstumsgrenzen im Alpenraum. Die Einschätzung des Umweltpotentials wird stark beeinflusst von der jeweiligen Definition des Untersuchungsgegenstands. Viele Studien befassen sich mit der Demographie von kleinen Orten während kurzen Zeitphasen, für welche die Quellensituation eine differenzierte Bestandsaufnahme begünstigt. Sie haben nicht selten die Tendenz, ihr methodisch abgegrenztes Gebiet zu einem wirklich abgegrenzten Territorium zu machen und dessen Tragfähigkeit vor allem am kurzfristigen Stand von Bevölkerung und Landwirtschaft zu messen. Damit wird die Knappheit der natürlichen Ressourcen und ihr Einfluss auf demographische Vorgänge zu einem wichtigen Gegenstand, während demographisch motivierte Intensivierungsprozesse wenig Beachtung finden. Wählt man einen anderen Untersuchungsrahmen, so kann sich die Beurteilung erheblich verändern.[29]

Für den gesamten Alpenraum vom 16. bis 19. Jahrhundert dürfen wir das Umweltpotential nicht unterschätzen. In einer ersten Periode scheint sich das Wachstum in diesem Gebiet kaum von demjenigen im Flachland unterschieden zu haben, und auch im 18. und 19. Jahrhundert, als es zu steigenden Differenzen kam, setzte sich das alpine Wachstum fort. Im Vergleich zum Umland fehlte dem Berggebiet damals vor allem eine zeitliche Ressource: Die höhenspezifische Verkürzung der Vegetationszeit wurde mit fortschreitender Agrarintensivierung zu einem kritischen Faktor. Während sich die Umweltabhängigkeit auf dieser Seite erhöhte, ging sie durch die Transportrevolution in anderer Hinsicht zurück. Doch auch die technische Innovation führte nicht zu jener »Naturbeherrschung«, welche dem 19. Jahrhundert vorschwebte, sondern zu weiteren Verlagerungen der Umweltbezüge im Lauf der Entwicklung.[30]

Abbildungen

1 »Italienisches Gebirge«, Aquarell von Albrecht Dürer 1495
Im Val di Cembra, Trentino. Der Nürnberger Künstler war ein Pionier der Landschaftsmalerei.
Walter L. Strauss: The Complete Dawings of Albrecht Dürer, New York 1974, Bd. 1, 1495/37.

2 »La carte d'Italie« von Jacques Signot 1515
Die Militärkarte des französischen Königs zeigt das städtereiche Italien – am linken und oberen Rand abgegrenzt von den Alpen, über die man das umkämpfte Gebiet erreichte. Vgl. Seite 75, 187.
Bibliothèque Nationale de France, Paris.

3 Maispflanze nach Petrus Andreas Matthiolus 1565
Matthiolus nennt die amerikanische Herkunft der neuen Pflanze (frumentum indicum) und erwähnte 1571 auch die Zubereitung von Polenta durch Alpenbewohner. Wichtig wurde der ertragreiche, aber aufwendige Maisanbau erst im 18. und 19. Jahrhundert. Vgl. Seite 60–62.
Petrus Andreas Matthiolus: Commentarii in sex libros Pedacii Dioscoridis Anazarbei de Medica materia, Venezia 1565, S. 393.

4 Grenoble und Umgebung um 1604
Das rasche Wachstum im 16. Jahrhundert machte Grenoble zur grössten Stadt im Alpenraum. Kurz nach 1600 präsentierte sich die Kapitale der Dauphiné mit neuen Befestigungsanlagen. Vgl. Seite 77, 84–85.
François de Dainville: Le Dauphiné et ses confins vue par l'ingénieur de Henri IV Jeans de Beins, Genève 1968, Tafel IX.

5 Erbhuldigung für Kaiser Leopold I. in Klagenfurt 1660
Das habsburgische Erbland Kärnten huldigt seinem Herzog. Klagenfurt, seit 1518 Besitz und Tagungsort des Regionaladels, hatte im 17. Jahrhundert den Charakter einer Renaissancestadt. Vgl. Seite 84, 168.
Hans Sigmund Ottenfels: Beschreibung oder Relation über den Einzug und Erbhuldigungs-Actum in dem Erherzogthumb Kärndten 1660, Universitätsbibliothek Wien.

6 Der savoyische Kataster 1728–1738
Der flächendeckende Kataster des Herzogtums Savoyen galt im 18. Jahrhundert als geometrisches und staatsmännisches Meisterwerk. Im abgebildeten Ausschnitt der Gemeinde Allèves sind nebst den Grundstücken auch die Berge dargestellt. Vgl. Seite 154.
Archives Départementales de la Haute-Savoie, Annecy.

7 Gesetz, betreffend die Feudalrechte, Frankreich 1792
Zur formellen Abschaffung der herkömmlichen Herrschaftsrechte benötigte die Französische Revolution nur vier Jahre. Das Gesetz vom 25. August 1792, hier in einem Druck für das Departement Isère, bürdete die Beweislast für allfällige Entschädigungen den Seigneurs auf. Vgl. Seite 140.
Bibliothèque municipale de Grenoble.

8 Heuernte unter Schloss Hochosterwitz, Kärnten um 1795
   Die Burg Hochosterwitz wurde im späten 16. Jahrhundert zu einer schlossähnlichen Festung ausgebaut. Das Bild zeigt sie in dramatischer Darstellung und im Kontrast zu den arbeitenden Bauern. Vgl. Seite 168.
   Lithographie von Ferdinand Runk und Johann Ziegler, Wien bei F. X. Stöckl.

9 Schiffskanal beim Preintaler Gscheidl nördlich des Semmering 1847
   Der Holzexport aus Alpenregionen gewann seit dem 18. Jahrhundert stark an Bedeutung. Beim Preintaler Gscheidl erstellte man ab 1822 sogar schiffbare Kanäle zur Versorgung von Wien. Vgl. Seite 103.
   Illustrirte Zeitung, Leipzig 1847, S. 72.

10 Hotelprospekt Davos, Graubünden nach 1885
   Im späten 19. Jahrhundert hatte der Kurtourismus Konjunktur. Davos, auf fast 1600 Meter gelegen, wurde dadurch in kurzer Zeit zu einem Ort von städtischen Dimensionen. Vgl. Seite 93, 95.
   Graphische Sammlung Zentralbibliothek Zürich.

11 Alpabgabe an die Kirche in Nendaz, Wallis um 1905
   Die Alpgenossen von Nendaz überreichen dem Gemeindevikar am Bartholomäustag eine Käsegabe. Die Alpwirtschaft war ertragreich, doch ihr Anteil am Gesamtprodukt der alpinen Landwirtschaft darf nicht überschätzt werden. Vgl. Seite 48–49.
   André Guex: Valais naguère. 281 photographies anciennes, Lausanne 1971, Nr. 99.

12 Bergbauernhof in Hüttau, Salzburg um 1920
   Familienangehörige und Dienstboten auf Hintersattlegg, einem salzburgischen Durchschnittshof. Anders als im Westen und Zentrum des Alpenbogens gab es im Osten viele grosse Bauernhöfe mit Knechten und Mägden. Vgl. Seite 132–138.
   Besitz von M. Promegger, Hüttau.

1 »Italienisches Gebirge«, Aquarell von Albrecht Dürer 1495

Abbildungen

2   »La carte d'Italie« von Jacques Signot 1515

3   Maispflanze nach Petrus Andreas Matthiolus 1565

4   Grenoble und Umgebung um 1664

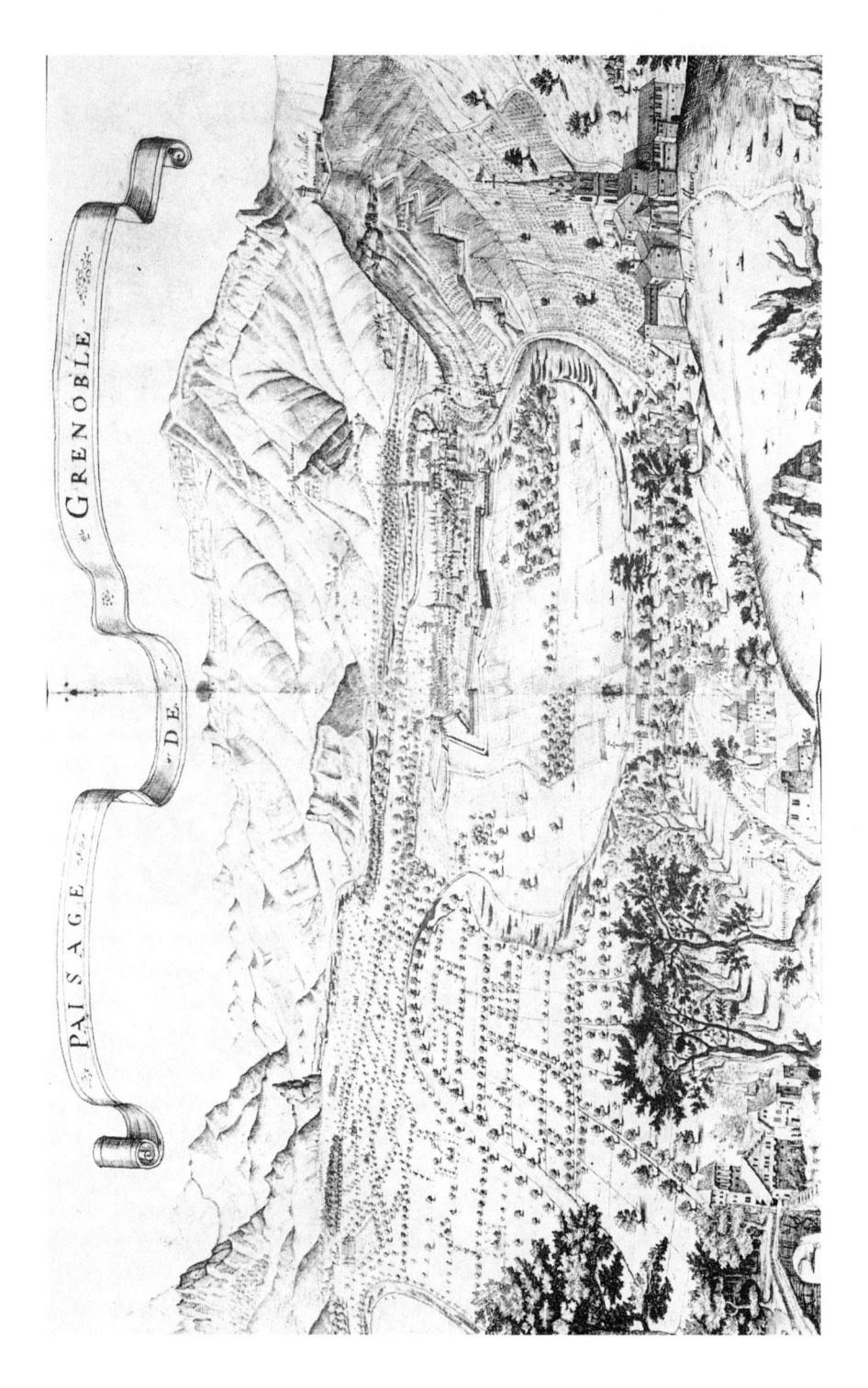

5   Erbhuldigung für Kaiser Leopold I. in Klagenfurt 1660

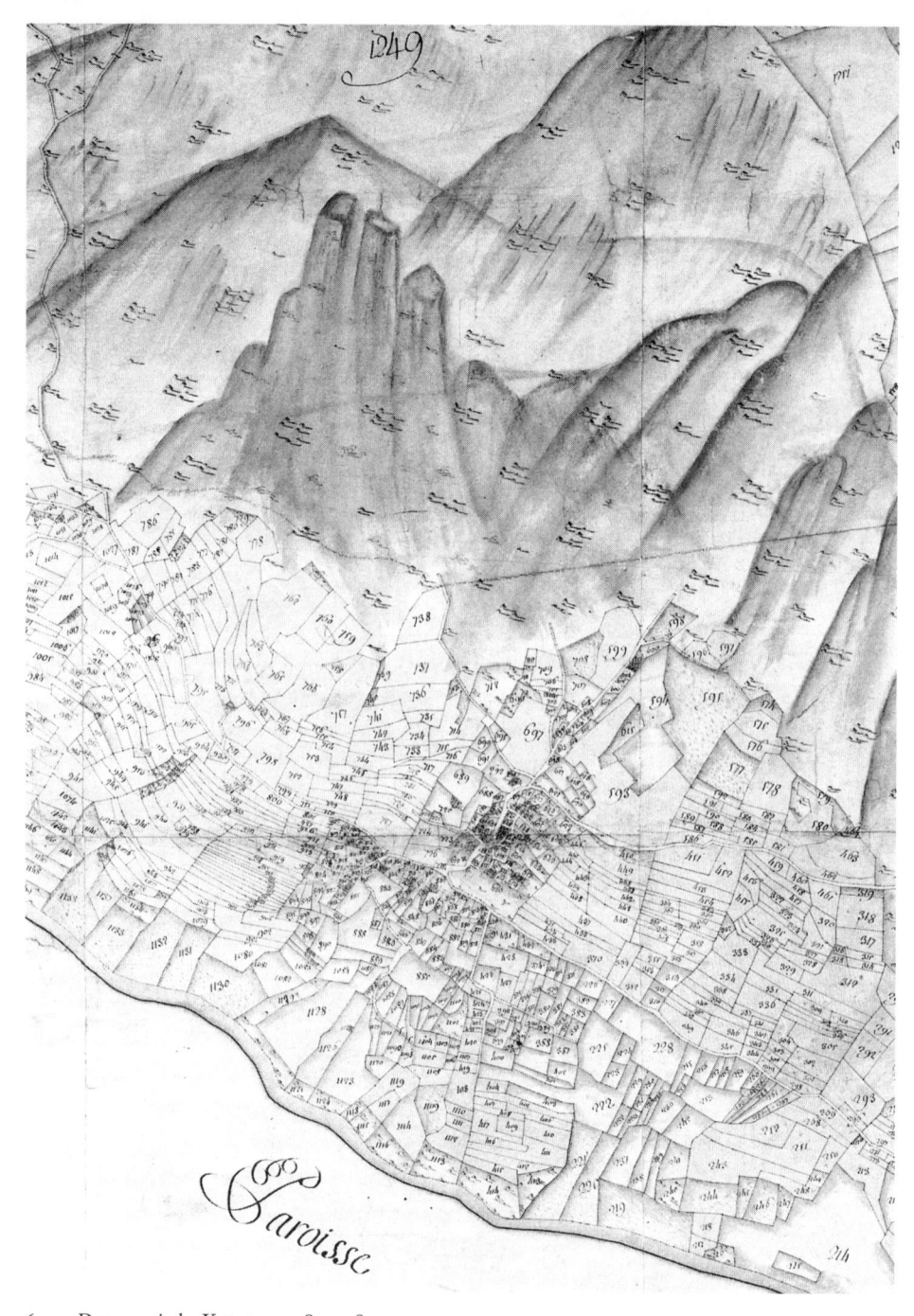

6   Der savoyische Kataster 1728–1738

LOI

Relative aux Droits féodaux,

Du 25 août 1792, l'an 4.ᵉ de la Liberté.

L'Assemblée Nationale, considérant que le régime féodal est aboli, que néanmoins il subsiste dans ses effets, & que rien n'est plus instant que de faire disparoître du territoire François ces décombres de la servitude qui couvrent & dévorent les propriétés, décrete qu'il y a urgence.

N°. 2250.

Décret définitif.

L'Assemblée Nationale, après avoir décrété l'urgence, décrete ce qui suit :

Article Premier.

Tous les effets qui peuvent avoir été produits par la maxime *nulle terre sans seigneur*, par celle de l'enclave, par les statuts, coutumes & regles, soit générales, soit particulieres, qui tiennent à la féodalité, demeurent comme non avenus.

II.

Toute propriété fonciere est réputée franche & libre de tous droits, tant féodaux que censuels, si ceux qui les

A

8   Heuernte unter Schloss Hochosterwitz, Kärnten um 1795

9   Schiffskanal beim Preintaler Gscheidl nördlich des Semmering 1847

Hotel Buol — Davos-Platz.

Klimatischer Luft-Kurort. — 5000 Fuss über Meer. — Hotel I. Ranges in schönster und angenehmster Lage des Kurortes. — 70 Schlafzimmer und Salons. — Mit allem Comfort der Neuzeit ausgestattet. — Personen-Aufzug. — Elektrisches Licht in allen Zimmern. — Kurmusik im Hotel. — Schöne Bibliothek etc.
Besitzer: *C. BUOL.*

10 Hotelprospekt Davos, Graubünden nach 1885

11 Alpabgabe an die Kirche in Nendaz, Wallis um 1905

12   Bergbauernhof in Hüttau, Salzburg um 1920

6 Zwei Agrarverfassungen (19. Jahrhundert)

Dieses Buch untersucht die Geschichte des Alpenraums vom Ende des Mittelalters bis 1900 anhand von zwei Leitfragen: (1) Wie gestalteten sich die Beziehungen zwischen Bevölkerungswachstum, Wirtschaftsentwicklung und alpiner Umwelt? (2) Wie wirkten sich politische Faktoren auf die ländliche Verfassung und Gesellschaft aus? Bis anhin haben wir uns mit der ersten im wesentlichen wirtschaftlichen Fragestellung befasst. Dieses und die beiden folgenden Kapitel wenden sich nun dem zweiten Problemkreis zu, bei dem politisch-gesellschaftliche Aspekte der alpinen Geschichte zur Diskussion stehen. Man kann die Staatsentwicklung und die Kräfteverteilung zwischen verschiedenen sozialen Gruppen freilich nicht losgelöst vom wirtschaftlichen Hintergrund erörtern. Von besonderer Bedeutung für die Formierung staatlicher und gesellschaftlicher Macht waren in unserer Periode die Verhältnisse in der Landwirtschaft, welche den grossen Teil der Bevölkerung beschäftigte und den grossen Teil der öffentlichen Leistungen erbrachte. Die Agrarverfassung bildete mit anderen Worten eine zentrale Grösse am Schnittpunkt zwischen Ökonomie und Politik oder zwischen Politik und Ökonomie – die Frage des Primats soll vorerst offenbleiben.

Die verfügbare allgemein gehaltene Literatur zum Thema (sie ist weniger reichhaltig, als man denken und wünschen könnte) betont häufig den einheitlichen kleinbäuerlichen Charakter der Agrarverfassung in den Alpen oder in europäischen Gebirgsgegenden überhaupt. »Mountainous regions all over Western Europe represented remote fastnesses of small peasant property, allodial or communal, whose rocky and exiguos soil offered relatively little attraction for manoralism«, schreibt Perry Anderson in seinem Überblick über die Entwicklung des frühneuzeitlichen Staates am Beispiel der Eidgenossenschaft: »The Swiss Alps, the highest range in the continent, were naturally a foremost example of this pattern.« Andere Autoren führen weitere politische und mentalitätsmässige Zusammenhänge an. Von französischer Seite heisst es etwa: »Dans l'ensemble, on peut dire que la montagne alpine est, précocement, une démocratie de petits propriétaires, qui détiennent également des biens collectifs.« Diesem Miteinander von individuellem, bäuerlichem Kleinbesitz und von kollektiven Weide- und Waldgebieten entsprächen zwei scheinbar widersprüchliche mentale Züge des Alpenbewohners, nämlich »un esprit très poussé d'individualiste et de sentiment de propriété, pour ce qu'il a en propre et, d'autre part, un goût très vif pour la gestion des affaires communes, économiques, puis politiques«.[1]

In meinen Augen ist es gleichzeitig interessanter und realistischer, die alpine Agrarverfassung unter dem Blickwinkel ihrer Unterschiedlichkeit zu betrachten. Interessanter, weil damit wichtige Beziehungen zu benachbarten Räumen des Alpenumlands sichtbar werden und die jeweils bestimmenden Einflussfaktoren genauer zu fassen sind.

Realistischer, weil die grossbäuerlich-feudale Agrarverfassung, welche in den östlichen Teilen des Gebirgsbogens herrschte, von der obgenannten, vorschnell generalisierten kleinbäuerlich-kommunalen Agrarverfassung in vielen Hinsichten abwich. Diese beiden hier nur behelfsmässig umschriebenen Formen können im Untersuchungsgebiet als Hauptformen gelten. Daneben lassen sich, wie zu zeigen sein wird, weitere Unterschiede erkennen, so dass es manchmal ratsam scheint, statt von zwei auch von drei oder mehr Agrarverfassungen zu sprechen.

Es liegt nicht in meiner Absicht, bei solchen Definitions- und Klassifikationsfragen eine festgelegte Position zu vertreten. Dabei wäre nämlich in Rechnung zu stellen, dass der Begriff der Agrarverfassung keineswegs genau abgegrenzt ist, sondern in einem offenen Sinn das gesamte rechtliche und gesellschaftliche Gefüge und Umfeld der Landwirtschaft umfassen kann. Heide Wunder versteht darunter beispielsweise »the whole structure of rural social power relations«. Eine allgemeine Typologie hätte sich auf zahlreiche Kriterien zu beziehen, müsste graduelle Übergänge ebenso berücksichtigen wie qualitative Abstufungen und würde möglicherweise wenig zur Klärung des historischen Prozesses beitragen.[2]

Für unsere Zwecke genügt es, den Begriff in bestimmter Weise handhabbar zu machen. Als Ausgangspunkt zur Erörterung der Agrarverfassung dient hier der landwirtschaftliche Betrieb. Von der betrieblichen Ebene aus lassen sich Beziehungen gleichsam nach oben und nach unten hin herstellen. Nach oben hin geraten Bereiche wie die Herrschaft, der Staat, die Finanzorganisation, aber auch die Einbindung durch Nachbarschaft und Gemeinde ins Blickfeld. Nach unten hin werden vor allem Fragen der häuslichen Ordnung, der Arbeitskräfte und der Vererbung angesprochen. Keinen dieser Bereiche darf man sich als autonom vorstellen. Ein Leitmotiv der folgenden Ausführungen soll gerade darin bestehen, auf ihre Zusammenhänge und Wechselwirkungen hinzuweisen. Von der Forschung zum Alpenraum sind die genannten Dimensionen allerdings in unterschiedlichem Mass berücksichtigt worden. Für einige von ihnen liegen wichtige komparative Beiträge neuesten Datums vor. Für andere gibt es nur wenige nationale und regionale Untersuchungen. Es gehört auch zu den Zielen unserer Überblicksstudie, hier einen gewissen Ausgleich anzustreben.[3]

Dabei würde man als Historiker gern dem zeitlichen Ablauf der Ereignisse folgen und die Geschichte vom Anfang bis zum Schluss schildern. In diesem Fall gibt es indes gute Gründe, eine andere Darstellungsweise zu wählen, denn die Quellensituation erlaubt erst am Ende der Untersuchungsperiode eine wirklich systematische, statistisch abgestützte Behandlung des Themas. Wir machen uns also zunächst mit den Verhältnissen im 19. Jahrhundert vertraut. In Kapitel 7 soll die Entwicklung während der frühen Neuzeit dann an regionalen Beispielen aus mehreren Gebirgsabschnitten beschrieben werden. Kapitel 8 fragt schliesslich in einer weiter ausholenden Diskussion nach den Gründen und Folgen der unterschiedlichen politisch-gesellschaftlichen Konfiguration.[4]

Landwirtschaftliche Betriebe

Die Agrarstatistik erfuhr im 19. Jahrhundert in den meisten Staaten eine schnelle Entwicklung, doch die landwirtschaftlichen Betriebe wurden relativ spät zu einem ihrer Untersuchungsgegenstände. Die Beschäftigung mit Eigentumsverhältnissen und mit der Erntesituation, wichtig für die Fiskal- und Sozialpolitik sowie für Versorgungs- und Handelsinteressen, ging einer ernsthaften Beschäftigung mit der Betriebsstruktur fast überall voraus. In Frankreich fragte man 1862, 1882 und 1892 nach den »exploitations rurales« und ihren Nutzflächen (nachdem man schon lange andere Erhebungen veranstaltet hatte). In Habsburgisch Österreich wurde die erste wirkliche Betriebszählung 1902 durchgeführt, die Schweiz folgte drei Jahre später, und in Italien, das in anderen statistischen Belangen auf dem europäischen Parkett keine schlechte Figur machte, entschied man sich erst 1930 zu einem solchen Schritt (nachdem das »Institut International d'Agriculture« einen entsprechenden Aufruf erlassen hatte).[5]

Trotz diesem Nachzügler ist es möglich, die Situation im Alpenraum um 1900 einigermassen zu überblicken. Die italienischen Provinzen Bolzano-Bozen und Trento gehörten bis zum Ende des Ersten Weltkriegs zu Tirol und wurden demzufolge in die österreichische Erhebung von 1902 einbezogen. Der Vergleich zwischen 1902 und 1930 zeigt so geringe Schichtungsveränderungen, und die anderen italienischen Provinzen wiesen 1930 so eindeutige Werte auf, dass man sie für eine Grobanalyse ohne grosses Risiko auf die Jahrhundertwende zurückbeziehen kann.

Wir legen dieser Analyse wie in früheren Kapiteln einen territorialen Raster zugrunde, der alle jene modernen, politisch konsolidierten Verwaltungseinheiten einer bestimmten Grösse umfasst, deren Fläche zu drei Viertel und mehr im Alpenraum liegt. Das ergibt 26 alpine Regionen, die sich über den ganzen Gebirgsbogen erstrecken (vgl. Kapitel 2 mit Karte 2.1). Für einen Teil des Samples soll der regionale Raster aber zusätzlich verfeinert werden. Im Gebiet von Habsburgisch Österreich, also in den heutigen österreichischen Ländern mit Einschluss der eben genannten Provinzen Bolzano-Bozen und Trento, legen wir noch die damalige Bezirkseinteilung zugrunde. Damit erhalten diese überaus grossen Regionen eine Untergliederung, welche flächenmässig ungefähr den Schweizer Kantonen entspricht. Das ist auch deshalb wichtig, weil sich die Verhältnisse im östlichen Teil des Gebirges für die diskutierten Fragen als besonders interessant erweisen. (Die Bezirke sind im Anhang, Tabelle A.5, angeführt.)[6]

Obwohl die Administrationen um 1900 schon über reiche Erfahrung bei der Anlegung landesweiter Statistiken verfügten, bildete eine landwirtschaftliche Betriebszählung damals ein schwieriges Unterfangen. Die genaue Erfassung der betrieblichen Nutzfläche – Grundparameter einer solchen Statistik – wurde durch den Umstand behindert, dass die Betriebsinhaber oft genug nicht wussten, wie gross die von ihnen genutzte, aus eigenem oder gepachtetem Land bestehende Fläche in Hektarmassen war.

Zwar lagen dazu teilweise öffentliche oder private Dokumente vor, und die überall gebräuchlichen nutzungsbezogenen Lokalmasse liessen sich in etwa auf Hektaren umrechnen, doch bei den im Berggebiet stark vertretenen Extensivarealen war auf jeden Fall mit Fehlurteilen zu rechnen. Dazu kam die Furcht der Betriebsinhaber, dass die Erhebung entgegen den Beteuerungen der Statistiker zu fiskalischen Zwecken verwendet werden würde. Wenn immer möglich, scheinen sie sich mit Minimalangaben begnügt zu haben. Von seiten der Administration drängte man hingegen darauf, die gesamte Betriebsfläche aufzunehmen, auch diejenigen Teile, welche den Landwirten wenig einbrachten, in Frankreich etwa die sogenannte »superficie non cultivée«, also die »terrains rocheux et de montagnes« und andere schlecht definierte Geländepartien. Eine Ausnahme bildete unter Umständen der Wald. Anders als in Österreich wurden die selbständigen, nicht mit der Landwirtschaft verbundenen Forstbetriebe in der Schweiz zum Beispiel in einer getrennten Zählung erhoben. Allen diesen Schwierigkeiten zum Trotz vermitteln die Erhebungen einen brauchbaren Einblick in die Betriebsverhältnisse. Man muss sich bei der Beurteilung vor Augen halten, dass eine Analyse nach weit definierten Grössenklassen (5 bis 10 Hektar, 10 bis 20 Hektar usw.) die Wahrscheinlichkeit von fehlerhaften Zuweisungen stark vermindert.[7]

Der Vergleich der Resultate, zu welchen die Zählungen um 1900 kamen, spricht nicht dafür, dass die Agrarverfassung im Alpenraum ein einheitliches Gepräge hatte. Zwar gab es in jeder Region Betriebe aller Grössenordnungen, doch ihre statistische Verteilung unterlag starken Schwankungen (vgl. Tabelle A.2 im Anhang). In Salzburg hatten 49 Prozent der Betriebe eine Nutzfläche von zehn Hektar und mehr – wir werden sie im folgenden als Mittel- und Grossbetriebe bezeichnen –, während die Kleinstbetriebe mit Nutzflächen bis fünf Hektar 37 Prozent ausmachten. Im Trentino bildeten diese Kleinstbetriebe mit 91 Prozent dagegen die überwältigende Mehrheit, die Mittel- und Grossbetriebe kamen hier nur auf einen Anteil von 3 Prozent. Im westlichsten Land der Donaumonarchie, in Vorarlberg, zählten letztere 14 Prozent, ungefähr so viel wie in den anschliessenden Kantonen der Ost- und Innerschweiz. Wenn wir die in der Schweiz unerfasst gebliebene unterste Kategorie (bis 0,5 Hektar) durch eine Schätzung ergänzen, erhalten wir für diese Landesteile etwa 10 bis 17 Prozent Mittel- und Grossbetriebe. Eine beträchtliche Zahl davon bestand aus weitläufigen, kollektiven Alpbetrieben, die natürlich – wie Betriebe mit individuellen Inhabern – als selbständige Wirtschaftseinheiten gezählt wurden. (Daher zeigt die Statistik in etlichen Regionen bei der obersten Kategorie ab 50 Hektar nicht eine Abnahme, sondern eine Zunahme gegenüber der nächstunteren Kategorie von 20 bis 50 Hektar.) Fast im ganzen übrigen Gebiet der West- und Südalpen herrschte eine ausgesprochen kleinbäuerliche Struktur, bei der sich der Anteil der Mittel- und Grossbetriebe zwischen 3 und 8 Prozent bewegte. Ausnahmen davon bildeten die französischen Departemente Hautes-Alpes und vor allem Alpes-de-Haute-Provence mit deutlich höheren Prozentsätzen (18 und 21).

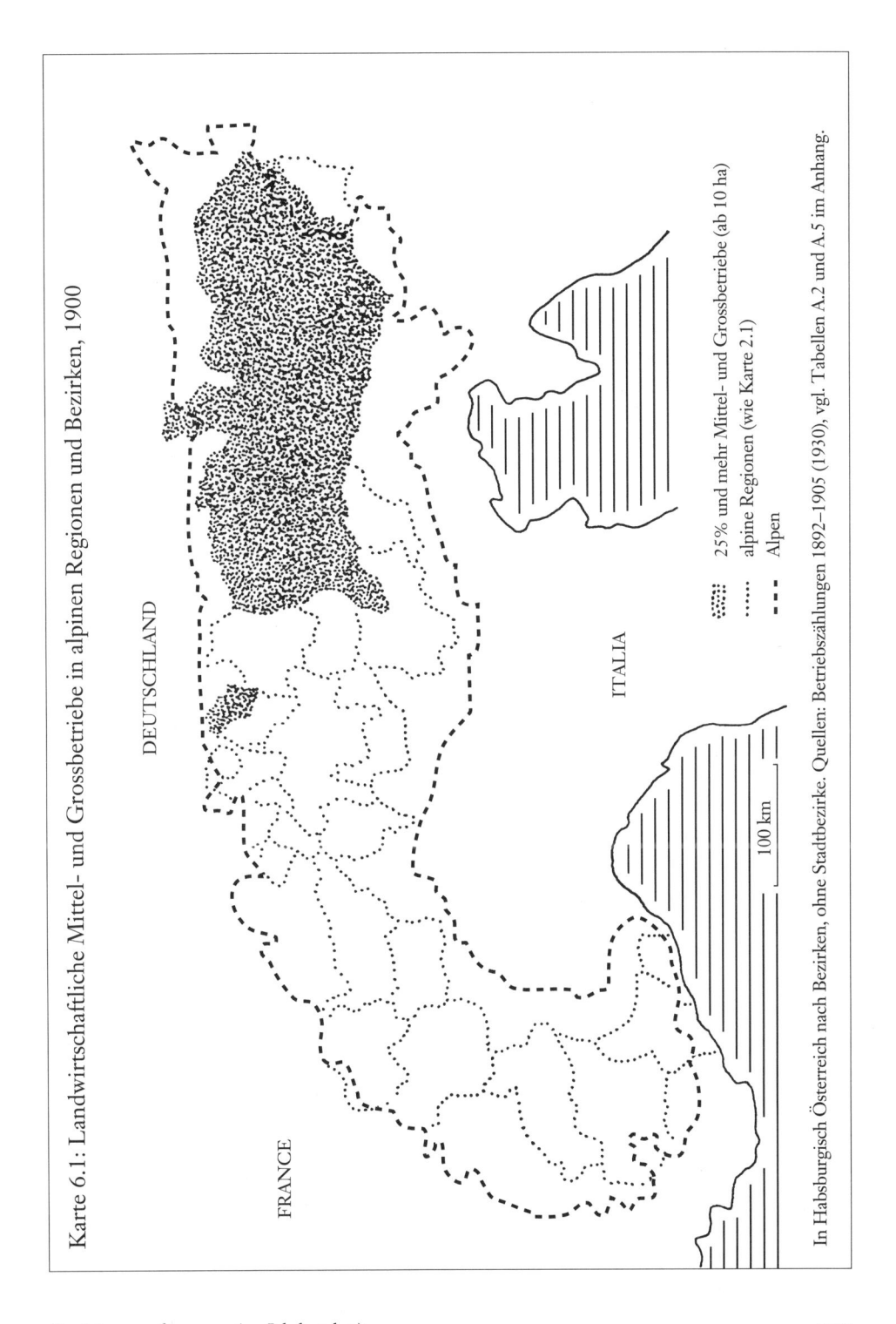

Karte 6.1: Landwirtschaftliche Mittel- und Grossbetriebe in alpinen Regionen und Bezirken, 1900

```
░░░   25% und mehr Mittel- und Grossbetriebe (ab 10 ha)
·····  alpine Regionen (wie Karte 2.1)
- - -  Alpen
```

In Habsburgisch Österreich nach Bezirken, ohne Stadtbezirke. Quellen: Betriebszählungen 1892–1905 (1930), vgl. Tabellen A.2 und A.5 im Anhang.

Zwei Agrarverfassungen (19. Jahrhundert)

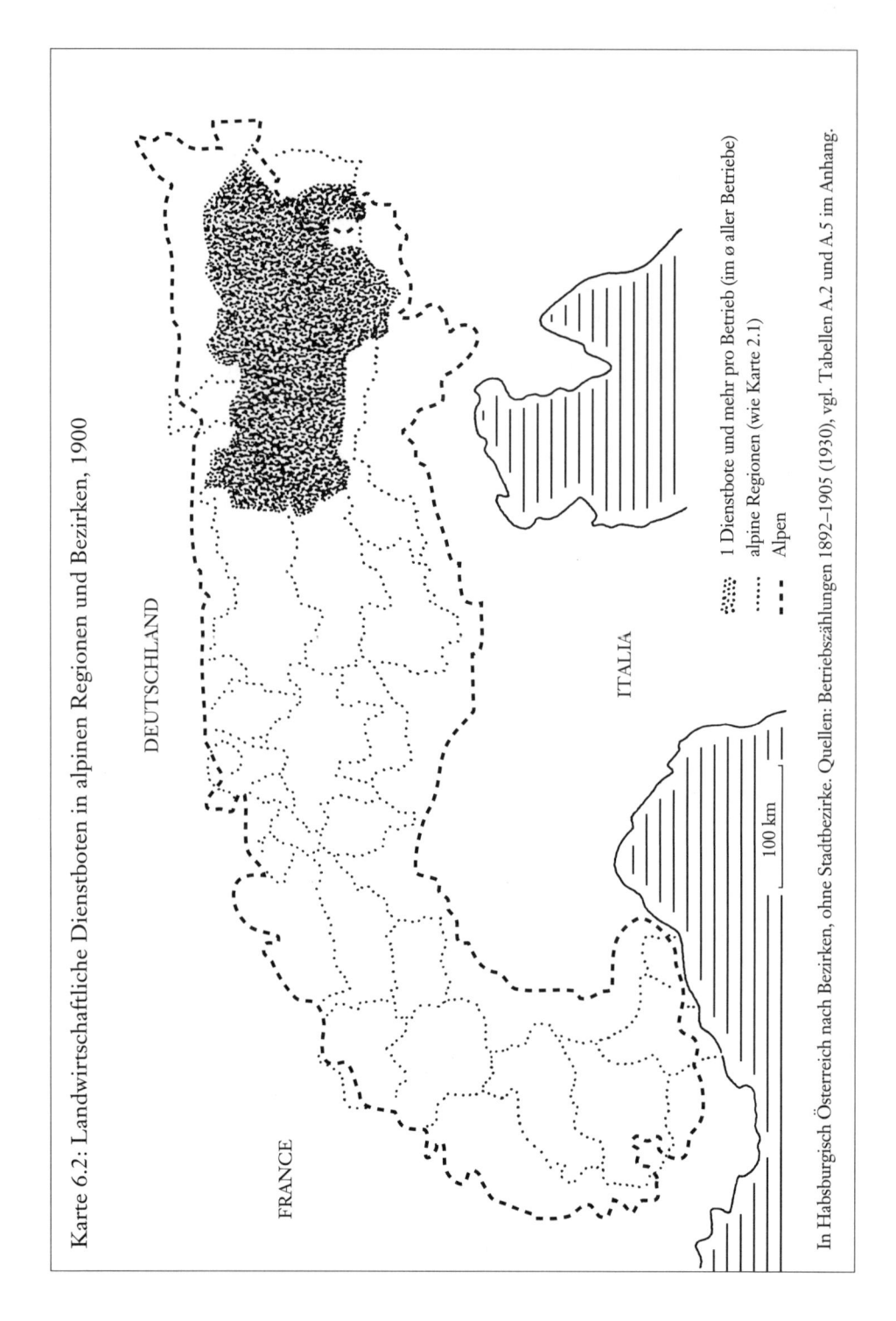

Karte 6.2: Landwirtschaftliche Dienstboten in alpinen Regionen und Bezirken, 1900

··· 1 Dienstbote und mehr pro Betrieb (im ø aller Betriebe)
··· alpine Regionen (wie Karte 2.1)
--- Alpen

In Habsburgisch Österreich nach Bezirken, ohne Stadtbezirke. Quellen: Betriebszählungen 1892–1905 (1930), vgl. Tabellen A.2 und A.5 im Anhang.

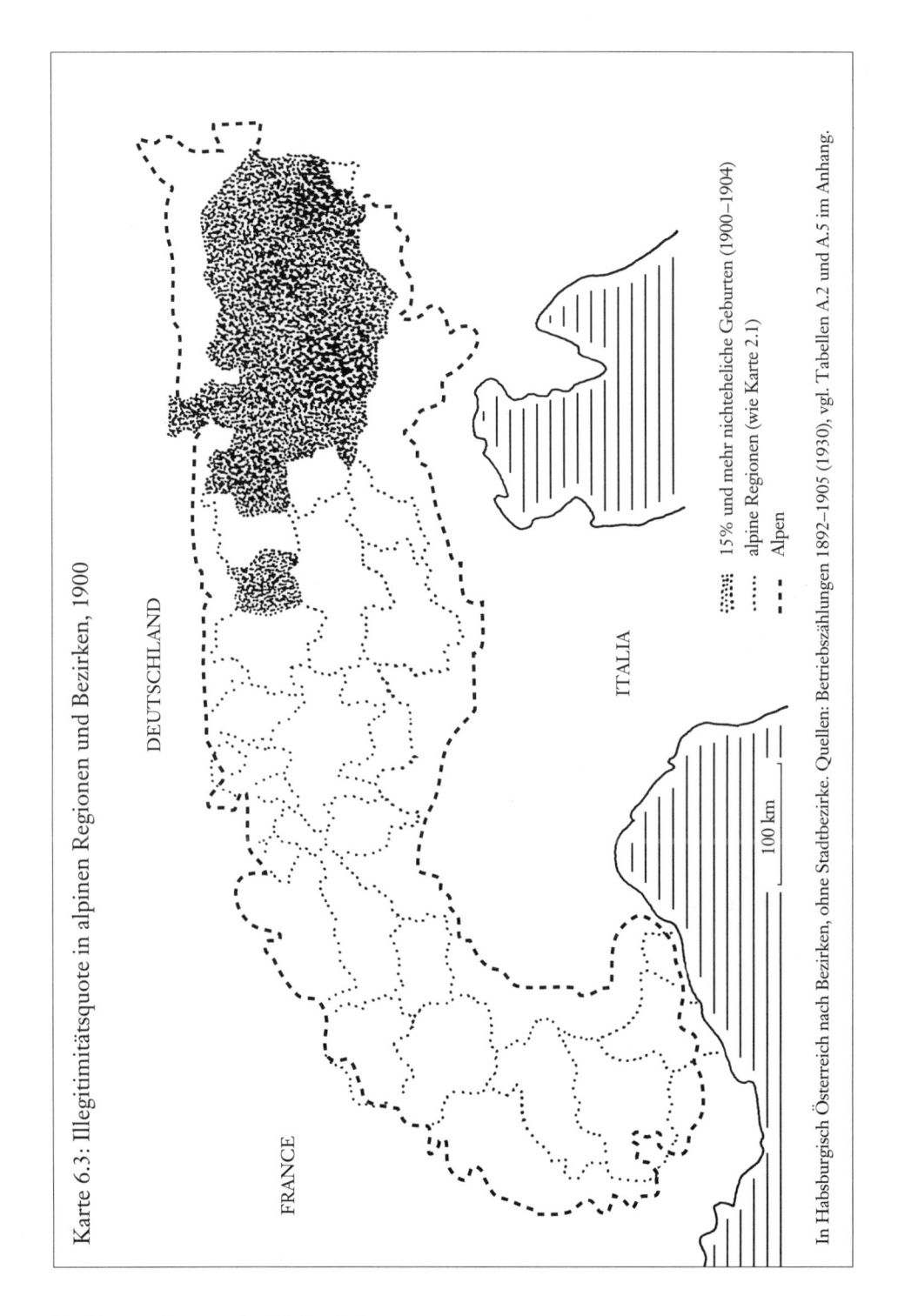

Karte 6.3: Illegitimitätsquote in alpinen Regionen und Bezirken, 1900

15% und mehr nichteheliche Geburten (1900–1904)
alpine Regionen (wie Karte 2.1)
Alpen

In Habsburgisch Österreich nach Bezirken, ohne Stadtbezirke. Quellen: Betriebszählungen 1892–1905 (1930), vgl. Tabellen A.2 und A.5 im Anhang.

Zwei Agrarverfassungen (19. Jahrhundert)

Aus einer Analyse nach Nutzungsart geht hervor, dass dabei der Umfang und die Verteilung der »superficie non cultivée« eine grosse Rolle spielte.[8]

An die Werte vieler österreichischer Alpengebiete kamen diese französischen Enklaven allerdings nicht heran. Wenn man das Schichtungsgefüge am Anteil der Mittel- und Grossbetriebe misst und die Marke bei 25 Prozent ansetzt, ergibt sich das auf Karte 6.1 dargestellte Bild: Der gesamte nordöstliche Teil der untersuchten Territorien, von der Steiermark bis in die Mitte Tirols, dazu der kleine, an Bayern grenzende vorarlbergische Bezirk Bregenz, erscheint als Gebiet mit einem hohen Anteil grösserer Betriebe. Das Gebiet hängt fast ganz zusammen und zeigt keine Unterbrüche, obwohl die Auswertung gerade in diesem Teil nicht auf der regionalen, sondern auf der Bezirksebene erfolgte. Um die Spannweite der Unterschiede anzudeuten, ist es vielleicht nützlich, auch Durchschnitte zu nennen. In Salzburg war die Nutzfläche eines durchschnittlichen Betriebs im Jahre 1902 gut dreimal so gross wie in Vorarlberg, und Vorarlberg war, wie eben angedeutet, damals nicht die alpine Region mit den kleinsten Werten. Dehnen wir den Vergleich über die habsburgisch-österreichischen Grenzen aus, was freilich die statistische Unsicherheit erhöht, so kommen wir auf regionale Unterschiede im Bereich von Faktor zehn.[9]

Ähnliche Differenzen ergeben sich bei Betrachtung der gleichzeitig erhobenen landwirtschaftlichen Arbeitskräfte. Von Interesse sind vor allem die familienfremden Personen in den Betrieben (vgl. Tabelle A.3 im Anhang). Die Taglöhner und Taglöhnerinnen liessen sich infolge ihrer sporadischen Mitarbeit allerdings schlecht in einheitlicher Weise erfassen. Die fragwürdige, lückenhafte Statistik kann nur andeuten, dass die Taglöhnerei in einigen südalpinen Regionen am stärksten verbreitet war (Alpes-Maritimes, Imperia, Belluno). Die landwirtschaftlichen Dienstboten, Knechte und Mägde, waren dagegen in die Haushalte integriert und damit besser zu quantifizieren. Berechnet nach dem Durchschnitt pro Betrieb belief sich ihre Zahl in Salzburg auf 1,2, in Kärnten auf 1,3, im Trentino dagegen auf 0,1 und in Vorarlberg auf 0,2. In einigen Schweizer Kantonen lagen die Werte mit 0,4 etwas höher (vor allem weil die unterste Betriebskategorie mit minimalen Dienstbotenanteilen nicht erhoben wurde und weil die grossen Weidebetriebe mit vielen genossenschaftlich angestellten Alpknechten das Bild beeinflussten). Sonst registrierte man überall sehr geringe Gesindezahlen, auch in den beiden französischen Departementen mit relativ grossen Betriebsflächen.

Auf Karte 6.2 habe ich das Kriterium bei durchschnittlich einem und mehr Dienstboten pro Betrieb angesetzt. Das ergibt eine von der Steiermark bis Osttirol reichende Zone hoher Gesindeverbreitung. Würde man den Schwellenwert geringfügig senken, so käme noch eine Reihe von österreichischen und südtirolischen Bezirken hinzu, womit die Verbreitung der vorigen Karte genauer entspräche. Die absolute Höhe des gewählten Mindestwerts mag nicht beeindruckend erscheinen. Man muss sich aber vergegenwärtigen, dass die Dienstbotenzahl innerhalb der grösseren Betriebskategorien, also unter Ausklammerung der kleinen, wesentlich höher lag. In Kärnten belief sich der

Durchschnitt bei den Höfen von 20 bis 50 Hektar zum Beispiel auf 2,3 und bei den Höfen von 50 und mehr Hektar auf 5,2. Im Einzelfall erreichten die Zahlen ein Mehrfaches davon. Die Besonderheit dieser östlichen Alpenregionen lag darin, dass solche grossen, gesindereichen Betriebe im gesamten ländlichen Schichtungsgefüge stark in Erscheinung traten.[10]

Einen Hinweis auf die Besonderheit des Ostens geben auch die Illegitimitätsquoten, wie man sie aus der Statistik der Bevölkerungsbewegung errechnen kann. Im Unterschied zu den bisher angeführten Indikatoren beziehen sich diese Quoten nicht nur auf den Agrarsektor, sondern auf die Gesamtbevölkerung (vgl. Tabelle A.4 im Anhang). In den fünf Jahren von 1900 bis 1904 betrug der Anteil der als nichtehelich registrierten Geburten in Salzburg 26 Prozent, in der Steiermark 31 Prozent und in Kärnten gar 40 Prozent, im Trentino dagegen nur 1 Prozent und in Vorarlberg 6 Prozent. Die meisten anderen Regionen des Samples zeigten Anteile im Bereich der beiden letztgenannten Werte. Höhere Prozentsätze wiesen damals lediglich die Valle d'Aosta und die Alpes-Maritimes auf (10 und 12). Verzeichnet man die Regionen und Bezirke mit hohen Illegitimitätsquoten, so ergibt sich bei einer Grenzmarke von 15 Prozent das auf Karte 6.3 dargestellte Bild, welches viele Übereinstimmungen mit den vorigen Verbreitungsbildern zeigt. Das Verhältnis zwischen ehelichen und nichtehelichen Geburten wurde natürlich von verschiedensten Faktoren bestimmt. In den Alpes-Maritimes, wo sich die Illegitimität in den drei Jahrzehnten vor 1900 verdoppelt hatte, scheint beispielsweise die verstärkte Urbanisierung und Mobilität an der Mittelmeerküste eine wichtige Rolle gespielt haben.[11] In Österreich mit seinen weit höheren, sogar im gesamteuropäischen Rahmen auffälligen Werten bildete die grossbäuerliche alpine Agrarstruktur den hauptsächlichen Grund. Die von der Position der Betriebsleitung ausgeschlossenen ländlichen Bevölkerungsschichten – Dienstboten, aber auch untergeordnete familiäre Arbeitskräfte – brachten die meisten nichtehelichen Kinder zur Welt.[12]

Insgesamt gibt es gute Gründe, die östliche Betriebsverfassung von der westlichen zu unterscheiden. Wichtig ist in diesem Zusammenhang auch die Beobachtung, dass in den östlichen Gebieten vergleichsweise viele Güter aus arrondierten Einzelhöfen bestanden, wofür es bereits vor der Jahrhundertwende systematische Bestandsaufnahmen gab. Diese Einzelhöfe umfassten auch Weide- und Waldgebiete, welche bei agglomerierter Siedlungsweise oft als Kollektivbesitz in den Dorfverband einbezogen waren.[13]

Wenn wir die tendenziell grossbäuerlichen Regionen – Steiermark, Kärnten, Salzburg, Tirol, Bolzano-Bozen – ganz schematisch, das heisst ohne Beachtung der Bezirksgliederung, den übrigen Regionen des Samples gegenüberstellen, ergeben sich folgende Kennziffern: Im »Osten« war der Anteil der Mittel- und Grossbetriebe viereinhalbmal so gross wie im »Westen«, die Zahl der Dienstboten pro Betrieb lag gut siebenmal höher und die Illegitimitätsquote unterschied sich um mehr als das Sechsfache.[14] Der Blick auf die Bezirksdaten zeigt aber, dass es daneben eine ausgeprägte kleinräumige Variation gab und dass die verwendeten Indikatoren keinen starren Zusammenhang aufwiesen. In St. Veit und Murau, zwei benachbarten Bezirken Kärntens und der Steiermark, lagen die Indikatoren zum Beispiel durchwegs hoch (53–62 Prozent Mittel- und Grossbetriebe, 2,2–2,5 Dienstboten pro Betrieb, 48–57 Prozent nichteheliche Geburten). In einigen Bezirken gingen sie dagegen auseinander, besonders in Tirol und Bolzano-Bozen bzw. Südtirol, welche sich in den Daten als eigentliche Übergangsregionen zwischen Ost und West erweisen. Die kleinräumige Variation widerspiegelte hier auch die grossräumige Variation (vgl. Tabelle A.5 im Anhang). Unter Zugrundelegung der Bezirksgliederung und der verschiedenen Indikatoren samt den angesetzten Grenzwerten kann man das Gebiet mit östlicher Tendenz auf ein knappes Viertel bis ein gutes Drittel der Gesamtfläche unseres Samples beziffern. Aus Sicht der österreichischen Geschichtsschreibung ist dieses Gebiet so gross, dass es als Normalfall der alpinen Agrarverfassung erscheint. Aus Sicht der gesamtalpinen Forschung muss es als wichtiger Sonderfall gelten.[15]

Die Erhebungen, welche Auskunft über die Verhältnisse vor 1900 geben, sind wesentlich lückenhafter und meist nur bedingt vergleichbar. Gewisse Aufschlüsse vermitteln etwa die Berufsangaben in den nationalen Bevölkerungszählungen, wie sie seit den Jahren um 1870 überall vorliegen. Sie weisen darauf hin, dass die Schwerpunkte der Taglöhnerei und vor allem des Gesindewesens damals in denselben Landschaften zu finden waren. Aufgrund der anders gearteten, problematischen Erhebungsweise kann man sie aber kaum zu Trendberechnungen benutzen.[16] Nur die Illegitimität, ein früh standardisierter, weil kirchlich und staatlich normierter Indikator, lässt sich an diesem Zeitpunkt im gesamten Untersuchungsgebiet für quantitative Vergleiche beiziehen. Die Veränderungen zwischen 1870 und 1900 waren häufig begrenzt und gingen in unterschiedliche Richtung; in der Hälfte der Regionen nahmen die Quoten zu, in der anderen ab. Allerdings verteilten sich die Verschiebungen nicht gleichmässig über das Sample. In den Regionen mit geringer Illegitimität war die Tendenz leicht steigend, während die Regionen mit hoher Illegitimität im gesamten einen deutlichen Rückgang aufwiesen, so dass man für das späte 19. Jahrhundert von einer Angleichung zwischen Ost und West sprechen kann (vgl. Tabellen A.4 und A.5 im Anhang).

Im frühen 19. Jahrhundert verlief die Entwicklung im Osten jedoch in anderer Richtung. Die österreichische Forschung hat gezeigt, dass die Illegitimitätsquoten bis um 1870 einen zeitweise steilen Anstieg verzeichneten. Man bringt ihn vor allem mit der damaligen Agrarrevolution in Verbindung, das heisst mit der Agrarintensivierung vor dem Einsetzen der industriell geprägten Technisierung der Landwirtschaft. Die Betriebe benötigten in dieser Phase zusätzliche Arbeitskräfte, was nicht nur eine Zunahme der Dienstboten zur Folge hatte, sondern auch durch stärkere Anbindung von Kindern und Verwandten erreicht wurde. Damit vermehrten sich die für die Erzeugung von nichtehelichem Nachwuchs besonders wichtigen Gesellschaftsschichten (bevor der Rückgang der Gesindehaltung und weitere Faktoren im späten 19. Jahrhundert für eine

Umkehrung des Trends sorgten). Der Bedarf an landwirtschaftlichen Arbeitskräften scheint in gewissen Gebieten so gross gewesen zu sein, dass die illegitime Reproduktion von den Grossbauern geduldet, ja manchmal geradezu gefördert wurde.

Allerdings gibt es auch Hinweise darauf, dass die Illegitimität in österreichischen Landschaften bereits in früheren Jahrhunderten ein für die jeweilige Epoche hohes Ausmass erreichte, was den Blick von den kurz- und mittelfristigen Wandelerscheinungen auf regionale Kontinuitäten lenkt. Von kompetenter Seite wird hervorgehoben, »dass die strukturellen Bedingungen der hohen Illegitimitätsquoten im Zentralgebiet des Ostalpenraums zum Teil schon sehr weit zurückreichen«. Dies gelte für Bedingungen wie die Siedlungsstruktur, die vergleichsweise grossen Höfe, die Gesindeverhältnisse.[17] Mit umgekehrten Vorzeichen galt dies, wie wir unten sehen werden, auch für andere Regionen des Alpenraums.

ÖFFENTLICHE ORDNUNG UND EIGENTUM

Seit dem 18. Jahrhundert und besonders seit der Französischen Revolution nahm der Einfluss von grossräumigen staatlichen Kräften auf die ländliche Herrschafts- und Eigentumsordnung schnell zu. Um den Wandel dieser wichtigen Dimension der Agrarverfassung zu verstehen, darf man die Berggebiete nicht von den politischen Zusammenhängen isolieren, in die sie eingebunden waren oder eingebunden wurden.

Klein- und grossräumige Faktoren konnten allerdings ineinandergreifen. In Avançon, einer 590-Seelen-Gemeinde in der Nähe von Gap, heute Departement Hautes-Alpes, begann die Französische Revolution beispielsweise in der zweiten Aprilhälfte 1789. Die Lebensmittelvorräte waren knapp, die Preise hoch. So beschlossen die Lehensleute des lokalen Seigneur, sich der Getreideabgaben wieder zu bemächtigen, die sie im Vorjahr entrichtet hatten. Von den bald in Versailles zusammentretenden Generalständen erhoffte man zugleich eine dauerhafte Befreiung von solchen Abgaben. Am 20. April bildeten die Dorfbewohner mit anderen Leuten des Tals einen bewaffneten Haufen und suchten das nahegelegene Schloss des Seigneur heim. Die Dienerschaft musste ihnen schriftlich versprechen, dass der abwesende Herr binnen Tagen den Verzicht auf alle seine Rechte vorlege. Dieser war freilich weit davon entfernt, dem Ansinnen Folge zu leisten – trotz der anschliessenden Militäraktion gelang es ihm aber nicht, neue fällige Abgaben von seinen Bauern einzutreiben. Der kleinregionale Konflikt in der Vallée de l'Avance glich, wie Georges Lefebvre hervorhebt, in vielem einer klassischen Agrarrevolte.[18] Doch in diesem Frühjahr 1789 kamen aussergewöhnliche Umstände hinzu, welche sich in der Folge kumulierten und zu einer landesweiten Umwälzung führten.

Im Zusammenhang mit einer beabsichtigten Steuerreform hatte der König erstmals seit langer Zeit die Generalstände einberufen und überdies eine Umfrage über die vorhandenen Beschwerden angeordnet. Die Wahl der Abgeordneten für den Dritten Stand und die Abfassung der »Cahiers de doléances« sollten unter erstaunlich breiter, geradezu demokratischer Mitwirkung der Bevölkerung erfolgen. Schon bei den lokalen Versammlungen kam es manchmal zu anti-seigneuralen Unruhen. In der Provence führten sie im März zu einer Serie von Ausschreitungen und regelrechten Aufständen (welche wahrscheinlich auch die Revolte in Avançon beeinflussten). Als sich die Situation in Versailles und Paris dann zuspitzte, reagierten die Provinzen wiederum in einer Weise, welche von der Kohärenz und der Politisierung des Königreichs zeugte. Nach der Erstürmung der Bastille am 14. Juli verdichteten sich die lokalen Gefühle der Furcht vor diebischen Briganten, feindlich gesinnten Aristokraten und ausländischen Invasoren zu einer »grossen Furcht«, die wie ein Lauffeuer durch weite Gebiete Frankreichs ging. Auf fragwürdigste Meldungen hin wurden allenthalben die Sturmglocken geläutet, Frauen und Kinder in Sicherheit gebracht, die Männer zur bewaffneten Miliz formiert, kurz: der lokale Belagerungszustand ausgerufen. In der Dauphiné scheint ein falsches Gerücht aus dem Norden oder ein unbedeutender Vorfall an der savoyischen Grenze am 27. Juli der Anlass gewesen zu sein: Die Furcht erreichte noch am gleichen Abend Grenoble, am nächsten Tag Valence, am folgenden Tag Gap, zwei Tage darauf Briançon. Mit Ausnahme des Oisans war mehr oder weniger das ganze Alpengebiet davon betroffen. Nicht anders ging es in der Provence, wo die südwärts ziehende Panikwelle bis am 4. August andauerte.[19]

Unter dem Zwang der Ereignisse und unter Ausnutzung der sich bietenden Möglichkeiten erklärte die Nationalversammlung in der Hauptstadt in der Nacht desselben 4. Augusts die Abschaffung der »Feudalität« in allen ihren Aspekten – eine Geste von grosser politisch-symbolischer Ausstrahlung (vorher hatte man jahrzehntelang über die »Feudalität« diskutiert). Als sich der Alarmzustand der Nation und besonders derjenigen, die sich zum Dritten Stand rechneten, etwas gelegt hatte, wurde der Grundsatz allerdings in restriktiver Weise umgesetzt. Die Dekrete der folgenden Monate schafften »persönliche« Herrschaftsrechte umstandslos ab, »dingliche« Herrschaftsrechte betrachtete man dagegen ohne Gegenbeweis als vertraglich zustandegekommene und der Entschädigungspflicht unterstehende Eigentumstitel. Angesichts der Vielfalt der ländlichen Beziehungen und Verpflichtungen waren damit Interpretationsstreite vorprogrammiert. Ausserdem blieb das Entschädigungsprinzip umstritten, grosse Teile der bäuerlichen Bevölkerung betrachteten auch Grundzinse und andere auf dem Boden haftende Abgaben als feudale Usurpation. Die Klärung dieser Streitpunkte erfolgte nicht auf juristischem, sondern auf politischem Weg: Die Revolution nahm in Stadt und Land ihren oft parallelen Fortgang. Nach dem Tuileriensturm und der Ausrufung der Republik wurde seit dem Herbst 1792 eine Reihe von Dekreten erlassen, welche für die bäuerlichen Schichten wesentlich günstiger ausfielen, vor allem weil sie die Beweislast bei der Entschädigung nun den Seigneurs aufbürdeten. Und am 17. Juli 1793 setzte man unter innen- und aussenpolitischem Druck einen Schlussstrich unter die Pendenzen. Alle noch unabgelösten Herrschaftsrechte wurden per Dekret abgeschafft.[20]

Die Agrarreform bildete eine zentrale Frage bei der Modernisierung von Staat und Gesellschaft und beschäftigte während der folgenden Periode sämtliche Länder des Alpenbogens. Was die Hauptpunkte anging, verlief sie fast nirgends so bauernfreundlich und so schnell wie in Frankreich, wo seit der Erklärung von 1789 nur vier Jahre verstrichen waren. Allerdings lassen sich die verschiedenen situationsgebundenen Massnahmen im einzelnen schwer vergleichen, und man sollte nicht meinen, sie seien eine Erfindung der Revolution. Sehr früh für Gebiete nördlich der Alpen begannen systematisch betriebene Agrarreformen im piemontesischen Herzogtum Savoyen. Nach mehreren Anläufen erliess der Königshof in Turin 1771 ein Emanzipationsdekret für diese Provinz, das weithin bekanntwurde und gerade in neuerungswilligen Kreisen des benachbarten Frankreich als vorbildlich galt. Zur Beendigung der schleppend vorangehenden, weil teuren Ablösung der seigneuralen Rechte kam es aber erst mit dem Einmarsch der revolutionären französischen Armee und der Einsetzung einer savoyischen Nationalversammlung im Jahre 1792.[21]

Ein Grund für die allgemeine Beschleunigung des Reformprozesses seit dem späten 18. Jahrhundert lag in der demographischen und ökonomischen Entwicklung. Die Intensivierung der Landwirtschaft und die zunehmende Marktintegration verlangten nach einer Umgestaltung der mannigfaltigen Ansprüche bezüglich Boden und Bodenertrag. Das Ideal vieler Reformer und Landbesitzer hiess: Privateigentum, von Mobilitätsschranken befreit, vom öffentlich-herrschaftlichen Bereich abgegrenzt. In Wirklichkeit war und blieb die öffentliche Ordnung aber ein wichtiger Faktor der Eigentumsentwicklung. Das zeigt schon der Umstand, dass Agrarreformen oft unter dem Druck von Revolutionen – 1789, 1830, 1848 – realisiert wurden. Die langfristige Entwicklung ging nicht in Richtung einer absoluten Individualisierung des Eigentums, sondern in Richtung einer Entflechtung und Verlagerung von Kompetenzen. Auf die kleinräumige Einbindung folgte die grossräumige Einflussnahme, die fallweise zum nationalstaatlichen Dirigismus auswachsen konnte.[22]

Zu Beginn des Jahres 1792 stand praktisch fest, dass der bewaffnete Konflikt in Europa unvermeidbar geworden war, doch niemand konnte wissen, welche ungeheuren Ausmasse er annehmen würde. Im April erklärte Frankreich dem Kaiser in Wien den Krieg, im Herbst marschierte es in Savoyen, Nizza und anderen Territorien ein. Die italienische Kampagne von 1796/97 brachte die Errichtung der Cisalpinischen Republik in der Lombardei und der Ligurischen Republik in Genua. 1798 besetzten französische Armeen zuerst die Eidgenossenschaft, dann das Piemont. Bis 1810/12 kamen im Untersuchungsgebiet ferner unter direkte oder indirekte Kontrolle von Frankreich: Venetien, Illyrien (mit Teilen des heutigen Slowenien, Kärntens und Oberösterreichs), Bayern (nun im Besitz von Tirol und Salzburg). Fast der ganze Alpenraum gehörte nach dieser Expansion entweder zu Napoleons »Grande Nation« oder zu einem davon abhängigen Staat. Eine Ausnahme machten nur die alpinen Landschaften Niederösterreichs und der Steiermark. Obwohl das Imperium kurz darauf zusammenbrach und viele Grenzen in den alten Zustand zurückversetzt wurden, bildete die Franzosenzeit überall eine Zäsur.[23]

Welche Wirkungen hatte sie auf den Prozess der Agrarreform? Die Frage lässt sich nicht einheitlich beantworten. In bestimmten Territorien und für gewisse Aspekte war die Beschleunigung unübersehbar, etwa im erwähnten Fall von Savoyen oder bei der Rechtssystematisierung durch die Verbreitung des »Code civil«. Mit der Militarisierung und Expansion nahm Frankreich aber rasch einen konservativen Charakter an und verlor das Interesse an einschneidenden Massnahmen. Wichtig war der Umstand, dass die Revolution in der europäischen Nobilität einen tiefen Schock verursachte, was anstehende Reformen manchmal lange blockierte.[24] Die unterschiedlichen Voraussetzungen, Einflüsse und Reaktionen machen eine Darstellung nach Einzelregionen erforderlich.

In der Eidgenossenschaft sorgten soziale Unruhen und der traditionell grosse Einfluss Frankreichs dafür, dass die alten Regierungen vielerorts noch vor dem Einmarsch der fremden Truppen gestürzt wurden. Die im Frühling 1798 ausgerufene Helvetische Republik brachte dem Land ein ganz neues, nämlich zentralistisch-egalitäres Staatskonzept und nahm sich schnell der Agrarfrage an. Durch Verfassung und Gesetzgebung wurden alle »Personal-Feodal-Rechte« (die wenig verbreitet und ökonomisch kaum von Bedeutung waren, aber für die Abhängigen als entwürdigend galten und damit einen erheblichen Symbolwert hatten) unentgeltlich abgeschafft und für alle Reallasten der Grundsatz der Loskäuflichkeit statuiert. Bei den meisten von ihnen sollten die Bezugsberechtigten entschädigt werden. Die Helvetische Republik dauerte nur wenige turbulente Jahre, mit der konservativen Wende wurde die Agrarpolitik wieder eine kantonale Angelegenheit. Doch das moderne Prinzip der Loskäuflichkeit unbefristeter Abgaben blieb erhalten. Im Gefolge der politischen Erschütterungen von 1830 und 1848 setzten dann viele Kantone die Preise herab und erklärten den Loskauf als obligatorisch. Aufgrund der Entschädigungspflicht fiel dabei auch die Agrarkonjunktur ins Gewicht: Die Kaufsummen erreichten beträchtliche Ausmasse und erhöhten die Verschuldung der Bauern. Persönlich gerieten sie dadurch oft in neue Abhängigkeiten, dafür stellten die Kantone ihre Finanzstruktur auf breitere Basis, was dem überproportional belasteten Agrarsektor insgesamt zugute kam.[25]

In den Berggebieten der Schweiz spielte die Ablösungsfrage eine geringere Rolle als im Flachland. Aus den lückenhaften, aber nicht unmethodischen Erhebungen der helvetischen Verwaltung geht hervor, dass sich die Höhe der Reallasten in den beiden Gebieten um 1800 deutlich unterschied. Umgerechnet auf die Bevölkerung betrugen die nachgewiesenen Zehnt- und Grundzinserträge in den Alpenkantonen weniger als 70 Rappen pro Person, während die Durchschnittsabgaben in den Mittellandkantonen meist im Bereich von 250–350 Rappen lagen. Allerdings waren die Abgaben kleinräumig sehr variabel, und ihre geringe Durchschnittshöhe heisst nicht, dass die Ablösung schnell vonstatten ging. Im Wallis scheint der Loskauf zum Beispiel schleppend verlaufen zu sein, vor allem weil sich die Kirche als Hauptbezieherin dieser verstreuten Abgaben gegen eine Formveränderung stellte. Gewisse »ewige« Lasten überlebten hier noch den Ersten Weltkrieg.[26]

In Habsburgisch Österreich erfolgte die offizielle Grundentlastung in den Jahren nach 1848 und hatte auch in den Berggebieten eine ungleich grössere Bedeutung als in den Schweizer Alpen, denn die Herrschaftsrechte über Land und Leute waren meist stark ausgeprägt und erstreckten sich flächendeckend über ganze Regionen. Um den direkten Einfluss des Staats auf die bäuerlichen Untertanen zu erhöhen, hatte das Kaiserhaus schon im 18. Jahrhundert eine Reihe von Massnahmen getroffen. Sie gipfelten in der josephinischen Urbarialregulierung vom 10. Februar 1789, welche zu einer Reduktion der Abgaben an die Grundherren sowie zur Monetarisierung der darin enthaltenen Naturalbeträge und Arbeitsleistungen geführt hätte. Das Gesetz stiess auf derart erbitterten Widerstand der adligen Stände, dass es zurückgenommen werden musste. Wenig Anlass für Einwände gab dagegen ein kaiserliches Dekret von 1798, das die Zulässigkeit von freiwilligen Ablösungen vorsah, wie sie je nach lokaler Interessenslage ohnehin ausgehandelt wurden. Nicht zuletzt infolge der Französischen Revolution nahm die Krone in der Agrarfrage während eines halben Jahrhunderts eine reservierte Haltung ein. Doch die Stellung und Einstellung des Adels veränderte sich. 1815 wurden die adlig beherrschten Landtage in den vorher französischen Territorien wiedereingesetzt, die Gerichtsherrschaften blieben indessen beim Staat. Auf dem Hintergrund des demographischen und ökonomischen Aufschwungs begannen die grossen Grundbesitzer auch die Wirtschaftlichkeit der unbezahlten Arbeit, der sogenannten »Robot«, vermehrt in Frage zu stellen und orientierten sich stärker auf den Markt. Die 1840er Jahre brachten in einigen Ländern des Reichs eine ständische Oppositionsbewegung, die unter anderem mit solchen modernen Argumenten focht. Für einen schnellen Wandel bedurfte es jedoch einer blutigen regionalen Revolte im Osten (1846) und einer gesamteuropäischen Revolution. Nach den Märztagen 1848, als die grosse Habsburger Monarchie eine Zeitlang auseinanderzubrechen schien, war man soweit.[27]

Gemäss vielen Beobachtern spielte die Haltung der bäuerlichen Schichten bei diesem vom Besitz- und Bildungsbürgertum angeführten Revolutionsversuch eine entscheidende Rolle. Die Agrarreform gehörte zu den wichtigen Traktanden der in Wien zusammengetretenen Abgeordnetenversammlung und fand ihren Niederschlag in einem umfassenden Ablösungsgesetz, welches mit Patent vom 7. September 1848 kundgemacht wurde. Als kaiserliche Truppen Ende Oktober die Hauptstadt einnahmen und die revolutionäre Versammlung zunächst verlegt, dann aufgelöst wurde, liess man die Reform nicht fallen. Die Monarchie in Person des neu eingesetzten 18jährigen Franz Joseph ergänzte das Gesetz gleich im folgenden Jahr durch weitere und ordnete den schnellen Vollzug an.

»Die Unterthänigkeit und das schutzobrigkeitliche Verhältnis ist sammt allen, diese Verhältnisse normierenden Gesetzen aufgehoben«, lautete der erste Artikel des Septemberpatents, erst der zweite hatte mit der verfügten Grundentlastung einen ausdrücklich ökonomischen Charakter. Auch die Durchführung zeigte, wie eng die Eigentumsverhältnisse und die öffentliche Ordnung ineinandergriffen: Die mit der persönlichen Untertänigkeit und der Justiz- und Polizeigewalt verbundenen Einkünfte wurden unentgeltlich aufgehoben. Für die meisten anderen musste eine »billige Entschädigung« entrichtet werden. Ein Teil des Schätzwerts wurde dabei vom Staat bezahlt, einen Teil hatten die bisher Verpflichteten zu tragen und auf einen Teil mussten die bisher Berechtigten als Abzug für ihre entfallenen Aufgaben verzichten. Mit Hilfe eines Netzes von staatlichen Kommissionen und Stellen wurde die Hauptphase des umfangreichen Ablösungswerks in wenigen Jahren zum Abschluss gebracht, die letzten Schuldtilgungen erfolgten noch vor dem Jahrhundertende.[28]

Die ganz oder teilweise alpinen Kronländer von Habsburgisch Österreich waren in unterschiedlicher Weise von der Grundentlastung betroffen. Die Robot und ihre Ablösung fielen nur im östlichen Gürtel – Krain, Kärnten, Steiermark und Niederösterreich – ins Gewicht. Dabei war die ausgewiesene Arbeitspflicht in Kärnten, dem einzigen ganz alpinen Land innerhalb dieser Gruppe, am geringsten (durchschnittlich 5 Tage pro Verpflichtetem). Gerade umgekehrt verhielt es sich mit der Gesamtlast pro Verpflichtetem, die in Kärnten am höchsten lag (durchschnittlich 9 Gulden jährliche Grundentlastungsrente), weil die Naturalleistungen und auch die fixen Geldabgaben ungewöhnlich hervortraten. Eine Sonderstellung in den österreichischen Alpen hatte das grosse westliche Kronland Tirol mit Nord-, Süd- und Welschtirol (Trentino) sowie Vorarlberg. Sie bestand laut Otto Stolz darin, »dass man in Tirol schon lange die Grundherrschaft nicht als Untertänigkeits-, sondern nur als ein privatrechtliches Verhältnis auffasste«. Manche nahmen daher an, auch die Grundentlastung sei nicht dringend. Es zeigte sich aber, dass der Unterschied zum Osten weniger in der Gesamtlast als in deren Verteilung lag. Der Anteil der Verpflichteten an der Bevölkerung war nämlich extrem hoch (30–57 Prozent gegenüber 11 Prozent in Kärnten). Viele kleine Einheiten trugen mit anderen Worten viele kleine und ganz kleine Lasten. Diese Abgaben verteilten sich in ungleichmässiger Weise auf die Regionen des Lands. Umgerechnet auf die Bevölkerung fiel die Ablösungssumme in Nordtirol und im Trentino dreimal geringer aus als in Südtirol. Wiederum dreimal geringer und damit weitaus am tiefsten war der Preis in Vorarlberg, der Region an der Grenze zur Schweiz.[29]

Die Hauptbedeutung aller bisher skizzierten Agrarreformen seit dem ausgehenden 18. Jahrhundert lag zweifellos im soziopolitischen Bereich. Zu ihren Charakteristiken gehörte die formelle Trennung von eher statusbezogenen und eher ökonomischen Herrschaftsbeziehungen im Hinblick auf eine einheitliche Staatsbürgerschaft. Eine Voraussetzung dazu war die Vergrösserung und Verdichtung des politischen Raums. Vor dieser Periode hatte man im kleinen Rahmen auch Abhängigkeiten wie die Leibeigenschaft gegen Entschädigung abgelöst.[30] Unter dem grossräumigen, bei Revolutionen schubartig auftretenden Egalisierungsdruck wurden solche »persönlichen« Beziehungen nun durchgehend ausgeschieden und überall entschädigungslos aufgehoben. Der Preis für die »dinglichen« Lasten variierte mit der Intensität von Herrschaft und staatlicher Politik. Zwischen den genannten französischen, schweizerischen und österreichischen Regionen gab es diesbezüglich grosse Unterschiede.[31] Zur ökonomischen Erleichterung der Bauern brauchte die Reform hingegen nicht zu führen. Kurzfristig wuchsen ihre Auslagen im Entschädigungsfall, langfristig konnten Steuererhöhungen die Auslagenverminderung übertreffen. Der wichtigste wirtschaftliche Effekt lag in der Schaffung eines aktiveren Markts durch Auflösung unbefristeter Abgaben und entsprechende Monetarisierung.

Besondere Züge wies im späten 19. Jahrhundert noch die Teilpacht auf, bei der ein bestimmter Ernteanteil – häufig die Hälfte – den Eigentümern zufiel. Die Pächter hatten daher in den Augen vieler Reformer kein Interesse an Innovationen, die Proportionalität und der Naturalcharakter der Zinse widersprachen ihren Vorstellungen von einer modernen Wirtschaft. Infolge der zeitlichen Befristung liessen sich die Verträge aber vorläufig nicht aufheben, ohne das Eigentumsrecht überhaupt anzutasten. Um 1900 kam die Teilpacht (mezzadria, métayage) fast überall vor, einen nennenswerten Umfang erreichte sie nur in südlichen Gebieten, etwa im Bellunese, im Trentino und in den Alpes-Maritimes. Viel wichtiger, weil weiter verbreitet war die Zeitpacht zu festen Zinsen, eine ebenfalls seit langem gebräuchliche Form. Zusammen überstiegen die Pachtbeziehungen aber nur in wenigen Alpenregionen eine Quote von 10–15 Prozent. Der grösste Teil der Betriebe und des landwirtschaftlichen Bodens befand sich am Ende der Untersuchungsperiode im Eigentum der darauf tätigen, ärmeren und reicheren Bauern.[32]

Erbrecht, kollektive Ressourcen

Bei der Vererbung dieses Eigentums, einer weiteren Dimension der Agrarverfassung, erhielt die Rechtsvereinheitlichung starke Impulse durch den »Code civil des Français« von 1804. Unter direkter Aufsicht von Napoleon entworfen und nachher als Vor- und Gegenbild weit verbreitet, bildete er einen Kompromiss zwischen verschiedenen regionalen und sozialen Rechtsvorstellungen Frankreichs. Der Erbgang solle »sans dinstinction de sexe ni de primogéniture« und »par égales portions« erfolgen, verordnete einer seiner über zweitausend Artikel. In anderen Artikeln wurde das Gleichheitsprinzip durch die Betonung der väterlichen Gewalt, eine erhebliche Testamentierfreiheit und viele offene Formulierungen relativiert. Was die Realteilung angeht, empfahl der Code civil, die Zerstückelung von Landwirtschaftsbetrieben nach Möglichkeit zu vermeiden.³³ Während die französischen Alpengebiete mit der Gesetzgebung der Revolution und dem anschliessenden Code des Ersten Konsuls (nach dem das Werk dann umbenannt wurde) der Form nach in ein nationales Erbrecht eingebunden waren, konnte eine solche Entwicklung anderswo Generationen dauern.

In Graubünden behielten die lokalen Erbsatzungen ihre Gültigkeit über die napoleonische Zeit hinaus, als ein erster Anlauf zur Vereinheitlichung unternommen wurde. 1831 versuchte ein Jurist, die angehäuften Artikel der Bünde und Gerichtsgemeinden zu ordnen und kam zum Schluss, dass es in diesem lockeren Staat achtzehn unabhängige Erbrechte gebe (die freilich im Grundsätzlichen, nämlich in der realen Gleichbehandlung aller Kinder und in der sehr beschränkten Testierfreiheit der Erblasser, weitgehend übereinstimmten). Erst 1862 trat dann ein bündnerisches Zivilgesetzbuch in Kraft, und bis dieses in der schweizerischen Gesetzgebung aufging, vergingen weitere fünfzig Jahre. Von den lokalen und kantonalen Vorläufern unterschied sich das nationale Gesetz vor allem durch eine speziell auf die Landwirtschaft zugeschnittene Regelung, wonach einer der Erben, vorab ein Sohn, das Recht geltend machen konnte, den Betrieb unter Abfindung der Miterben geschlossen zu übernehmen.³⁴

In manchen österreichischen Regionen bezog sich der Ausdruck »Erbrecht« zunächst weniger auf die Form des Erbgangs als auf das Recht, ein bäuerliches Gut überhaupt vererben zu können. Um dieses Recht zu erlangen, musste man dem Grundherrn unter Umständen einen Kaufpreis entrichten, weshalb es auch unter dem Ausdruck »Kaufrecht« bekannt war. Bereits im 18. Jahrhundert hatte das Kaiserhaus aber nicht nur Gesetze zur Beschränkung der Grundherrschaft und damit für die Verallgemeinerung des Erbrechts erlassen, sondern auch Vorschriften über die Geschlossenheit von Bauerngütern, im Verkehr unter Lebenden wie im Erbgang. Das 1812 eingeführte »Allgemeine bürgerliche Gesetzbuch«, die österreichische Version von Zivilrechtskodifikation, hielt diese Sonderregelungen für Bauerngüter ausdrücklich aufrecht. Ihre Gültigkeit behielten sie auch bei der Vereinheitlichung des Eigentums im Zuge der Grundentlastung. Erst die liberal inspirierte Gesetzgebung von 1868 setzte die Teilungsrestriktionen in den meisten alpinen Kronländern ausser Kraft und überliess die Entscheide den Eigentümern, was sofort eine Gegenbewegung in Richtung erneuter Spezialvorschriften auslöste.³⁵

Solche Bewegungen für eine ideologisch konservative Modernisierung und Aufwertung des »Bauernstands« gewannen damals in vielen Staaten an politischem Gewicht. Sie führten zu intensiven Debatten über das ländliche Erbrecht, seit dem ausgehenden 19. Jahrhundert auch zu breitangelegten Enqueten über ländliche Erbgewohnheiten. Daraus ging unter anderem hervor, dass Gesetz und Wirklichkeit in einigen Regionen – nicht in allen – erheblich voneinander abwichen. Im Alpenraum umfasste die Erbpraxis nach Ausweis der Enqueten das ganze Spektrum zwischen strenger Egalität aller Berechtigten und markanter Priorität eines Berechtigten. Weniger variabel war die räumliche Verteilung. Im Osten, von Osttirol bis Kärnten und in die Steiermark, herrschte die geschlossene Vererbung der Bauerngüter vor. In fast allen übrigen Gebieten kannte man verschieden ausgeprägte und gehandhabte Formen der Realteilung.[36]

Nach der herrschaftlichen und der familiären Dimension gilt es schliesslich einen dritten Aspekt der Eigentumsordnung zumindest anzuschneiden: die mit der Nachbarschaft verbundenen Nutzungsrechte und Kollektivgüter vor allem im Weide- und Waldbereich. In der wissenschaftlich-politischen Diskussion des 19. Jahrhunderts erhielt unser Untersuchungsgebiet hier eine gewisse Rolle als Bezugspunkt für alternative Vorstellungen. Die wachsende Kritik an der Theorie des Privateigentums durch kollektivistische Strömungen steigerte nämlich in der zweiten Jahrhunderthälfte das Interesse an gelebten Formen von Gemeineigentum, Intellektuelle aus dem unorthodoxen Lager verwiesen dabei häufig auf Beispiele aus Gebirgsregionen. Sie dienten ihnen als Beleg für eine in der Frühzeit überall verbreitete kollektive Eigentumsordnung und unter Umständen als politischer Wegweiser für Gegenwart und Zukunft.[37]

Tatsächlich hatten gemeinsame Nutzungs- und Besitzformen im Alpenraum des 19. Jahrhunderts ein besonderes Gewicht. Doch diese Formen brauchten weder ein auffällig hohes Alter noch generalisierbare soziale Vorzüge aufzuweisen, sondern waren auf der ökonomischen Seite Ausdruck des durchschnittlich extensiven Charakters der Berglandwirtschaft. Im Fall von rasch vorangetriebener Intensivierung in Flussebenen und siedlungsnahen Gebieten schritt man häufig zur Aufteilung des Allmendbodens. Zudem wurde der überhöhte Gegensatz zwischen Privat- und Kollektiveigentum den vielfältigen Regelungen bei weitem nicht gerecht. Verbreitet waren intermediäre, halb familiäre, halb nachbarschaftliche Rechtsformen zum Beispiel in Weilersiedlungen der italienischen Alpentäler. Mit der Straffung der kommunalen Organisation gerieten sie während des 19. Jahrhunderts unter zunehmenden Einfluss der Gemeinden, was oft langwierige Konflikte nach sich zog. Die Ausgestaltung und Weiterentwicklung des öffentlichen Eigentums hing also auch von der politischen Dynamik ab. Dies zeigte sich prägnant am Waldbesitz. Trotz Widerstand, welcher bis zur Gehorsamsverweigerung der Bürgermeister und zu bäuerlichen Revolten führte, kam es hier in Frankreich nach 1830/40 zu einem raschen Verstaatlichungsprozess. Im östlichen Österreich spielte der Staat ebenfalls eine grosse Rolle im Forstbereich, daneben verfügten aber auch Grundherren über bedeutenden Einfluss. In der zweiten Jahrhunderthälfte gelang es vielen von ihnen, sich der bäuerlichen Nutzungsrechte billig zu entledigen. Sie wurden damit, nicht ohne populären Protest, zu modernen Grossgrundbesitzern.[38]

Im Rückblick auf dieses Kapitel können wir feststellen, dass es wenig Sinn macht, im Gefolge der Literatur von einer einheitlichen alpinen Agrarverfassung zu sprechen, auch wenn gegen Ende der Untersuchungsperiode eine gewisse Angleichung stattfand. Die grossräumig betriebene Agrarreform führte seit dem 18. Jahrhundert in weiten Teilen der Alpen zu einer Modernisierung der Eigentumsordnung. Ihre Hauptbedeutung lag in der formellen Trennung von eher statusbezogenen und eher ökonomischen Herrschaftsbeziehungen im Hinblick auf eine einheitliche Staatsbürgerschaft. Mit den neuen bürgerlichen Rechten konnte sich das Ansehen der ländlichen Bevölkerung dramatisch verändern: Der »Bauernstand« wurde zu einem »Kern der Nation«, ein Prestigegewinn, der wohl auch das Bild von den Alpen als eines vergleichsweise ruralen Gebiets beeinflusste.[39] Doch die Chronologie und die Relevanz der Agrarreform gingen in den verschiedenen Teilen des Gebirges weit auseinander. In Savoyen datierte das allgemeine Emanzipationsdekret von 1771, in Habsburgisch Österreich stammte das Gesetz zur Aufhebung der Untertänigkeit und zur Grundentlastung von 1848. In diesem östlichen Raum brachte die Herstellung eines einheitlichen Staatsverbands den grössten Wandel, weil die Grundherrschaft den stärksten öffentlichen Einfluss ausgeübt hatte.

Auf der Ebene des landwirtschaftlichen Betriebs, die von solchen Veränderungen nur teilweise berührt wurde, zeigten sich Unterschiede zwischen West und Ost im jeweiligen Anteil von Klein- und Grossbetrieben. Laut Statistik bildete der Kleinbetrieb in den westlichen Regionen des Gebirges um 1900 den Normalfall, während östliche Regionen einen hohen Anteil von grossen, gesindereichen Betrieben aufwiesen. Dieses grossbäuerlich dominierte Gebiet erstreckte sich, ähnlich wie das früher grundherrlich dominierte Gebiet, von der Mitte des Landes Tirol an ostwärts und nahm ein Viertel bis ein Drittel der Gesamtfläche ein. Die von der Betriebsleitung ausgeschlossenen Hilfskräfte machten hier einen wesentlich grösseren Bevölkerungsanteil aus als im Westen, was sich in sehr hohen Illegitimitätsquoten niederschlug. Wenn man die hausherrliche Gewalt als ein Kennzeichen der feudalen Ordnung betrachtet, war diese Ordnung am Ende der Periode noch weit verbreitet – besonders im Osten, wo es nicht nur zahlreiche Dienstboten gab, sondern wo auch familiäre Arbeitskräfte lange offiziell als »Dienstleute« galten.[40]

Allgemein hat sich herausgestellt, dass die aufgeworfene Frage nach dem Primat von Ökonomie oder Politik bei der Agrarverfassung der Differenzierung bedarf. Bestimmte Aspekte der Verfassungsgeschichte (wie die Profilierung des Eigentumsbegriffs) lassen sich nur vor dem Hintergrund der demographischen und ökonomischen Entwicklung verstehen. Für andere Aspekte (wie die Art der Ablösung von Herrschaftsrechten) waren dagegen politische Machtverhältnisse von grosser Bedeutung. Das 19. Jahrhundert gibt also neben sachlichen Informationen auch analytische Hinweise. Zugleich kann es das historische Interesse wecken: Wie gestalteten sich die Beziehungen zwischen den Dimensionen der ländlichen Verfassung und Gesellschaft in der vorausgehenden Epoche und wie kam es in den Alpen zu ihren regionalen Konfigurationen?

7 Territorien in der frühen Neuzeit

Vom Ende des Mittelalters bis zur Französischen Revolution veränderten sich die Formen der ländlichen Verfassung meist weniger schnell als im ausgehenden 18. und im 19. Jahrhundert. Doch auch die frühe Neuzeit war eine Periode mit zahlreichen Wandelerscheinungen und zudem eine Periode mit ausgesprochen grosser Verfassungsvielfalt. Um die Bandbreite der frühneuzeitlichen Entwicklung im Alpenraum in den Blick zu bekommen, betrachten wir in diesem Kapitel drei Regionalbeispiele in verschiedenen Abschnitten des Gebirgsbogens: Savoyen im Westen, Graubünden in der Mitte, Kärnten im Osten. Das Herzogtum Savoyen deckte sich ungefähr mit den modernen französischen Departementen Savoie und Haute-Savoie und gehörte zum savoyisch-piemontesischen Staatsverband, der sich über die Alpen hinweg bis weit in die oberitalienische Ebene erstreckte. Graubünden, häufig als Freistaat der Drei Bünde bezeichnet, war ein vergleichsweise selbständiges Staatsgebilde und umfasste neben dem heute schweizerischen Kantonsgebiet noch ein südlich anschliessendes Untertanengebiet, die nachmalige italienische Provinz Sondrio. Aus dem Herzogtum Kärnten, einem Erbland des Hauses Habsburg, ging das etwas kleinere gleichnamige Bundesland des modernen Österreich hervor. Flächenmässig hatten diese Territorien eine ähnliche Grösse von je 10.000–11.000 Quadratkilometern. Bevölkerungsmässig war Savoyen mit Abstand das wichtigste Land, während Kärnten in den betrachteten Jahrhunderten die höchste Wachstumsrate aufwies. Verfassungsmässig ging die frühneuzeitliche Entwicklung in den drei alpinen Gebieten weit auseinander – ein Umstand, der die Gegenüberstellung besonders lohnend erscheinen lässt.[1]

Für viele Themen müssen wir uns dabei an die Regionalliteratur mit ihren jeweiligen Traditionen und Perspektiven, ihren Stärken und Schwächen halten. Alpenweit vergleichende Studien gibt es bisher fast nur für das Thema von Haushalt und Familie, obwohl (oder gerade weil) sich die historisch-anthropologische Familienforschung erst in den letzten Jahrzehnten zu einem eigenen wissenschaftlichen Feld entwickelt hat. Am wichtigsten ist in diesem Zusammenhang die kürzlich vorgelegte Arbeit des Anthropologen Dionigi Albera über *L'organisation domestique dans l'espace alpin: Equilibres écologiques, effets de frontières, transformations historiques*. Der Autor präsentiert darin seine historisch orientierten Untersuchungen in piemontesischen Bergtälern, vor allem in der Valle Varaita. Dann gibt er eine Zusammenfassung von lokalen und regionalen Familienstudien aus vielen Teilen der Alpen: auf der Südseite vom Piemont bis hin nach Friaul und Slowenien, jenseits der Gebirgskämme von der Provence über das Wallis bis in die österreichischen Länder.[2]

Besondere Aufmerksamkeit widmet Albera methodischen und theoretischen Fragen. Er kritisiert die Forschungstendenzen, welche die Familie zu einem unabhängigen, dinglichen Element machen und plädiert für einen relationellen Ansatz, der sie als Beziehungsgeflecht in einem wechselhaften gesellschaftlichen Umfeld versteht. Deshalb stuft er den Stellenwert von Familientypologien zurück und wendet sich gegen die Versuche, solche Typen nach einfachem Schema auf der europäischen Landkarte zu verteilen. Diese abstrakte Vorgehensweise hat, wie die Studie im einzelnen zeigt, gerade für den mit Klischees beladenen Alpenraum zu unrealistischen und widersprüchlichen Vorstellungen geführt. Die von Albera für das Untersuchungsgebiet unterschiedenen Familientypen situieren sich demgegenüber auf einer mittleren Ebene der Verallgemeinerung und werden nachdrücklich als Idealtypen bezeichnet, das heisst als Orientierungsinstrumente ohne unmittelbaren Realitätsanspruch. In diesem Sinn geben sie meines Erachtens eine hilfreiche Einführung in das Spektrum der frühneuzeitlichen Haushalts- und Familienverfassung. Stichwortartig verkürzt kann man sie folgendermassen beschreiben:

- *Agnatischer Typ:* Einbettung der Familie in Verwandtschaft- und Nachbarschaftsnetze von Kleinsiedlungen; starke Stellung der männlichen Seite (agnatisch); egalitäre Erbanteile der Söhne, Töchter mit Heiratsgut abgefunden; patrilokale Residenz und später oft Koresidenz von verheirateten Brüdern; Haus und Familie nicht abgegrenzt, sondern in ständigem Kontakt mit der Umgebung und mit migrierenden Mitgliedern. Beispiele aus den italienischen Alpen.
- *Bourgeoiser Typ:* Einbettung der Familie in den Gemeindeverband, der oft grössere Siedlungen umfasst; egalitäre Erbteilung unter Söhnen und Töchtern; bilaterale Verwandtschaft; geringes Sozialgefälle; öffentliche Rolle der Männer nicht an die Haushaltsführung, sondern vor allem an das lokale Bürgerrecht gebunden (bourgeois). Beispiele aus dem Wallis.
- *Bauer-Typ:* Zentrierung der Sozialbeziehungen auf den Hof und dessen Vorsteher (Bauer); die Gemeinde als Ensemble von abgegrenzten, oft gestreuten Hofeinheiten; formalisierte und auf den Hausherrn bezogene Öffentlichkeit; ungeteilte Hofübergabe mit sozialer Deklassierung der anderen Mitglieder; die Autoritätsposition des Bauern gestützt durch enge Verbindungen zu Herrschaft und Staat. Beispiele aus Südtirol, Österreich, Slowenien.[3]

Wie man sieht, unterscheidet die Typologie nicht einzelne Elemente der Haushaltsverfassung, sondern soziale Konstellationen, denen bestimmte familiäre und häusliche Beziehungen entsprechen. Formelhaft könnten wir sie mit den Begriffen der Offenheit (agnatisch), der Horizontalität (bourgeois) und der Vertikalität (Bauer) umschreiben, wobei die ersten beiden Typen näher beieinanderliegen, während sich der dritte stärker abhebt. Die entschiedene Kontextualisierung der häuslichen Verfassung macht die Übersicht von Albera für die historische Reflexion besonders nützlich. Als schwachen Punkt erachte ich die ungleiche und beiläufige Art, wie die Verbindung zwischen der Familie und ihrem Umfeld bei einzelnen Typen dargestellt wird.[4] Im folgenden geht es nicht zuletzt darum, solche Zusammenhänge anhand der frühneuzeitlichen Geschichte von drei Regionalstaaten zu verdeutlichen. Wir beginnen im Westen, in Savoyen.

Savoyen: der Herzog, die Notablen

Am 2. und 3. April 1559 wurden in Cateau-Cambrésis, einer Stadt an der Grenze zwischen dem Königreich Frankreich und den spanischen Niederlanden, Friedens- und Heiratsverträge unterzeichnet, welche für das Herzogtum Savoyen von weitreichender Bedeutung waren. Emanuel Philibert von Savoyen (1528–1580) erhielt eine schon recht betagte, zur Hervorbringung von Stammhaltern möglicherweise ungeeignete französische Königstochter zur Frau. Zugleich erstattete man ihm viele Gebiete zurück – juristisch in Form eines Heiratsguts – , welche das Haus Savoyen seit langem besessen, 1536 aber an Frankreich verloren hatte. Diese Gebiete reichten vom Burgund bis ins Piemont und bildeten eine Pufferzone zwischen den Schwerpunkten der französischen und spanischen Besitzungen diesseits und jenseits der Alpen. Das Ringen der beiden Königshäuser um die Vorherrschaft in Italien fand mit dem Friedensschluss ein vorläufiges Ende.

Doch es bedurfte nur geringer Änderungen im internationalen Machtgefüge, um das Herzogtum erneut in Gefahr zu bringen. Tatsächlich sollte Savoyen bis Ende des 18. Jahrhunderts noch sechsmal für kurze oder längere Zeit von seinen mächtigen Nachbarn, namentlich von Frankreich, besetzt werden. Die Besetzungen betrafen in erster Linie das Territorium, welches man als »Duché de Savoie« bezeichnete (vgl. Karte 7.1). Daneben besass die Dynastie das Herzogtum Aosta, die Grafschaft Nizza und vor allem das wichtige Fürstentum Piemont. Im 16. Jahrhundert hatte sich ihr Einfluss überdies auf Gebiete westlich und nördlich von Savoyen erstreckt. Während der Herrschaftsbereich auf dieser Seite der Alpen an Umfang einbüsste, dehnte er sich in Italien weiter aus. Unterstrichen wurde die südöstliche Bewegung des werdenden Staats durch die Verlegung des Hauptorts vom savoyischen Chambéry nach Turin, wo Emanuel Philibert nach der Wiedereinsetzung seine Residenz einrichtete. Beim feierlichen Einzug in die Stadt zu Beginn des Jahres 1563 hatte das Herzogspaar, entgegen den Spekulationen von politischen Kreisen, bereits einen direkten Stammhalter. Und das genealogische Glück blieb der Dynastie auch später treu. Am berühmtesten unter diesen männlichen Nachfolgern wurde Viktor Amadeus II. (1666–1732), der dem Haus den lange angestrebten Königstitel erwarb. Unter Ausnutzung der Zwischenlage war Savoyen-Piemont oder das Königreich Sardinien, wie es nun hiess, zu einer mittelgrossen Macht im europäischen Wettstreit geworden.[5]

Dies wäre nicht möglich gewesen, hätte der lockere Territorialverband seit der Restauration im 16. Jahrhundert nicht einen tiefgreifenden inneren Wandel erfahren, in dessen Verlauf er zu einem für zeitgenössische Begriffe zentralistischen Staat mit Mittelpunkt am Hof zu Turin wurde. Über die genauen Rhythmen und Modalitäten dieser Staatsbildung besteht in der Geschichtsschreibung keine Einigkeit, doch die grossen Linien sind gerade für das hier interessierende, mehrheitlich in den Alpen liegende »Duché de Savoie« bekannt.

Im Jahre 1561 fand in Chambéry die letzte Versammlung der Drei Stände statt. Nachher liess sich der Herzog nicht mehr auf Verhandlungen mit dieser herkömmlichen, besonders für Steuerbewilligungen bisher unumgänglichen Repräsentativinstitution ein. Die Steuern wurden nun einseitig verordnet und regelmässig erhoben. Gewisse politische Kontrollbefugnisse gingen an den seit der französischen Periode bestehenden obersten Gerichtshof von Savoyen, den Senat. Dieser konnte die Inkraftsetzung von herzoglichen Edikten zwar nicht verhindern, wohl aber durch Diskussionen und Einwendungen verzögern, was ihm infolge häufiger Befehlszusätze aus Turin allerdings immer schwerer fiel. Die savoyische Rechnungskammer in Chambéry, hervorgegangen aus der Domänenverwaltung des Hauses, vermochte ihren Einfluss mit der Institutionalisierung des staatlichen Finanzwesens auszudehnen, auch nachdem ihr eine zweite, bald wichtigere Kammer in der Residenzstadt beigegeben wurde. Doch später stand die »Chambre des Comptes« der Zentralisierung im Weg und wurde 1720 aufgehoben bzw. nach Turin verlegt. Die Aufhebung stand in Zusammenhang mit der Schaffung eines neuen Organs der finanziellen und politischen Regionalverwaltung: der Intendanz. Die ersten General-Intendanten für Savoyen wurden noch im 17. Jahrhundert eingesetzt, zu einem festen Arm der Regierung entwickelten sie sich ab 1713, nun unterstützt durch Provinzial-Intendanten für die sechs, später sieben Landesteile.[6]

Viele institutionelle Veränderungen seit Emanuel Philibert bezogen sich unmittelbar auf die fiskalischen und militärischen Interessen des Staats. Angesichts des gebieterischen Auftretens der piemontesischen Minister und angesichts der absoluten Ansprüche der Herrscher (»notre autorité est despotique«, schrieb Viktor Amadeus II.) kann man die Macht des Zentrums leicht überschätzen. Auf lokaler Ebene Fuss zu fassen bereitete dem Staat nämlich Mühe, wie sich gerade im Militärbereich zeigte.

Im 16. Jahrhundert versuchte der Herzog eine schlagkräftige, nach Gemeinden organisierte Miliz für die Landesverteidigung ins Leben zu rufen. Mittels Privilegierung sollten die Milizionäre aus der breiten Bevölkerung zu »servitori del duca« gemacht, also unter Umgehung der lokalen und regionalen Machthaber direkt verpflichtet werden. Nach bemerkenswerten Anfangserfolgen – 1570 schätzte man die eingeschriebene Truppe in Savoyen auf 12.000 Mann – wurde die Institution rasch unpopulär und erwies sich in der Folge als militärisch ineffizient. Ein Grund dafür war die Änderung der Privilegienpolitik, die sich der verfestigten Situation anpasste und sich mehr auf die Einbindung der Zwischengewalten ausrichtete. Doch langfristig geriet auch die kommunale Entwicklung in verschiedener Weise und zunehmend deutlich unter staatlichen Einfluss, besonders weil die Gemeinde als Steuereinheit diente und ihre Finanzlage zu einer öffentlichen Angelegenheit wurde. Die Einflussnahme gipfelte im Gemeinde-

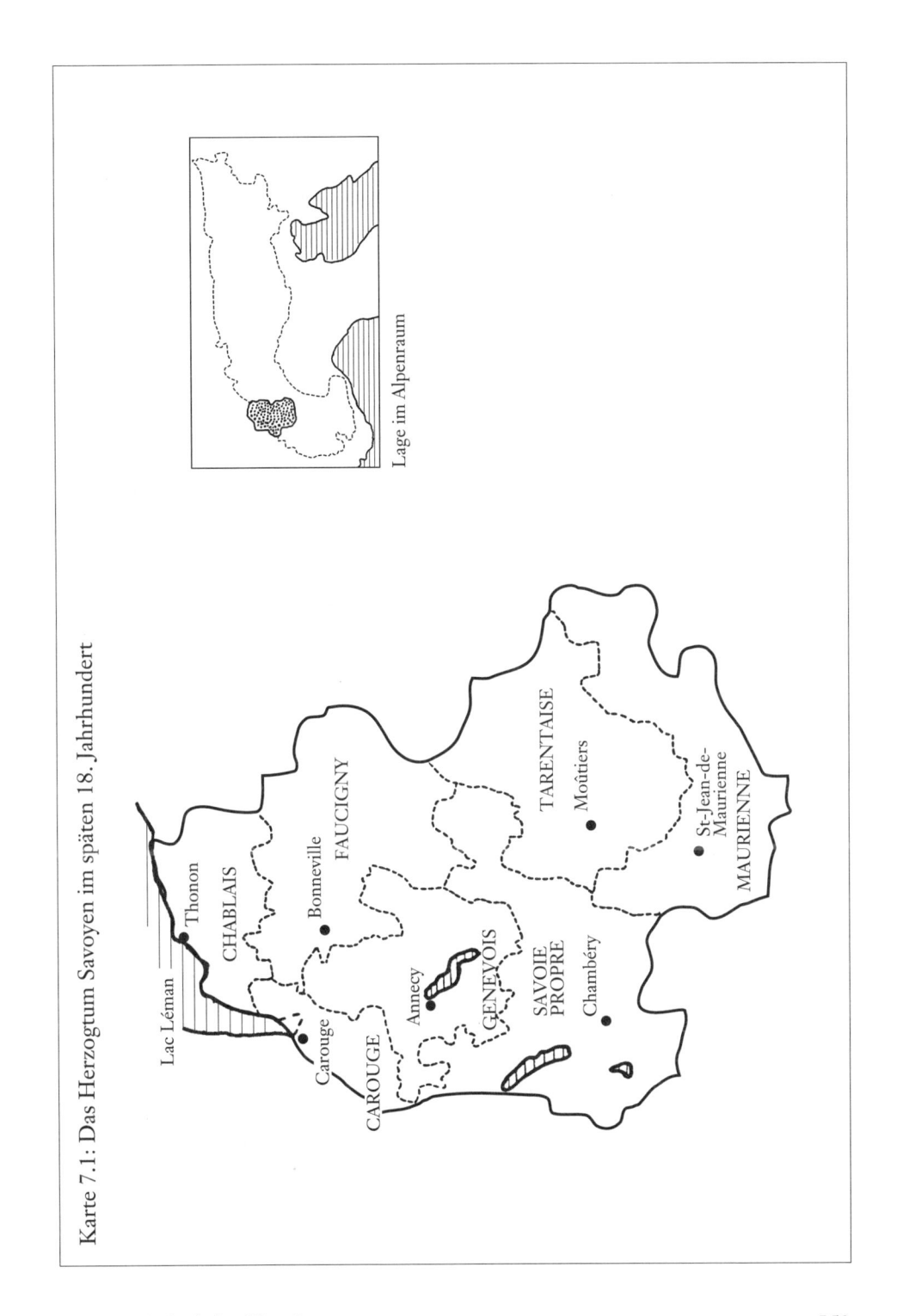

Karte 7.1: Das Herzogtum Savoyen im späten 18. Jahrhundert

Lage im Alpenraum

Lac Léman
Thonon
CHABLAIS
Bonneville
FAUCIGNY
Carouge
CAROUGE
Annecy
GENEVOIS
SAVOIE PROPRE
Chambéry
TARENTAISE
Moûtiers
St-Jean-de-Maurienne
MAURIENNE

Territorien in der frühen Neuzeit

reglement vom 15. September 1738, einer Zusatzverordnung zum gleichzeitig erlassenen Steueredikt. Darin wurde die formelle Macht in der Gemeinde einem kleinen Rat übertragen, der sich im Selbstergänzungsverfahren unter den Wohlhabendsten und Fähigsten rekrutieren sollte, während allgemeine Gemeindeversammlungen, soweit sie überhaupt zusammengetreten waren, verboten wurden. Einflussreicher als dieser Rat und sein jährlich wechselnder Vorsitzender, der »syndic«, war aber zweifellos der »secrétaire«, ein beglaubigter Notar, der eine Reihe von Gemeinden in professioneller Weise verwaltete und dessen Bestellung vom Intendanten bestätigt werden musste.[7]

Das Steueredikt von 1738 ging als denkwürdiges Ereignis in die Geschichte Savoyens ein. Es basierte auf Informationen aus dem zehn Jahre zuvor begonnenen Kataster, in dem jede Bodenparzelle des gesamten Herzogtums im Massstab von 1:2400 verzeichnet und jeder einzelne Bodenbesitzer aufgelistet war. Keine andere zivile Aufgabe hatte die Administration je in vergleichbarem Mass beansprucht. Dieser »Cadastre savoyard« oder »sarde« erregte weithin Aufsehen, er galt, wie literarische Zeugnisse bis hin zu Adam Smith belegen, als Meisterwerk geometrischer und staatsmännischer Kunst. Für die technische Ausführung verpflichtete man Geometer aus Italien, für die Aufnahme und spätere Fortschreibung der Rechtstitel sorgten ländliche Notare, die Organisation lag in den Händen einer eigens eingerichteten Behörde. In den Gemeinden, die für die Bezahlung ihres Ausschnitts aufzukommen hatten, waren die Gefühle über den Kataster gemischt. »Chacun pouvait y voire la preuve matérielle de sa propriété«, schreibt Jean Nicolas. Diese Eigentumsbestätigung sei dem Kartenwerk in der Bevölkerung hoch angerechnet worden, doch habe die laufende Registrierung den Handänderungen und Erbübertragungen von Boden eine beängstigende Publizität verliehen.

Für den Staat lag der Hauptzweck des Unternehmens im Ausgleich der kommunalen und regionalen Steuerquoten, welche seit ihrer ersten Festsetzung im 16. Jahrhundert unverändert geblieben waren, was die Steuergerechtigkeit und damit die Steuermoral massiv beeinträchtigte. Die Frage der fiskalischen Verteilung, besonders auch der Besteuerung des Adels und der Kirche, hatte seither alle Herzöge beschäftigt und eine Vielzahl von Edikten hervorgebracht. Dass man die alten Probleme nun zumindest teilweise mit neuem System behandelte, verdankte sich südlichem Einfluss: Die katastermässige Erfassung des savoyischen Berglands bildete eine effiziente Fortführung der Katasterwerke im Piemont und in der benachbarten Lombardei.[8]

Was der Turiner Regierung bei diesem Unternehmen misslang, war die Erfassung der »Servis Ecclesiastiques ou Feudaux«, das heisst der auf vielen Bodenparzellen lastenden Zehnt- und Zinsrechte von Kirche und Adel. Der Adel bezog zwar nicht Abgaben in der Höhe der staatlichen Steuern, doch seine herrschaftlichen Ansprüche waren weit verzweigt und gelegentlich stark ausgeprägt. Sie reichten bis zur Leibherrschaft mit dem Recht auf den Boden von abhängigen Bauern ohne direkte Erben. Zur Zeit des Katasters bildete die Noblesse des Landes eine kleine, kastenähnliche Gruppe, die ihre Privilegien hartnäckig zu verteidigen wusste. Bis in die Mitte des 16. Jahrhunderts war es wirtschaftlichen Aufsteigern vergleichsweise leichtgefallen, als Adlige anerkannt zu werden. Nachher wurde die öffentliche Anerkennung für Turin zu einem Mittel der Finanzbeschaffung und politischen Kontrolle. Zahlenmässig gingen die Nobilitierungen stark zurück: Pro Jahrzehnt zählte man 28 in der Periode von 1561–1600, 19 von 1601–1700 und noch 6 von 1701–1792. Seit Beginn dieser staatlichen Einbindung traten die Adligen dem Herzog wie erwähnt nicht mehr als Körperschaft gegenüber, jeder einzelne war ihm unmittelbar verpflichtet. Als Sprachrohr für adlige Anliegen dienten vor allem der Senat und die Rechnungskammer, die von der Noblesse dominiert wurden, aber auch einen Zugang zu ihrem Kreis ermöglichten. Beide Institutionen befanden sich in Chambéry. Ganz allgemein förderte der herrschende Zentralismus mit dem Glanz der Residenzstadt urbane Lebensmodelle. Sie waren ein Grund für die ungleiche regionale Verteilung des savoyischen Adels. Zu Beginn des 18. Jahrhunderts wohnten schon fast 30 Prozent der vornehmen Familien in Chambéry und gut 50 Prozent in der ganzen Provinz (Savoie propre). Viel weniger Adlige sah man dagegen in abgelegenen Bergregionen. Ähnlich ungleich verteilten sich damals die seigneuralen Gerichte, die teilweise mit den wirtschaftlichen Bezugsrechten verbunden waren.[9]

Die Noblesse lebte mehrheitlich von ihrem während langen oder kurzen Zeitspannen erworbenen privaten Bodenbesitz und von anderen Ressourcen, war aber weit davon entfernt, die herrschaftlichen Bezugsrechte deshalb aus der Hand zu geben. Auch im Berggebiet kam es darob zu einem langwierigen Tauziehen zwischen Adel, Bauern und Herzog. In Turin schmiedete man seit dem frühen 17. Jahrhundert Pläne zur Ablösung der seigneuralen Rechte, welche in Konkurrenz zum staatlichen Herrschaftsanspruch standen. Ja, an die Ablösung der leibherrlichen Beziehungen war schon bei Antritt von Emanuel Philibert gedacht worden. Bis ins 18. Jahrhundert blieb die Frage aber in der Schwebe, schliesslich bildete der Adel auch eine Stütze des Herzogtums. Nach der Katastererhebung und nach dem Einsetzen einer individuellen und kommunalen Auskaufbewegung ging es dann Schlag auf Schlag: Edikt über die Ablösung aller leibherrlichen Rechte vom 20. Januar 1762, Edikt über die Ablösung aller wirtschaftlichen Herrschaftsrechte vom 19. Dezember 1771.

Wir wissen, dass dieses berühmt gewordene Dezemberedikt nicht die erhofften schnellen Folgen zeitigte (vgl. Kapitel 6). Ein Grund für die schleppende Realisierung war die seigneurale Reaktion, die jedesmal dann in Erscheinung trat, wenn es um die Ausscheidung und Modernisierung der Eigentumsverhältnisse ging. Schon der Kataster hatte den Adel veranlasst, vermehrt auf seine Rechte zu achten und sich mit neuen Abgabenregistern den Umständen anzupassen. Dem Hof waren solche Reaktionen nur zu genau bekannt. Er orientierte sich aber wiederum an der Situation im Piemont, wo die Eigentumsverfassung bereits lange ihre »attributs féodaux essentiels« eingebüsst hatte, wie ein Kenner der Materie festhält.[10]

Was erfahren wir über die ökonomischen und familiären Verhältnisse der Bauern? Eine schier unerschöpfliche Informationsquelle sind die Notariatsakten, die in Savoyen während der frühen Neuzeit in grosser Zahl angefertigt wurden. Auch die breite Bevölkerung bediente sich bei allen möglichen Geschäften und Gelegenheiten des Notariats, bei Kreditabsprachen, Bodentransaktionen, Heiratsvereinbarungen, testamentarischen Verfügungen usw. Die in den Akten verzeichneten weiblichen Heiratsgüter geben beispielsweise Hinweise auf die ökonomische Schichtung. Sie konnten im 17. Jahrhundert bei reichen Bauern 1500 florins betragen, bei mittleren waren etwa 400–500 florins üblich; die Mehrheit musste sich mit ungefähr 200 florins begnügen, manchmal auch mit 150 und weniger (im Adelskreis betrachtete man 8000–20.000 florins als mittleres, 20.000–50.000 als reiches Heiratsgut).

Dass diese Werte überhaupt ausgewiesen wurden, hing mit der geschlechtsspezifischen Vererbungspraxis zusammen. Die Frauen erhielten von ihrer Familie in der Regel ein Heiratsgut (»dot«) zugesprochen, meistens in Geldform und häufig in Raten zahlbar. Als Haupterben pflegte man hingegen die männlichen Familienmitglieder einzusetzen, und zwar zu mehr oder weniger gleichen Teilen. Dabei konnten die Testamente ausführliche Anweisungen über die Substitution unter den »héritiers universels« geben. Zum Beispiel: Die zwei Söhne des Erblassers sind Haupterben; stirbt einer ohne männlichen Nachwuchs, so folgt ihm der andere; sterben beide ohne männlichen Nachwuchs, so folgt ihm die Linie des Bruders des Erblassers. Manchmal wurden die Testamente auch mit Klauseln versehen, die eine gemeinsame Nutzung des Familienguts durch die Haupterben bewirken sollten, etwa mittels Erbabzugs für die auf Teilung drängende Partei.[11]

Auf die Bedeutung solcher Formen des familiären Zusammenhalts hat David J. Siddle in detaillierten Untersuchungen über die Gemeinde Montmin hingewiesen. Montmin, in der Nähe des Lac d'Annecy auf gut 1000 Metern gelegen, bestand wie viele savoyische Ortschaften aus mehreren Weilern. Die Höfe dieser Kleinsiedlungen verfügten nicht über arrondierte Güter, ihre Bodenparzellen verteilten sich in Gemengelage über grössere Landstriche. Zwischen den Haushalten gab es zahlreiche Verwandtschaftsbeziehungen, in den Haushalten blieb die Erbmasse eines vorangegangenen »chef de famille« oft ungeteilt. Von den aus dem 18. Jahrhundert überlieferten Akten beziehen sich nur wenige auf Erbteilungen und häufiger auf Teilungen zwischen Cousins bzw. Onkel und Neffen als auf Teilungen zwischen Brüdern. Diese enge, patrilinear definierte Verwandtschafts- und Familienkohäsion schloss Konflikte keineswegs aus, konnte aber flexibel darauf reagieren und unter Umständen zu langen Phasen des gemeinsamen Wirtschaftens führen. Im Jahre 1561 setzten sich 16 Prozent der Haushalte in Montmin aus mehreren verwandten Familien zusammen (zum Beispiel zwei verheirateten Brüdern) und 22 Prozent schlossen neben dem Ehepaar-Kinder-Kreis weitere Verwandte ein (zum Beispiel einen Neffen). Diese Verteilung konnte freilich schon übers Jahr beträchtlich variieren. Doch die vorliegenden Statistiken deuten an, dass mehrfamiliäre Haushaltsphasen während der frühen Neuzeit eine verbreitete Erscheinung waren. 1561 und 1778 findet man in der nahegelegenen Gemeinde Chevaline 12 bzw. 20 Prozent der Haushalte mit mehrfachen Familien (vgl. Tabelle 7.1, Seite 165). Andernorts lagen die Werte in der gleichen Grössenordnung.[12]

Unschwer lassen sich in diesem Muster Ähnlichkeiten zum eingangs charakterisierten agnatischen Idealtyp erkennen, den Dionigi Albera anhand von piemontesischen und anderen italienischen Alpengebieten beschreibt (für die quantitative Ähnlichkeit vgl. die piemontesischen Beispiele in Tabelle 7.1: Alagna, Pontechianale, Casteldelfino). Seine Untersuchung stellt sich dabei entschieden gegen juristische Interpretationen der süd- und westalpinen Familienverhältnisse, welche verwandtschaftliche Gütertransaktionen als quasi-automatischen Nachvollzug eines gewohnheitsmässig oder schriftlich fixierten Gesetzes betrachten. Zusammen mit weiteren praxisorientierten Forschern zeigt Albera, dass in den Testamenten und Heiratskontrakten viele individuelle, situationsgebundene Interessen der bäuerlichen Bevölkerung zum Ausdruck kamen.[13] So zutreffend mir diese Beobachtung erscheint, ich halte gleichwohl dafür, dass die savoyischen Verhältnisse ohne Einbezug der Rechtsordnung unverständlich bleiben. Damit meine ich weniger einzelne Regeln oder Satzungen als die Sozialgeschichte des rechtlichen Feldes.

Savoyen gehörte wie die meisten Gebiete der Süd- und Westalpen zu jenen Landschaften, in denen sich die vor allem in den italienischen Städten entwickelte schriftliche Rechtskultur seit dem Hochmittelalter stark verbreitete. Früher ein Monopol der Geistlichen, wurde die Schrift nun auch zum Mittel für rechtskundige Personen, die sich Notare nannten und von Autoritäten beglaubigen liessen, wodurch ihre Urkunden öffentlichen Charakter erhielten. In Savoyen gab das Notariat in der zweiten Hälfte des 13. Jahrhunderts Anlass zu Regelungsversuchen seitens der Herrscher, erlebte im Spätmittelalter einen markanten Aufschwung und war in der frühen Neuzeit eine wichtige soziale Kraft. Im Zuge der Staatsbildung kam es auch zu einer vergleichsweise starken Differenzierung und Professionalisierung der Gerichtsbarkeit. Das Herzogshaus bestellte im 15. Jahrhundert neue Richter für grössere Landesteile, im 16. Jahrhundert wurde mit dem Senat ein Gerichtshof für das ganze Herzogtum institutionalisiert; die seigneuralen Gerichte setzten nun ebenfalls professionelle Richter ein, büssten aber in der entstehenden staatlich-juristischen Öffentlichkeit langfristig an Einfluss ein.

Um 1700 zählte Savoyen etwa tausend »hommes de loi«. Sie bildeten den prominentesten Teil der Leute, welche man als die Notablen zu bezeichnen pflegte. An ihrer Spitze standen die an Universitäten ausgebildeten Advokaten mit Anspruch auf die oberen, oft auch beamteten Chargen. Zahlenmässig wichtiger waren die Notare, die sich über das ganze Land bis hin in kleine Ortschaften verteilten und die sich an den Schnittstellen von Wirtschaft und Recht, von familiärem und öffentlichem Leben, von Herrschaft, Verwaltung und Lokalbevölkerung bewegten, was in der Regel mit beträchtlichem Einfluss verbunden war: »Intermédiaires entre propriétaires et débiteurs, seigneurs et paysans, intendants et communiers, ils détenaient une position clé dans l'édifice sociale de la province.«[14] Die Notare lebten so von allen möglichen Einnahmequellen und stellten manchmal nur wenige Akten pro Jahr aus. Seit 1697 wurden sie von Turin verpflichtet, ihre Urkunden bei neu eingerichteten Ämtern im Doppel zu hinterlegen. Zugleich beschränkte man die Stellen für Neueintretende und verkaufte diese Stellen nun von Staats wegen. Bis zur Revolution scheint sich die Zahl der Notare auf hohem Niveau stabilisert zu haben: 1789 gab es in der Tarentaise, einer sehr gebirgigen Provinz, drei Büros der Aktenregistratur; im Büro des Hauptorts hinterlegten in diesem Jahr ungefähr 33 Notare aus mindestens acht Orten 2640 Akten; wie üblich handelte die Mehrheit von ökonomischen Belangen.[15]

Weshalb liess die Bevölkerung auch familiäre Gütertransaktionen in Schriftform und von Notaren festhalten? Darauf gibt es keine einfache Antwort. Die von Viktor Amadeus II. erneuerten Gesetze, die nur mehr schriftliche, notariell in Gegenwart von sieben Zeugen aufgezeichnete Testamente anerkannten, gehörten sicher zu den weniger wichtigen Gründen, denn die Tradition setzte Jahrhunderte früher ein. Sinnvoller ist wohl die Frage, weshalb die Familien und vor allem ihre männlichen Vorsteher in diesem rechtlichen Umfeld auf das Autoritätsinstrument hätten verzichten sollen. Dass die »chefs de famille« durch die flexible Allianz mit den Vermittlern von Macht ihre eigene Entscheidungsgewalt vergrösserten, ist augenfällig. Von einem Absolutismus des Testaments zu sprechen wäre verfehlt, aber das Dokument hatte im laufenden und künftigen Diskurs über die Familienökonomie zweifellos Gewicht. Auch die geschlechtsbetonte Vererbungsweise dürfte nicht ohne Zusammenhang mit dem Entscheidungsspielraum gewesen sein. Wenn also auf der einen Seite die bäuerlichen Taktiken Beachtung verdienen, muss man auf der anderen Seite betonen, dass sie in einem gesellschaftlichen Rahmen und mit den entsprechenden Mitteln operierten. Dieser Rahmen brauchte, wie wir gleich sehen werden, nicht überall derselbe zu sein.

Graubünden: Gemeinden mit Untertanen

Auf dem Territorium des heutigen Kantons Graubünden fand man in der frühen Neuzeit den Freistaat der Drei Bünde, eine Art Gemeinderepublik, zu der ein fast halb so grosses, aber bevölkerungsmässig ebenbürtiges Untertanengebiet in den südlich anschliessenden Tälern gehörte (vgl. Karte 7.2). Reisende, die den bündnerischen Freistaat besuchten, hatten vor allem im 18. Jahrhundert Mühe mit der Beschreibung der sozialen Ordnung. Es sei hier schwierig, einen Adligen zu erkennen, schrieb ein Engländer, weil sich dieser unter Umständen dazu herablasse, ein Wirtshaus zu führen. Ein deutscher Schriftsteller bemerkte, es wimmle in diesem Bergland von Edelleuten, denn jeder dürfe seinen Namen nach freiem Ermessen mit Schlossbezeichnungen schmücken. Auch die Städte hoben sich nicht klar von ihrer Umgebung ab. »Man hält

Karte 7.2: Der Freistaat der Drei Bünde vor 1797

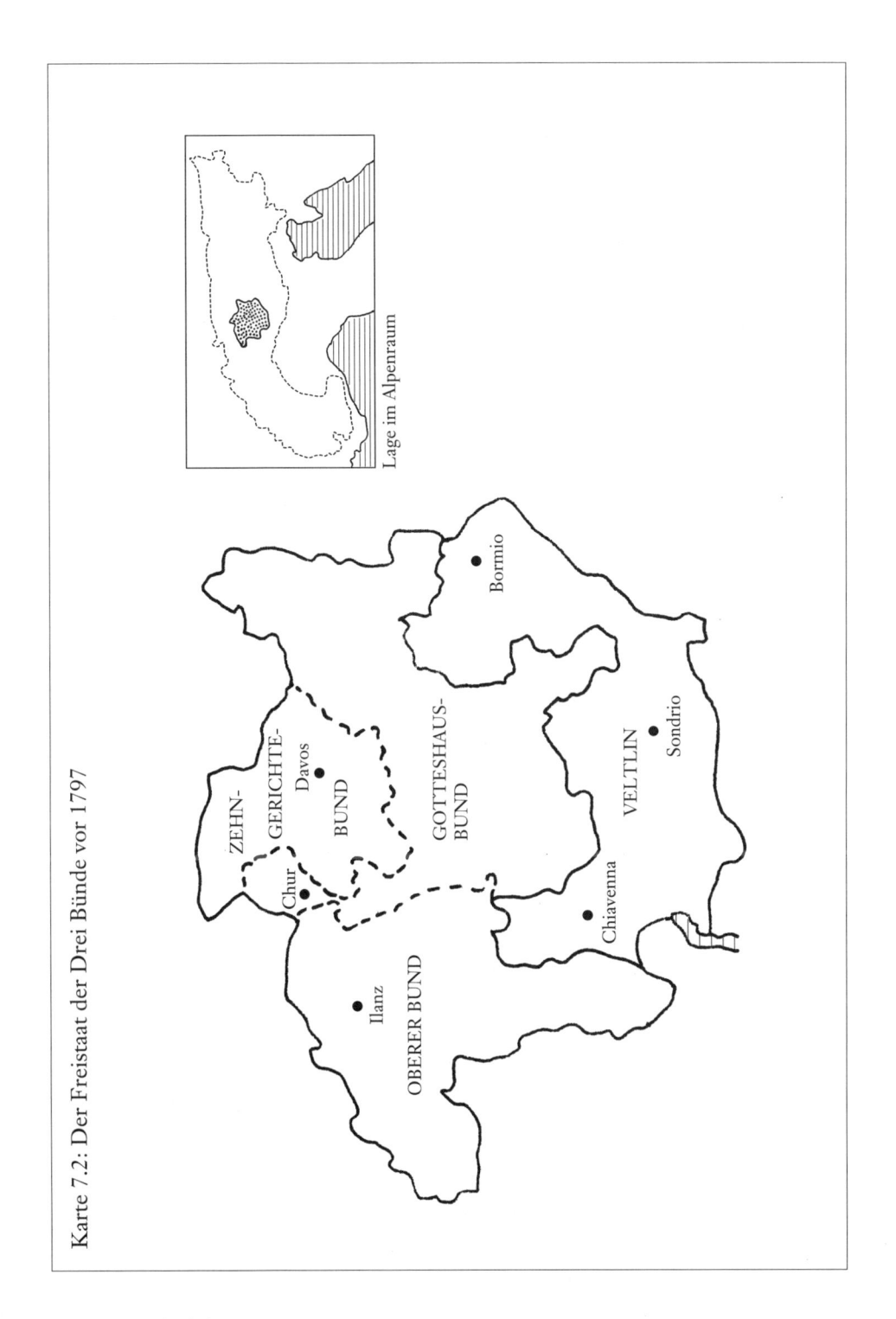

Lage im Alpenraum

ZEHN-
GERICHTE-
BUND
Davos

GOTTESHAUS-
BUND

Chur

Bormio

VELTLIN
Sondrio

Chiavenna

OBERER BUND
Ilanz

Territorien in der frühen Neuzeit

Chur für die Hauptstadt von Graubünden, wenigstens ist es die Einzige«, meinte ein Geograph aus Frankreich kurz vor 1800, als Chur gegen 2500 Einwohner zählte und die beiden anderen Orte mit Stadtrecht demographisch von manchem Dorf übertroffen wurden.[16]

Bezeichnend für das politische System und ein wichtiger Grund für die Orientierungsprobleme von europäischen Beobachtern war der ausgeprägte Lokalismus bzw. der sehr geringe Zentralisierungsgrad des Landes. Ein halbes Hundert Grossgemeinden, in der Geschichtsschreibung als Gerichtsgemeinden bezeichnet, hatten das Recht, Ratsboten an den jährlichen Bundstag zu entsenden. Dieser Bundstag trat abwechslungsweise in Chur, Ilanz und Davos zusammen, das heisst auf dem Gebiet des Gotteshausbunds, des Oberen Bunds und des Zehngerichtebunds, denen die Gemeinden historisch-politisch zugeordnet waren. Wichtige Beschlüsse sollten von den Ratsboten am Bundstag nach Instruktion gefasst werden und mussten noch in einem Referendumsprozedere vor die einzelnen Gerichtsgemeinden gelangen. Von den wenigen Posten, die der Freistaat als solcher anzubieten hatte, waren die im Zweijahresrhythmus vergebenen Ämter im Veltlin und in den Grafschaften Chiavenna und Bormio weitaus am wichtigsten und begehrtesten. Auch regelmässige Steuern gab es nur für dieses Untertanengebiet, das sich dann 1797 von der Bündner Herrschaft lossagte und unter französischem Einfluss zur neuen Cisalpinischen Republik schlug. In Graubünden, seit 1803 zur Schweiz gehörig, nahm die staatliche Verwaltung erst im 19. Jahrhundert kräftigere Gestalt an. Direkte Kantonssteuern wurden zum Beispiel 1856 eingeführt. Die Anlegung eines landesweiten Katasters begann nach 1912 und soll laut Auskunft des zuständigen Beamten ungefähr im Jahre 2005 für alle Gemeinden abgeschlossen sein.[17]

Angesichts solcher Verhältnisse müsste man das bündnerische Staatsgebilde des 18. Jahrhunderts als ausgesprochen archaisch bezeichnen. In Savoyen setzte die regelmässige Besteuerung der Bevölkerung im 16. Jahrhundert ein, und der »Cadastre« wurde, wie oben erwähnt, zwischen 1728 und 1738 erstellt. Es gibt allerdings gute Gründe, die Durchsetzung von staatlichen Ordnungen nicht als eindimensionalen Prozess zu verstehen. Schon die unmittelbare Gegenüberstellung einzelner Elemente – etwa des Katasters – ist problematisch, weil diese im zeitlichen Verlauf ihre Funktion stark verändern können. Im Banne von Staaten wie Frankreich, England und Preussen hat sich die europäische Historiographie lange an unilinearen Modellen orientiert, die neben der Grösse und militärischen Macht vor allem die zentralen Herrschafts- und Verwaltungsansprüche hervorhoben. Moderne Studien legen mehr Gewicht auf die Praxis und auf die Diversität staatlicher Enwicklungen. »The development of a few states in western Europe into centralized bureaucratic and absolutist monarchies«, liest man in einem jüngst erschienenen Forschungsbericht, »is inadequate as a standard of reference for development throughout Europe.«[18] In unserem Fall werden wir bemerken, dass ein derart lokalistischer Staat wie der bündnerische in bestimmten Bereichen Entwicklungen zuliess, die sich in einem so zentralistischen Staat wie Savoyen viel später auf breiter Ebene durchsetzten. Dies betraf vor allem die Ablösung feudalherrschaftlicher Verhältnisse, für welche es in Bünden wenig Druck brauchte.

Am Ausgang des Mittelalters befand sich die dynastische Territorialbildung hier auf einem bescheidenen Niveau. Unter den Feudalherrschaften hatte sich diejenige des Bischofs von Chur am weitesten durchgesetzt und am stärksten differenziert. Neben diesem ständestaatlich gegliederten Herrschaftsverband traten zwei andere, föderativ organisierte Grossverbände in Erscheinung, die aus Adligen und Gemeinden bzw. nur aus Gemeinden bestanden. Praktische und formelle Beziehungen zwischen den drei Verbänden, später durchwegs »Bünde« genannt, hatten seit einiger Zeit zu Ansätzen einer gemeinsamen Politik geführt. Doch angesichts der diffusen Autoritätsmuster mussten die Impulse zur staatlichen Verfestigung zu einem erheblichen Teil von aussen kommen. Wichtig für die weitere Entwicklung war der Umstand, dass diese äusseren Kräfte an der Vereinnahmung des Gebiets nicht vorrangig interessiert waren und sich in einem bestimmten Mass gegenseitig neutralisierten. Um der landesfürstlichen Machtentfaltung der Habsburger im Osten entgegenzutreten, konnte man sich – wie in den nördlich anschliessenden eidgenössischen Orten – vermehrt an die französische Krone anlehnen. Eine andere Form des äusseren Zusammenhalts ergab sich mit der Eroberung des erwähnten südalpinen Untertanengebiets im Zuge der Italienkriege. Die gemeinsame Herrschaft über die ehemals mailändischen Territorien trug seit 1512 ganz wesentlich zum institutionellen Aufbau des Freistaats bei.[19]

Schon damals spielte die Repräsentation der Gemeinden im bündnerischen Raum eine vergleichsweise grosse Rolle. Die Rolle verstärkte sich in den 1520er Jahren unter dem Einfluss des deutschen Bauernkriegs und der evangelischen Bewegung. 1526 erliessen die Ratsboten ein Dokument mit zwanzig Artikeln, welche die Herrschaft des Bischofs massiv beschränkten und sich gegen viele Formen herkömmlicher Abhängigkeiten und Abgaben richteten. Der Bischof wurde von den Bundstagen ausgeschlossen und verlor seine landesherrliche Autorität, auch wenn er politisch weiterhin präsent blieb. Seine schwache Stellung erleichterte die Einführung neuer Glaubensrichtungen und Religionspraktiken, die im Rahmen der allgemeinen Konfessionalisierung allmählich zu einer eigenen evangelischen Kirche führten. Bezeichnenderweise war der Entscheid für oder gegen die Reformation in erster Linie Sache der einzelnen Gerichte und Gemeinden. Daraus ergab sich eine konfessionelle Gemengelage, in welcher die reformierte Seite schliesslich die Mehrheit bildete und die katholische Seite ein gutes Drittel der Pfarreien innehatte.

Auch für den Wandel der wirtschaftlichen Herrschaftsstruktur war die lokale Situation von besonderer Bedeutung. Die Artikel von 1526 verfügten eine Verminderung der Zehntabgaben und stärkten die bäuerliche Position innerhalb von Leihe-Beziehungen, indem sie die allgemeine Vererbbarkeit des betreffenden Bodens an Söhne und Töchter statuierten. Die Umsetzung erfolgte jedoch nur mittels direktem Druck und damit je nach Tal und Ort in eigener Weise. Aufgrund der verbreiteten Unruhen kam es während den nächsten Jahrzehnten zu einer Häufung von Abgabenverweigerungen und zur beschleunigten Ablösung von Zehnten und Zinsen auf dem Kaufweg. Parallel dazu, aber meist nicht gleichzeitig, wurden mehr und mehr Gerichtsrechte, die damals noch weitgehend in feudaladligen Händen lagen, von den Gerichtsgemeinden aufgekauft. Die Ämterbestellung erhielt damit auf kleinem Raum einen öffentlicheren Charakter.[20]

Gewisse grund- und gerichtsherrliche Rechte blieben in Bünden bis ins 19. Jahrhundert bestehen, für die allgemeine Machtausübung verloren sie aber schon mit der Auskaufwelle des 16. Jahrhunderts stark an Bedeutung. Die Elite stützte sich zunehmend und dann fast ganz auf den privaten, weit gestreuten Bodenbesitz, auf Kreditgeschäfte und auf Einkünfte aus Solddiensten, öffentlichen Ämtern usw. Auch gesellschaftspolitisch erhielt die Elite ein neues Gesicht. Typisch für den frühneuzeitlichen Bündner Adel waren ein ausgeprägter Lokalbezug und ein geringer Institutionalisierungsgrad. Um in der Landespolitik eine einflussreiche Rolle zu spielen und Positionen im Untertanengebiet zu besetzen, mussten reiche Familien in den einzelnen, mit dem Recht auf Ämtervergabe ausgestatteten Gemeinden und Gerichten eine dominante Stellung besitzen. Ein unentbehrliches Hilfsmittel war dabei die Bildung einer lokalen, bäuerlichen Gefolgschaft mittels persönlicher Patronage. Gegen die unteren Schichten schottete sich der Adel mit einer dynastischen, auf den Mannesstamm konzentrierten Familienpolitik samt den entsprechenden Heiratsallianzen ab. Innerhalb dieser dichten Verwandtschaftsnetze entwickelte sich eine spezifische, ständische Kultur. Vom Bundstag konnte man aber keine offizielle Rangbestätigung erhalten, der adlige Status blieb innenpolitisch immer auch Ermessenssache. Im Jahre 1598 nannte ein Autor zum Beispiel rund 170 »fürtreffliche, ruhmwürdige Geschlechter«, ein anderer schloss wenig später nahezu 400 vornehme Familien in seine Aufzählung ein, während sich ein Werk von 1666 auf gut 20 erstklassige Namen beschränkte. Allein der Umstand, dass solche Listen überhaupt erstellt wurden, zeugt freilich vom Hang zur Formalisierung und Statusobjektivierung – eine Tendenz, die von der Elite ausging und im 17. Jahrhundert beträchtliche Teile der Bevölkerung erfasste: Die Betonung von Titeln und die Übernahme von neuen Titeln wurden damals zu gängigen Erscheinungen.[21]

So wie der persönliche Rang von keiner Zentralinstanz zu kontrollieren war, so konnte sich keine normierte Territorialeinteilung über das Land legen. Der Freistaat bestand aus einem Geflecht von Körperschaften mit verschiedenen Regeln der Über-, Bei- und Unterordnung. Auf lange Sicht verloren die Zwischengewalten an Gewicht, während die Lokalgemeinden und die gesamtstaatlichen Institutionen hervortraten.

Auf den unteren Stufen ergab sich dieser bis ins 19. Jahrhundert dauernde, ja damals schubartig verstärkte Trend unter anderem durch Dezentralisierung bestehender Verbände, angetrieben durch die Kraft des kommunalen, korporativen Statuswettbewerbs. So wurden im Zehngerichtebund zwischen 1613 und 1679 drei Gerichte geteilt und damit geringere, aber zahlreichere Ämter geschaffen: Vorher besassen die betreffenden

Lokalgemeinden ein Sechstel oder ein Fünftel, nachher ein Drittel oder die Hälfte der Gerichtsrechte. Besonders markant war die Aufwertung der Lokalverbände im kirchlichen Bereich, der seit langem einen Kristallisationspunkt für das Gemeindebewusstsein bildete. Im Laufe der frühen Neuzeit erfuhr die Zahl der Kirchgemeinden in Bünden eine gute Verdoppelung. Andere Apekte der kleinräumigen Kommunalisierung lassen sich an der zunehmenden Schriftlichkeit von Beschlüssen und Satzungen, an der territorialen und bürgerrechtlichen Abgrenzung, an der Bildung eines Gemeindehaushalts mit sporadischer Steuererhebung ablesen. Eine wichtige Autoritätsquelle in den Lokalgemeinden war und blieb die Versammlung der politisch berechtigten Männer, die häufig auch den erwachsenen Bürgern ohne eigene Haushalte offenstand. Bei der Bestellung der Gemeindeobrigkeit wurde genau auf die Repräsentation einzelner Quartiere geachtet, während sich die Wahlverfahren sonst in alle Richtungen entwickelten. Neben der direkten Wahl durch die Bürgerversammlung und der indirekten Wahl durch Wahlmänner gab es verschiedene Formen der Selbstergänzung (Kooptation) und des Zufallsentscheids (Auslosung).[22]

Der Dezentralisierung auf der unteren stand eine Zentralisierung auf der oberen Ebene des Staates gegenüber, die sich allerdings erst in der zweiten Hälfte des 18. Jahrhunderts wirklich bemerkbar machte und erst nach Ende des Ancien régime in institutionellen Änderungen niederschlug. Als besonderes Hindernis auf dem Weg zur staatlichen Einheit erwies sich die Tatsache, dass die Gesetzgebung und die Gerichtsbarkeit noch immer zu wesentlichen Teilen bei kleinen Verbänden lagen. Die Justiz hatte daher ganz allgemein einen unprofessionellen Charakter. Um Gerichtsvorsitzender oder Rechtssprecher zu werden, bedurfte man in Bünden einer sozialen Position in der Gerichtsgemeinde, nicht einer juristischen Qualifikation. Auch das Gewerbe der freiwilligen Gerichtsbarkeit, das Notariat, war in weiten Teilen des Landes so wenig entwickelt, dass sich die staatliche Gesetzgebung bei den Reformen des 19. Jahrhunderts nicht darauf stützen konnte. Eine Entsprechung fand diese undifferenzierte, populäre Kultur in einer geringen Schriftlichkeit bei familienrechtlichen Fragen. Wir haben oben angedeutet, wie lange die übergreifende Kodifikation des Erbrechts auf sich warten liess, obwohl die alten Satzungen in den Grundzügen, das heisst in der realen Gleichbehandlung der Kinder und in der sehr beschränkten Testierfreiheit der Erblasser weitgehend übereinstimmten (vgl. Kapitel 6). Hier ist anzufügen, dass mündlich vereinbarte Erbteilungen selbst in dieser Kodifikation von 1862 als gültig anerkannt wurden.[23]

Die Ähnlichkeit der frühneuzeitlichen Erbsatzungen ergab sich unter anderem aus gegenseitigen, über zwischendörfliche Heiraten und Konflikte vermittelten Anpassungen. Zur Festsetzung kam es meist auf pragmatische, fallbezogene Art. Im Unterengadin, einem Tal mit drei Gerichten an der Grenze zu Tirol, enthielten die Statuten des 16. Jahrhunderts noch keine erbrechtlichen Artikel, während im 17. Jahrhundert teils ausführliche Regeln, teils auch nur Spezialfälle festgehalten wurden, die man dann im 18. Jahrhundert unter Beifügung neuer Umstände verdeutlichte. Das verbreitete mündliche Verfahren macht eine Untersuchung der Erbpraxis schwierig, doch alles weist darauf hin, dass die reale und ziemlich egalitäre Güterteilung zwischen den Geschwistern, männlichen und weiblichen, schon in dieser Periode die übliche bäuerliche Erbform darstellte.

Wie in vielen anderen Tälern des Freistaats bestanden die Siedlungen im Unterengadin aus mehr oder weniger grossen Dörfern. Das erleichterte die allgemeine Teilung, denn die Bodenparzellen von Mann und Frau liessen sich bei innerdörflichen Heiraten in mannigfacher Weise zu neuen Bauernbetrieben verbinden. Theoretisch war ein solches System der Dynamik der Bodenparzellierung stärker ausgesetzt als ein rein männliches Teilungssystem, praktisch wurde es jedoch von vielen vorab demographischen Faktoren bestimmt und führte nicht zwangsläufig zur fortschreitenden Zerstückelung. Auch mit Bezug auf die Betriebsgrösse hing vieles von der Bevölkerungsentwicklung und vom Bevölkerungsverhalten ab. Die aus dem Unterengadin bekannten Ledigenquoten deuten an, dass die Erben ihren Güteranteil nicht regelmässig in eine Haushaltsgründung umsetzten oder umzusetzen vermochten. Unter der Bevölkerung von fünfzig und mehr Jahren zählte man zum Beispiel 1750 in Tarasp ein Viertel Ledige. Bei den (selten migrierenden) Frauen betrug der Anteil damals fast ein Drittel. Diese Altledigen vermehrten die Zahl der Haushalte mit Verwandten und schonten langfristig den Familienbesitz.[24]

In Tabelle 7.1 habe ich einige Daten zu Haushalt und Familie im bündnerischen Raum zusammengestellt. Sie zeigen, dass der Anteil der Haushalte mit erweiterten Familien auch am selben Ort je nach demographischer Situation stark variierte, in Tarasp etwa von 13 Prozent im Jahre 1705 bis zu 27 Prozent im Jahre 1750. Anders als in Savoyen-Piemont fand man in Bünden aber wenige Haushalte mit mehrfachen Familien (Kategorie 5). Ein wichtiger Grund dafür lag zweifellos in der quasi-geschlechtsneutralen Art der Güterübertragung, welche die individuellen Ansprüche der Kinder betonte und die Aufteilung des Erbes beschleunigte. Der unmittelbare ökonomische Zusammenhang zwischen männlichen Familienmitgliedern galt hier nicht als Verkörperung der Familienkontinuität. Die Haushalte hatten daher ein geringes Wachstumspotential.[25]

Einen besonderen und besonders aufschlussreichen Verlauf nahm die Entwicklung in den südbündnerischen Tälern. Im Unterschied zu den übrigen Landesteilen wurden sie während des späteren Mittelalters von der Rechtskultur des italienischen Raums geprägt. Die ersten bekannten Notare stammten aus dem Comaskischen und Mailändischen, seit dem 13. Jahrhundert sind auch mehr und mehr einheimische Schrift- und Rechtspraktiker nachzuweisen. In der frühen Neuzeit wurde die Autorität des Notariats dann von der kommunalen Ordnung überlagert und zurückgebunden. Innerhalb des kleinräumigen Gerichtswesens scheint man den unabhängigen Rechtsberuf vor allem in seinen gelehrten Formen als nutzlos, wenn nicht als gefährlich und parasitär emp-

Tabelle 7.1: Haushalt und Familie in Savoyen-Piemont und in Graubünden, 1561–1832

Region Ort und Jahr	Haushalte in Prozent							
	1	2	3	4	5	1–5	n	ø
Savoyen-Piemont:								
Montmin 1561	2	3	56	22	16	100	131	5,5
Montmin 1832	4	4	55	29	8	100	124	5,2
Chevaline 1561	0	0	49	39	12	100	41	5,3
Chevaline 1778	0	5	40	35	20	100	20	5,4
Chevaline 1832	7	0	54	25	14	100	28	6,1
Alagna 1734	14	9	43	20	14	100	189	4,7
Alagna 1778	7	7	52	16	18	100	184	4,8
Pontechianale 1826	5	4	56	18	18	100	245	4,7
Casteldelfino 1830	0	6	42	23	29	100	220	5,9
Graubünden:								
Lostallo 1665	14	13	57	14	3	100	95	4,0
Lostallo 1757	7	15	54	20	3	100	59	4,0
Tarasp 1670	4	9	64	19	4	100	69	5,3
Tarasp 1705	14	4	68	13	1	100	79	4,0
Tarasp 1750	6	4	62	27	0	100	77	4,0
Müstair 1762	5	7	71	13	5	100	126	4,5
Alvaneu 1767	5	8	73	11	3	100	73	3,9
Tujetsch 1768	8	8	81	3	0	100	217	4,1
Savognin 1823	6	8	76	6	3	100	62	4,9

1 = alleinstehende Personen. 2 = ledige Geschwister oder andere (nicht-) verwandte Personen.
3 = einfache Familien (Ehepaar-Kinder-Kreis). 4 = erweiterte Familien (Ehepaar-Kinder und Verwandte).
5 = mehrere Familien (zwei und mehr verwandte Ehepaare-Kinder).
n = absolute Zahl der Haushalte. ø = durchschnittliche Haushaltsgrösse.
Klassifikation nach Peter Laslett, Richard Wall (Hg.): Household and Family in Past Time, Cambridge 1972, S. 28–31. Quellen: Siddle, Jones 1983, wie Anm. 12 und persönl. Mitt.; Viazzo 1989, Tab. 9.1; Albera 1995, Kap. 9, Tab. 1–5; Graubünden: Mathieu, Handbuch, wie Anm. 16, Tab. 3 und Gemeindearchiv Lostallo (Kirchenbuch 1641–1819), Pfarrarchive Tarasp (Kirchenbuch 1610–1716), Müstair (Familienregister 18. Jh.), Alvaneu (Status animarum 1763–1859), Savognin (B 4/5a, ohne S. Martin).

funden zu haben.[26] Wie Pio Caroni gezeigt hat, unterlag die notariell vermittelte Erbpraxis in Italienischbünden einem deutlichen Wandel. Die frühere testamentarische Verfügungsgewalt der Erblasser und die männlichen Vorzugsrechte wurden hier seit dem 16. Jahrhundert beschränkt, das heisst an die Verhältnisse in den dominanten Teilen des entstehenden Freistaats angepasst. In der Valle di Poschiavo kamen Erbverzichtserklärungen der Töchter zum Beispiel immer seltener vor, die väterliche Mitgift erhielt im 17. Jahrhundert den Charakter eines regulären Erbteils.[27] Mit Begriffen von Dionigi Albera kann man diese Verlagerung als Übergang von einem mehr agnatischen zu einem mehr bourgeoisen Typ bezeichnen. Die Geschichte Südbündens lässt so in Umrissen erkennen, wie die von einer bestimmten Kultur geprägten

Familienverhältnisse von bestimmten politischen Faktoren verändert werden konnten, was auch deshalb Interesse verdient, weil sich ähnliche Prozesse in weiteren schweizerischen Berggebieten abgespielt haben dürften.[28]

An dieser Stelle müssen wir innehalten und die beiden betrachteten Regionen im Westen und in der Mitte des Alpenraums nebeneinanderstellen. Um den wichtigsten Punkt vorwegzunehmen: Vom Ausgang des Mittelalters bis zur Französischen Revolution nahmen die Unterschiede zwischen dem savoyischen und dem bündnerischen Gebiet erheblich zu. Am Ende des 15. Jahrhunderts fand man in beiden Gebieten ständestaatliche Herrschaftsverbände und relativ durchlässige Adelsstrukturen – dreihundert Jahre später war Savoyen ein vom herzoglichen Zentralismus geprägter Staat, während Graubünden ein Musterbeispiel des kommunalen Lokalismus bildete. Die Gründe für die jeweilige Entwicklung lagen teils in der regionalen Vorgeschichte mit ihrer Eigendynamik, teils in den internationalen Einwirkungen während der frühen Neuzeit. Die Hauptunterschiede betrafen die Form und Ausdehnung des öffentlichen Bereichs.

Anders als in Bünden entstand in Savoyen eine professionelle Gerichtsbarkeit, die sich in den Notablen, genauer in den »hommes de loi« verkörperte. Zugleich schritt die Zentrumsbildung vergleichsweise schnell voran. Um 1500 zählten Chambéry und Chur je 2000–2500 Einwohner, bis 1700 wuchs die savoyische Hauptstadt dann um das Vierfache, während die Einwohnerzahl Churs stagnierte.[29] Wichtige Elemente von staatlicher Herrschaft und Verwaltung wurden in Savoyen Jahrhunderte früher durchgesetzt als in Graubünden, doch gerade dies trug auch dazu bei, andere Entwicklungen zu verzögern. Eine so massive bäuerliche Zehntrevolte, wie sie im Jahre 1790 durch das Herzogtum fegte, wäre im Freistaat zu diesem Zeitpunkt undenkbar gewesen, weil Zehnten dort nur noch eine marginale Rolle spielten. Als die revolutionäre Gesetzgebung und der »Code civile« von 1804 in Savoyen die neue Bestimmung einführten, dass der Erbgang »sans distinction de sexe« zu erfolgen habe, war die geschlechtsneutrale Teilung in Bünden bereits seit langem verbreitet.[30] Auf diesen Punkt der herrschaftlich-staatlichen Beeinflussung von Vererbungsformen werden wir unten in einem weiteren Rahmen zurückkommen (vgl. Kapitel 8). Hier ist noch auf eine wichtige Gemeinsamkeit der betrachteten Beispiele hinzuweisen: In beiden Regionen entwickelte sich die Agrarverfassung im wesentlichen auf kleinbäuerlicher Basis. Andere Verhältnisse erwarten uns im Osten des Alpenraums.

Kärnten: Herr, Bauer, Knecht

Am 1. September 1557 erstattete der Burggraf zu Klagenfurt Augustin Paradeiser der habsburgischen Regierung in Wien einen Bericht über die Stellung der Bauern im Herzogtum Kärnten.[31] Habe ein Bauer sein Gut vom Grundherrn als Freistift ohne besondere Abmachung, schrieb der kärntnerische Adelsvertreter, so könne das Verhältnis alljährlich an der Siedlungs- und Gerichtsversammlung seitens des Herrn wie auch des Untertans aufgelöst werden. Selbst wenn der Bauer und dessen Erben »ain guett oder hueben hundert und mehr jar zu freyer stüfft« besässen, gebe ihnen dies keinen Eigentumsanspruch. Es sei aber Landesbrauch, dass die Herrschaft nach dem Tod des Bauern einen der Söhne gegen eine »Verehrung« als Nachfolger einsetze. Dieser Nachfolger müsse vor allem zur Wirtschaft taugen, das heisst sein Gut zu Haus und Feld recht bestellen und die Zins- und andere Herrenforderungen pflichtgemäss erfüllen. Neben der Freistift erwähnte der Burggraf sodann ein »Kaufrecht«, welches den Bauern die Vererbung von vornherein zugestehe, besonders wenn das Recht verbrieft sei und bewiesen werden könne.

Seinem Bericht und zahlreichen anderen Dokumenten ist zu entnehmen, dass die Herrschaftsansprüche in Kärnten im allgemeinen weit reichten, aber im einzelnen mannigfaltig waren und viel Spielraum offenliessen. Territoriale Rechtsnormen befanden sich erst im Entstehen, und auch sonst konnten die Unterschiede zwischen Freistift und Kaufrecht in der Praxis verschwimmen (manchmal sprach man sogar von einem »Freistiftkaufrecht«). Wichtig war das jeweilige Verhältnis zwischen Herr und Untertan.[32]

Dieses Machtverhältnis wurde gerade seit Mitte des 16. Jahrhunderts – parallel zur raschen Staatsentwicklung im habsburgischen Herzogtum – neu bestimmt. Gleich wie ihr Vertreter im Burggrafenamt verfolgten damals viele Adlige die Strategie, die Besitznachfolge zu einem immer neu aushandelbaren Geschäft zu machen. Die jährliche Bestätigung war ein ritueller Akt, und viele Abgaben waren festgeschrieben, so dass sich eine Einnahmesteigerung oder auch nur ein Ausgleich von Inflationsverlusten vor allem über die beim Besitzantritt fällige »Verehrung« bewerkstelligen liess. Besonders bei starkem Bevölkerungsdruck bzw. grosser Nachfrage konnte die Herrschaft mit ihrem Anspruch auf freie Bestimmung und Bestiftung des Nachfolgers hohe Geldbeträge einstreichen. Eine andere, kurzfristige Strategie bestand im Verkauf des Erbrechts, das heisst in der vorweggenommenen Monetarisierung der Kontrollbefugnis. Am häufigsten kam sie auf den landesfürstlichen, seit Beginn der Neuzeit meist zu Pfand vergebenen und später ganz verkauften Kammergütern zur Anwendung. In den Jahren nach 1570 wurden die Untertanen der Pfandherrschaften mit gezielten Aktionen zum Kauf des Erbrechts auf zwei Generationen angehalten. Diese »Verkaufrechtung« stiess in der Bevölkerung auf wenig Widerhall, obwohl die ins Land geschickten Kommissare alle möglichen Mittel und Überredungskünste einsetzten.

Der Grund für die beabsichtigte schnelle Geldabschöpfung war der fürstliche Finanzbedarf, der laufend zunahm und sich über neue Steuern und Verwaltungspraktiken in den Kammergütern auf das ganze Land auswirkte. Nach dem Vorbild und unter dem Druck des Landesfürsten begann eine Herrschaft nach der anderen mit der Modernisierung ihrer Verwaltung. Die herkömmlichen summarischen Urbare wurden seit dem späten 16. Jahrhundert vielerorts neu und präziser abgefasst und durch fortlaufend geführte »Ehrungsbücher« ergänzt. Das fahrende Gut der Untertanen wurde nun bei Erbteilungen immer öfter in Inventaren festgehalten, denn die Herrschaft hatte ein Interesse an den Vermögensumständen der Besitznachfolger und erhob Gebühren für den Vermögensabzug von weichenden Erben. Anstelle der eigenen Verwaltungtätigkeit des Landadels breitete sich auch die Verwaltung durch beauftragte »Pfleger« weiter aus. Das Herzogtum erfuhr mit anderen Worten einen massiven Ausbau der Schriftlichkeit und der herrschaftlichen Kontrolle.[33]

Ähnliches gilt für die Territorial- und Staatsbildung, die in Kärnten noch an der Wende zur Neuzeit wenig fortgeschritten war. Die Habsburger, seit 1335 im Besitze des Herzogamts, hielten sich selten in diesem alpinen Erbland auf, welches eher am Rand ihrer Interessensphäre lag und in welchem auswärtige Herrschaftsträger über ausgedehnte Rechtstitel verfügten. Ein wichtiger Impuls zur territorialen Organisation ging von den Türkenkriegen aus. Als Reiterverbände des osmanischen Heeres und andere, mehr oder weniger selbständige Gruppen im späten 15. Jahrhundert die innerösterreichischen Länder Steiermark, Kärnten und Krain wiederholt mit Krieg überzogen, begann der Ausbau eines weitverzweigten Militär- und Steuersystems, das die Entwicklung des Herzogtums nachhaltig beeinflussen sollte. Infolge der Abwesenheit der Landesfürsten und der allgemein vorherrschenden Machtverhältnisse wurde der regionale Adel dabei zu einer treibenden Kraft. Im Jahre 1518 erhielten die Kärntner Landstände, in denen die Herren und Ritter dominierten, während die Bauern nicht vertreten waren, die Stadt Klagenfurt vom habsburgischen Kaiser als Eigentum zugesprochen. Die Stadt entwickelte sich schnell zum repräsentativ ausgebauten, stark befestigten Mittelpunkt des Landes (vgl. oben Kapitel 4). Die Landstände fanden hier einen festen Ort für ihre meist einmal, später zwei- und dreimal im Jahr abgehaltenen Tagungen. Sie gaben sich nun leistungsfähigere Strukturen durch andauernd tätige Gremien mit der Spitzenposition des Burggrafen und einer allmählich wachsenden Verwaltung. Auch die Vertreter des Fürsten, vorab der Landeshauptmann, der die Stände einberufen konnte, waren politisch und finanziell nicht unabhängig von diesem territorial organisierten Adel.[34]

Von der Aufwertung Klagenfurts ging ein bestimmter Zentralisierungseffekt aus. Schon bald entstanden in der Umgebung der Stadt neue Schlösser. Aber auch anderswo in der Region hatten Um- und Neubauten von Burgen und Schlössern seit etwa 1560 Konjunktur. Das »adlige Landleben« mit Ausübung von Hoheitsrechten in den Grundherrschaften und in den gut fünfzig Landgerichten des Herzogtums gehörte zu den wichtigen Merkmalen der kärntnerischen Elite. Die Gerichtsgewalt in diesen beiden Verbänden konnte auf verschiedene Weise miteinander verbunden sein und verbunden werden. Die Burg Sommeregg in Oberkärnten bildete zum Beispiel im Jahre 1550, als sie vom amtierenden Landeshauptmann gekauft wurde, den Mittelpunkt einer expandierenden Grundherrschaft und eines kürzlich verselbständigten Landgerichts. Innerhalb des Landgerichts war Sommeregg nicht nur für die eigenen, sondern auch für die zahlrei-

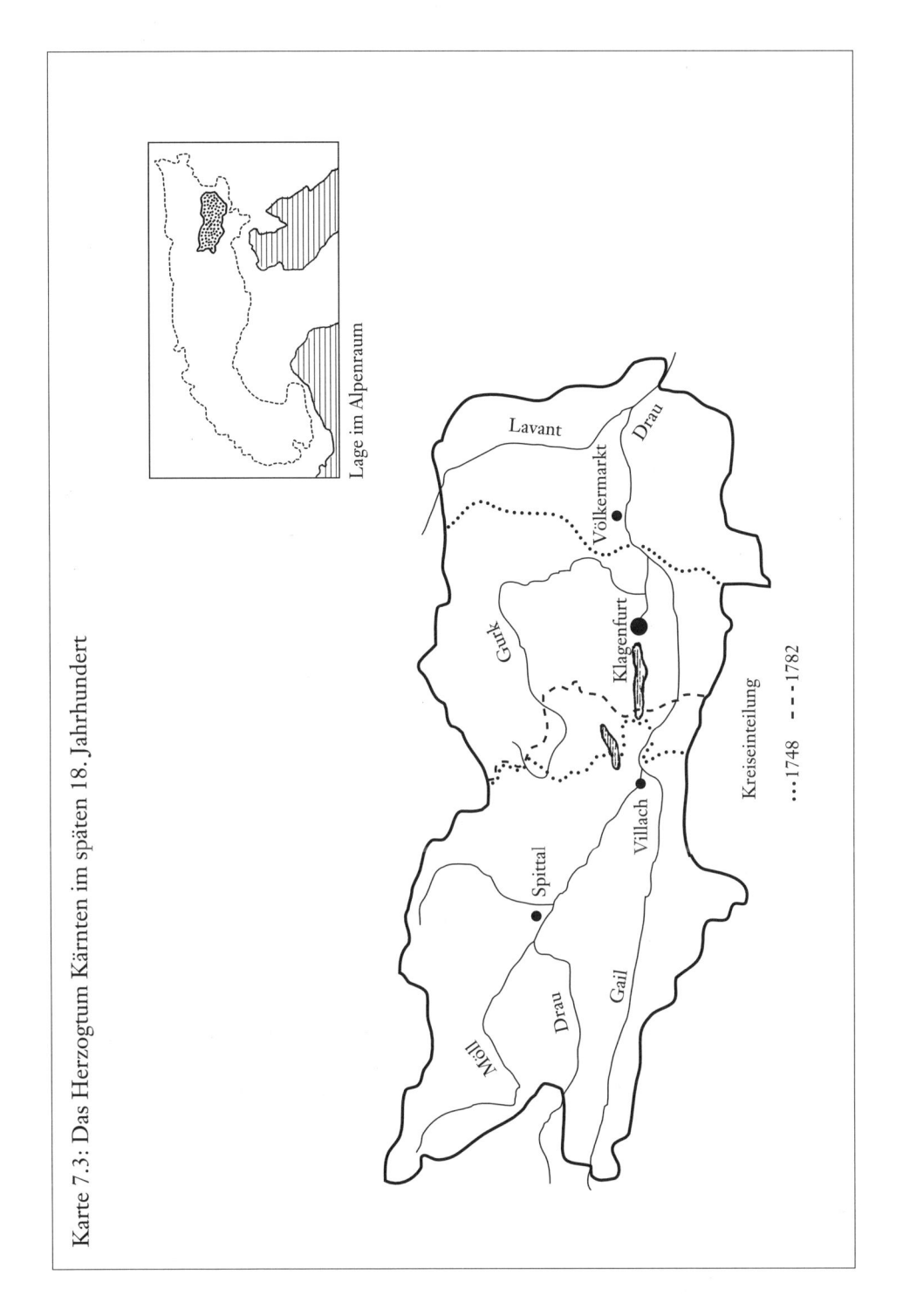

Karte 7.3: Das Herzogtum Kärnten im späten 18. Jahrhundert

Lage im Alpenraum

Lavant
Drau
Völkermarkt
Gurk
Klagenfurt
Kreiseinteilung
··· 1748 --- 1782
Spittal
Villach
Möll
Drau
Gail

Territorien in der frühen Neuzeit

chen Bauern anderer Grundherren zuständig. Andererseits reichte der Sommeregger Besitz mit den zugehörigen Patrimonialrechten weit über die in diesem Fall klar bestimmten Landgerichtsgrenzen hinaus. Der neue Besitzer bemühte sich daher in der zweiten Hälfte des 16. Jahrhunderts, durch Abtausch von Gütern eine gewisse Arrondierung seines Autoritätsbereichs herbeizuführen. Nach der im frühen 17. Jahrhundert auch aus politischen Gründen zu Ende gehenden Expansion lag Sommeregg hinsichtlich Grösse im oberen Mittelfeld der regionalen Grundherrschaften. Was das bedeutete, lässt sich der staatlichen Steuerregulierung aus der Mitte des 18. Jahrhunderts entnehmen: 155 Huben (Bauernhöfe), 64 Zulehen (nicht selbständig bewirtschaftete Höfe), 33 Keuschen (Kleinwirtschaften, die allerdings in Kärnten auch 2–3 Stück Grossvieh und 5–10 Hektar Boden umfassen konnten).[35]

Gab die Zählung nach Huben und Keuschen ein approximatives Mass für den Umfang der Grundherrschaft, so bezog sich eine andere Einteilung, die sogenannte »Herrengült«, auf ihre Erträge. Entstanden im Rahmen des landständischen Finanzwesens, wurde diese Ertragsbewertung auch zu einem Kriterium für die Zulassung zur Adelsbank. Bis in die zweite Hälfte des 16. Jahrhunderts fiel es wirtschaftlichen Aufsteigern relativ leicht, die Landstandschaft zu erlangen, nachher formalisierte und erhöhte man die Zulassungsbedingungen. Eine Ordnung von 1591 verlangte einen besonderen Adelsnachweis sowie ein Einkommen von 12 Pfund Herrengült (wenig später auf 50 Pfund angehoben). Anders als man denken könnte, nahmen die Nobilitierungen und die Aufnahmen in die Landstände aber langfristig nicht ab, sondern erheblich zu. Während des 17. Jahrhunderts wurden gut 170 Familien oder Einzelpersonen neu in die Kärntner Adelsorganisation aufgenommen (bis um 1600 waren rund 70 Aufnahmen zu verzeichnen gewesen). Diese Entwicklung verdankte sich in erster Linie dem Landesfürsten, der im Zuge der Gegenreformation und des Dreissigjährigen Kriegs stark an Einfluss gewann und das Land auch via Nobilitierung und Personalpolitik allmählich in die Habsburger Monarchie integrierte. Besonders einschneidend wurde das Jahr 1628, als der reformierte Adel auf Geheiss von Kaiser Ferdinand II. in die alte Kirche zurückkehren oder sonst Kärnten verlassen musste. Das mehrheitlich reformierte Land war nun, zumindest offiziell, vollständig rekatholisiert.[36]

Eine wichtige Triebkraft und zugleich ein Kernproblem der habsburgischen Integrationspolitik bildete der militärische Bereich und die damit verknüpfte Finanzfrage. Die Macht der Landadligen beruhte zum guten Teil auf dem Umstand, dass man grössere Steuerbeträge nur über ihre Herrschaften bzw. ihre ständische Organisation beschaffen konnte, was bedeutete, dass der Fürst seine Steuern von Fall zu Fall in ebenso zähen wie ritualisierten Verhandlungen neu begründen und verlangen musste. Trotzdem wurde die landesfürstliche Besteuerung in der zweiten Hälfte des 16. Jahrhunderts permanent. In Kärnten, dem innerhalb der österreichischen Territorien eine bestimmte Quote zufiel, begann die Standesorganisation seit den 1570er Jahren, Rückstände einzutreiben und umherziehende Steuereinnehmer anzustellen. Die Quotenzuteilung innerhalb des Landes erfolgte weitgehend nach Grundherrschaften und scheint anfänglich auf Selbstdeklaration beruht zu haben. Zur Bemessung der grundherrlichen, das heisst letzlich bäuerlichen und kleinbäuerlichen Leistungen dienten vor allem die zwei erwähnten Kriterien, die ertragsbezogene Gültordnung und die umfangbezogene Hubenordnung.

Die gross- und kleinräumigen, höfischen und adligen Interessen waren in diesem System also eng miteinander verflochten. Während der Landesfürst durch die Landstände einen fiskalischen Zugang zur Bevölkerung gewann, vermehrten die Stände durch den Fürst ihre allgemeine, auch für individuelle und regionale Zwecke nutzbare Autorität über die Bevölkerung. Eine genaue flächenmässige Erfassung der Güter war für die Abgaben- und Steuerabschöpfung innerhalb der Grundherrschaft nicht erforderlich. Die Rechtseinteilung nach Huben und Keuschen widerspiegelte nur die Grössenordnung der jeweiligen Wirtschaften. Die Verwendung dieses pauschalen Masses war um so naheliegender, als sehr viele Bauerngüter in der Region aus Einzelhöfen mit gerade anschliessendem, gleichsam von selbst definiertem Nutzland bestanden.[37]

So wie der Fürst mit den adligen Ständen über die Steuern verhandelte, so verhandelten die Adligen oder ihre Pfleger mit den Untertanen über die Bedingungen für die bäuerliche Besitznachfolge. Durch die seit dem ausgehenden 16. Jahrhundert vielerorts fassbare »Verehrung« erwarb sich der nachfolgende Bauer eine Position, ja eine Art Amt im Herrschaftsverband. Alles deutet darauf hin, dass die mit der Bestiftung hergestellte Verbindung zur Herrschaft eine beträchtliche Distanz zu den ausgeschlossenen, mit Mobilien abgefertigten Familienmitgliedern schuf und diese in die Nähe der Dienstboten rückte.[38] Von seiten der Familie wie von seiten der Herrschaft kamen für die Hofübernahme zunächst immer die Söhne und erst in zweiter Linie die Töchter in Frage. Die Töchter hatten jedoch dann eine Chance auf Bevorzugung, wenn sie mittels gut situiertem Ehemann ein besonders hohes Angebot unterbreiten konnten. Dies setzte voraus, dass sich die Herrschaft stark vom Bestiftungsgewinn leiten liess. In Extremfällen glich die Übergabe der Bauerngüter offenbar einer allgemein zugänglichen Versteigerung, vorherrschend war aber die Erblichkeit ohne Erbrecht.[39]

Unter Umständen erwog man bei der Nachfolge auch die Teilung des Bauernguts, das reine Vorhandensein von Grundherrschaften schloss solche Arrangements jedenfalls nicht aus. Angesichts der aktiven ökonomischen Kontrolle, welche die Obrigkeit in Kärnten über die Untertanen ausübte, waren allerdings zwei Parteien am Entscheidungsprozess beteiligt – Familie und Herrschaft –, was die Hindernisse auf dem Weg zur Teilung von vorherein erhöhte. Wichtig für die generell teilungsfeindlichen Anschauungen im Land dürfte die Tatsache gewesen sein, dass viele Bauerngüter einen räumlich mehr oder weniger geschlossenen Komplex bildeten und mit der Verfestigung der Hubenordnung über einen quasi-amtlichen Status verfügten. Häufiger als die egalitäre Teilung von Huben scheint man die Neuerrichtung von Kleinbetrieben zugelassen zu haben: Auf wenig beanspruchtem, oft auch gemeindlichem Boden und in wachsenden Agglomerationen entstanden die erwähnten Keuschen, die in der Regel mit den eigenen Ressourcen nicht auskamen, sondern auf weitere agrarische und gewerbliche Erwerbsmöglichkeiten angewiesen waren.[40]

Trotz dem Vorkommen von Hubenteilungen und trotz der Bildung von Keuschen waren grossbäuerliche Betriebe während der ganzen frühen Neuzeit von zentraler Bedeutung, wozu auch die Vergabe von unbesetzten »Zulehen« an wohlhabende Hofbauern – eine expansive, der Gütervermehrung entgegenlaufende Tendenz – beitrug. Um die personelle Zusammensetzung der ländlichen Haushalte in Kärnten zu erfassen, ist eine familienbezogene Klassifikation, wie wir sie für Savoyen und Graubünden verwendet haben, wenig sinnvoll. Bezeichnend für die Verhältnisse im habsburgischen Herzogtum war gerade die Tatsache, dass viele Haushalte einen grösseren nichtfamiliären Personenkreis umfassten und nach ökonomischen Statusgruppen gegliedert waren.

Tabelle 7.2 gibt dazu eine Reihe von quantitativen Angaben aus den Gurktaler Alpen in der zweiten Hälfte des 18. Jahrhunderts. Die Beispiele zeigen, dass die Mehrheit der dortigen Haushalte über Knechte und Mägde verfügten, in einer Pfarrei belief sich der Anteil der Betriebe mit Dienstboten gar auf 87 Prozent. Etwas weniger verbreitet waren die Inwohner oder »Gästleute« (wie es in Kärnten hiess), welche auf den Höfen zur Miete wohnten und während arbeitsreichen Zeiten im Taglohn beschäftigt wurden. Meist handelte es sich um ehemalige Dienstboten, die sich aus Altersgründen oder wegen der Geburt von Kindern in diese freiere und unsicherere Stellung begeben hatten. Nicht vollständig in den Hof integriert, waren sie rechtlich und ökonomisch dennoch vom »Hauswirt« abhängig. Anders als die Dienstboten und Inwohner besassen die amtierenden Bauersleute einen lebenslänglichen Rechtsanspruch auf den Betrieb und damit ein Faustpfand für die Altersversorgung. Besonders nach dem Ableben des Ehemanns oder der Ehefrau scheinen sie einer vorzeitigen Hofübergabe mit formellem Rückzug aufs Altenteil nicht abgeneigt gewesen zu sein. Jedenfalls konnten die Haushalte mit Altenteilern laut Sample schon nur an einem Zeitpunkt 17 Prozent betragen. Im Durchschnitt verfügten die Betriebe über einen umfangreichen Personenbestand und damit über ein grosses Potential an Arbeitskräften. Bei Nichtberücksichtigung der Kinder bis 12 Jahren wies nur eine Minderheit von ihnen weniger als vier (theoretisch) arbeitsfähige Personen auf. Diese in kärntnerischer Sicht fast regelmässig zur Unterschicht zählenden Haushalte bildeten, wie die Tabelle andeutet, im kleinbäuerlich geprägten Graubünden eine deutliche Mehrheit.[41]

Sehr wichtig für die Differenzen zwischen den alpinen Regionen und zwischen den einzelnen Bauernbetrieben waren die Knechte und Mägde. Im Jahre 1757 entfielen in unserem Sample aus den Gurktaler Alpen durchschnittlich 2,7 Dienstboten auf einen Haushalt, einzelne Grosshaushalte brachten es auf zehn, fünfzehn, ja fünfundzwanzig Dienstboten. Ein Viertel bis ein Drittel der Bevölkerung setzte sich damals hier und in anderen Landesgegenden aus Gesinde zusammen.[42]

Tabelle 7.2: Haushalt und ökonomischer Status in Kärnten und in Graubünden, 1750–1798

Region Ort und Jahr	Haushalte in Prozent				n	ø
	DB	IW	AT	KP		
Kärnten:						
Feistritz 1757	87	37	4	6	133	8,2
Gradenegg 1757	57	38	5	31	42	7,5
Liemberg 1757	52	33	4	48	27	7,3
Obermühlbach 1757	75	52	8	18	231	9,5
St. Lorenzen i. d. R. 1757	77	55	10	22	96	9,6
Sirnitz 1757	64	39	6	32	196	7,4
Zweinitz 1757	55	29	16	31	89	7,1
Zweinitz 1770	62	41	9	32	93	7,2
Zweinitz 1786	47	39	17	40	94	6,5
Zweinitz 1798	50	39	17	29	94	6,8
Graubünden:						
Tarasp 1750	0	0	3	61	77	4,0
Lostallo 1757	2	0	2	73	59	4,0
Müstair 1762	3	0	2	70	126	4,5
Alvaneu 1767	8	0	1	74	73	3,9
Tujetsch 1768	0	0	2	–	217	4,1

DB = mit Dienstboten (Knechte, Mägde). IW = mit Inwohnern (Mieter, meist temporär mitarbeitend).
AT = mit Altenteilern (von der Haushaltsleitung formell zurückgetretene Personen). KP = mit kleinem Arbeitskräftepotential (weniger als 4 Arbeitskräfte, d. h. mindestens 13jährige Personen). n = absolute Zahl der Haushalte. ø = durchschnittliche Haushaltsgrösse.
Quellen: Vienna Data Base on European Family History, Institut für Wirtschafts- und Sozialgeschichte der Universität Wien; Graubünden wie Tab. 7.1 (Inwohner als Kategorie unbekannt; die nicht an erster Stelle im Haushalt genannten Elternteile werden als Altenteiler betrachtet; Tujetsch ohne Altersangaben).

Laut einer Gesindeordnung für Kärnten von 1756 musste ein Dienstbote seinen Dienst »zu allen Zeiten nach dem Willen seines Herrn« fleissig und ohne Widerrede verrichten – die Unterwerfung unter den Hausvorsteher mit seinem Züchtigungsrecht war ein bestimmendes Merkmal der Gesindeposition. Wie Therese Meyer in einer Spezialstudie ausführt, wurden die Dienstverträge in der frühen Neuzeit meist auf ein Jahr abgeschlossen. Während dieser Frist war das Gesinde zu ungemessener, also jederzeit möglicher Arbeit aller Art verpflichtet. Nachher hatte man die Freiheit, den Dienst zu quittieren und eine neue Stelle anzutreten, wovon gemäss vorliegenden Daten reger Gebrauch gemacht wurde. Die Mobilität innerhalb einer kleineren oder grösseren Region scheint zum Lebensstil des Gesindes gehört zu haben. Die durchschnittliche Dienstdauer bei einem Bauern bewegte sich zwischen ein und zwei Jahren. Kamen die Dienstboten aus der Schicht der Bauern bzw. der weichenden Erben, so hatten sie einen gehobenen Rang und eine gewisse Hoffnung, nur während einer Lebensphase die Kost der Dienstherren essen zu müssen. In Kärnten gab es aber viele, die in die Unterschicht geboren wurden und bis zum Schluss dienten, sei es als gut bezahlter »Reitknecht« oder als schlecht bezahlte »Hühnerdirn«. Häufig stammten sie aus nichtehelichen Verbindungen. Schon für das 17. Jahrhundert lassen sich in einzelnen Orten und Jahren Illegitimitätsquoten bis 25 und mehr Prozent nachweisen. Auch die ungewöhnliche, lockere Form der Gesindehe war im Herzogtum nicht unbekannt. Die Gesetzgebung zu Dienstbotenfragen setzte während des Spätmittelalters ein und gipfelte zunächst in der kärntnerischen »Policeyordnung« von 1577. Seit Mitte des 18. Jahrhunderts nahm die Regelungsdichte mit den ausführlichen Erlassen von Maria Theresia und von Kaiser Joseph II. dann schnell zu.[43]

In dieser Reformphase beschleunigte sich die allgemeine Entwicklung der staatlichen und landwirtschaftlichen Verfassung. Während die Landesfürsten im 16. Jahrhundert über die Steuern wesentlich zur Stärkung und Modernisierung der Grundherrschaft beigetragen hatten, wurde die symbiotische Beziehung zwischen adliger und fürstlicher Staatlichkeit nun immer problematischer. Die internationale Machtpolitik erforderte in den Augen des Wiener Hofs eine wirkliche Integration der Länder, das heisst einen direkten, nicht mehr herrschaftlich vermittelten Zugriff auf die Untertanen. Wie sich der fiskalische Zugriff verstärkte und verallgemeinerte, zeigt der Werdegang des Katasters. Die theresianische Steuerregulierung brachte um 1750 eine gesamtstaatliche Erhebung in der Tradition der Hubenordnung, wobei der »rustikale« genauer vom »dominikalen« Besitz getrennt wurde (zwecks unterschiedlicher, aber allgemeiner Besteuerung von Bauern und Adel). Mit dem josephinischen Kataster von 1787/88 wurden die Güter erstmals vermessen, um eine gerechtere Verteilung der Grundlasten herbeizuführen und den herrschaftlichen Anteil am Agrarprodukt zu beschränken. Auf eine Kartierung konnte sich das hastig durchgeführte Unternehmen nicht einlassen. Politisch und organisatorisch realisierbar wurde die Erstellung eines vermessenen und kartierten, auch die Ertragslage detailliert berücksichtigenden Katasters erst im 19. Jahrhundert. Im Herzogtum Kärnten erfolgten die Aufnahmen in den Jahren 1826–1829.[44]

Zusammen mit der Steuerreform und den Reformen in anderen Bereichen entstand eine staatliche Verwaltung, die unabhängig von der ständischen Organisation funktionierte. 1748 wurde das Land in drei, 1782 in zwei Kreise eingeteilt und mit den entsprechenden Kreisämtern ausgestattet (vgl. oben Karte 7.3). Parallel dazu traten die Gemeinden aus ihrer Einbindung in die Herrschaft hervor. Via Militär-, Steuer- und Katasterwesen erhielten sie allmählich einen territorialpolitischen Status.[45]

Doch das Einziehen von staatlichen Abgaben war auch im späten 18. Jahrhundert nicht ohne Herrschaftsverwaltung durchzuführen. Dies erschwerte die zunehmend wichtige Unterscheidung von (öffentlichen) Steuern und (privaten) Renten und hatte auf der rechtlichen Ebene eine Entsprechung in den ungeklärten Eigentumsverhältnissen. Besonders unklar waren die Kontrollbefugnisse über Grund und Boden bei der verbreiteten Freistift, die nun ins Zentrum der Reformbemühungen rückte.

Eine Reihe von landesfürstlichen Erlassen führte vor allem ab 1784 alle freistiftlichen Verhältnisse von Staats wegen ins bäuerliche Kauf- und Erbrecht über. Die »Ehrungen« wurden damit nicht abgeschafft, sondern in Besitzänderungsgebühren umgewandelt, wie man sie auch beim Kaufrecht bezog. Die Betragshöhe war aber reglementiert und unabhängig von der sozialen Kontrolle, welche die Herrschaft fallweise zum Vor- und Nachteil ihrer Untertanen ausüben konnte. Adlige Kritiker der Reform hielten dafür, die »Gelindigkeit und Langmut« der Grundherren werde jetzt abnehmen, schliesslich sei ihnen auch die Freiheit genommen, »ihre Ehrungsgefälle nach Verschiedenheit der Umstände zu vermehren«. Damit habe die landesfürstliche Gewalt jeden Grundherrn »in seinem dominio directo« gekränkt.[46] Tatsächlich ging es zuvorderst um die Beziehung zwischen Monarchie und Regionaladel. Die Bauern, deren ökonomische Situation sich kurzfristig kaum veränderte, zeigten an der Diskussion wenig Interesse. Das »dominium directum«, das Obereigentum des Grundherrn im Unterschied zum Nutzeigentum des Bauern, war zwar zurückgebunden, aber die Teilung des Eigentums blieb mit dem Kaufrecht und seinen herkömmlichen Abgabeformen bestehen. So erreichte man im Herzogtum Kärnten 1784 ungefähr jene Situation, um deren Abschaffung man sich im Herzogtum Savoyen seit 1771 bemühte.

Nach dieser Darstellung von drei regionalstaatlichen Entwicklungen im Westen, Zentrum und Osten des Alpenraums können wir vorläufig folgende Punkte festhalten:

(1) Die frühneuzeitlichen Haushalts- und Familienverhältnisse in den drei Regionen lassen sich zwanglos in die erwähnte, auf den ganzen Gebirgsbogen gemünzte Hilfstypologie von Dionigi Albera einordnen. In Savoyen und in Graubünden dominierten laut unseren Ausführungen »agnatische« bzw. »bourgeoise« Familienmuster (mit männlichen bzw. geschlechtsneutralen Formen der Realteilung), während Kärnten ein Beispiel für den »Bauer-Typ« bildete (mit geschlossener Weitergabe der Grundstücke).

Aus analytischer Sicht verdienen dabei zwei Aspekte besondere Beachtung. Zum einen gab es eine gewisse Korrelation zwischen Haushaltsverfassung und Siedlungsweise: In der ersten und vor allem in der zweiten Region lag der Agglomerationsgrad der Siedlungen deutlich höher als in der dritten von grossen Einzelhöfen beherrschten Region. Zum anderen fügte sich die Familie auf je besondere Weise in unterschiedliche politisch-soziale Umfelder ein: In Graubünden wurde die Vererbung meist ohne Rekurs auf öffentliche Personen geregelt, die Normierung erfolgte nur in allgemeiner Form durch die entstehende kommunale Gesetzgebung; in Savoyen gingen die »chefs de famille« für das Ausstellen von testamentarischen Verfügungen flexible Allianzen mit den Trägern der notariellen Rechtskultur und Autorität ein; in Kärnten hatte die Hausherrenposition schliesslich einen quasi-amtlichen Charakter, die Allianzen mit den lokalen Machthabern und dem Staatswesen waren öffentlich fixiert.

(2) Die Territorialisierung und Staatsbildung wurde in den drei Regionen von sozialen Kräften mit verschiedener Reichweite geprägt. In Savoyen und in Graubünden

führte der Bedeutungsgewinn des Fürsten bzw. der Gemeinden während der frühen Neuzeit zu zentralistischen bzw. lokalistischen Strukturen, während in Kärnten die Zwischengewalt der Adelsherrschaft hervortrat. Die unterschiedliche Machtverteilung widerspiegelte sich in einer ungleichzeitigen Verfassungsentwicklung, aber weniger im Sinn von fortschrittlichen und rückschrittlichen Regionen als im Sinn von selektiven Wandlungsprozessen.

Gut zu fassen ist die Ungleichzeitigkeit bei den Herrschafts- und Staatsabgaben und bei der Anlage von kartographischen Katastern. In Savoyen begann die landesweite Besteuerung und Katastrierung Jahrhunderte früher als in Graubünden, das umgekehrt mit der Ablösung, das heisst Individualisierung oder Kommunalisierung von Herrschaftsabgaben vorausging. Besonders lang hielten sich die »Herrenforderungen« in Kärnten. Die fürstliche Besteuerung erfolgte hier nicht auf unabhängiger Basis wie in Savoyen, sondern durch den Adel, was das öffentliche Gewicht der Grundherrschaft wesentlich verstärkte und eine Ursache für die amtsähnliche Einbindung der Bauern bildete. Dieser Komplex ist verantwortlich für den feudalen Eindruck, den uns das östliche Land hinterlässt.

(3) Auf einer allgemeineren Ebene zeigen sich dagegen frappante Übereinstimmungen zwischen den drei Regionen: Überall kam es im 16. Jahrhundert und besonders seit 1550 zur schnellen Verfestigung von territorialstaatlichen Institutionen, deren Grundzüge bis ans Ende des Ancien régime nicht leicht zu verändern waren. Hing die genannte Ungleichzeitigkeit mit der inneren Machtkonstellation zusammen, so dürfte die Gleichzeitigkeit vor allem mit der äusseren Machtkonkurrenz in Verbindung zu bringen sein, welche damals weite Teile Europas via militärische und fiskalische Neuerungen zu einer engeren Konfliktgemeinschaft zusammenschloss. Für den Verlauf der regionalen Geschichte war es offenbar von erheblicher Bedeutung, wie die Binnenverhältnisse zu Beginn der Neuzeit gelagert waren – bestehende Unterschiede konnten sich durch die politische Verfestigung schubartig vergrössern und weitere Entwicklungen präjudizieren. Ein solches Divergenzmodell bedarf freilich einer breiteren Grundlage. Ob und wie es sich verallgemeinern lässt, gehört zu den Themen des folgenden Kapitels.

8 Staatsbildung und Gesellschaft

Wenn es nach gewissen älteren Geographen ginge, müssten wir die Frage nach der Bedeutung politischer Determinanten für die Entwicklung der ländlichen Verfassung und Gesellschaft im Alpenraum gar nicht aufwerfen. Die Antwort wäre schnell zur Hand und könnte nur lauten: eine marginale Bedeutung. So liest man in einer Übersichtsdarstellung aus der Frühphase des alpinen Regionalismus, dass die historischen Wechselfälle der Staaten die Lebensweise der Gebirgsbevölkerung unberührt gelassen hätten. »Les vicissitudes de ces États n'ont guère eu d'influence sur le genre de vie de leurs habitants, sur cette civilisation de la montagne qui plonge ses racines dans la préhistoire et qui a duré, sans changements profonds, jusqu'au XIXe siècle.«[1]

Die obigen Ausführungen haben uns einen anderen Eindruck vermittelt. Im Laufe der frühen Neuzeit kam es in allen untersuchten Territorien zu Wandlungsprozessen, die man sehr wohl als tiefgreifend bezeichnen kann. Zudem waren die politischen und sozialen Strukturen bis hinein in den engen Kreis von Familie und Haushalt regional so verschieden, dass es schwerfällt, von einem alpinen »genre de vie« zu sprechen. Seit dem ausgehenden 18. Jahrhundert verstärkte sich der Einfluss der grossräumigen auf die kleinräumigen Machtverhältnisse; mit klaren Unterschieden hinsichtlich Chronologie und Relevanz brachte die staatliche Ablösung von Herrschaftsrechten in weiten Teilen des Untersuchungsgebiets eine Modernisierung der Eigentumsordnung. Von einer einheitlichen Agrarverfassung konnte aber auch um 1900 nicht die Rede sein. Laut der nun erstmals verfügbaren Statistik bildeten landwirtschaftliche Kleinbetriebe im Westen des Alpenraums den Regelfall, während die östliche Region einen hohen Anteil von grossen, gesindereichen Betrieben aufwies.

Die von den zitierten und anderen Autoren ins Feld geführte »civilisation de la montagne« ist zur Untersuchung von divergenten Entwicklungen im Gebirge ein wenig geeigneter, weil vorschnell zusammenfassender und abgrenzender Begriff. Dieses Kapitel wird gerade am anderen Ende ansetzen und die alpinen Agrarverfassungen in den europäischen Kontext einordnen. West-östliche Sonderentwicklungen gehörten zu den prägenden Merkmalen des frühneuzeitlichen Europa. Ein Historiker mit literarischem Flair wie Fernand Braudel sprach von einem westlichen »Herzen« des Kontinents im Unterschied zu den östlichen »Randgebieten«. Ohne sich auf eine strenge Systematik einzulassen, unterstrich er im Westen die bäuerliche bzw. grundherrschaftliche Agrarstruktur mit Geld- und Naturalabgaben und die Städtedichte mit dem entsprechenden Bürgertum. Im Osten legte er das Gewicht auf den Aufschwung der Gutsherrschaft und die Zunahme der direkten Arbeitsleistungen, welche die Untertanen für diese umfangreichen Eigenwirtschaften des Adels zu erbringen hatten. Die beiden Zonen Europas schieden sich laut Braudel auf den Linien Hamburg–Venedig oder Hamburg–Wien–Venedig.² Nähme man sein grosszügiges, schon fast geometrisches Schema beim Wort, so verliefe die Trennlinie im ersten Fall östlich von Innsbruck quer durch den Alpenbogen, im zweiten Fall würde das Gebirge mit Ausnahme weniger Ausläufer ganz zum Westen zählen. So oder so, das Schema macht auf Anhieb deutlich, dass der Bezug auf europäische Zonen und Übergänge für unsere Problemstellung buchstäblich naheliegt.

Um auf Besonderheiten der Alpen hinzuweisen, kann man – anstatt das Zivilisationsargument zu bemühen – auch ihre forschungsstrategisch privilegierte Lage nennen. Tatsächlich erfordert eine Situierung der alpinen Agrarverfassungen nicht nur die Bezugnahme auf west-östliche Unterschiede, zur Diskussion steht im folgenden auch das Gefälle zwischen Gebieten südlich und nördlich des Gebirges. Im Anschluss an diesen skizzenhaften, theorieorientierten Überblick soll die Bedeutung des Politischen in der Entwicklung ländlicher Gesellschaften im Alpenraum dann auf breiterer Ebene erörtert werden.

Die europäische Dimension

Anregend für eine allgemeine Auseinandersetzung mit dem Thema ist die klassische Studie von Ester Boserup über die Bedingungen des agrarischen Wachstums in vorindustriellen Gesellschaften. Anders als viele Wirtschaftstheoretiker behandelt sie Agrarverfassungen oder »tenure systems« darin nicht als ausserökonomische Faktoren, sondern als interne, mit demographisch-ökonomischen Prozessen verbundene Variablen. Diese Verbindung bezieht sich aber nur auf einen bestimmten Aspekt, nämlich auf die Frage der Eigentumsbildung. Bei der resultierenden Zuordnung des Eigentums bleibt ihr Modell hingegen offen für politische Interpretationen, wie die folgende Kurzdarstellung zeigen mag.

• *Agrarintensivierung, Monetarisierung und Eigentumsbildung:* Bei zunehmender Bevölkerung und Nutzungsintensität kommt es in Agrargesellschaften zur Verdichtung von Eigentumsrechten; je knapper der Boden in einem Territorium und je kontinuierlicher die Benutzung einzelner Bodenstücke durch einzelne Familien, desto mehr treten die allgemeinen statusbezogenen Rechte auf das Territorium hinter spezifische individuelle Rechte auf den Boden zurück. Ab einem bestimmten Punkt tritt häufig eine Klasse von Feudalherren als Lokalregierung auf; sie erhebt Naturalabgaben von den ansässigen Familien und kann deren Arbeit auf öffentlich-herrschaftlichen Eigenwirtschaften nutzen. Die zunehmende Monetarisierung im Gefolge des Städtewachstums verändert die feudalrechtlichen Beziehungen und bildet mit der Agrarintensivierung einen wichtigen Antrieb bei der Privatisierung des Bodens.

• *Machtverhältnisse und Eigentumszuordnung:* Je nach politischen Machtverhältnissen nimmt die Privatisierung verschiedene Formen an. Manchmal kommt es zur Schwächung der Feudalherren gegenüber den Bauern; sie verlieren die Kontrolle über die Abhängigen und können bloss die Eigenwirtschaften in ihr Privateigentum überführen. In anderen Fällen setzen sich die herrschaftlichen Anstrengungen zur Eliminierung von bäuerlichen Nutzungsrechten durch; die Herren werden zu Eigentümern beträchtlicher Teile oder des ganzen früher feudalrechtlich kontrollierten Bodens, während die Bauern zu Pächtern und Nicht-Eigentümern herabsinken.[3]

In der historischen Wirklichkeit waren die für analytische Zwecke unterschiedenen Prozesse der Bildung und Zuordnung von Eigentum natürlich parallele Erscheinungen. Gleichwohl werde ich mich bei den Hinweisen auf die Verhältnisse südlich und nördlich der Alpen auf je einen Aspekt beschränken. Denn in europäischer Sicht war Oberitalien ein Musterbeispiel für frühe Eigentumsbildung, während die Agrarstrukturen im deutschen Raum auffällig stark auseinandergingen.

Die frühzeitige Individualisierung von Grund und Boden in Oberitalien lässt sich vielleicht am einfachsten an der gelehrten juristischen Sprache ablesen, die ihrerseits seit den mittelalterlichen Anfängen auf Verallgemeinerung und Vereinfachung angewiesen war. Um das Verhältnis von Herren und Bauern auf den Begriff zu bringen, pflegten die Juristen den Unterschied zu machen zwischen dem herrschaftlichen Obereigentum oder »dominium directum« über ein Gut und dem bäuerlichen Nutzeigentum oder »dominium utile« am selben Gut. Das berühmte Wortpaar diente in vielen Regionen nördlich der Alpen bis ins 19. Jahrhundert zur formelhaften Erfassung von variablen Herrschaftsbeziehungen. Das österreichische Gesetz zur Aufhebung der Untertänigkeit und zur Grundentlastung aus dem Jahre 1848 entzog zum Beispiel allen »aus dem grundherrlichen Obereigenthume« herrührenden Leistungen die Rechtsgrundlage.[4]

Demgegenüber betonen Giorgio Chittolini und Gauro Coppola in einer Übersicht zur Verfassungsentwicklung in Oberitalien, dass das Konzept des geteilten Eigentums hier schon während des Spätmittelalters in zentralen Bereichen hinfällig wurde. Mit der Ausdehnung der städtischen Autorität und anderen Veränderungen wandelte sich das Obereigentum juristisch vorerst zur blossen Dienstbarkeit, um dann vom privaten, beide »dominia« umfassenden Eigentum abgelöst zu werden. Die ländliche Machtstruktur erhielt so ein neues, gewissermassen unpersönliches Gesicht. An die Stelle der seigneuralen Lokalgewalten trat die Kontrolle durch die städtischen Kommunen und Eliten. Der Boden, welcher nicht-bäuerlichen Schichten gehörte oder mit der Zeit in deren Hände geriet, wurde nun mit Lohnarbeit bearbeitet oder nach Kriterien der freien Pacht, also für befristete, kurze Perioden, vergeben.[5] Wie von den Autoren angedeutet, erfolgte diese Rechtsentwicklung vor einem aussergewöhnlichen wirtschaftlichen Hintergrund. Einige Daten zum oberitalienischen Raum der frühen Neuzeit haben wir weiter oben genannt. Sie bezeugen vor allem für das 16. Jahrhundert, aber auch für die folgenden Phasen, eine im zeitgenössischen Vergleich dichte Bevölkerung, intensive Landwirtschaft und fortgeschrittene Urbanisierung.[6]

Verbunden mit der Modernisierung der Eigentumsrechte und bezeichnend für die Verdichtung der gesellschaftlichen Organisation waren im allgemeinen Steuerreformen. Dass italienische Regionalstaaten in Steuersachen zu den innovativen Schauplätzen gehörten, kann man besonders am 18. Jahrhundert veranschaulichen. Im Herzogtum Mailand wurde 1718, wenige Jahre nachdem Österreichisch Habsburg die Spanier im Besitz des Territoriums abgelöst hatte, eine »Giunta di Nuovo Censimento« eingesetzt, die in der Folge einen vielbewunderten kartographierten Kataster erstellen liess. Er umfasste alle produktiven und unproduktiven Grundstücke des Herzogtums und bildete die Basis für eine spezifische, zentrale Bodenbesteuerung, bei welcher die Lasten trotz allen Widerständen nicht mehr über einzelne Körperschaften verteilt wurden. Die Initiative dazu ging von Wien aus, doch in den meisten anderen habsburgischen Ländern wäre eine solche Reform zu diesem Zeitpunkt undurchführbar gewesen. Angesichts der ständisch-adligen Machtposition in diesen Ländern, so das Urteil von Katasterexperten, »a Milanese-type mapped cadaster would have been constitutionally inappropriate and too controversial to contemplate«. Im Falle der piemontesischen Kataster- und Steuerreform kam die Initative aus einem italienischen Zentrum – vom Hof in Turin. Ende des 17. Jahrhunderts begonnen und später beeinflusst von den mailändischen Erfahrungen, dehnte sich die katastermässige Erfassung seit 1728 vom Piemont auf das zugehörige Savoyen aus (vgl. Kapitel 7). Berücksichtigt man die südliche Situation und Herkunft, so wird die beschleunigte Verfassungscrncucrung in diesem alpinen Herzogtum zweifellos besser verständlich.[7]

Oberitalien entwickelte sich aber keineswegs auf lineare und territorial gleichmässige Art. Zu einer eigentlichen Krisenperiode wurde das 17. Jahrhundert, als die Gesamtbevölkerung stagnierte und die Städte Einwohner verloren. War die Bevölkerungs- und Wirtschaftskrise Ausdruck einer dauerhaften, auch politisch-sozialen »Refeudalisierung«, wie eine in den letzten Jahrzehnten diskutierte These behauptet?[8] Die Meinungen darüber bleiben geteilt, doch im Kern scheint die These an Rückhalt einzubüssen, weil sie eine Restauration von überholten Zuständen unterstellt, während sich die staatliche und gesellschaftliche Praxis in Wirklichkeit von früheren Zuständen entfernte. Wenn wir wieder auf Giorgio Chittolini hören, muss man die Frage im grösseren Rahmen der regionalstaatlichen Territorialisierung erörtern. Auch in denjenigen Gebieten, in denen die Städte seit dem Mittelalter eine besonders starke demographische und politische Dynamik entfalteten wie in der Lombardei, basierte die weitere Ausdehnung des Machtbereichs nicht auf einer einheitlichen Verfassung, sondern auf partikularen Bestimmungen für lokale Gemeinschaften und Herrschaften: Die Bewegung hin zum grossen Territorium war in vielerlei Hinsicht entscheidender als der Gegensatz zwischen kommunalen und feudalen Erscheinungen.

Zu den vom direkten städtischen Zugriff abgeschirmten Randgebieten zählten vor allem auch die Alpentäler. Sie verfügten im werdenden Staat oft über ein hohes Mass an kommunaler Autonomie und Privilegierung. Zugleich waren sie aber den wirtschaftlichen und politischen Einflüssen weniger ausgesetzt, welche in den zentralen Gebieten eine Modernisierung der Eigentumsordnung herbeiführten. Erbleihen und andere Formen von unbefristeten Abhängigkeitsverhältnissen gehörten daher gerade in alpinen Regionen bis ins 19. Jahrhundert zu den Elementen der Agrarverfassung.[9] In dieser gut sichtbaren Ambivalenz und in der ebenso starken wie abgestuften Stadtstaatlichkeit liegt, wie ich meine, die Hauptbedeutung für unseren Gegenstand. Aus schweizerischer Perspektive erschien der mittlere Alpenraum um 1800 als Gebiet mit geringer Feudalbelastung (vgl. Kapitel 6), aus italienischer Perspektive konnte er damals ein Gebiet mit zahlreichen Feudalrelikten sein.

Die eingangs erwähnten West-Ost-Entwicklungen in Europa gaben früh Anlass zu vergleichenden Betrachtungen. »Von den Bürgern und Bauern in Deutschland ist anzumerken, dass diese in manchen Ländern, z. E. in Franken, Schwaben, am Rhein etc. gemeiniglich freie Leute sind, oder doch nur gewisse Frohndienste leisten und Geldabgaben entrichten: hingegen in der Mark Brandenburg, Pommern, der Lausitz, Mähren, Böhmen, Oestreich etc. in einer Art von Gebundenheit auf unterschiedene Weise leben«, bemerkte ein »Handbuch der neuesten Erdbeschreibung« von 1802 in Anlehnung an ältere Autoren.[10] Seit Ende des 19. Jahrhunderts wurden solche Beobachtungen dann zum eingängigen Konzept des »Agrardualismus« umgearbeitet. Demzufolge entwickelte sich die Elbe in der frühen Neuzeit zur Grenze zwischen verschiedenen Verfassungsformen: »Grundherrschaft«, basierend auf Geld- und Naturalabgaben der Bauernbetriebe im Westen; »Gutsherrschaft«, basierend auf ausgedehnter adliger Eigenwirtschaft und bäuerlichen Arbeitsleistungen im Osten. Wie viele andere Stränge der internationalen und innerdeutschen Geschichtsschreibung zum West-Ost-Verhältnis ist die Agrardualismus-Debatte von ihrem – im 20. Jahrhundert hochsensiblen – politischen Umfeld kaum zu trennen. Dies zeigt sich schon an den schematischen Folgerungen, die man für die Bevölkerung der beiden Herrschaftstypen zog: Selbstverantwortlichkeit auf der einen, Untertanengeist auf der anderen Seite.[11]

In Weiterführung von älteren differenzierten Ansätzen und innerhalb eines veränderten Umfelds zielt die Forschung heute zu einem guten Teil in eine andere Richtung. Man fordert präzise Untersuchungen der vielen regionalen Mischformen sowie der individuellen Handlungsspielräume, aber auch einen weiteren europäischen Blickwinkel. Für unsere Zwecke genügt eine Darstellung von ausgewählten Studien aus diesem breitgefächerten Feld. Sie beziehen sich auf die Ebene des Staats, der Herrschaft und der landwirtschaftlichen Betriebe.[12]

Europäisierung und Regionalisierung kennzeichnen in hohem Mass die Überlegungen von Charles Tilly zum langfristigen Staatsbildungsprozess. In entschiedener Abwendung von unilinearen Modellen, welche einzelne mächtig gewordene Staaten wie Frankreich und England zum Massstab für den gesamten Kontinent machen, betont er die Vielfalt staatlicher Verhältnisse und ihre grosse Überlebensfähigkeit. Seinem Ansatz zufolge nahm die europäische Staatsbildung einen kurvenförmigen Verlauf. Während einer ersten Phase kam es zur Verstärkung bestehender Strukturunterschiede zwischen den einzelnen Gebieten; in der zweiten Phase fand eine internationale Angleichung statt mit dem Resultat, dass schliesslich überall vergleichsweise ähnliche Nationalstaaten entstanden. Die Frage von Tilly lautet also, »why European states followed such diverse paths but eventually converged on the national state«. Um die Diversität zu begründen und modellartig zu fassen, unterscheidet er zwischen »kapital-intensiven« und »zwangs-intensiven« Entwicklungspfaden. In kapital-intensiven Regionen (mit vielen Städten und kommerzieller Dominanz) sei die Staatsbildung von einem sozioökonomischen Umfeld geprägt worden, welches den Aufbau von militärischer Macht erleichtert und gleichzeitig die Übernahme des Staats durch Spezialisten der Gewaltausübung behindert habe; anders dagegen in zwangs-intensiven Regionen (mit wenigen Städten und agrarischer Dominanz), wo die bürokratische Einbindung von kriegerischen Feudalherren sowie die Unterwerfung von Bauern und städtischem Bürgertum bestimmend gewesen seien. Typische Beispiele nennt der Autor gerade aus dem hier interessierenden Raum: die stark urbanisierten Gebiete von Norditalien über den Oberrhein nordwärts für die Kapitalvariante, östliche Gebiete wie Ungarn für die Zwangsvariante.[13]

Es gibt keinen Grund, Tilly bei dieser aus überlieferten bürgerlichen und marxistischen Klischees abgeleiteten Vermischung von Produktionsweise und politischer Gewalt zu folgen und damit fragwürdige Elemente des Agrardualismus-Konzepts zu zementieren. So wenig Regionen mit vorwiegender Land- und Naturalwirtschaft durchwegs von einem mächtigen Adel beherrscht sein mussten, so unrealistisch ist die Vorstellung, dass die Staatsbildung in Regionen mit vorwiegender Stadt- und Geldwirtschaft ein halbwegs zwangsfreier Prozess gewesen sei.[14]

Wichtig für eine allgemeine Diskussion erscheinen mir dagegen andere in der Studie angeführte Punkte: (1) Zu den Ursachen von regionalspezifischen Entwicklungspfaden zählt der Autor den Umstand, dass frühere Schritte die späteren Schritte präjudizierten; ideale Zielsetzungen einzelner Machthaber spielten für die Staatsbildung eine beschränkte Rolle; Innovationen mussten im Rahmen bestehender Machtverhältnisse ausgehandelt bzw. durchgesetzt werden. (2) Die Entwicklung zur Staatlichkeit war ein durch Konkurrenz unter Herrschern vorangetriebener und damit kollektiver Prozess; der Übergang von einem lockeren »cluster« von Staatsgebilden zu einem eigentlichen Staatensystem mit formellen Beziehungen lässt sich auf das ausgehende Mittelalter ansetzen; einen Formalisierungsschub brachten die Italienkriege der 1490er Jahre. (3) Mit der dramatischen Ausdehnung des Militärsektors in der frühen Neuzeit und mit der Verdichtung der internationalen Beziehungen entstand vor allem seit dem beginnenden 18. Jahrhundert ein Angleichungsdruck; mehr als früher zu einem aussenbestimmten Vorgang geworden, mündete die Staatsbildung im 19. Jahrhundert in die Verallgemeinerung nationalstaatlicher Modelle; damit erhielten auch Bewegungen, welche auf die Veränderung der inneren Machtverhältnisse abzielten, einen nationalen Charakter.[15] Während die Entwicklung von Herrschaft in den Frühphasen der Staatsbildung also von regionalen Schritten abhing, wurde sie nun von einer grossräumigen Dynamik geprägt.

Doch welches waren die älteren regionalen Herrschaftsformen in den Gebieten des nördlichen Alpenumlands? Unter dem Titel »Zwischen Ost und West« hat Herbert Knittler kürzlich eine Studie vorgelegt, welche die niederösterreichische Grundherrschaft während der frühen Neuzeit mit quantitativer Methode und im Vergleich zu benachbarten Regionen untersucht. Niederösterreich weist eine nicht unbedeutende alpine Fläche auf, liegt aber zum grossen und wichtigen Teil im Donauraum und gibt uns damit einen guten Ausgangspunkt.

Zu Beginn der Neuzeit bezogen die Grundherrschaften des Landes vorwiegend Geld- und Naturalabgaben von ihren Untertanen, die Arbeit auf Eigenwirtschaften war gemäss den verfügbaren Quellen wenig verbreitet. Kennzeichnend für die weitere Entwicklung wurde nun allerdings die Expansion dieser herrschaftlichen, hauptsächlich in Fronarbeit bestellten Eigengüter. 1563 bewilligte der habsburgische Landesfürst den niederösterreichischen Ständen das Recht auf »ungemessene Robot«, das heisst die Möglichkeit zur beliebigen Arbeitseinforderung, was die schon im Gerichtswesen verankerte Hoheit über die Untertanen weiter festigte. Gleichwohl scheint die adlige Eigenwirtschaft erst nach einer Anlaufphase schneller expandiert zu haben. In der östlichen Landeshälfte stieg die dominikale Ackerfläche von ausgewählten Herrschaften zwischen 1620/30 und 1750 um 30 Prozent. Einen gewissen Massstab für die üblich gewordenen Frondienste gibt das landesfürstliche Patent von 1772/73, mit dem die ungemessene Robot in Niederösterreich durch eine Grenze von 104 Tagen pro Jahr reglementiert wurde. Anders verlief die Entwicklung im benachbarten Oberösterreich, wo man die Robot 1597 auf einen Normwert von 14 Tagen pro Jahr festgelegt hatte. Der grundherrliche Druck war hier aber keinesfalls geringer, Besitzwechselgebühren und andere Geldabgaben erfuhren nämlich seit Beginn der Neuzeit eine massive Steigerung. Knittler betont, dass zwischen den verschiedenen Leistungen Zusammenhänge bestanden, »da eine Anhebung der Fron über ein bestimmtes Mass hinaus die Herabsetzung der bisherigen Geld- und Naturalabgaben bedingte«.[16]

Unter den Gründen für die im 16. Jahrhundert auseinandergehenden Wege der beiden Länder nennt er die unterschiedliche Siedlungsweise im Verbund mit wirtschaftlichen und rechtlichen Gegebenheiten. In Oberösterreich habe die Weiler- und Einzelsiedlung die Bildung starker Bauerngemeinden behindert und den herrschaftlichen Zugriff auf den Einzelhof begünstigt. In Niederösterreich seien dagegen Dörfer charakteristisch und zugleich von der spätmittelalterlichen Krise stark betroffen gewesen, so dass es Bodenreserven gab, die von Herrschaftsseite eingezogen werden konnten. Der Rückgang der Bevölkerung bewirkte auch in den Krisen seit 1620 ein Anwachsen der Gutsflächen. Weniger eindeutig ist der Einfluss der Marktkonjunkturen, die offenbar je nach Situation verschiedene Impulse auslösten.[17]

Im Endergebnis gehörte Niederösterreich, gemessen an den Arbeitsdiensten und herrschaftlichen Wirtschaftsflächen, zu einer grossen Zone, die von der Ostsee über die Länder der böhmischen Krone in die Steiermark und nach Ungarn und Kroatien reichte. Für Böhmen und Mähren wurde zum Beispiel in den 1770er Jahren eine Robotgrenze von 156 Tagen verfügt, in der Steiermark lag sie wie in Niederösterreich bei 104 Tagen. Der Anteil der dominikalen Ackerfläche betrug in diesen beiden Ländern 9–12 Prozent, aus Ungarn gibt es Angaben im Bereich von 15–30 Prozent. In den ostdeutschen und polnischen Dichtezonen der Gutsherrschaft erreichten die Frontage und die herrschaftlichen Eigenflächen dagegen deutlich höhere Werte, so dass sich gemäss dem Autor eine Abgrenzung nach dieser Seite aufdrängt. Andererseits könne man die behandelte Agrarverfassung auch nicht als Grundherrschaft im westlichen Sinn bezeichnen, sondern eben als Form zwischen Ost und West, in welcher Arbeitsleistungen, aber auch Geld- und Naturalabgaben eine Rolle spielten.[18]

Die dritte hier betrachtete Ebene, der landwirtschaftliche Betrieb, wird von der Literatur weit seltener zum Verfassungsvergleich herangezogen als die beiden anderen Ebenen, was der Diskussion in vielen Hinsichten abträglich ist. Besonders deutlich wird dies in denjenigen Fällen, wo die Fixierung auf Staat und Herrschaft zu einer Fehlbeurteilung ihrer ökonomischen Basis führt.[19] Dass es zwischen regionalen Betriebsmustern ebenso grosse Unterschiede gab wie zwischen regionalen Herrschaftsmustern, kann man einem Überblick von Franz Irsigler über Gross- und Kleinbesitz im westlichen Deutschland vom 13. bis 18. Jahrhundert entnehmen. Es handelt sich um einen Versuch, verschiedene im frühen 20. Jahrhundert erhobene Daten zur Agrarverfassung historisch-genetisch zu interpretieren.

Der Südwesten Deutschlands war damals eine Zone mit vorwiegend klein- und kleinstbäuerlichen Betrieben und hob sich damit von den meisten deutschen Landschaften ab, besonders auch vom östlich benachbarten Bayern, wo Mittel- und Grossbetriebe stark ins Gewicht fielen. Eine ähnliche Verteilung stellte man bei der Vererbung des bäuerlichen Grundbesitzes fest: Im Südwesten dominierte die Realteilung, in Bayern und anderswo die geschlossene Vererbung. In seinem Beitrag skizziert Irsigler nun eine Typologie von historischen Wirtschaftszonen unter dem Gesichtspunkt der Betriebsgrössen samt den für ihre Entwicklung massgeblich scheinenden Faktoren. Er konzentriert sich dabei auf das Spätmittelalter und zeichnet ein Bild, das mehr durch Kontinuität als durch Wandel geprägt ist. So scheint sich der südwestliche Raum schon vor Beginn der Neuzeit deutlich vom bayerischen unterschieden zu haben. In Bayern waren zum Beispiel Weiler und Einzelhöfe verbreitet, während man am Oberrhein vielen Städten, grossen Dörfern und einer nach zeitgenössischen Begriffen intensiven Landwirtschaft begegnete. Reisende verglichen die Gegend zwischen Basel und Mainz um 1500 mit einem Garten.[20]

Sehr aufschlussreich für die Agrarstrukturen des Südwestens und besonders für den

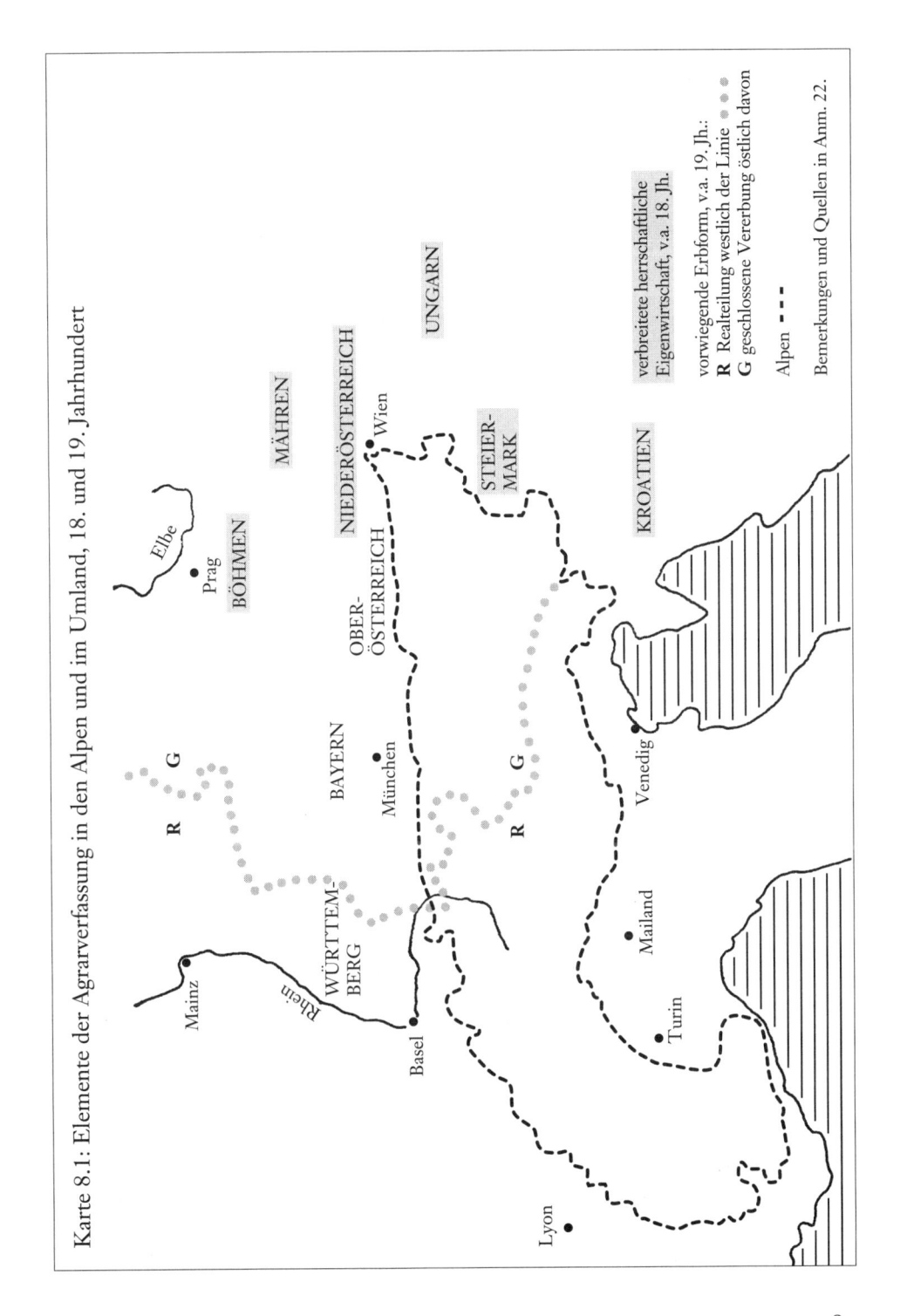

Karte 8.1: Elemente der Agrarverfassung in den Alpen und im Umland, 18. und 19. Jahrhundert

verbreitete herrschaftliche Eigenwirtschaft, v.a. 18. Jh.

vorwiegende Erbform, v.a. 19. Jh.:
R Realteilung westlich der Linie
G geschlossene Vererbung östlich davon

Alpen - - -

Bemerkungen und Quellen in Anm. 22.

Staatsbildung und Gesellschaft 185

Aspekt der Realteilung ist eine bis ins 19. Jahrhundert reichende Lokalstudie aus Württemberg. Der Autor David Warren Sabean unterstreicht darin die Komplexität der europäischen Erbsysteme etwa mit Bezug auf das Verhältnis unter den Geschlechtern, die Zuteilung von Boden, Haus und Geräten, die Abfindung in Geldwerten und die Anwendung testamentarischer Praktiken. Man könne die verschiedenen Systeme besser als ein Kontinuum zwischen ganz egalitären und inegalitären Polen begreifen als mit dem einfachen, bodenbezogenen Gegensatz zwischen Realteilung und geschlossener Vererbung. Dennoch, zur Einordnung seines Gebiets benutzt Sabean meist das Kriterium der Realteilung. Als wichtiges Erklärungselement betrachtet er die fiskalisch motivierten Staatseingriffe des 16. und frühen 17. Jahrhunderts: Das generelle Vererbungsmuster sei damals unter Berücksichtigung bestehender Verhältnisse politisch festgelegt worden.

In Württemberg veranstaltete der Herzog zuerst eine Erhebung der örtlichen Erbsitten und statuierte dann von 1555 bis 1610 ein einheitliches geschlechtsneutrales Erbrecht, das im allgemeinen schnell übernommen wurde. »A particular inheritance regulation may have violated the old custom of a particular village, but once in place for a generation or so would become part of the observed rule structure.« Die Übernahme bzw. Anpassung erfolgte auch unter bürokratischem Druck, denn mit dem Landrecht wurde eine fortlaufende Inventarisierung der einzelnen Vermögensteile vorgeschrieben. Diese staatlich vereinheitlichte und durchgesetzte Realteilung hatte nicht zwangsläufig eine Fragmentierung der Betriebe zur Folge. Kleinbäuerliche Tendenzen scheinen früh vorhanden gewesen zu sein, doch zur weiteren Verkleinerung der Nutzflächen führte erst das rasche Bevölkerungswachstum seit dem 18. Jahrhundert.[21]

An dieser Stelle können wir auf unser Untersuchungsgebiet zurückkommen. Die in der Übersicht genannten Territorien nördlich und östlich des Alpenraums sind in Karte 8.1 verzeichnet. Auf stark schematisierte Weise zeigt die Karte auch die Tendenzen zur herrschaftlichen Eigenwirtschaft und zur Realteilung bzw. geschlossenen Vererbung.[22] Zusammen mit den Hinweisen in diesem und den beiden vorangegangenen Kapiteln ist ihr zu entnehmen, dass die west-östlichen Divergenzen der Agrarverfassung im Tiefland und im Gebirge in mancher Hinsicht übereinstimmten. Der Westen war in beiden Fällen geprägt von klein- und kleinstbäuerlichen Betrieben; die mittel- und grossbäuerlichen Verhältnisse im östlichen Alpenabschnitt hatten eine Entsprechung in Bayern und im oberösterreichischen Donauraum; in vergleichsweise geringer, weil punktueller Weise machte sich am Ostrand des Gebirges auch die Tendenz zur herrschaftlichen Eigenwirtschaft bemerkbar. Insgesamt erscheint die alpine Situation damit nicht als historischer Sonderfall, sondern als Teil einer europäischen Geschichte.

Politik als Differenzierungsfaktor

Die faktischen Korrespondenzen zwischen den Alpen und dem Umland, die sich aus der vergleichenden Betrachtung ergeben, vermitteln auch interpretatorische Anhaltspunkte. Ökologische und damit verbundene ökonomische Interpretationen der Agrarverfassung verlieren dadurch an Gewicht, während politische Aspekte in den Vordergrund treten. Wichtig für die folgenden Überlegungen ist nun der mehrfach deutlich gewordene Umstand, dass dieses politische Feld seit Beginn der Neuzeit einem starken Wandel unterlag, der mit Begriffen wie Formalisierung, Verdichtung und Verrechtlichung umschrieben wird und trotz regionalen Besonderheiten einen allgemeinen Charakter hatte.

Zu den vielen Gründen der beschleunigten Staatsbildung gehörte im Alpenraum auch die geopolitische Lage. Vor allem während den Italienkriegen des ausgehenden 15. und frühen 16. Jahrhunderts wickelte sich ein grosser Teil der bedeutenden Konflikte und Allianzen zwischen europäischen Mächten diesseits und jenseits des Gebirges ab. Die erste bekannte von der französischen Monarchie in Auftrag gegebene Karte hatte ihren Grund in den entsprechenden Schwierigkeiten: Der König wollte wissen, über welche Pässe die italienischen Territorien mit seiner Armee am besten zu erreichen seien. Auf der etwas später gedruckten »Carte d'Italie« erschienen die Alpen von den »Mons de Gaule« bis zum »S. Godard«, und der Begleittext wies darauf hin, dass für die Überquerung mit Geschützen der Vorzug dem Montgenèvre gebühre (vgl. Abbildung 2).[23]

Eine einfache Art, die Formen des Wandels verständlich zu machen, stellt den differenzierenden Effekt des politischen Wachstums in Rechnung. Wie an den betrachteten Beispielen ausser- und innerhalb des Gebirgszugs ersichtlich, gingen die regionalen Entwicklungen in der frühen Neuzeit auseinander. Man denke an Ober- und Niederösterreich, wo sich die Grundherrschaften seit dem 16. Jahrhundert mehr und mehr unterschieden und zugleich – wie in Kärnten – an Gewicht gewannen. Man denke an Savoyen und Graubünden, wo der Fürst bzw. die Gemeinden hervortraten, was zu zentralistischen bzw. lokalistischen Strukturen führte. Ein wichtiger Ansatzpunkt für die jeweils eingeschlagenen Pfade waren die um 1500 bestehenden Kräfteverhältnisse zwischen landesfürstlichen, adelsherrschaftlichen und gemeindlichen Verbandsformen: Wo eine Form besondere Bedeutung besass, hatte sie gute Chancen, weiter an Bedeutung zu gewinnen und die übrigen Kräfte in der Staatsbildung zu dominieren. Die politische Dynamik erzeugte mit anderen Worten einen inner- und zwischenregionalen Differenzierungsprozess. Gleichzeitig hatten diese Verbände Interessen von ungleicher Reichweite und damit unterschiedliche Entwicklungspotentiale. Am beschränktesten war das kommunale, am grössten das fürstliche Potential. Auf lange Sicht erwiesen sich kommunale Verbände hingegen als unabdingbar, während die in der frühen Neuzeit womöglich erstarkten adligen Herrschaften ausschieden. Die Entwicklung zur nationalstaatlichen Grossräumigkeit brachte bis um 1900 praktisch überall eine Trennung der statusbezogenen von ökonomischen Rechten.[24]

Eine ähnliche, wenn auch nicht so ausgeprägte Differenzierung lässt sich für die landwirtschaftlichen Betriebe beobachten oder begründet vermuten. Wichtig waren hier die bestehenden Siedlungsstrukturen. Dörfliche Siedlungen tendierten aus praktischen und konzeptionellen Gründen (auf die ich zurückkommen werde) zu einer von Realteilung und potentiell kleineren Betrieben dominierten Produktionsweise, während die Höfe in gestreuten Siedlungen nicht nur grössere individuelle Expansionsmöglichkeiten hatten, sondern auch einer geschlossenen Besitzübergabe Vorschub leisteten. Je nach Situation ergab sich damit eine Basis für die Verrechtlichung in die eine oder andere Richtung. Dieser institutionelle Ausbau, Produkt der Territorialisierung und Staatsbildung, überlagerte aber früher oder später die lokalen Verfassungen und trug damit zur regionalen Differenzierung bei. Die soziale Position der Machtträger war dagegen sekundär. Die Literatur hebt hervor, dass geschlossene Erbformen oft von starken Grundherren durchgesetzt wurden.[25] In Kärnten entwickelte sich die Hofübergabe mit dem Erstarken der Grundherrschaft zu einer Art Amtsübergabe, die nur bedingt als Vererbung anzusprechen ist. Der grundherrliche Einfluss brauchte auch nicht vom Adel auszugehen wie in diesem Fall, er konnte direkt vom Landesfürsten kommen. Annahmen über die innere Beziehung zwischen bestimmten Machtträgern und bestimmten Betriebsverfassungen scheinen mir deshalb weniger stichhaltig als die Annahme, dass ihre Beziehung chronologischer Natur war: Die regionalen Entwicklungen hingen in nicht geringem Mass davon ab, welche Konfigurationen auf den unteren und oberen Gesellschaftsebenen beim Ausbau von Staatlichkeit dominierten.[26]

Besonders interessant für den Zusammenhang zwischen staatlicher und häuslicher Verfassung ist die Geschichte des Landes Tirol, das wir oben als eine Übergangsregion zwischen West und Ost kennengelernt haben.[27] Im Unterschied zu den östlichen Ländern Habsburgs waren die Gerichtsgemeinden hier im Landtag vertreten und direkt in das während des 16. Jahrhunderts ausgebaute öffentliche Finanzwesen einbezogen. Damals scheint auch der Institutionalisierungsgrad des Erbrechts gestiegen zu sein, und zwar hauptsächlich in den Gerichten, in denen man die amtliche Beurkundung von Handänderungen einführte. Auf Landesebene gab es hingegen nur allgemeine Artikel über die Kontrolle von Teilungen bei grundherrlichen Gütern und über Teilungsregeln bei bäuerlichen Gütern (Landesordnungen von 1526, 1532, 1573). Angesichts der ganz variablen Siedlungs- und Erbmuster in den verschiedenen Teilen Tirols und angesichts des politischen Gewichts der Gerichte war eine einheitliche Lösung vorerst undenkbar.

Die Schwierigkeiten der Vereinheitlichung traten im 18. Jahrhundert zutage, als die habsburgischen Fürsten die zentrale Verwaltung ihrer grossen Grafschaft intensivierten und nun entschieden teilungsfeindliche Auffassungen vertraten. Ein Patent von Maria Theresia aus dem Jahre 1770 verfügte unter anderem, dass Hofübergaben anhand genauer Unterlagen von der Obrigkeit zu beurteilen seien, um zu gewährleisten, dass der eingesetzte Hoferbe den weichenden Erben nicht zu hohe Abfindungen entrichten müsse. In den Gerichten, wo solche Hofübergaben weder üblich noch einführbar seien, solle man Teilungen nach Möglichkeit vermeiden. Die komplexe Lage kam auch im Steuerkataster von 1775 zum Ausdruck, der einerseits Höfe, andererseits Parzellen erfasste. Wichtiger als die Gesetzgebung wurde nun dieser Kataster. Abgesehen von der Durchsetzbarkeit war nämlich schon die Geltung der Gesetze in den südlichen und westlichen Gebieten des Landes unklar. Doch der Kataster gab einen administrativen Ansatzpunkt für eine Regelung auf Ebene der einzelnen Betriebe. Diejenigen Güterkomplexe, welche unter einer Hofnummer registriert waren, galten fortan als zusammengehörig und nicht mehr teilbar. Mit der gesetzlichen Verankerung dieser »geschlossenen Höfe« im Jahre 1900 erhielt Tirol dann eine gespaltene Verfassung: Teilbarkeit für die unregistrierten, Unteilbarkeit für die registrierten Betriebe. Der Übergangscharakter der Region widerspiegelte sich jetzt auf institutionelle Weise.[28]

Ländliche Gesellschaften

Abschliessend wollen wir einige Aspekte der ländlichen Gesellschaften betrachten, die sich in einem doppelten Sinn aus den bisherigen Ausführungen ergeben. Auf der theoretischen Ebene stellt sich die Frage, wie die bisher vorgebrachten Argumente zu anderen Erklärungen der soziopolitischen Strukturen und Entwicklungen stehen, was eine Auseinandersetzung mit der Literatur erfordert. Auf der historischen Ebene fragen wir nach der Bedeutung dieser Strukturen für die Praxis und für die zeitgenössischen Vorstellungen – dies unter Berücksichtigung von weiteren Erfahrungsbereichen.

Es besteht kein Anlass, auf die Meinung zurückzukommen, welche der Agrarverfassung im Alpenraum pauschal einen bestimmten Charakter zuschreibt, weil die Umwelt nichts anderes zugelassen habe. Man braucht nur die regionalen Horizonte zu überschreiten, die solchen Äusserungen zugrunde liegen, um ihre Realitätsferne zu erweisen. Auch die Auffassung, dass einzelne Verfassungselemente – wie die Siedlungsstrukturen – naturbedingt seien, lässt sich durch vergleichende Betrachtungen ohne weiteres entkräften.[29] Interessanter sind Modelle, welche ökonomische Argumente in den Mittelpunkt stellen und ökologische Variablen nur als Hintergrund dafür benutzen. Solche Modelle dienen in der Literatur zur Begründung von klein- wie grossbäuerlichen Verhältnissen und beziehen sich auf die landwirtschaftliche Technik (1), Ausrichtung (2) und Intensität (3).

(1) Bernard Derouet plädiert in einer Studie über die Formen der sozialen Reproduktion im ländlichen Frankreich des Ancien régime für eine vermehrte Beachtung der Ökonomie und gegen die Überschätzung juristischer und kultureller Einflüsse. Als wichtigen Faktor betrachtet er die Agrartechnologie. Aufgrund spezifischer Umwelt-

bedingungen sei beispielsweise die Ackerbearbeitung im Süden Frankreichs – anders als im Norden – technisch einfach und ineffizient geblieben, was den kleinbäuerlichen Besitz begünstigt habe. Kleine Betriebe seien den grossen Betrieben unter diesen Umständen punkto Arbeitsproduktivität nicht nachgestanden und hätten ihre Unabhängigkeit besser wahren können. Das gelte besonders für die Berggebiete, wo der ökonomische, ökologische und technische Kontext nicht nur die Beschränkung des bäuerlichen Betriebs auf die eigenen Güter nahelege: »il impose aussi comme un optimum économique local de petites exploitations aux dimension assez semblables les unes aux autres, des dimensions pas trop grandes car l'emploi de salariés n'est pas ici rentable (du fait des techniques utilisées et de la faible productivité du travail), mais des dimensions aptes inversement à bien employer la force de travail familiale.«[30] Dieser Ansatz wirft die Frage auf, ob die Besitz- und Betriebsverhältnisse im Ancien régime in entscheidendem Mass von der Arbeitsproduktivität und einer so verstandenen ökonomischen Rationalität geprägt wurden. Allgemein spricht vieles dafür, dass der Einfluss von technischen Faktoren damals wesentlich geringer war als nach dem Einsetzen der technischen Agrarrevolution in der zweiten Hälfte des 19. Jahrhunderts.[31] Dass die Beschäftigung von ausserfamiliären Arbeitskräften auch im alpinen Kontext durchaus »rentabel« sein konnte, zeigt das Beispiel der Ostalpen.

(2) Mit diesen ausserfamiliären Arbeitskräften befasst sich Michael Mitterauer in seinen Untersuchungen über historische Formen ländlicher Familienwirtschaft in Österreich: »Unter dem Aspekt des zusätzlichen Arbeitskräftebedarfs bäuerlicher Familienbetriebe kann man im Untersuchungsraum idealtypisch zwischen zwei Hauptformen ländlicher Gesellschaften unterscheiden, den ›Gesindegesellschaften‹ und den ›Taglöhnergesellschaften‹. Die ersteren sind dadurch charakterisiert, dass sie die ergänzenden Arbeitskräfte in die Familie einbinden, indem sie sie mindestens auf ein Jahr aufnehmen und am gesamten Familienleben teilnehmen lassen, für die letzteren sind kurzfristige Arbeitsverhältnisse im wesentlichen ohne Familienintegration typisch.« Der entscheidende Grund für den Unterschied liegt nach dem Autor in den produktionsspezifischen Arbeitsschwankungen. In Weinbaugebieten mit saisonal stark fluktuierender Arbeitsbelastung biete sich zum Beispiel die Taglöhnerei an. Bei der Tierhaltung falle die Arbeit im Jahreslauf dagegen kontinuierlich an, weshalb man in Viehzuchtgebieten fest angestelltes Gesinde bevorzuge: Die vielen Knechte und Mägde der alpinen »Hörndlbauern« seien in erster Linie mit der dominierenden Produktionsrichtung zu erklären.[32] Wir wissen, dass östliche Alpenregionen in der Tat hohe Dienstbotenzahlen aufwiesen. Doch auch die Tierhaltung kannte unterschiedliche Phasen (Sommerweide, Heumahd, Stallhaltung), und in westlichen Alpenregionen, in denen die Viehzucht eine mindestens ebenso grosse Rolle spielte, lagen die Dienstbotenzahlen tief. Dies deutet darauf hin, dass nicht die Saisonalität, sondern die Betriebsgrösse von ausschlaggebender Bedeutung war. Hatte man wenig Vieh zu besorgen, so genügten die familiären Arbeitskräfte.[33]

(3) Einer der Gründe, welche für die Realteilung und für die Entstehung von kleinbäuerlichen Verhältnissen ins Treffen geführt werden, sind intensive Landwirtschaftsformen. Entsprechende Beispiele kommen oft aus Weinbaugebieten, in denen diese Vererbungs- und Besitzform historisch nachweisbar ist.[34] Dem Argument liegt die Vorstellung zugrunde, dass die vorindustrielle Landwirtschaft allgemein inelastisch gewesen sei und Teilungen nur dann zugelassen habe, wenn die Produktion vorgängig und gleichsam von aussen (zum Beispiel durch Einführung ergiebiger Kulturpflanzen) gesteigert wurde. Ausgehend von einer realistischeren Beurteilung des Agrarpotentials könnte man aber argumentieren, dass es gerade die Realteilung war, welche solche Intensivierungsprozesse erforderlich machte. Nur ist auch da eine wichtige Qualifikation anzubringen: Realteilung als Institution war nämlich nicht gleichbedeutend mit zunehmender Fragmentierung der Betriebe, sie bildete zunächst eine Form der innerfamiliären Machtverteilung. Zur Fragmentierung kam es erst unter weiteren Bedingungen, zu denen vor allem das Bevölkerungswachstum gehörte. Während die eine Version also auf fragwürdigen ökonomischen Annahmen beruht, muss sich die andere mit ökonomischen Zusatzannahmen behelfen. Wie problematisch die Intensitätsthese auf der empirischen Ebene ist, kann man daran erkennen, dass sich klein- und grossbäuerlich geprägte Landschaften in unserem Fall nicht etwa an ökologische Gegebenheiten hielten, sondern vom süddeutschen Raum in hochgelegene Alpengebiete reichten (vgl. oben Karten 3.1, 6.1, 8.1).

Ebenso verbreitet wie die Intensitätsthese – und in meinen Augen mit besseren Gründen – ist in der Literatur die Ansicht, dass die Realteilung durch agglomerierte Siedlungsweisen gefördert wurde. Die beiden Umstände konnten, aber mussten nicht zusammenfallen. Während der Zusammenhang mit der Intensität auf bestimmten Annahmen über das Teilungspotential beruht, ist der Zusammenhang mit der Siedlung konzeptioneller und praktischer Art. Anders als in Streusiedlungen bildeten die Betriebe in Dörfern mit Gemengefluren keine räumlichen Einheiten, deren Beibehaltung ein Argument im Vererbungsdiskurs bilden konnte. Bei jedem Erbgang liessen sich die Häuser und Parzellen neu kombinieren, ohne die Betriebe zu verkleinern und ohne zusätzliche Transportschwierigkeiten zu schaffen. Ich denke, dass sich diese Korrespondenz zwischen Siedlung und Nachfolge alpenweit am besten generalisieren lässt, sofern man sie in eine historische Perspektive stellt: Via Verrechtlichung und Territorialisierung gewannen die Nachfolgenormen mit der zunehmenden Staatlichkeit an Gewicht und an Autonomie gegenüber den lokalen Gewohnheiten und wurden ihrerseits zu einem Element der Siedlungsentwicklung.[35]

Solche Prozesse berührten viele Gesellschaftsbereiche, von den Schichtungsverhältnissen über die häusliche Hierarchie und die geschlechtliche Arbeitsteilung bis zum Verständnis von Verwandtschaft und öffentlichen Rollen. Eine berühmt gewordene anthropologische Studie aus den 1960er Jahren über zwei Ortschaften an der Grenze zwischen dem Trentino und Südtirol (also in der erwähnten vormals tirolischen Übergangsregion) zeigt dies auf exemplarische Art.

Am Talabschluss des Val di Non entstand in der Ausbauphase des späteren Mittelalters eine Streusiedlung von deutschsprachigen Bauern, nur wenige Kilometer über einer früh dokumentierten trentinischen Dorfsiedlung. In der überblickbaren Vergangenheit gingen die Vorstellungen von Familie und Verwandtschaft in den beiden Lokalbevölkerungen auseinander. In der Ausbausiedlung legte man Wert auf die geschlossene Vererbung der Bauerngüter, was auch der zunehmend hofbezogenen Auffassung der tirolischen Landesfürsten entsprach. Die Autorität konzentrierte sich in der Person des Hofbauern bzw. seines ältesten Sohns. Die im Haus lebenden Familienmitglieder waren von Entscheidungen weitgehend ausgeschlossen und hatten beinahe einen Gesindestatus. Auswärtige Verwandte pflegten wenig Beziehungen mit der Familie, weder bei der Arbeit noch in sozialer Hinsicht. Dafür orientierten sich die Hofbauern stark auf die politische Gemeinde und ihre formellen Organisationen. Ein anderes Bild bot das benachbarte Dorf, wo die Gleichbehandlung der erbenden Kinder zum offiziellen Wertsystem gehörte. Dies ging einher mit diffusen Autoritätsmustern zwischen den Geschwistern und einer intensiven Verwandtschaftspflege. Persönliche Beziehungen waren wichtiger als formelle, in der politischen Sphäre herrschte ein unverhohlener Klientelismus.[36]

Anthropologische Studien haben unser historisches Wissen über Haushalt und Familie stark bereichert, doch bei der Analyse von Gemeinde und Herrschaft stützen sie sich oft auf einseitig autonomistische Konzepte und kommen so zu unrealistischen Ergebnissen. Besonders anfällig dafür sind Alpengebiete, in denen Gemeindeverbände in der frühen Neuzeit eine wichtige Rolle spielten wie im »Grand Escarton« von Briançon in den Westalpen und in den Länderorten und Gemeinderepubliken der heutigen Schweiz. In autonomistischer Perspektive erscheint die Gemeinde hier als die Verwirklichung eines horizontalen Prinzips, das sich im Abwehrkampf gegen fremde Adelsherrschaft und Hierarchie, ja gegen den »Feudalismus« durchgesetzt hat. Die kommunalen Strukturen werden dann gemessen an ihrer mehr oder weniger grossen Fähigkeit »to resist economic and political pressure from outside«.[37]

Man kann die Bildung von Gemeinden und Gemeindeverbänden aber nicht unabhängig vom allgemeinen, im Übergang zur Neuzeit beschleunigten Ausbau von Staatlichkeit verstehen. Dann wird ihre zweite Fähigkeit sichtbar, welche sie mit anderen Verfassungen verband, nämlich die Fähigkeit zur Durchsetzung einer inneren Ordnung und Machtstruktur. So gesehen war das Erstarken der Gemeinde eine besondere Form von Herrschaftswandel. Das mehrheitlich kommunal verfasste Gebiet der Drei Bünde, das wir oben betrachtet haben, ist dafür ein gutes Beispiel. Der Adel hörte hier im 16. Jahrhundert nicht auf zu existieren, sondern er wandelte sein Antlitz und bildete nun die selbstbewusste Elite des werdenden Freistaats. Das ökonomische Gefälle und die soziale Kontrolle durch die Gemeinden und ihre Machtträger waren keineswegs gering, auch wenn die politische Entscheidungsfindung breite Kreise der männlichen Bevölkerung einschloss. In diesem Land, heisst es in einem Memorial des frühen 18. Jahrhunderts, seien die Gemeinden sehr unabhängig: »Le Magistrat en est le Souverain, et la noblesse est à la tete de Ses communautés.«[38]

Einige Autoren sind der Überzeugung, dass die alpine Umwelt kommunale Verbandsbildungen begünstigte und feudalherrschaftliche behinderte, weil die landwirtschaftlichen Erträge für den Adel unattraktiv gewesen seien.[39] Was die beobachtbare Entwicklung angeht, ist dies weder falsch noch richtig. In Teilen der zentralen und westlichen Alpen spielten Gemeinden während der frühen Neuzeit eine grosse Rolle, in den Ostalpen traten sie meist hinter den Adelsherrschaften zurück. Aber auch dort, wo der Befund zutrifft, halte ich die Begründung für überaus statisch.

Erstens lässt sich das Agrarprodukt nicht einfach aus der Geographie herleiten: Die ökonomischen Unterschiede zwischen dem Alpenraum und dem Umland vergrösserten sich parallel zur allgemeinen Intensivierung der Landwirtschaft, waren also in einer frühen Phase wesentlich geringer als im 18. und 19. Jahrhundert (vgl. Kapitel 3). Zweitens blieb der Adel nicht fest an die ländliche Ertragslage gebunden: Je nach staatlichem Kontext konnte er einen ausgesprochen urbanen Zuschnitt annehmen; seine Absenz im Berggebiet hing dann nur indirekt mit Landwirtschaftserträgen zusammen, sehr direkt aber mit der Attraktivität von städtischen Machtballungen (vgl. Kapitel 4). Französische Historiker haben dargelegt, wie schwierig die genaue Erfassung der gemeindlichen und feudalherrschaftlichen Elemente in ihrem Alpenabschnitt ist und wie uneinheitlich sich diese Mischungen im 17. und 18. Jahrhundert je nach Gegend ausnahmen. Für die Dauphiné kommt Bernard Bonnin gleichwohl zum Schluss: »Les seigneurs, justiciers ou simplement directs, étaient moins nombreux en pays de montagne qu'en plaine, mis à part les régions des massifs montagneux les plus proches de Grenoble, dans lesquelles la noblesse citadine, en particulier parlementaire, était bien implantée.« Diese Verteilung war das Resultat einer Entwicklung, in welcher die städtische Anziehungskraft zunehmend ins Gewicht fiel. Auch der Kleinadel wurde hier im Ancien régime mehr und mehr von Zentren angezogen, was im Berggebiet den Aufstieg neuer Schichten erleichterte.[40]

Dies führt uns zum vielgestaltigen, vieldiskutierten Thema der Freiheit. Wie bereits im einleitenden Kapitel angedeutet, gibt es gute Gründe zur Annahme, dass die alpine Bevölkerung über besondere »Freiheiten« im alten Wortsinn verfügte. Die »Rechte und Freiheiten«, geläufige Ausdrücke der ständischen Gesellschaft, bezeichneten den speziellen Status von lokalen, regionalen und anderen Körperschaften. Da die wichtigen Orte der Macht seit Einsetzen der Staatsbildung zum grossen Teil am Rand oder ausserhalb des Alpenraums lagen, erreichte die Autonomie in vielen Berggebieten ein überdurchschnittliches Mass: Ihre stolzen »jura et libertates« waren die andere Seite ihrer Machtferne (vgl. Kapitel 1).

Staatsbildung und Gesellschaft

Über diese Freiheiten konnte man in der frühen Neuzeit sprechen, ohne die Gleichheit mitzudenken. Der Begriff galt genauso für Landschaften, in denen er durch den organisierten Adel verkörpert wurde wie etwa in Kärnten; aber auch anderswo war die alpine Elite laut einer Überblicksstudie von Pierangelo Schiera die Hauptträgerin der Autonomie. Von dieser altständischen Verwendung unterscheidet sich die »Freiheit« im modernen Sinn eines politischen Allgemeinbegriffs, der mit der Aufklärung ins Zentrum der gesellschaftlichen Aufmerksamkeit rückte und sich mit dem Aufkommen einer Staatsbürgergesellschaft durchsetzte. Wenn die Alpen oder gewisse Alpengebiete (häufig die schweizerischen) nun als besonders frei galten, so in erster Linie weil sie der aufklärerischen Gesellschafts- und Zivilisationskritik als Projektionsfläche dienten.[41] Eine solche symbolische Aneignung durch auswärtige Intellektuelle für auswärtige Konsumenten lebte von Gegenbildern, ihr Realitätsbezug ist danach zu beurteilen.

»Man sieht leicht, dass dieses Gemälde auf die vollkommene Gleichheit der Alpenleute geht, wo kein Adel und sogar kein Landvogt ist, wo keine möglichen Beförderungen eine Bewegung in den Gemütern erwecken und die Ehrsucht keinen Namen in der Landsprache hat«, schrieb Albrecht von Haller zu seinem Lehrgedicht über die Alpen von 1729, das auch die alpine Freiheit hervorhob und fünfzig Jahre später bereits in elfter Auflage vorlag. In dieser vorrevolutionären und revolutionären Epoche wurde die Verbindung Alpen – Freiheit zu einer Standardvorstellung. Immanuel Kant dachte über die Freiheitsliebe der Gebirgsbewohner nach, Friedrich Schiller situierte die Freiheit in den Bergen, Napoleon Bonaparte interessierte sich laut eigener Aussage besonders für den gebirgigen Teil der Schweiz. Sehr anschaulich wird der Symbolcharakter der Vorstellung, wenn auch ihre Überprüfung in symbolisch-modellhafter Weise erfolgte. Der französische Schriftsteller Louis-Sébastien Mercier bemerkte 1785, nachdem er in Luzern ein Geländemodell der Gegend um den Vierwaldstättersee besichtigt hatte, er verstehe nun, weshalb sich der Despotismus im Gebirge nie habe ausbreiten können: Der Beherrschte müsste an den Berghängen jeweils nur wenig höher steigen, und schon wäre es ihm möglich, mit dem Fuss das Haupt des Unterdrückers zu zertreten. Im allgemeinen genügte aber die Begründung mit einer besonderen Naturnähe und daher Tugendhaftigkeit der Gebirgsbevölkerung. 1792 betonte zum Beispiel ein Abgeordneter vor dem Konvent in Paris, die naturverbundenen Savoyer seien der lebende Beweis, dass der »homme des montagnes« wirklich der »homme de la Liberté« sei.[42]

Im 19. Jahrhundert erweiterte sich das Spektrum der herangetragenen Interpretationen. Die Alpen wurden jetzt unter anderem von den Monarchien entdeckt, nämlich als Ort von treuen, gegen die Unruhe der Zeit gefeiten Völkern. Nicht untypisch sind die Aussagen von Erzherzog Johann von Österreich, der im Jahre 1822 bekannte, in den Bergen »Kraft, Treue, Einfalt, ein noch unverdorbenes Geschlecht« gefunden zu haben. Sein Ziel sei es, zusammen mit den Besseren und den Völkern der Berge einen Damm zu bilden gegen den Schwindel der Zeit und »während alles sich krampfhaft bewegt, ruhig als Muster dessen zu stehen, wie es überall sein sollte«.[43]

Als Fernand Braudel in der Mitte des 20. Jahrhunderts auf die Freiheit der Berge hinwies, machte er sich aufklärerisches Gedankengut zu eigen. »Die dichten, erstickenden Gesellschaften, der begüterte Klerus, der hochmütige Adel und die wirksame Gerichtsbarkeit befinden sich im Flachland. Die Berge sind eine Zuflucht der Freiheiten, der Demokratien, der bäuerlichen Republiken.« Die Feudalherrschaft als politisches, soziales und ökonomisches System könne die meisten Gebirgszonen nicht einbeziehen, und wenn sie diese Regionen erreiche, bleibe ihr Einfluss stets unvollkommen. Dies liesse sich nach Braudel überall da belegen, wo die Bevölkerung spärlich und zerstreut gewesen sei. Mir scheinen diese Verallgemeinerungen ungerechtfertigt und nur insofern von Interesse als sie eine Beziehung zwischen Bevölkerungsdichte und Herrschaftsstruktur postulieren. Das Dichtegefälle zwischen den Alpen und ihrem Umland war schon zu Beginn der Neuzeit eine Tatsache und nahm während der Untersuchungsperiode immer schneller zu. Aber kann man davon demokratische und republikanische Verfassungsformen ableiten? Greift man damit nicht ebenso kurz wie jene Autoren, welche die geringe Bevölkerungsdichte in Osteuropa für ein Herrschaftssystem verantwortlich machen, dessen feudaler Charakter von allen Seiten betont wird?[44] Wenn bestimmte demographische Faktoren einmal die Abwesenheit und einmal die Anwesenheit eines »hochmütigen Adels« erklären sollen, empfiehlt es sich, die Frage anders anzugehen und den politischen Faktoren das Eigengewicht einzuräumen, das ihnen zukam. Man vergibt sich damit nicht die Möglichkeit zur Verallgemeinerung, auch in der politischen Sphäre lassen sich regelhafte Verläufe erkennen.

Seit dem 16. Jahrhundert, so können wir zusammenfassend sagen, führte die beschleunigte Staatsbildung in vielen Regionen ausser- und innerhalb des Alpenraums zur Vergrösserung bestehender Strukturunterschiede zwischen einzelnen Gebieten. Die regionalen Entwicklungspfade waren geprägt durch die jeweiligen Konfigurationen und Kräfteverhältnisse auf den unteren und oberen Gesellschaftsebenen. Auf der von komparativen Studien bisher zu wenig beachteten Ebene des landwirtschaftlichen Betriebs gab es deutliche Entsprechungen zwischen Alpen- und Umlandregionen. Die grossbäuerlichen Verhältnisse, die im Ostalpenraum vorherrschten und ihn von den anderen Alpenabschnitten unterschieden, setzten sich beispielsweise im bayerischen und oberösterreichischen Donauraum fort. Auch andere Dimensionen der Verfassungsentwicklung werden erst im gösseren Kontext verständlich. Die besondere Ausprägung der altständischen »Freiheiten« in den Alpen hing mit der Tatsache zusammen, dass die wichtigen Orte der Macht seit Einsetzen der Staatsbildung nicht im Berggebiet, sondern in näheren oder entlegeneren Flachlandgebieten lagen. Der aufklärerische Freiheitsdiskurs der dort aufkommenden Intelligenz machte sich dieses Autonomiegefälle zunutze, um den eigenen Gesellschaften einen kritischen Spiegel vorzuhalten. Im modernen bürgerlichen Sinn war die allgemeine »Freiheit« der alpinen Bevölkerung aber ein literarisches Konstrukt ohne realhistorisches Korrelat.

Spuren dieser vielfältigen politisch-sozialen Geschichte lassen sich heute noch entdecken. Denken wir an die Unterschiedlichkeit der Staaten, welche seit 1991 die Alpenkonvention unterzeichnet haben: zwei Republiken mit zentralistischer Tradition (Frankreich, Italien), drei Republiken mit mehr oder weniger föderalistischer Tradition (Schweiz, Österreich, Deutschland), eine Republik mit sozialistischer Vergangenheit (Slowenien) und zwei Fürstentümer mit dynastischer Gegenwart (Liechtenstein, Monaco). Die Grundlagen, mit welchen diese Staaten ihre Agrarpolitik und Bergbauernförderung betreiben, widerspiegeln eine alte Zweiteilung des Raums. Im Osten der Alpen (Österreich, Slowenien) stützt man sich auf einen Höfekataster, in allen anderen Gebieten wird das Berggebiet flächenmässig auf Gemeindebasis abgegrenzt.[45]

9 Geschichte der Alpen von 1500 bis 1900

Eine Zusammenfassung

»Als europäisches Erbe bilden die Alpen eine natürliche, geschichtliche, kulturelle und soziale Einheit von lebenswichtiger Bedeutung«, heisst es in einem Aktionsplan, den ein internationales Symposium über die »Zukunft der Alpen« im Jahre 1974 verabschiedete. Soll man die Alpen demnach – entgegen der historiographischen Tradition – auch als historischen, nicht nur als geographischen Raum betrachten? In der einen oder anderen Form steht diese Frage gegenwärtig im Mittelpunkt vieler Debatten über neue Orientierungsmöglichkeiten. Zu ihrer Abklärung ist es wichtig, von der tatsächlichen Entwicklung des Berggebiets auszugehen und das umliegende Flachland bewusst als Vergleichsgebiet einzubeziehen. Wir haben die vier Jahrhunderte vom Ende des Mittelalters bis 1900 unter einem wirtschaftlichen Aspekt und einem politisch-gesellschaftlichen Aspekt untersucht.

Der erste Teil der Studie (Kapitel 2–5) befasst sich mit den *Beziehungen zwischen Bevölkerungswachstum, Wirtschaftsentwicklung und alpiner Umwelt*. Die Bevölkerung des Alpenraums erfuhr während der Untersuchungsperiode nahezu eine Verdreifachung. Innerhalb einer bestimmten Abgrenzung betrug sie um 1500 schätzungsweise 2,9 Millionen, um 1900 etwa 7,9 Millionen. Das demographische Wachstum und die hohen Agrarquoten legen nahe, dass die landwirtschaftliche Produktion in der Periode wesentlich zunahm. Die Agrarintensivierung erfolgte durch Steigerung der Erntehäufigkeit auf einer gegebenen Bodenfläche und durch Veränderungen im Tierbestand und Pflanzensortiment (zunehmende Rindviehhaltung, Einführung von Mais und Kartoffeln). Die neuen, raumsparenden Formen der Umweltnutzung erforderten im allgemeinen eine beträchtliche Steigerung des Arbeitsaufwands: Viele Möglichkeiten zur Intensivierung wurden deshalb erst dann ergriffen, wenn der Bevölkerungsdruck den Konsumbedarf und die Arbeitskapazität erhöhte.

Die Urbanisierung lässt sich am besten an der Entstehung grösserer Städte überblicken. Abgegrenzt nach bestimmten Kriterien, zählte das Untersuchungsgebiet um 1500 möglicherweise nur eine Stadt mit mindestens 5000 Einwohnern, um 1800 waren es wahrscheinlich neun Städte und um 1900 schon deren zweiundvierzig. Die demographisch-agrarische und die urbane Entwicklung können nicht unabhängig voneinander verstanden werden. Die Bevölkerungsdichte und Landwirtschaftsintensität beeinflussten die Möglichkeit für städtisches Wachstum, welches wiederum auf die Bevölkerung und Nutzung der Umgebung zurückwirkte.

Und die alpine Umwelt mit ihren limitierten Nutzungsmöglichkeiten? Über die Limiten selbst gibt es keine Zweifel, nach Schätzungen von Agronomen gehen zum Beispiel die jährlichen Graserträge bei einer Höhendifferenz von 1000 Metern um 40 Prozent zurück. Doch das beschränkte Nutzungspotential spielte in verschiedenen Zeitphasen eine unterschiedliche Rolle. In einer ersten Phase (16. und 17. Jahrhundert) war die Wachstumsdifferenz zwischen hoch- und tiefgelegenen Alpenregionen und zwischen dem Alpenraum und dem Umland wesentlich geringer als in einer zweiten Phase (18. und 19. Jahrhundert). Gab es während der ersten Phase Berggebiete mit höheren Wachstumsraten als angrenzende Flachlandgebiete, so verallgemeinerte und beschleunigte sich das schnellere Wachstum des Flachlands während der zweiten Phase. Der Einfluss der Höhenlage auf die Entwicklung nahm also mit der Nutzungsintensivierung zu – man kann ihn mit anderen Worten als Ergebnis eines historischen Prozesses betrachten. Um 1900 hob sich der Alpenraum in seinen verschiedenen wirtschaftlichen Dimensionen wesentlich stärker vom Umland ab als zu Beginn der Neuzeit.

Der zweite Teil der Studie (Kapitel 6–8) untersucht den *Einfluss politischer Faktoren auf die ländliche Verfassung und Gesellschaft*. Wie Regionalbeispiele aus dem Westen, der Mitte und dem Osten der Alpen zeigen, ging die frühneuzeitliche Formierung von Staat und Gesellschaft in verschiedenen Gebieten auseinander. In Savoyen und in Graubünden führte der Bedeutungsgewinn des Fürsten bzw. der Gemeinden zu zentralistischen bzw. lokalistischen Strukturen, während in Kärnten die Zwischengewalt der Adelsherrschaft hervortrat. Auch auf der Ebene des Haushalts und landwirtschaftlichen Betriebs gab es markante Unterschiede. In den beiden ersten Regionen dominierten kleinbäuerliche Verhältnisse mit männlichen bzw. geschlechtsneutralen Formen der Realteilung, im Osten dagegen grossbäuerliche Verhältnisse und die geschlossene Hofweitergabe.

Seit dem späten 18. Jahrhundert verstärkte sich der Einfluss grossräumiger staatlicher Kräfte auf die kleinräumigen Machtstrukturen. Mit deutlichen Differenzen bezüglich Chronologie und Relevanz brachte die Ablösung von Herrschaftsrechten praktisch überall eine Modernisierung der Eigentumsordnung. Von einer einheitlichen Agrarverfassung konnte aber auch um 1900 nicht die Rede sein. Laut der nun flächendeckenden Statistik bildeten landwirtschaftliche Kleinbetriebe im Westen und Zentrum des Alpenbogens den Regelfall, während der Osten einen hohen Anteil von grossen, gesindereichen Betrieben aufwies. Diese Unterschiede zwischen West und Ost beschränkten sich nicht auf das Gebirge, sie hatten Entsprechungen im flachen Land. Die grossbäuerlichen Verhältnisse der Ostalpen setzten sich beispielsweise im bayerischen und oberösterreichischen Donauraum fort. Politische Interpretationen der Agrarverfassung gewinnen damit gegenüber ökologisch-ökonomischen an Gewicht.

Ganz allgemein kam es im 16. Jahrhundert zur schnellen Verfestigung von territorialstaatlichen Institutionen und in deren Folge zur Vergrösserung von Strukturunterschieden. Ein wichtiger Ansatzpunkt für die regionalen Entwicklungspfade waren die um 1500 bestehenden Kräfteverhältnisse zwischen landesfürstlichen, adelsherrschaftlichen und gemeindlichen Verbandsformen. Wo eine Form besondere Bedeutung besass, hatte sie gute Chancen, weiter an Bedeutung zu gewinnen und die übrigen Kräfte in der Staatsbildung zu dominieren. Eine ähnliche, wenn auch nicht so ausgeprägte Differenzierung betraf den Haushalt und landwirtschaftlichen Betrieb. Dörfliche Siedlungen tendierten aus konzeptionellen und praktischen Gründen zu einer von Realteilung und potentiell kleineren Betrieben dominierten Produktionsweise, während Einzelhöfe grössere individuelle Ausbaupotentiale hatten und einer geschlossenen Besitzübergabe Vorschub leisteten. Je nach Situation ergab sich damit eine Basis für die Verrechtlichung in die eine oder andere Richtung. Durch die Staatsbildung gewannen die Normen aber an Gewicht und an Autonomie gegenüber den lokalen Gewohnheiten und wurden ihrerseits zu einem Element der Siedlungsentwicklung.

Auf die Frage, ob die Alpen einen historischen Raum bilden, gibt es also mehr als eine Antwort. Unter wichtigen ökonomischen Aspekten hob sich das Gebirge vom Ende des Mittelalters bis 1900 (zunehmend) deutlich vom umliegenden Flachland ab. Ein prägnantes Beispiel dafür sind die Städte, die im Alpenraum weit spärlicher waren und langsamer wuchsen als im Umland. Unter wichtigen soziopolitischen Aspekten hatten bestimmte Alpenregionen dagegen wesentlich mehr Ähnlichkeiten mit anschliessenden Umlandgebieten als mit anderen Alpenregionen. Die west-östlichen Unterschiede bei der Agrarverfassung zeigen dies auf unmissverständliche Weise. Eine dritte Anwort kann man auf der methodischen Ebene suchen: Ein historischer Raum ist ja nicht nur ein Gebiet mit einer »gemeinsamen Geschichte«, sondern auch einfach ein Gebiet, das von Historikern und Historikerinnen untersucht wird. Wenn sie die Alpen zum Thema machen, treffen sie auf einen Raum mit hoher Grenzdichte und entsprechend vielen historiographischen Traditionen. Die vergleichende Überprüfung solcher nationalstaatlich geprägter Traditionen ist eine lohnende Aufgabe und leistet unter Umständen einen wichtigen Beitrag zur allgemeinen Kultur des Fachs.

Argumente und Ausblick

An verschiedenen Stellen befasst sich diese Studie mit Fragen von theoretischem Interesse. Ich nenne hier einige Urteile und Redeweisen, die in der Literatur verbreitet sind und in meinen Augen der Differenzierung bedürfen.

Anpassung an die Umwelt (Kapitel 6): Das Problem mit der Anpassung besteht darin, dass sich diese im Laufe der Zeit gewissermassen selbst anpasst. Kleine Bevölkerungsgruppen nutzten das Berggebiet auf andere Weise als grosse Bevölkerungsgruppen, die vielleicht noch für einen weiträumigen Markt produzierten. Man kann davon ausgehen, dass bei jedem Schritt der Agrarintensivierung diejenigen Geländepartien bevorzugt wurden, welche unter den gegebenen Verhältnissen besonders geeignet schienen. Das Abwägen von Vor- und Nachteilen einer spezifischen Ressourcenverwendung gehörte stets zur bäuerlichen Praxis, doch zu keinem Zeitpunkt lässt sich die Nutzung in feststehender Weise aus dem Terrain und der Umwelt herleiten. In diesem Sinn ist die Rede von der Anpassung an bestimmte Naturbedingungen irreführend. Die historische Relativität gilt selbst für die Vieh- und Alpwirtschaft, die oft als Musterbeispiel einer angepassten Gebirgsnutzung dargestellt wird. Man übersieht dabei, dass sich die Viehhaltung im Unterschied zum Pflanzenbau über das ganze Jahr erstreckte. Die Tiere mussten in gewissem Ausmass überwintert werden, was schlecht mit der Vorstellung einer naturgegebenen Wirtschaftsform zu vereinbaren ist.

Knappe Ressourcen und enge Wachstumsgrenzen (Kapitel 6): Die Einschätzung des Umweltpotentials wird beeinflusst von der Definition des Untersuchungsgegenstands. Viele alpine Studien befassen sich mit der Demographie von kleinen Orten während kurzen Zeitphasen, für welche die Quellenlage günstig ist. Nicht selten machen sie ihr methodisch abgegrenztes Gebiet zu einem wirklich abgegrenzten Territorium und den kurzfristigen Stand von Bevölkerung und Landwirtschaft zum Mass für dessen Tragfähigkeit. Damit wird die Knappheit der Ressourcen und ihr Einfluss auf demographische Vorgänge zu einem wichtigen Thema, während demographisch motivierte Intensivierungsprozesse wenig Beachtung finden. Wählt man einen anderen Rahmen, so kann sich die Beurteilung erheblich verändern. Für den gesamten Alpenraum vom 16. bis 19. Jahrhundert dürfen wir das Potential nicht unterschätzen. In einer ersten Phase scheint sich das Wachstum in diesem Gebiet kaum von demjenigen im Flachland unterschieden zu haben, und auch im 18. und 19. Jahrhundert, als es zu steigenden Differenzen kam, setzte sich das alpine Wachstum fort. Im Vergleich zum Umland fehlte dem Berggebiet jetzt vor allem eine Zeitressource: Die höhenspezifische Verkürzung der Vegetationszeit wurde mit fortschreitender Agrarintensivierung zu einem kritischen Faktor.

Bevölkerungsdichte, Wirtschaft und Politik (Kapitel 6 und 8): Die Bevölkerungsdichte und ihre Effekte dürften von der historischen Literatur mehr hervorgehoben werden. Der Alpenraum war schon während des Mittelalters im Durchschnitt weniger bevölkert und urbanisiert als umliegende Gebiete, später vergrösserte sich das Gefälle in bedeutendem Mass. Viele wirtschaftliche Beziehungen zwischen Alpen und Umland können unter dem Aspekt dieses Dichtegefälles betrachtet werden (Holztransfer, Viehhandel, Migration). Auch für bestimmte politisch-gesellschaftliche Erscheinungen erweist sich das Dichteargument als hilfreich. So lagen die Zentren der grösseren Staatsgebilde nicht im Alpenraum selber, sondern fast durchwegs im näheren oder entlegeneren Umland. Bezeichnend für eine ganze Reihe von Gebirgsgegenden war ihre Machtferne und ihre ausgeprägte lokale und regionale Autonomie. Von der geringen Bevölkerungsdichte und von diesen »Freiheiten« im alten Wortsinn lässt sich aber nicht auf die innere Verfassung schliessen. Sie konnte ebensogut von einem organisierten Adel bestimmt sein wie von Gemeinden und ihren Machtträgern.

Landwirtschaftsintensität und Vererbungsform (Kapitel 8): Einer der Gründe, welche für die Realteilung und für die Entstehung von kleinbäuerlichen Verhältnissen vorgebracht werden, sind intensive Landwirtschaftsformen. Entsprechende Beispiele kommen oft aus Weinbaugebieten, in denen diese Vererbungs- und Besitzform historisch nachzuweisen ist. Dem Argument liegt die Vorstellung zugrunde, dass die vorindustrielle Landwirtschaft allgemein inelastisch gewesen sei und Teilungen nur dann zugelassen habe, wenn die Produktion vorgängig und gleichsam von aussen gesteigert wurde. Mit mehr Berechtigung könnte man aber argumentieren, dass es gerade die Realteilung war, welche solche Intensivierungsprozesse erforderlich machte. In einem Punkt sind allerdings beide Erklärungen unpräzis: Realteilung war nicht gleichbedeutend mit Fragmentierung der bäuerlichen Betriebe. Sie bildete zunächst eine Form der innerfamiliären Machtverteilung. Zur Fragmentierung kam es erst unter weiteren Bedingungen, zu welchen vor allem das demographische Wachstum gehörte. Es ist daher nicht erstaunlich, dass die räumliche Verbreitung der verschiedenen Landwirtschafts- und Vererbungsformen im Alpenraum weit auseinanderging.

Gemeinde und Herrschaft (Kapitel 8): Bei der Untersuchung von Gemeinde und Herrschaft stützt sich ein Teil der Literatur auf autonomistische Konzepte und kommt so zu einseitigen Ergebnissen. Dies gilt vor allem für Berggebiete, in denen Gemeindeverbände während der frühen Neuzeit eine wichtige Rolle spielten wie in bestimmten Gegenden der Zentral- und Westalpen. In autonomistischer Perspektive erscheint die Gemeinde hier als Verwirklichung eines horizontalen Prinzips, das sich im Abwehrkampf gegen fremde Adelsherrschaft und Hierarchie, ja gegen den »Feudalismus« durchgesetzt hat. Die kommunalen Strukturen werden dann gemessen an ihrer Widerstandsfähigkeit gegenüber ökonomischem und politischem Druck von aussen. Man kann die Bildung von Gemeinden und Gemeindeverbänden aber nicht unabhängig vom allgemeinen Ausbau von Staatlichkeit verstehen. Dann tritt auch ihre Fähigkeit zur Durchsetzung einer inneren Ordnung und Machtstruktur zutage, welche sie mit anderen Verfassungen teilte. So gesehen war das Erstarken der Gemeinde eine besondere Form von Herrschaftswandel. Der Adel veränderte in diesem Prozess sein Bezugsfeld, doch seine historische Existenz stand nicht auf dem Spiel.

Insgesamt eignen sich unsere Ergebnisse, um über den Zusammenhang zwischen wirtschaftlicher und politisch-gesellschaftlicher Entwicklung nachzudenken. Die alpine Geschichte des 16. bis 19. Jahrhunderts bietet Beispiele für beides: Abhängigkeit und Unabhängigkeit der einen von der anderen Seite der Entwicklung. Das halboffene Verhältnis lässt sich an einer Modellvorstellung illustrieren, die an die erwähnte Frage der Bevölkerungsdichte anknüpft. Die jeweilige Anzahl der Menschen in einem gegebenen Raum sagt uns (in der betrachteten Epoche) viel über ihre ökonomischen und einiges über ihre organisatorischen Möglichkeiten und Notwendigkeiten. Ihre Verteilung ist hingegen durch die Dichte nicht festgelegt. Macht es, und zwar gerade in soziopolitischer Hinsicht, nicht einen bedeutenden Unterschied, ob sie sich in Zentren zusammendrängen oder über den ganzen Raum zerstreuen?

Im Museum eines kleinen Orts an der Küste von niederländisch Friesland erhielt ich vor Jahren eine ebenso unerwartete wie unvergessliche Lektion über die Faszination der Alpen. Umgeben von einer Landschaft, die dem Meer abgerungen worden war und die flacher nicht sein könnte, liess eine Bürgerfamilie des 18. Jahrhunderts ihre gute Stube auf allen Seiten, von oben bis unten, mit einer genau identifizierbaren alpinen Szenerie ausmalen. Die imaginierte Gebirgsstube in Hindeloopen ist eines von vielen Beispielen für die Kraft der Imagination, welche die Erforschung des Alpenraums zugleich beflügelte und behinderte. Im Jahre 1761 erschien in Amsterdam ein überaus erfolgreicher Roman mit dem Titel *Julie, ou la nouvelle Heloïse. Lettres de deux amans, habitans d'une petite ville au pied des Alpes* von Jean-Jacques Rousseau. Zusammen mit früheren und vor allem mit späteren Schriften propagierte er ein Alpenbild, das einen Kontrast zur kritisch betrachteten Zivilisation darstellte. Die Alpen waren der Gegenpol, ein Raum des Andersartigen, eine Verkörperung der Natur. Obwohl diese intellektuellen Projektionen seit jeher auch hinterfragt wurden, prägten sie sich tief in die europäische Überlieferung ein. Mit der Popularisierung der Alpenliteratur und der Alpenbegeisterung im 19. und 20. Jahrhundert wurde das Kontrastbild zu einem weit verbreiteten Bildungsgut. Es kam nun, je nach Gruppe und Blickwinkel, in vielfältigen Brechungen zum Ausdruck.

Was heute not tut, ist kein neues Kontrastbild, sondern eine Normalisierung des wissenschaftlichen Diskurses. Die Alpen unterschieden sich in der überblickbaren Geschichte auf mehrfache, zeitlich wechselnde Weise vom umliegenden Flachland – aber sie waren nie eine Gegenwelt zu ihm und zu den europäischen Zentren. Eine wichtige Basis für diese Illusion bildete die Tatsache, dass die meisten Intellektuellen wie auch ihr Publikum das Gebirge und seine Bevölkerung von aussen für ihre eigenen Bedürfnisse in Anspruch nahmen. Es handelte sich um eine jener seltsamen Liebeserklärungen, die kaum nach der Meinung der Angesprochenen fragen. Die Zeit für solche Annäherungsversuche dürfte ausgelaufen sein. Das alpine Nutzungsgefälle und damit das, was wir »Zivilisation« und »Natur« nennen, hat sich in der jüngsten Vergangenheit stark verändert. Zugleich melden sich alpine Stimmen und Selbstinterpretationen unüberhörbar zu Wort. Man kann also wünschen, dass wir einer ausgewogenen, um nicht zu sagen demokratischen Diskussionskultur entgegengehen, in der alle Interessen eingebracht werden können und in der die historische Realität ebensoviel Gewicht erhält wie die historische Imagination.

Anhang

History of the Alps from 1500 to 1900: a summary

"As a European heritage the Alps form a natural, historical, cultural, and social entity of vital significance," states an action plan for the "Future of the Alps" that was adopted by an international symposium in 1974. Does this mean we should consider the Alps–contrary to historiographic tradition–not merely as a geographic entity but as an historical one as well? In one form or another, this question has been at the center of many recent debates about possible new approaches. In attempting to answer it we have to consider the actual development of the mountain area and to include the surrounding lowlands as a basis for comparison. Here, we examined a period covering four centuries, from the end of the Middle Ages to 1900, from an economic and a political-social perspective.

The first part of the study (chapters 2–5) deals with the *relations between population growth, economic development, and alpine environment.* The alpine population nearly tripled during the period under consideration. Within a certain perimeter, it grew from an estimated 2.9 million in 1500 to roughly 7.9 million in 1900. Demographic growth and high agrarian quotas suggest that agricultural production increased substantially during the period. The intensification of agriculture was the result of an increase in cropping frequency and of changes in livestock and crop selection (more cattle, introduction of maize and potatoes). In general these new, land-saving ways of using environmental resources augmented the workload considerably; as a consequence, many intensification options only came into use as population pressure increased consumption levels and labor capacity.

To get an idea of the progress of urbanization, consider the emergence of larger cities. Around the year 1500 the area under investigation possibly included just one city with a population exceeding 5000 inhabitants. Around 1800 that number had grown probably to 9 and in 1900 to 42. Demographic-agrarian and urban developments cannot be understood separately. The potential for urban growth was influenced by population density and agricultural intensity, and urban growth, in return, affected the population and the agriculture of the surroundig area.

But what about the alpine environment with its limited potential for exploitation? There can be no doubts about the limits themselves. Agronomists estimate that annual grass yields decrease by 40 percent per 1000 meters of altitude. Yet the effects of this limited potential varied over time. In a first phase (16th and 17th century) the growth difference, both between high and low alpine regions and between the Alps and adjacent flatlands, was much smaller than in a second phase (18th and 19th century). While in the first phase some mountain regions had higher growth rates than the adjacent flatlands, the second phase was marked by a generally faster and accelerated flatland growth. The impact of altitude on development increased with agricultural intensity–it was, in other words, the result of a historical process. By 1900, the alpine area, in its economic dimensions, differed much more clearly from the surroundings than at the beginning of the modern period.

The second part of the study (chapters 6–8) examines the *impact of political factors on rural conditions and society*. As regional examples from the west, the middle, and the east of the Alps show, the formation of state and society in early modern times diverged considerably in different regions. In Savoy and in the Grisons the increasing power of princes and communes, respectively, favored centralist and localist structures, whereas in Carinthia the intermediate social force of the nobility was strengthened. On the level of peasant households the differences were no less distinct. In the first two regions small holdings with male or gender-neutral forms of partible inheritance prevailed while big farms and impartible inheritance were typical in the east.

Since the late 18th century the large-scale forces of the state increased their influence on regional and local power structures. Despite marked regional differences in chronology and relevance, the abolishment of feudal rights led to a modernization of property relations almost everywhere. Still, even around 1900 the agrarian structure of the Alps was far from uniform. According to statistics–meanwhile available on a large scale–smallholders were the rule in the west and center of the alpine arc while the east continued to have a large percentage of big farms with numerous farmhands. These differences between east and west were not limited to the mountains but extended to the adjacent lowlands as well. The big farm structure of the Eastern Alps, for instance, extended north into the Bavarian and Upper Austrian regions of the Danube area. Political interpretations of agrarian structures, thus, gain in plausibility relative to environmental or economic approaches.

Generally speaking, territorial state institutions consolidated during the 16th century and brought about an increase in structural differences. Of crucial importance for the different regional development paths was the balance of power between princes, landlords, and communes, and their respective forms of organization around 1500. Wherever one of the forms clearly prevailed at that time, chances were it would extend its influence and dominate the other forces in the process of state building. A similar differentiation, although less marked, occurred on the level of household and farming. For conceptual and practical reasons, village type settlements tended toward partible inheritance and potential small holdings, whereas single farms had a larger individual expansion potential and encouraged integral property transfers. Each of these configurations favored a different development when legal norms were promoted and extended by state building. Yet the territorial norms now increased the autonomy of the law from local custom and allowed it to become a factor in the evolution of settlements.

The question, then, whether or not the Alps constitute a historical entity, can be answered in more than one way. In some vital economic aspects, from the end of the Middle Ages until 1900, the alpine trajectory progressively diverged from that of the surrounding flatlands. Alpine cities–few in numbers and growing more slowly than in non-mountain areas–are a telling example. In some crucial socio-political aspects, on the other hand, certain alpine regions bore more resemblance to adjacent lowland territories than to other alpine regions. The west-east differences in the agrarian structure are a case in point. A third answer is to be found on the methodological level: a historical entity is, after all, not just an area with a "common history" but quite simply an area studied by historians. Having chosen the Alps as the object of their research, they encounter an area with a high density of borders and a corresponding number of different historiographical traditions. The comparative study of such nationally colored traditions is a rewarding task that may contribute significantly to the general culture of the field.

Tabellen

Tabelle A.1: Agrarquote in alpinen Regionen, 1870 und 1900

Region	1868/1872		1900/1901		Veränderung 1870–1900	
	B	M	B	M	B	M
1 Alpes-Maritimes (F)	45	45	30	31	−15	−14
2 Alpes-de-Haute-Provence (F)	80	81	62	66	−18	−15
3 Hautes-Alpes (F)	79	78	63	60	−16	−18
4 Savoie (F)	76	75	66	63	−10	−12
5 Haute-Savoie (F)	72	73	65	65	−7	−8
6 Imperia (I)	76	72	64	59	−12	−13
7 Valle d'Aosta (I)	86	83	81	76	−5	−7
8 Sondrio (I)	87	84	82	78	−5	−6
9 Trento (I/A)	69	–	73	66	+4	–
10 Bolzano-Bozen (I/A)	68	–	70	64	+2	–
11 Belluno (I)	77	70	66	55	−11	−15
12 Valais (CH)	82	79	67	69	−15	−10
13 Ticino (CH)	60	46	46	34	−14	−12
14 Graubünden (CH)	67	64	52	52	−15	−12
15 Uri (CH)	62	66	45	52	−17	−14
16 Unterwalden (CH)	56	64	46	58	−10	−6
17 Schwyz (CH)	50	58	36	50	−14	−8
18 Glarus (CH)	17	25	18	28	+1	+3
19 Appenzell (CH)	20	32	20	31	0	−1
20 St. Gallen (CH)	37	44	24	33	−13	−11
21 Liechtenstein (FL)	–	66	–	52	–	−14
22 Vorarlberg (A)	53	–	42	37	−11	–
23 Tirol (A)	68	–	62	55	−6	–
24 Salzburg (A)	63	–	57	49	−6	–
25 Kärnten (A)	75	–	69	59	−6	–
26 Steiermark (A)	73	–	61	54	−12	–

B = aktive Bevölkerung im Agrarsektor in Prozent der gesamten aktiven Bevölkerung.
M= aktive Männer im Agrarsektor in Prozent aller aktiven Männer.
Internationale Angleichung der Kategorien wie Paul Bairoch: La population active et sa structure. Statistiques Internationales Rétrospectives, Bd. 1, Bruxelles 1968 (Agrarsektor mit Forstwirtschaft, Jagd und Fischerei; aktive Gesamtbevölkerung ohne Rentenbesitzer u. ä.). Aufgrund der unterschiedlichen Erhebungsweisen sind die Quoten aber nicht genau vergleichbar.

Regionen wie Tabelle 2.1 mit ungefährer Angleichung an den Gebietsstand von 1990:
(2) 1870/1900 als »Basses-Alpes« bezeichnet.
(6) 1870/1900 als »Porto Maurizio« bezeichnet.
(9) 1870/1900 zu Tirol gehörig: Bezirke Borgo, Cavalese, Cles, Primiero, Riva, Roveredo (Stadt und Umgebung), Tione, Trient (Stadt und Umgebung).
(10) 1870/1900 zu Tirol gehörig: Bezirke Botzen, Brixen, Brunecken, Meran.
(11) ohne den tirolischen Bezirk Ampezzo von 1870/1900.
(23) mit folgenden Bezirken von 1870/1900: Imst, Innsbruck (Stadt und Umgebung), Kitzbühel, Kufstein, Landeck, Lienz, Reutte, Schwaz.
(26) mit folgenden Bezirken von 1870/1900: Bruck, Feldbach, Gratz (Stadt und Umgebung), Hartberg, Judenburg, Deutsch-Landsberg, Leibnitz, Leoben, Lietzen, Murau, Radkerburg, Weiz.

Quellen: Statistik F, 1872b, Tab. 8 und 1901b, Bd.2; Statistik I, 1871, Bd. 3 und 1901, Bd. 3; Statistik CH, 1870, Bd. 3 und 1900, Bd. 3; Statistik FL, 1962 (1868, *Schätzung* für 1901); Statistik A, 1869, Heft 2 und 1900b, Bd. LXVI.

Tabelle A.2: Grösse der landwirtschaftlichen Betriebe in alpinen Regionen, 1900

Landwirtschaftliche Betriebe, in absoluten Zahlen und *in Prozent*

Region	0–0,5 ha		0,5–1 ha		1–5 ha		5–10 ha		10–20 ha		20–50 ha		50+ ha		Total
1 Alpes-Maritimes (F)					11925	32	3403	9	1712	5	666	2	169	0	36875
2 Alpes-de-H.-Provence (F)					17201	47	1810	5	3461	9	3657	10	707	2	36486
3 Hautes-Alpes (F)					8005	32	4871	19	2857	11	1543	6	257	1	25209
4 Savoie (F)					23324	37	7818	13	2217	4	809	1	325	1	61945
5 Haute-Savoie (F)					21462	37	8570	15	2967	5	1302	2	243	0	57791
6 Imperia (I), 1930	7860	28	4887	17	12514	44	2018	7	713	3	187	1	63	0	28242
7 Valle d'Aosta (I), 1930	8384	18	6228	13	25576	54	4344	9	1479	3	672	1	648	1	47331
8 Sondrio (I), 1930	5092	21	4380	18	12220	51	1411	6	362	2	130	1	300	1	23895
9 Trento (I), 1930	16963	27	11593	18	29414	46	4028	6	1114	2	402	1	526	1	63950
Trento (I), 1902	21499	31	12729	18	29620	42	4418	6	1212	2	370	1	542	1	70390
10 Bolzano-Bozen (I), 1930	3360	14	1944	8	7713	31	3700	15	3348	14	3216	13	1431	6	24712
(A), 1902	2695	11	2560	10	8106	32	3781	15	3463	14	3181	13	1479	6	25265
11 Belluno (I), 1930	8912	24	5099	14	16662	46	3718	10	1418	4	430	1	234	1	36773
12 Valais (CH)	–		2489	14	11646	67	2252	13	545	3	169	1	336	2	17437
13 Ticino (CH)	–		3579	23	10412	66	1308	8	229	1	81	1	98	1	15707
14 Graubünden (CH)	–		1386	11	6659	52	2524	20	1061	8	453	4	722	6	12805
15 Uri (CH)	–		115	6	1058	58	376	21	140	8	40	2	95	5	1824
16 Unterwalden (CH)	–		157	5	1432	49	741	26	344	12	130	4	92	3	2896
17 Schwyz (CH)	–		243	6	1895	44	1272	30	545	13	204	5	110	3	4269
18 Glarus (CH)	–		194	10	851	46	438	24	215	12	46	2	112	6	1856
19 Appenzell (CH)	–		222	4	2846	56	1396	28	436	9	130	3	14	0	5044
20 St. Gallen (CH)	–		1433	8	8540	50	4533	27	1994	12	340	2	187	1	17027
21 Liechtenstein (FL)	–		–		–		–		–		–		–		–
22 Vorarlberg (A)	2960	16	1683	9	7685	43	3093	17	1507	8	577	3	529	3	18034
23 Tirol (A)	1989	6	1865	6	11634	38	5970	19	4641	15	3200	10	1652	5	30951
24 Salzburg (A)	1636	10	751	5	3429	22	2292	14	3412	22	2938	19	1367	9	15825
25 Kärnten (A)	1914	6	2184	7	8825	27	4603	14	6288	19	6654	20	2826	8	33294
26 Steiermark (A)	6030	7	5394	7	28846	36	14261	18	13144	16	9901	12	3638	4	81214

F: 1892, erste Kategorie 0–1 ha. I: 1930, Trento und Bolzano auch 1902. CH: 1905, 0–0,5 ha nicht erhoben. A: 1902. Erläuterungen und Quellen nach Tabelle A.3.

Tabelle A.3: Landwirtschaftliche Arbeitskräfte in alpinen Regionen, 1900

Landwirtschaftliche Arbeitskräfte, in absoluten Zahlen und *pro Betrieb*

Region	Inhaber		Familie		Verwalter u. ä.		Dienstboten		Taglöhner		Total	Betriebe
1 Alpes-Maritimes (F)	36799	1,0	–		191	0,0	4115	0,1	11161	0,3	–	36875
2 Alpes-de-H.-Provence (F)	29891	0,8	–		132	0,0	5278	0,1	2767	0,1	–	36486
3 Hautes-Alpes (F)	23023	0,9	–		29	0,0	4840	0,2	1170	0,0	–	25209
4 Savoie (F)	48746	0,8	–		92	0,0	8194	0,1	2967	0,0	–	61945
5 Haute-Savoie (F)	45038	0,8	–		58	0,0	9263	0,2	4452	0,1	–	57791
6 Imperia (I), 1901							*4539	0,2	*11906	0,4	–	**28000
7 Valle d'Aosta (I), 1901							*3291	0,1	*3911	0,1	–	**47000
8 Sondrio (I), 1901							*2812	0,1	*3292	0,1	–	**23500
9 Trento (I/A), 1902	82650	1,2	99550	1,4	1091	0,0	5273	0,1	1920	0,0	2,7	70390
10 Bolzano-Bozen (I/A), 1902	25218	1,0	37451	1,5	930	0,0	19743	0,8	2671	0,1	3,4	25265
11 Belluno (I), 1901							*2198	0,1	*14746	0,4	–	**30500
12 Valais (CH)	15950	0,9	33536	1,9	885	0,1	2591	0,1	2840	0,2	3,2	17437
13 Ticino (CH)	14841	0,9	28244	1,8	301	0,0	1586	0,1	871	0,1	2,9	15707
14 Graubünden (CH)	11211	0,9	20022	1,6	628	0,0	4983	0,4	3175	0,2	3,1	12805
15 Uri (CH)	1919	1,1	3101	1,7	74	0,0	753	0,4	165	0,1	3,3	1824
16 Unterwalden (CH)	2889	1,0	4339	1,5	95	0,0	1126	0,4	519	0,2	3,1	2896
17 Schwyz (CH)	4113	1,0	5934	1,4	234	0,1	1305	0,3	631	0,1	2,9	4269
18 Glarus (CH)	1537	0,8	2113	1,1	14	0,0	535	0,3	185	0,1	2,4	1856
19 Appenzell (CH)	3870	0,8	2896	0,6	75	0,0	804	0,2	630	0,1	1,6	5044
20 St. Gallen (CH)	14123	0,8	20523	1,2	312	0,0	4180	0,2	2111	0,1	2,4	17027
21 Liechtenstein (FL)											–	–
22 Vorarlberg (A)	17601	1,0	19883	1,1	805	0,0	2729	0,2	506	0,0	2,3	18034
23 Tirol (A)	31566	1,0	52202	1,7	1465	0,0	17984	0,6	1008	0,0	3,4	30951
24 Salzburg (A)	19766	1,2	19120	1,2	637	0,0	18764	1,2	978	0,1	3,7	15825
25 Kärnten (A)	33322	1,0	55292	1,7	1307	0,0	42220	1,3	3428	0,1	4,1	33294
26 Steiermark (A)	115211	1,4	114332	1,4	2077	0,0	84320	1,0	7168	0,1	4,0	81214

F: 1892. I: 1901, * nach Berufszählung, ** geschätzt nach Betriebszählung 1930; Trento und Bolzano wie A. CH: 1905, ohne Betriebe 0–0,5 ha. A: 1902. Erläuterungen und Quellen auf der folgenden Seite.

Tabellen

Zu Tabelle A.2:
Basierend auf den zeitnächsten Betriebszählungen zu 1900; Einschluss der ersten italienischen Zählung von 1930 (in zwei früher österreichischen Provinzen ist ein Vergleich mit 1902 möglich); Liechtenstein keine amtliche Publikation (zu seiner kleinbäuerlichen Struktur vgl. Ospelt 1972, S. 146). In Frankreich ohne Staatswald; in der Schweiz ohne selbständige Forstbetriebe; in Österreich Verwendung der Standardversion mit sämtlichen Betrieben (die durchschnittlich etwas kleineren »rein forstwirtschaftlichen Betriebe« betragen knapp ein Prozent).
Regionen in ungefährer Angleichung an den Gebietsstand 1990 wie Tabelle A.1.
Quellen: Statistik F, 1892, Division du sol; Statistik I, 1930, Bd. 2, Teil 2; Statistik CH, 1905b, Nachtrag; Statistik A, 1902, Tab. II.

Zu Tabelle A.3:
Basierend auf den zeitnächsten Betriebszählungen zu 1900; in Italien, wo auch die erste Betriebszählung von 1930 keine Angaben zu den Arbeitskräften ausweist, Verwendung der Berufszählung 1901; Liechtenstein keine amtliche Publikation (zu seiner kleinbäuerlichen Struktur vgl. Ospelt 1972, S. 146). Arbeitskräfte: über und unter 16 Jahren (F, A); ab 14 Jahren (CH). Verwalter: »Régisseur« (F); »Verwalter«, »Direktoren«, »Angestellte« oder »Beamte« (CH); »Beamte«, »Aufsichtspersonen« (A).
Regionen in ungefährer Angleichung an den Gebietsstand 1990 wie Tabelle A.1.
Quellen: Statistik F, 1892, Population des travailleurs agricoles; Statistik I, 1901, Bd. 3; Statistik CH, 1905, Tab. 4; Statistik A, 1902, Tab. XX; Betriebe wie Tab. A.2.

Tabelle A.4: Illegitimitätsquote in alpinen Regionen, 1870 und 1900

Region	1870/1874 L	1870/1874 LT	1900/1904 L	1900/1904 LT	Veränderung 1870–1900 LT
1 Alpes-Maritimes (F)	6,0	6,3	10,8	11,6	+5,3
2 Alpes-de-Haute-Provence (F)	2,2	3,2	2,6	2,8	−0,4
3 Hautes-Alpes (F)	2,2	2,4	3,5	3,6	+1,2
4 Savoie (F)	3,7	3,8	5,2	5,5	+1,7
5 Haute-Savoie (F)	5,0	5,2	4,8	4,9	−0,3
6 Imperia (I)	5,6	5,6	5,9	6,1	+0,5
7 Valle d'Aosta (I)	–	–	9,6	9,7	–
8 Sondrio (I)	3,0	3,1	3,3	3,4	+0,3
9 Trento (I/A)	–	1,1	1,2	1,3	+0,2
10 Bolzano-Bozen (I/A)	–	5,0	5,9	6,0	+1,0
11 Belluno (I)	2,8	2,8	3,1	3,1	+0,3
12 Valais (CH)	3,8	3,8	3,5	3,5	−0,3
13 Ticino (CH)	1,7	1,7	2,9	3,0	+1,3
14 Graubünden (CH)	3,8	3,8	3,3	3,4	−0,4
15 Uri (CH)	2,1	2,1	1,3	1,3	−0,8
16 Unterwalden (CH)	3,4	3,5	1,3	1,4	−2,1
17 Schwyz (CH)	3,0	3,0	1,7	1,7	−1,3
18 Glarus (CH)	1,2	1,2	1,8	1,9	+0,7
19 Appenzell (CH)	3,4	3,5	2,9	2,9	−0,6
20 St. Gallen (CH)	3,2	3,3	3,8	3,9	+0,6
21 Liechtenstein (FL)	–	–	–	–	–
22 Vorarlberg (A)	–	7,0	5,8	5,8	−1,2
23 Tirol (A)	–	11,1	15,9	15,9	+4,8
24 Salzburg (A)	–	29,1	25,7	26,0	−3,1
25 Kärnten (A)	–	46,0	39,5	39,7	−6,3
26 Steiermark (A)	–	32,6	30,4	30,6	−2,0

L = Nichteheliche Lebendgeborene in Prozent aller Lebendgeborenen, Fünfjahresdurchschnitt.
LT = Nichteheliche Lebend- und Totgeborene in Prozent aller Geborenen, Fünfjahresdurchschnitt.
Regionen in ungefährer Angleichung an den Gebietsstand 1990 wie Tabelle A.1.
Quellen: Statistik F, 1870–1874, 1900–1904; Statistik I, 1870–1874 (Findelkinder als nichtehelich gerechnet), 1900–1904; Statistik CH, 1870–1874, 1900–1904; Gustav Adolf Schimmer: Die unehelich Geborenen in Oesterreich 1831–1874, in: Statistische Monatsschrift 2 (1876), S. 168–170, Statistik A, 1900–1904. Liechtenstein keine amtliche Publikation.

Tabelle A.5: Grösse der landwirtschaftlichen Betriebe, landwirtschaftliche Arbeitskräfte und Illegitimitätsquote in alpinen Regionen von Habsburgisch Österreich nach Bezirken, 1870 und 1900

Region Bezirk	Betriebsgrösse KB	MG	Arbeitskräfte AB	DB	Illegitimität 1870	1900
9 Trento	91	3	2,7	0,1	1	1
Borgo	90	4	2,6	0,1	1	1
Cavalese	96	1	2,2	0,0	3	2
Cles	92	2	2,6	0,1	1	1
Primiero	85	4	2,5	0,0	1	1
Riva	88	4	2,8	0,1	1	1
Roveredo	86	5	2,7	0,1	1	1
Tione	93	2	2,8	0,1	1	1
Trient, Stadt	93	1	2,9	0,6	5	5
Trient, Umgebung	90	3	2,9	0,1	1	1
10 Bolzano-Bozen	53	32	3,4	0,8	5	6
Botzen, Stadt	87	5	1,9	0,3	5	15
Botzen, Umgebung	58	28	3,4	0,8	2	3
Brixen	36	48	3,5	0,9	6	6
Brunecken	40	44	3,5	0,9	6	4
Meran	61	23	3,3	0,7	8	9
22 Vorarlberg	68	14	2,3	0,2	7	6
Bludenz	57	18	2,6	0,2	8	6
Bregenz	53	25	2,5	0,2	7	7
Feldkirch	87	4	2,0	0,1	6	5
23 Tirol	50	31	3,4	0,6	11	16
Imst	81	6	3,2	0,2	9	6
Innsbruck, Stadt	33	44	3,9	1,0	12	26
Innsbruck, Umgebung	53	25	3,3	0,6	8	24
Kitzbühel	28	56	3,5	1,0	24	22
Kufstein	32	52	3,8	0,9	14	14
Landeck	65	12	3,0	0,2	9	5
Lienz	24	58	4,3	1,0	8	7
Reutte	62	14	2,8	0,2	9	6
Schwaz	43	36	3,2	0,7	10	11
24 Salzburg	37	49	3,7	1,2	29	26
Salzburg, Stadt	53	26	4,1	2,3	37	33
Salzburg, Umgebung	39	46	3,4	0,9	23	22
St, Johann	31	56	4,0	1,4	30	22
Tamsweg	34	52	4,1	1,5	28	26
Zell am See	39	46	4,2	1,6	36	35

Fortsetzung auf Seite 215!

Fortsetzung von Seite 214!

Region Bezirk	Betriebsgrösse		Arbeitskräfte		Illegitimität	
	KB	MG	AB	DB	1870	1900
25 Kärnten	39	47	4,1	1,3	46	40
Hermagor	41	40	3,3	0,5	27	26
Klagenfurt, Stadt	60	20	4,0	1,8	69	58
Klagenfurt, Umgebung	37	47	4,2	1,3	47	46
St. Veit	39	53	5,2	2,5	68	57
Spittal	37	48	3,8	1,0	39	36
Villach	49	36	3,3	0,7	36	30
Völkermarkt	33	54	4,3	1,3	40	32
Wolfsberg	33	55	4,6	1,7	39	32
26 Steiermark	50	33	4,0	1,0	33	31
Bruck	50	42	4,0	1,4	44	34
Deutsch-Landsberg	55	27	3,8	0,9	22	22
Feldbach	52	24	4,0	0,7	24	17
Gratz, Stadt	90	3	3,4	1,1	47	47
Gratz, Umgebung	48	34	4,1	1,1	26	27
Hartberg	42	40	3,9	0,8	27	16
Judenburg	42	48	4,6	2,1	45	42
Leibnitz	55	24	4,2	1,0	19	18
Leoben	68	25	3,2	1,2	43	31
Lietzen	41	45	4,0	1,4	40	38
Murau	27	62	4,9	2,2	50	48
Radkersburg	59	21	3,4	0,5	19	14
Weiz	43	37	3,9	0,9	23	19

Betriebsgrösse: Kleinstbetriebe bis 5 ha (= KB) und Mittel- und Grossbetriebe ab 10 ha (= MG) in Prozent aller landwirtschaftlichen Betriebe 1902.
Arbeitskräfte: Arbeitskräfte pro Betrieb (= AB) und Dienstboten pro Betrieb (= DB) in der Landwirtschaft 1902.
Illegitimität: Nichtehelich Lebend- und Totgeborene in Prozent aller Geborenen, Fünfjahresdurchschnitte 1870–1874 und 1900–1904.
Regionen in ungefährer Angleichung an den Gebietsstand 1990 und mit Nummern wie Tabelle A.1. Bezirke nach der Bezeichnung und Gliederung von 1869.
Quellen: Statistik A, 1902, Tab. II und XX; Schimmer 1876, wie Tab. A.4, S. 168–170; Statistik A, 1900–1904.

Tabelle A.6: Städte mit 5000 und mehr Einwohnern in den Alpen, 1870 und 1900

Stadt	Einwohner in Tausend 1869/72	1900/01	jährl. Wachstum 1870–1900 (‰)	Höhe (m)
Albertville (F)	4,4	6,2	11,9	345
Briançon (F)	4,2	7,4	19,7	1321
Digne (F)	6,9	7,2	1,5	608
Gap (F)	8,9	11,0	7,3	733
Grenoble (F)	42,7	68,6	16,5	214
Vizille (F)	3,9	5,0	8,6	279
Aosta (I)	7,7	7,6	−0,4	583
Belluno (I)	16,0	19,1	5,9	389
Bolzano-Bozen (I/A)	9,4	13,9	12,7	262
Bressanone-Brixen (I/A)	4,3	5,8	9,7	559
Feltre (I)	13,1	15,2	5,0	325
Lecco (I)	7,5	10,4	11,0	214
Levico (I/A)	6,3	6,3	0,0	506
Luino (I)	2,7	6,0	27,0	202
Merano-Meran (I/A)	4,2	9,3	26,0	323
Riva (I/A)	5,1	7,6	13,0	74
Rovereto (I/A)	9,1	10,2	3,7	205
Sondrio (I)	6,8	7,7	4,2	307
Susa (I)	4,4	5,0	4,3	503
Trento (I/A)	17,1	24,9	12,2	194
Maia Bassa-Untermais (I/A)	1,4	5,0	41,9	323
Dodiciville-Zwölfmalgreien (I/A)	3,3	5,3	15,4	262
Chur (CH)	7,5	11,5	14,4	596
Davos (CH)	2,0	8,1	47,7	1575
Einsiedeln (CH)	7,7	8,5	3,3	885
Glarus (CH)	5,5	4,9	−3,8	481
Lugano (CH)	5,9	9,4	15,6	271
Sion (CH)	4,9	6,0	6,8	491
Thun (CH)	4,6	6,0	8,9	562
Bludenz (A)	2,5	5,4	25,2	585
Bruck an der Mur (A)	3,8	7,6	22,6	487
Donawitz (A)	4,0	13,1	39,0	532
Fohnsdorf (A)	4,3	7,4	17,7	744
Hall (A)	5,0	6,2	7,0	579
Hallein (A)	3,6	6,6	19,7	469
Hötting (A)	3,5	5,7	15,9	574
Innsbruck (A)	16,3	26,9	16,3	574
Klagenfurt (A)	15,3	24,3	15,0	446
Knittelfeld (A)	2,0	8,1	46,2	645
Leoben (A)	4,5	10,2	26,7	532
Schwaz (A)	4,8	6,5	9,8	538
Villach (A)	4,5	9,7	25,1	501
Wilten (A)	2,8	12,5	49,4	574

Städte mit gerundet mindestens 5000 Einwohnern (Rundung auf 100, also genau ab 4950); davon mindestens 3500 Einwohner in agglomerierter Hauptsiedlung. Zeitgenössische Gemeindeterritorien, moderne/zeitgenössische Staatszugehörigkeit. Alpenabgrenzung nach morphologischen Kriterien; ohne Alpenfusszone von ± 10 km um den Alpenrand.
Quellen: Statistik F, 1872, Tab. 10; Paroisses et communes de France. Isère, Paris 1983, S. 709; Statistik F, 1901; Statistik I, 1871, Bd. 1 und 1901, Bd. 1; Statistik CH, 1870, Bd. 1 und 1900, Bd. 1 mit 1895 und 1906; Statistik A, 1869, Heft 6 mit 1869b und 1900 mit 1880. Alpendefinition nach Dematteis 1975, S. 84–99.

Bei Anlegung der weiten Kriterien wie Tabelle 4.1 (Rundung auf 1000, also genau ab 4500 Einwohnern, davon mindestens 3000 in agglomerierter Hauptsiedlung) kämen für 1870/1900 noch folgende Städte hinzu: Ala (I/A) 4,2/4,9; Albino (I) 3,1/5,1; Bellinzona (CH) 2,5/4,9; Borgo (I/A) 4,8/4,4; Chiavenna (I) 4,1/4,7; Demonte (I) 7,8/7,1; Domodossola (I) 3,5/4,6; Judenburg (A) 3,2/4,9; Mezzolombardo (I/A) 3,4/4,5; Mürzzuschlag (A) 2,2/4,9; St. Veit (A) 2,3/4,7; Schwyz (CH) 6,1/7,4; Sisteron (F) 4,6/3,9.

Anmerkungen

Ausgewählte Studien zur alpinen Geschichte und zu den behandelten Themen sind in der Bibliographie ausgewiesen und werden hier mit dem Hinweis »wie Bibl.« zitiert.

1 Die Alpen – ein historischer Raum?

1 Convention sur la Protection des Alpes (Convention Alpine), Salzbourg, 7 novembre 1991; Josette Barruet: Convention Alpine. Au-delà de l'effet catalyse, in: Revue de Géographie Alpine 83 (1995), No. 2, S. 113–121; unpubliziertes Statut der Vereinigung der Arbeitsgemeinschaften der Alpenländer; Bätzing 1991, wie Bibl., S. 234–241; Internationale Alpenschutzkommission CIPRA (Hg.): CIPRA 1952–1992. Dokumente, Initiativen, Perspektiven. Für eine bessere Zukunft der Alpen, Vaduz 1992, v. a. S. 43–44.
2 CIPRA 1992, wie Anm. 1; Walter Danz (Hg.): Die Zukunft der Alpen. Dokumentation ausgewählter Beiträge des Internationalen Symposiums »Die Zukunft der Alpen« vom 31. 8 bis 6. 9. 74 in Trento-Trient, 2. Bde., München 1975; Le Alpi 1974–75, wie Bibl.; Martinengo 1988, wie Bibl., v. a. S. 3–7, 597–609.
3 Dominik Siegrist u. a.: Alpenglühn. Auf TransALPedes Spuren von Wien nach Nizza, Zürich 1993; aus der Regionalismus-Literatur: Pierre Bourdieu: L'identité et la représentation. Éléments pour une réflexion critique sur l'idée de région, in: Actes de la recherche en sciences sociales 35 (1980), S. 63–72; Malcolm Anderson (Hg.): Frontier Regions in Western Europe, London 1983; Willy Erlwein: Transnationale Kooperation im Alpenraum dargestellt am Beispiel der Arbeitsgruppe der Alpenländer (ARGEALP), München 1981; eine Fallstudie zu den seit ca. 1970 besonders virulenten norditalienischen Regionalismen bei Agostino Amantia, Ferruccio Vendramini (Hg.): Lega e localismi in montagna. Il caso Belluno, Belluno 1994.
4 Danz 1975, wie Anm. 2, Bd. 1, S. 149, die Teilnehmerliste S. 158–172.
5 Vgl. etwa Pierre Bourdieu im Gespräch mit Lutz Raphael: Über die Beziehungen zwischen Geschichte und Soziologie in Frankreich und Deutschland, in: Geschichte und Gesellschaft 22 (1996), S. 62–89; Reinhart Koselleck: Erfahrungswandel und Methodenwechsel. Eine historisch-anthropologische Skizze, in: Hans Erich Bödeker, Ernst Hinrichs (Hg.), Alteuropa – Ancien Régime – Frühe Neuzeit. Probleme und Methoden der Forschung, Stuttgart-Bad Cannstatt 1991, S. 215–264.
6 Vgl. Bätzing 1991, wie Bibl., S. 13; zu den politisch-ideologischen Komponenten der Abgrenzung Guglielmo Scaramellini: Fra unità e varietà, continuità e fratture: percorsi di riflessione e ambiti di ricerca nello studio del popolamento alpino, in: Coppola, Schiera 1991, wie Bibl., S. 81–83.
7 Vgl. hinten Kapitel 2 und 4.
8 Zur Periodisierungsdebatte z. B. Rudolf Vierhaus u. a. (Hg.): Frühe Neuzeit – Frühe Moderne? Forschungen zur Vielschichtigkeit von Übergangsprozessen, Göttingen 1992.
9 Die internationale historische Statistik beruht bisher meist auf einer Zusammenstellung von nationalen Datensätzen; hier geht es um eine internationale Aggregierung von Regionaldaten.
10 Es gibt keine alpenweite historische Bibliographie; die 1995 gegründete Internationale Gesellschaft für historische Alpenforschung beabsichtigt, Anstrengungen in dieser Richtung zu unternehmen; die erste Ausgabe ihrer Jahresschrift enthält einen Überblick zur Forschung in den einzelnen Ländern: Vom Alpenübergang zum Alpenraum 1996, wie Bibl.
11 Braudel 1990, wie Bibl., Bd. 1, S. 33–70, 293–298, Zitate S. 44–45.

12 Aus der reichen Literatur über Braudel: Lutz Raphael: Die Erben von Bloch und Febvre. »Annales«-Geschichtsschreibung und »nouvelle histoire« in Frankreich 1945–1980, Stuttgart 1994, v. a. S. 109–137; Yves-Marie Bercé: Préface, in: Viallet 1993, wie Bibl., S. 5–8; Jean-François Bergier: Des Alpes traversées aux Alpes vécues, in: Geschichte der Alpen 1 (1996), S. 12–13, 19; Mathieu 1997, wie Bibl., S. 124–125. Für spätere Vorstellungen vgl. Fernand Braudel: Sozialgeschichte des 15.–18. Jahrhunderts, München 1990 (frz. Ausgabe 1979), z. B. Bd. 1, S. 58, 120, 159–160, Bd. 3, S. 41.
13 Guichonnet 1980, wie Bibl., Zitat Bd. 1, S. 10.
14 Jean-François Bergier: Le cycle médiéval: des sociétés féodales aux Etats territoriaux, in: Guichonnet 1980, wie Bibl., Bd. 1, S. 163–264; Bergier hat sich besonders früh mit gesamtalpinen Themen befasst, vgl. die einleitenden Beiträge in Körner, Walter 1996, wie Bibl.
15 Arnold Niederer: Economie et forme de vie traditionelles dans les Alpes; Mentalités et sensibilités, in: Guichonnet 1980, wie Bibl., Bd. 2, S. 5–90, 91–136; deutsch in: Niederer 1993, wie Bibl., S. 147–264.
16 Viazzo 1989, wie Bibl., Zitat S. 296; zur Geschichte der alpinen Anthropologie v. a. Albera 1995, wie Bibl.
17 Tilly 1992, wie Bibl., die Zahlen S. 45–46; eine wichtige Bestandesaufnahme bei Blockmans, Genet 1993, wie Bibl.; zur Grenzverdichtung etwa Guy P. Marchal (Hg.): Grenzen und Raumvorstellungen (11.–20. Jahrhundert), Zürich 1996.
18 Die folgende Skizze u. a. nach Imanuel Geiss: Geschichte griffbereit, Bd. 4: Schauplätze. Die geographische Dimension der Weltgeschichte, Dortmund 1993 (mit Literatur).
19 Favier 1993, wie Bibl.; unten Kapitel 4.
20 Hans Conrad Peyer: Verfassungsgeschichte der alten Schweiz, Zürich 1978; Wolfgang-Amédée Liebeskind: Altschweizerische Föderativsysteme, in: derselbe: Institutions politiques et traditions nationales, Genève 1973, S. 207–223; allgemein Pierangelo Schiera: L'autonomia locale nell'area alpina. La prospettiva storica, in: Schiera 1988, wie Bibl., S. 3–50, 149–154.
21 Viele alpine Studien der 1970er und 1980er Jahre betonen vor allem die neue Abhängigkeit und Teilung der Alpen, was der Ambivalenz des Nationalisierungsprozesses nicht gerecht wird.
22 Julien Coste: Vallis montium. Histoire de la Vallée de Barcelonnette, Hautes terres de Provence, des origines à nos jours, Gap 1976, S. 41, 63–64, 99, 111–112; Guichonnet 1980, wie Bibl., Bd. 1, S. 266–282, 296–302.
23 Die elaborierte, auf älteren Arbeiten von Friedrich Ratzel, Aloys Schulte und anderen Autoren aufbauende Fassung bei Albrecht Haushofer: Pass-Staaten in den Alpen, Berlin-Grunewald 1928; bemerkenswert an dieser Diskussion ist, wie wenig sie auf tatsächliche Verkehrsfrequenzen in historischer Zeit einging.
24 Guichonnet 1980, wie Bibl., Bd. 1, S. 399–412.

2 Bevölkerung

1 Livi Bacci 1997, wie Bibl.
2 Viazzo 1989, wie Bibl. (mit reicher Literatur).
3 Eine 1987 abgeschlossene Habilitationsschrift veranschlagt die aktuelle Alpenbevölkerung auf 7,5 Mio. und diejenige vor vierzig Jahren auf »rund 3 Mio.« (Hans Gebhardt: Industrie im Alpenraum. Alpine Wirtschaftsentwicklung zwischen Aussenorientierung und endogenem Potential, Stuttgart 1990, S. 33). Es entbehrt nicht der Ironie, dass wir unten auf eine ähnliche Zahl kommen, allerdings für einen Zeitpunkt, der statt vierzig mehr als vierhundert Jahre zurückliegt.
4 Bätzing 1993, wie Bibl., S. 24–45.
5 Im entstehenden statistischen System der Europäischen Union figurieren die österreichischen Bundesländer bezeichnenderweise auf einer höheren Ebene als die anderern hier betrachteten Regionen, vgl. Martin Schuler: Le système statistique européen, in: La Vie économique 67, 1994, Nr. 10, S. 30–38.

6 In Deutschland (mit 3 Prozent der Alpenfläche) und in Slowenien (mit 4 Prozent) gibt es keine Einheiten auf ähnlichem Niveau, welche einen Einbezug rechtfertigen; das Fürstentum Liechtenstein wird als Region behandelt.

7 Starke Divergenzen findet man in Savoyen (nach einer umstrittenen Studie von Rousseau 1960) und in Appenzell (nach einer nur teilweise plausiblen Revision von Ruesch 1979).

8 Vgl. z. B. Kurt Klein: Bevölkerung und Siedlung, in: Geschichte Salzburgs 1983–1991, wie Bibl., Bd. 2, S. 1289–1360.

9 Das überaus reichhaltige französische Standardwerk bietet für die frühen Phasen wenig Angaben zur Bevölkerungsgrösse und regionalisiert die Bevölkerung des 18. Jh.s nach Généralités (Dupâquier 1988, wie Anm. 24, Bd. 2, S. 75–78).

10 Zwischen ungefähr 1890 und 1910 scheint die Qualität der Volkszählungen auch aus moderner Sicht überdurchschnittlich gut gewesen zu sein, vgl. z. B. Statistik CH, 1990, S. XVIII.

11 Eingehende Beschreibung der Quellen und Quellenprobleme in vielen Studien von Anhang Tab. 2.2.

12 Baratier 1961, wie Anhang Tab. 2.2 (1), vergleicht für die Provence die »larem foventes«-Feuerstellen des späten 15. Jh.s mit den bewohnten Häusern des 18. Jh.s; auf der Definitionsebene erweisen sich diese Einheiten zwar als quasi-identisch, aber ihre Grösse war variabel; Baratier gibt deshalb keine Bevölkerungszahlen; hier wird eine explizitere Form desselben Vergleichs gewählt und die Bevölkerung nach den Verhältnissen des 18. Jh.s angeführt.

13 Der Ausgangswert für 1870 beträgt in Tausend 6.963,2 (Bätzing 1993, wie Bibl., S. 47). Die genannten Zahlen ergeben sich aus dem Vergleich der jeweils verfügbaren Regionalwerte mit 1870, wobei der Berechnungszeitpunkt nach dem Median definiert ist. Wenn man die Regionalwerte schrittweise rückwärts verfolgt, muss man grössere Datenverluste in Kauf nehmen, dafür düften sich Schwankungen besser abbilden; so gesehen wären die Bevölkerungszahlen in Millionen: 3,0, 4,1, 4,4, 5,3, 7,9, und die jährlichen Wachstumsraten in Promille: 3,1, 0,7, 1,9, 4,0.

14 Nach den Angaben wie Tab. 2.4, belegt in Anm. 24; Slowenien für 1500 und 1600 nach dem Wachstum in Kärnten und Steiermark gerechnet. Um 1700 betrug die Bevölkerungsdichte schätzungsweise 38 gegen 24 P/qkm, um 1900 dann 95 gegen 44 P/qkm.

15 Gegen Forschungstendenzen, die sich auf eine rein demographische Begrifflichkeit zurückziehen, argumentiert u. a. Livi Bacci 1997, wie Bibl., S. 150–151.

16 Sandgruber 1978, wie Bibl., S. 35–36; Günter Glauert: Die Alpen, eine Einführung in die Landeskunde, Kiel 1975, S. 13; Bätzing 1993, wie Bibl., S. 40.

17 Vieles spricht dafür, dass der Wandel der kommunalen Struktur in jüngerer Zeit ein Ausmass hatte, das bei grossen Gemeindezahlen wenig ins Gewicht fällt. In der Schweiz werden Daten von 1952 verwendet, weil sie in den späteren Arealstatistiken nicht mehr erscheinen.

18 Janin 1968, wie Bibl., S. 133; Giuseppe Prato: Censimenti e popolazione in Piemonte nei secoli XVI, XVII e XVIII, in: Rivista Italiana di Sociologia 10 (1906), S. 337; Dupâquier 1988, wie Anm. 24, Bd. 2, S. 197–206; Scaramellini, wie Anhang Tab. 2.2 (8); Baratti 1992, wie Anhang Tab. 2.2 (8), S. 63–68; Mathieu 1992, wie Bibl., S. 90–107; Jon Mathieu: Migrationen im mittleren Alpenraum, 15.–19. Jahrhundert. Ein Literaturbericht, in: Bündner Monatsblatt 1994, S. 347–362; Anne-Marie Granet-Abisset: La route réinventée. Les migrations des Queyrassins aux XIXe et XXe siècles, Grenoble 1994, v. a. S. 93–100.

19 Ruesch 1979, wie Anhang Tab. 2.2 (19), S. 78 (Zitat von W. Coxe); Albert Tanner: Spulen – Weben – Sticken. Die Industrialisierung in Appenzell Ausserrhoden, Zürich 1982.

20 Erhoben wurden die Agrarquoten um 1870 und 1900 mit internationaler Angleichung der Kategorien und nach zwei Kriterien (mit und ohne Frauen); ein wichtiger Grund für die regional variierende Erfassung der Frauen war die geschlechtsspezifische Mobilität; die Beziehung zur Dichte wird hier am Durchschnitt der beiden Indikatoren gemessen; die Daten im Anhang Tab. A.1.

21 Regional und phasenweise spielten andere Aktivitäten, v. a. der Bergbau, eine wichtige Rolle, vgl. z. B. Klein 1973, wie Bibl., S. 75, 85–86, 95.
22 Alle Angaben nach der jeweils mittleren Region (Median). Der Durchschnitt gibt den grossen österreichischen Regionen viel Gewicht; er zeigt beim Wachstum eine grössere Disparität zwischen den beiden Kategorien (2,2/1,3 und 4,3/2,6 Promille), bei der Dichte eine geringere Disparitätszunahme (25/17, 31/20, 48/25 P/qkm).
23 Beurteilt nach der Rangordnung von Durchschnittshöhe und Bevölkerungsdichte; die schweizerischen Kleinregionen weisen eine grosse Streuung auf.
24 Für jedes Gebiet der Tab. 2.4 nennt die folgende Liste: Jahre der Bevölkerungsangaben / Quellen, beim ersten Zitat voll ausgewiesen / bei eigenen Schätzungen: Methode. Zur Verkleinerung des Datenverlusts wurden bei drei alpinen Regionen weiter zurückreichende Schätzungen vorgenommen als in Tab. 2.2. Der massgebende Zeitpunkt für die Errechnung der Wachstumsrate bei Gebieten mit zeitlich gestreuten Regionalangaben ist deren Median.

(1) 1500, 1600, 1700, 1801, 1901 / Jacques Dupâquier (dir.): Histoire de la population française, Paris 1988, Bd. 1, S. 382, Bd. 2, S. 68, Bd. 3, S. 123. / 1500: Rückrechnung von 1560 nach der niedrigsten Wachstumsrate 1450–1560.

(2) 1500, 1600, 1700, 1800, 1900 / Athos Bellettini: La popolazione italiana. Un profilo storico, Torino 1987, S. 14, 40.

(3) 1500, 1600, 1700, 1798, 1900 / Markus Mattmüller und Mitarbeiter: Bevölkerungsgeschichte der Schweiz, Teil 1, Basel, Frankfurt a. M. 1987, Bd. 1, S. 4, 365.

(4) 1527, 1600, 1700, 1800, 1900 / Kurt Klein: Die Bevölkerung Österreichs vom Beginn des 16. bis zur Mitte des 18. Jahrhunderts, in: Heimold Helczmanovszki (Hg.), Beiträge zur Bevölkerungs- und Sozialgeschichte Österreichs, Wien 1973, S. 105.

(5) 1500, 1600, 1700, 1800, 1900 / Christian Pfister: Bevölkerungsgeschichte und historische Demographie 1500–1800 (Enzyklopädie deutscher Geschichte 28), München 1994, S. 10, 19–22; Colin McEvedy, Richard Jones: Atlas of World Population History, Harmondsworth 1978, S. 69. / 1500–1700: Umrechnung auf den Gebietsstand 1990 nach dem Bevölkerungsverhältnis von 1800.

(6) 1700, 1818, 1910 / Enciklopedija Slovenije, Bd. 9, Ljubljana 1995, S. 250–251. / 1700: Rückrechnung von 1754 nach dem Wachstum in Kärnten und Steiermark.

(7) 1471–74, 1706–16, 1801–02, 1901 / wie Tab. 2.2, Anhang (1–3).

(8) 1471, 1709–16, 1801, 1901 / Édouard Baratier: La démographie provençale du XIIIe au XVIe siècle. Avec chiffres de comparaison pour le XVIIIe siècle, Paris 1961, S. 195–196; Zählungen von 1716 (Le Bret) und 1765 (Expilly), Gemeindedaten übermittelt von Claude Motte, demnächst in: Paroisses et communes de France. Dictionnaire d'histoire administrative et démographique, Paris; Roland Sicard: Paroisses et communes de France. Dictionnaire d'histoire administrative et démographique. Vaucluse, Paris 1987; Statistik F, 1990. / wie Tab. 2.2, Anhang (1–2).

(9) 1500, 1596–1605, 1685–1702, 1797–1810, 1900–01 / wie Tab. 2.2, Anhang (8, 9, 11). / Trento 1500: Rückrechnung von 1602 nach dem mittleren Wachstum von Sondrio und Belluno.

(10) 1500, 1600, 1700, 1800, 1900 / Karl Julius Beloch: Bevölkerungsgeschichte Italiens, Bd. 3, Berlin 1961, S. 163–164, 242, 353; Statistik I, 1871, Bd. 1, S. XVI; Statistik I, 1985, S. 2–6. / Rückschreitende Schätzung ab 1871 nach dem Wachstum der jeweiligen Staatsgebiete.

(11) 1500–1543, 1576–1615, 1687–1723, 1798–1800, 1900 / wie Tab. 2.2, Anhang (13–15, 17–19). / Ticino und Uri 1500: Rückrechnung von 1600 und 1615 nach dem Wachstum von Sondrio bzw. Schwyz.

(12) 1500, 1600, 1700, 1800, 1900 / Mattmüller 1987, wie oben (3), Bd. 1, S. 356–364 ; Markus Mattmüller: Agricoltura e popolazione nelle Alpi centrali, 1500–1800, in: Edoardo Martinengo (Hg.): Le Alpi per l'Europa. Una proposta politica, Milano 1988, S. 65.

(13–14) 1527, 1600, 1700, 1800, 1900 / Klein 1973, wie oben (4), S. 105.

25 Fierro 1978, wie Anhang Tab. 2.2 (3), S. 359 (Grésivaudan mit 3304 qkm und Viennois-la-Tour, rive gauche du Rhône mit 1170 qkm); Favier 1993, wie Bibl., S. 42–44, 465; Blanchard 1938–1956, wie Bibl., Bd. 6, S. 321, 326, 334–337; eine vergleichende Darstellung für die Westalpen, v. a. im 19. und frühen 20. Jh. in Bd. 7, S. 519–588; Mattmüller 1987, wie Anm. 24, S. 131; Statistik CH, 1990, S. 4 (19. Jh. abgeschätzt an 7 Oberland-Bezirken und 10 Mittelland-Bezirken); vgl. auch Pfister 1995, wie Bibl.; Paolo Fortunati: La Popolazione Friulana dal secolo XVI ai giorni nostri, in: Corrado Gini (Hg.), Atti del Congresso Internazionale per gli Studi sulla Popolazione, Bd. 1, Rom 1933, S. 118–119; vgl. auch Daniele Beltrami: Forze di lavoro e proprietà fondiaria nelle campagne venete dei secoli XVII e XVIII, Venezia 1961.

26 Schon im späten 16. Jh berichten die venezianischen Statthalter im friulanischen Berggebiet von einer verheerenden Entvölkerung, die in ihren eigenen Zahlen nicht in Erscheinung tritt, vgl. Beloch 1961, wie Anhang Tab. 2.2 (6), S. 45.

3 Land- und Alpwirtschaft

1 Zu Malthus vgl. Netting 1993, wie Bibl. (Zitat S. 278) und Viazzo 1989, wie Bibl., S. 42–46.
2 Für nationale Werke z. B. Alfred Hoffmann (Hg.): Österreich-Ungarn als Agrarstaat. Wirtschaftliches Wachstum und Agrarverhältnisse in Österreich im 19. Jahrhundert, München 1978; Piero Bevilacqua (Hg.): Storia dell'agricoltura italiana in età contemporanea, 3 Bde., Venezia 1989–1991; Georges Duby, Armand Wallon (Hg.): Histoire de la France rurale, 4 Bde., Paris 1975–1976.
3 Frödin 1940–1941, wie Bibl.; einen volkskundlichen Überblick zur traditionellen Landwirtschaft gibt Niederer 1993, wie Bibl., S. 147–224; die erste agrarökonomische Übersicht stammt von Michel Cépède, Emmanuel S. Abensour: La vie rurale dans l'arc alpin. Étude internationale, Rom 1960.
4 Boserup 1981 und 1993, wie Bibl.; »Arbeitsproduktivität« wird hier im präzisen Sinn von Ertrag pro aufgewendete Zeiteinheit verstanden.
5 So z. B. im geographischen Klassiker von Blanchard 1938–1956, wie Bibl.; ein Teil der agrarhistorischen Literatur konzentriert sich dagegen auf technische Faktoren und orientiert sich an der besonderen englischen Entwicklung wie etwa Paul Bairoch: Agriculture and the Industrial Revolution 1700–1914, in: The Fontana Economic History of Europe, Bd. 3, Glasgow 1973, S. 452–506; die Unterbewertung des Arbeitsfaktors während der Agrarrevolution kritisiert z. B. David Warren Sabean: Property, production and family in Neckarhausen, 1700–1870, Cambridge 1990, S. 21.
6 Blanchard 1938–1956, wie Bibl., Bd. 7, S. 344–345 und Jean Miège: Inventaire des ressources agricoles de la Région Alpine, in: Economie Alpine. Actes officiels du Congrès de l'Economie Alpine, Bd. 1, Grenoble 1954, S. 119.
7 Storia d'Italia, hg. von Giulio Einaudi, 6 Bde., Torino 1972–1976 (Anbaufläche 18. Jh.: Bd. 3, S. 544); Egidio Rossini, Carlo Vanzetti: Storia dell'agricoltura italiana. Bologna 1987; Bevilacqua 1989–1991, wie Anm. 2.
8 Statistik A, 1861, S. 62; Sandgruber 1978, wie Bibl., S. 146, 148.
9 Ludwig Wallrath Medicus: Bemerkungen über die Alpen-Wirthschaft auf einer Reise durch die Schweiz gesammlet, Leipzig 1795, S. III–IV, 23–24.
10 Frödin 1940–41, wie Bibl. (Zitat: Bd. 1, S. XXIII); methodisch folgte er v. a. dem Werk von Philippe Arbos: La vie pastorale dans les Alpes françaises. Etude de Géographie humaine, Paris 1922.
11 Auch für das Folgende Jon Mathieu: Zur wirtschaftlichen Bedeutung des Alpwesens in der frühen Neuzeit, in: Carlen, Imboden 1994, wie Bibl., S. 89–104.
12 Vgl. vorne Tab. 2.3.
13 Mathieu 1992, wie Bibl., S. 235; Frödin 1940–41, wie Bibl., z. B. Bd. 2, S. 335–337, 515–518.
14 Für das 18. und 19. Jh. Coppola 1989, wie Bibl., S. 508.

15 Eine andere Meinung bezüglich der analytischen Brauchbarkeit von geschlossenen Alpwirtschafts-Modellen vertritt Viazzo 1989, wie Bibl., S. 26–27.
16 Martonne 1926, wie Bibl., S. 154–166; er verwendet teilweise ältere Studien, so dass sich die Typologie auf die Jahrhundertwende beziehen lässt.
17 Jan Caputa: Potentiel de production agricole des sols d'altitude, in: Ernst A. Brugger u. a. (Hg.), Umbruch im Berggebiet, Bern u. a. 1984, S. 245; Fritz Schnelle: Beiträge zur Phänologie Europas II. 4 Mittelwertskarten: Gesamtvegetationszeit und 3 Vegetationsabschnitte, in: Berichte des Deutschen Wetterdienstes, Nr. 118, 1970; eine Klimaübersicht z. B. bei Josef Birkenhauer: Die Alpen, Paderborn u. a. 1980, S. 174–203.
18 Christian Pfister: Das Klima der Schweiz von 1525–1860 und seine Bedeutung in der Geschichte von Bevölkerung und Landwirtschaft, 2 Bde., Bern, Stuttgart 1985, v. a. Bd. 1, S. 119–129, 143–151; die Darstellung lässt sich natürlich nur bedingt auf den ganzen Raum verallgemeinern.
19 Das Konzept »Frequency of cropping« wurde von Ester Boserup in die Entwicklungstheorie eingeführt (wie Anm. 4).
20 Johann Jakob Staffler: Tirol und Vorarlberg, statistisch, mit geschichtlichen Bemerkungen, Innsbruck 1839, S. 191–193.
21 Niederer 1993, wie Bibl., S. 288–294; Clifford Thorpe Smith: An Historical Geography of Western Europe before 1800, London, New York 1978, S. 525; für die Schnitthäufigkeit bei Heugewinnung: Mario Romani: Aspetti e problemi di storia economica lombarda nei secoli XVIII e XIX, Milano 1977, S. 404.
22 Die Erhöhung lässt sich v. a. in der Weidegesetzgebung und bei Meliorationen fassen, vgl. etwa Nicolas Morard: L'élevage dans les Alpes fribourgeoises: des ovins aux bovins (1350–1550), in: L'élevage 1984, wie Bibl., S. 19–20; Ospelt 1972, wie Bibl., S. 167.
23 Blanchard 1938–1956, wie Bibl., Bd. 6, S. 421; Werner Konold (Hg.): Historische Wasserwirtschaft im Alpenraum und an der Donau, Stuttgart 1994, S. 55–58, 149; Actes du colloque international sur les bisses, Sion 15–18 septembre 1994, in: Annales valaisannes 70 (1995). Ein wichtiger Faktor war auch die Intensivierung der Viehwirtschaft (im Walliser Beispiel v. a. im 15. Jh.).
24 Anton Gattlen: Die Beschreibung des Landes Wallis in der Kosmographie Sebastian Münsters. Deutsche Ausgaben von 1544–1550, in: Vallesia 10 (1955), S. 140; F. G. Stebler: Die Vispertaler Sonnenberge. Monographien aus den Schweizeralpen, Bern 1922, S. 81; Klaus Fischer: Agrargeographie des westlichen Südtirol. Der Vinschgau und seine Nebentäler, Wien, Stuttgart 1974, S. 73–74.
25 Fritz Schneiter: Agrargeschichte der Brandwirtschaft, Graz 1970, v. a. S. 56–91; Pickl 1982, wie Bibl., S. 27–55; Karl Dinklage: Geschichte der Kärntner Landwirtschaft, Klagenfurt 1966, v. a. S. 77, 109, 114–116; Blanchard 1938–1956, wie Bibl., Bd. 1, S. 305.
26 Thérèse Sclafert: Usages agraires dans les régions provençales avant le XVIIIe siècle, in: Revue de Géographie Alpine 29 (1941), S. 471–492; Blanchard 1938–1956, wie Bibl., z. B. Bd. 7, S. 307–310; Nicolas 1978, wie Bibl., Bd. 2. S. 682–683; Paola Sereno: Les assolements biennal et triennal en Piémont aux XVIIIe–XIXe siècles, in: Recherches de géographie rurale. Hommages au Prof. F. Dussart, Liège 1979, S. 357–368; zur Bevölkerung Tab. 2.3.
27 Mathieu 1992, wie Bibl., S. 178; Johann Jacob Scheuchzer: Beschreibung der Natur-Geschichten des Schweizerlands, 2. Teil, Zürich 1706, S. 166; Hans Rudolf Schinz: Beyträge zur nähern Kenntniss des Schweizerlandes, 4. Heft, Zürich 1786, S. 415 (Fennich = Kolbenhirse).
28 Felix Monheim: Agrargeographie der westlichen Alpen mit besonderer Berücksichtigung der Feldsysteme, Gotha 1954, S. 49–62.
29 Christian Pfister: Bevölkerung, Wirtschaft und Ernährung in den Berg- und Talgebieten des Kantons Bern 1760–1860, in: Itinera 5/6 (1986), S. 367; Sandgruber 1978, wie Bibl., S. 177. Beispiele für die frühe Neuzeit: Gauro Coppola (Hg.): Agricoltura e aziende agrarie nell'Italia centro-settentrionale (secoli XVI–XIX), Milano 1983, S. 103; Nicolas 1978, wie Bibl., S. 688–689.

30 Die Literatur unterscheidet die Egartenwirtschaft (Wechsel zwischen Gras- und Ackernutzung) vom Dauerfeldbau (räumliche Ausscheidung von Wiesen und Äckern); die Verbreitung der Egartenwirtschaft in nördlichen Alpengegenden wird manchmal mit der Intensivierung der Vieh- bzw. Graswirtschaft erklärt; die beiden Formen der Bodennutzung waren allerdings mit zahlreichen Faktoren verbunden und lassen sich nicht als allgemeine Intensivierungsstufen verstehen.

31 Eine Gesamtstudie zur Thematik fehlt, vgl. Peter Kaiser: Das Wasser der Berge – Bedrohung und Nutzen für die Menschen. Notizen für eine Umweltgeschichte, in: Bergier, Guzzi 1992, wie Bibl., S. 54–108, v. a. S. 86; viele Beispiele findet man in Regionalstudien und in Konold 1994, wie Anm. 23; Blanchard 1938–1956, wie Bibl.

32 Morard 1984, wie Anm. 22; Hans Conrad Peyer: Könige, Stadt und Kapital. Aufsätze zur Wirtschafts- und Sozialgeschichte des Mittelalters, Zürich 1982, S. 156–194 (Schafbestand: S. 159 und Hans Brugger: Die schweizerische Landwirtschaft 1850 bis 1914, Frauenfeld 1978, S. 175, 178); die andere Auffassung wird v. a. von Fritz Glauser vertreten, mit weiteren Beiträgen zur Verlagerungsdiskussion angeführt in Mathieu 1992, wie Bibl., S. 111. Gefördert werden Meinungsdifferenzen auch durch die Verwendung ungleicher Kriterien; dabei wirkt sich der Umstand nachteilig aus, dass verschiedene Aspekte des Wandels oft ungenügend differenziert werden: Struktur der Viehbestände, Verhältnis von Viehwirtschaft und Pflanzenbau, Subsistenz- und Marktorientierung.

33 Geschichte der Land- und Forstwirtschaft 1970–1980, wie Bibl., Bd. 2, S. 587–589 (mit Tabellen im slowenischen Text); Ferruccio Vendramini: La mezzadria bellunese nel secondo Cinquecento, Belluno 1977, S. 87 und La rivolta dei contadini bellunesi nel 1800, Feltre 1972, S. 31; Coppola 1989, wie Bibl., v. a. S. 519–527; Placide Rambaud, Monique Vincienne: Les transformations d'une société rurale. La Maurienne (1561–1962), Paris 1964, S. 19, 23, 136–137; Viallet 1993, wie Bibl., S. 235; für ganz Savoyen im 18. Jh. Nicolas 1978, wie Bibl., Bd. 2, S. 698–700.

34 Viehzahlen: Atlas historique Provence, Comtat, Orange, Nice, Monaco, Paris 1969, v. a. Karten 221–222; Blanchard 1938–1956, wie Bibl., Bd. 4, S. 343–344; L'élevage 1984, wie Bibl., S. 271–276, 408–413; allgemein Histoire transhumance 1986, wie Bibl. (mit Literatur).

35 Die frühneuzeitliche Geschichte der provenzalischen Transhumanz ist schlecht erforscht, Hinweise bei Baratier 1978, wie Bibl.; Walter Panciera: I lanifici dell'alto Vicentino nel XVIII secolo, Vicenza 1988, S. 73; der Rückgang im italienischen Bereich schloss die Zunahme, ja Entstehung der Transhumanz in anderen Regionen nicht aus.

36 Coppola 1989, wie Bibl., S. 510–511, 526; Niederer 1993, wie Bibl., S. 155–156.

37 Zum Milchertrag z. B. Felix Anderegg: Schweizerische Alpwirtschaft. Illustriertes Lehrbuch, Teil 2, Bern 1899, S. 577; Staffler 1839, wie Anm. 20, S. 302; Bernard Bonnin: L'élevage dans les hautes terres dauphinoises aux XVIIe et XVIIIe siècles, in: L'élevage 1984, wie Bibl., S. 275; Viallet 1993, wie Bibl., S. 235.

38 Jean-Robert Pitte: Terres de Castanide. Hommes et paysages du châtaignier de l'Antiquité à nos jours, Paris 1986, v. a. S. 79–80, 95–97, 132–134, 199–201; Paola Sereno: Sur les systèmes agraires originaux des Alpes Piémontaises. Observations de géographie historique, in: Les Alpes dans le temps et dans l'espace, Le Globe 125, Genève 1985, S. 238–240.

39 Luigi Messedaglia: Il mais e la vita rurale italiana. Saggio di storia agraria, Piacenza 1927, S. 48; Geschichte der Land- und Forstwirtschaft 1970–1980, wie Bibl., Bd. 2, S. 576; Dinklage 1966, wie Anm. 25, v. a. S. 139; Benedikt Bilgeri: Der Getreidebau im Lande Vorarlberg, in: Montfort 2–5 (1947–50), hier 3 (1948), S. 97.

40 Walter Brunner: Frühe Nachrichten über Maisanbau in der Steiermark, in: Blätter für Heimatkunde 68 (1994), S. 5–15; Hans Telbis: Zur Geographie des Getreidebaues in Nordtirol, Innsbruck 1948, S. 30; Messedaglia 1927, wie Anm. 39, S. 148–150, 276; Staffler 1839, wie Anm. 20, S. 205, 208; Hugo Penz: Das Trentino. Entwicklung und räumliche Differenzierung der Bevölkerung und Wirtschaft Welschtirols, Innsbruck 1984, S. 206.

41 Viazzo 1989, wie Bibl., v. a. S. 183–192, 290–292; andere Autoren sind seiner (zögernd vorgetragenen) These gefolgt.
42 Berechnet aus Sandgruber 1978, wie Bibl., S. 155, 222 (für 1904–1913 und 1910) und Brugger 1978, wie Anm. 32, S. 16, 119 (für 1917 und 1910, ähnlich 1920); die Schweiz ist auch ein Beispiel für dichteren Kartoffelbau im Umland; zum Klee in Kärnten Dinklage 1966, wie Anm. 25, S. 175; für frühen Kunstgrasanbau auch Blanchard 1938–1956, wie Bibl., Bd. 5, S. 135; typischer war eine späte, beschränkte Einführung solcher Futterpflanzen.
43 Die Ertragssteigerung bezog sich beim Mais besonders auf das Saat-Ernte-Verhältnis; der Arbeitsaufwand für ertragreichen Maisbau wird in der Literatur oft unterschätzt, vgl. Gauro Coppola: Il mais nell'economia agricola lombarda, Bologna 1979, S. 56–75; beim Kartoffelbau konnte der Aufwand gegenüber dem Getreidebau nach diversen Belegen um den Faktor 3 zunehmen.
44 Scaramellini 1978, wie Bibl., S. 37–39 (Zitat), 58–63, 69–86, 165–180; Gauro Coppola: Terra, proprietari e dinamica agricola nel Trentino del '700, in: Mozzarelli, Olmi 1985, wie Bibl., S. 719–727; Hermann Wopfner: Bergbauernbuch. Von Arbeit und Leben des Tiroler Bergbauern in Vergangenheit und Gegenwart, 3. Lfg., Innsbruck 1960, S. 691 (Ausmass und Chronologie des früheren Nordtiroler Weinbaus sind in der Forschung umstritten); Bilgeri 1971–1987, wie Bibl., z. B. Bd. 3, S. 192; Ingrid Zeller: Weinbau in Vorarlberg, Feldkirch 1983, S. 11–29, 47–89; Staffler 1839, wie Anm. 20, v. a. S. 221, 230, 234–236; Anne-Lise Head: L' évolution de la typologie des zones agricoles en pays de montagne du XVIIe au XIXe siècle: définition et réalités du »Hirtenland« dans le pays de Glaris, in: Itinera 10 (1989), S. 89–91; vgl. jetzt auch Louis Carlen, Gabriel Imboden (Hg.): Der Wein in den Alpenländern, Brig 1997.
45 Morard 1984, wie Anm. 22, S. 18; Peyer 1982, wie Anm. 32, S. 167, 177.
46 Histoire Fribourg 1981, wie Bibl., Kapitel 7, 14, 21–23 (Bevölkerung 1494–1811 S. 280); Statistik CH, 1990, S. 6 (Bezirke Gruyère und Sarine 1798/1800–1900). Die Agrarwissenschaft des 19. Jh.s hat sich öfter mit dem Verhältnis von Produktionsrichtung und Intensivierung befasst, vgl. z. B. Theodor von der Goltz (Hg.): Handbuch der gesamten Landwirtschaft, Bd. 1, Tübingen 1890, S. 348–353.
47 Ausführlich zum folgenden Fragenkomplex v. a. anhand der Südschweiz: Mathieu 1992, wie Bibl., S. 117–162; dort auch die volkskundliche Literatur, welche viele funktionale Einblicke gibt, z. B. die Studien von Anni Brockmann-Waldmeier, Richard Weiss, Robert Kruker.
48 Die Typologie bezieht sich nur auf den wichtigen Aspekt von Heutransport und Stallfütterung; in Wirklichkeit war die Raumorganisation natürlich auch mit anderen Nutzungsweisen (Weidewirtschaft, Pflanzenbau, Waldnutzung) verbunden.
49 Hans Rudolf Schinz: Descrizione della Svizzera italiana nel Settecento, Locarno 1985 (= Beyträge zur nähern Kenntniss des Schweizerlandes, Zürich 1783–1787), v. a. S. 62, 78, 98, 248, 326, 378; für den Heuzug z. B. die in Anm. 47 erwähnten Studien.
50 Hinweise zur Verbreitung v. a. im 19. und 20. Jh. bei Niederer 1993, wie Bibl., S. 63–64, 161–162, 174–175.
51 Paul Scheuermeier: Bauernwerk in Italien, der italienischen und rätoromanischen Schweiz, 2 Bde., Erlenbach-Zürich/Bern 1943/1956 (= Illustrationsbände des Sprach- und Sachatlas Italiens und der Südschweiz), Bd. 2, S. 90–157, v. a. 103, 114, 121, 135, 141, 147, 155–157; als weitere Kernzone des Tragens, konkretisiert an der häufigen Verwendung von weitmaschigen Rückentragkörben, nennt Scheuermeier das friaulische Berggebiet.
52 Dinklage 1966, wie Anm. 25, v. a. S. 147; zu den österreichischen Pässen z. B. Geschichte Salzburgs 1983–1991, wie Bibl., Bd. 1, S. 429, 610, 654, Bd. 2, S. 2589; Rosenberg 1988, wie Bibl., S. 20, 92, 97; Viallet 1993, wie Bibl., S. 215–216.
53 Mathieu 1992, wie Bibl., S. 128–132.
54 Antonio Maresio Bazolle: Il possidente bellunese, hg. von Daniela Perco, Bd. 2, Feltre 1987, S. 94–95,

116–117, 271; auch andere ökonomische und soziale Rahmenbedingungen konnten eine Rolle spielen; viele Kerngebiete der Tragtransporte waren z. B. Zonen, wo bei der Bodenbestellung die Handarbeit vorherrschte (dazu also kein Zugvieh eingestellt werden musste) und wo die gesamte Landwirtschaft v. a. auf den Frauen ruhte (infolge männlicher Migration).

55 Mathieu 1992, wie Bibl., S. 130.
56 François Emmanuel Foderé: Voyage aux Alpes Maritimes ou histoire naturelle, agraire, civile et médicale du Comté de Nice et pays limitrophes, Bd. 2, Paris 1821, S. 2, 6, 25–26 (Erhebungen v. a. 1802–03).
57 Janin 1968, wie Bibl., S. 156.
58 Vital Chomel: Les instruments de labour traditionnels dans l'ancien Dauphiné, in: Revue de Géographie Alpine 52 (1964), S. 620–623; Atlas steirisches Bauerntum 1976, wie Bibl., Karte 37; Dinklage 1966, wie Anm. 25, v. a. S. 145–146.
59 Bilgeri 1949, wie Anm. 39, S. 19–25.
60 Blanchard 1938–1956, wie Bibl., Bd. 5, S. 138–139; allgemein zur technischen Agrarrevolution wie oben Anm. 2, 4, 5.
61 Robert Wildhaber: Bildhafte Ausdrücke für Steilheit, in: Schriften des Stockalper-Archivs in Brig, Heft 12, Brig 1968, S. 103–109.

4 Städte

1 Storia d'Italia, hg. von Giulio Einaudi, Bd. 5, Torino 1973, S. 367; Lino Colliard: Vecchia Aosta, Aosta 1986, S. 195.
2 Dematteis 1975, wie Bibl., v. a. S. 7–16, 22; für die französische und deutsche Geographie z. B. Paul et Germaine Veyret: Au coeur de l'Europe – les Alpes, Paris 1967, v. a. S. 300–301, 511–517, 530–531; Günter Glauert: Die Alpen, eine Einführung in die Landeskunde, Kiel 1975, S. 60–63.
3 Zur Urbanisierungsforschung Rodger 1993, wie Bibl.; für die dort nicht behandelten Länder mit Alpenanteil: Erich Zöllner (Hg.): Österreichs Städte und Märkte in ihrer Geschichte, Wien 1985; François Walter: La Suisse urbaine 1750–1950, Carouge-Genève 1994. Eine kenntnisreiche Literaturübersicht und ein Essay zur alpinen Urbanisierung bei Gerosa 1988, wie Bibl. und Abel Poitrineau: Villes et campagnes dans les Alpes du XVIIIe au XXe siècle, in: Bergier, Guzzi 1992, wie Bibl., S. 175–198. Eine wichtige Regionalstudie ist Favier 1993, wie Bibl.
4 Es wäre z. B. reizvoll, die politischen Kulturen im Alpenraum auf die urbanen Klassifikationen zu vergleichen, wie man es bereits für Einzelländer getan hat; für Österreich Michael Mitterauer: Markt und Stadt im Mittelalter. Beiträge zur historischen Zentralitätsforschung, Stuttgart 1980, v. a. S. 278–304; er zeigt den Einfluss der regionalen Herrschaftsstrukturen auf das urbane Statusgefüge, allerdings mit der Tendenz, diesen Einfluss auf den gesamten Urbanisierungsprozess zu beziehen.
5 Bairoch 1988, wie Bibl.
6 Expilly 1765, wie Anhang Tab. 4.1, S. 933; Julien Coste: Vallis montium. Histoire de la Vallée de Barcelonnette, Hautes terres de Provence, des origines à nos jours, Gap 1976, S. 175; Statistik I, 1871, Bd. 1, Teil 1, S. 398.
7 Eine Aufgliederung des städtischen Bevölkerungswachstums nach dem Beitrag der »bestehenden« und »neuen« Städte zeigt, dass der Wachstumsbeitrag der »neuen« Städte in den Alpen bedeutend grösser war als im Umland und auch am Alpenfuss.
8 Unter Ausklammerung der Städte am Alpenfuss; die Alpenfläche wird mit 180.000 qkm angesetzt; die errechnete Gesamtfläche beträgt 578.700 qkm, womit auf das Umland 398.700 qkm entfallen. In den Alpen gelten grössere Gebiete als ganz unproduktiv, andererseits wird das alpine Gelände durch die

Flächenprojektion künstlich verkleinert; ich halte es für ratsam, von beiden Verzerrungen abzusehen (vgl. oben Kapitel 2). Die Unterschiede zwischen den Daten von Bairoch und von Tab. 4.1 könnten ein Hinweis sein, dass die Dichtedifferenz in Wirklichkeit grösser war: In den Alpen habe ich seine Städtezahl um 20% reduziert, am Alpenfuss nur um 8%.

9 Der in Tab. 4.1 angeführte Bergbauort Schwaz hatte vielleicht einen zu niedrigen Agglomerationsgrad (wie Anm. 17). Orte, die um 1500 an die angesetzten Kriterien herankamen und sie möglicherweise erfüllten, waren Gap, Bolzano-Bozen, Trento, Innsbruck (aufgrund von diversen, in der Regel unsicheren und überhöhten Angaben).

10 Unter den zahlreichen Stadtmonographien seien die Standardwerke für drei grosse Orte genannt: Vital Chomel (Hg.): Histoire de Grenoble, Toulouse 1976; Otto Stolz: Geschichte der Stadt Innsbruck, Innsbruck 1959; Gotbert Moro (Red.): Die Landeshauptstadt Klagenfurt. Aus ihrer Vergangenheit und Gegenwart, 2 Bde., Klagenfurt 1970.

11 Janin 1968, wie Bibl., S. 493; vgl. auch oben Anm. 2.

12 Daniel Scheitlin: Contribution à l'étude de la population urbaine suisse: 1200–1850. Constitution d'une banque de données et analyse du résultats, Lizentiatsarbeit Universität Genf 1985, Bd. 1, S. 20–21; Blanchard 1938–1956, wie Bibl., Bd. 6, S. 706–711, 741–745; Herbert Hassinger: Der Verkehr über Brenner und Reschen vom Ende des 13. bis in die zweite Hälfte des 18. Jahrhunderts, in: Festschrift F. Huter. Tiroler Wirtschaftsstudien 26, Innsbruck 1969, S. 137–194.

13 Mathis 1977, wie Bibl., v. a. S. 28, 39, 43, 81, 135–136, 140–143, 154; in Susa scheint es 1850, nach dem Strassenausbau und vor der Eisenbahneröffnung, bloss zehn Fuhrmannsfamilien gehabt zu haben, vgl. Blanchard 1938–1956, wie Bibl., Bd. 6, S. 701.

14 Für Grenoble und Klagenfurt: Favier 1993, wie Bibl., S. 289; Moro 1970, wie Anm. 10, Bd. 1, S. 405, 420; in Aosta, wo sich die Bevölkerung von 1500 bis 1800 verdoppelte, war der Transportsektor 1798/99 unbedeutend (Colliard 1986, wie Anm. 1, S. 211–213); mehr Gewicht hatte er in Bolzano-Bozen, das seine Verkehrsfunktion allerdings mit Branzoll teilen musste (Franz Huter: Beiträge zur Bevölkerungsgeschichte Bozens im 16.–18. Jahrhundert, Bozen 1948, v. a. S. 28–30, 88–89).

15 Eine Korrektur älterer Ansichten schon bei Jean-François Bergier: Le trafic à travers les Alpes et les liaisons transalpines du haut moyen âge au XVII siècle, in: Le Alpi 1974–1975, wie Bibl., Bd. 3, S. 1–72; für eine moderne Regionalstudie Jürg Simonett: Verkehrserneuerung und Verkehrsverlagerung in Graubünden. Die »Untere Strasse« im 19. Jahrhundert, Chur 1986.

16 Michael Mitterauer: Produktionsweise, Siedlungsstruktur und Sozialformen im österreichischen Montanwesen des Mittelalters und der frühen Neuzeit, in: derselbe (Hg.), Österreichisches Montanwesen. Produktion, Verteilung, Sozialform, Wien 1974, S. 234–315, Zitat S. 239; vgl. auch Mitterauer 1980, wie Anm. 4, v. a. S. 302–303.

17 Franz Mathis: Die wirtschaftliche Entwicklung in der frühen Neuzeit (1519–1740), in: Tiroler Wirtschaftschronik Nordtirol/Südtirol, Wien 1994, S. 80–82, 93–96; Österreichisches Städtebuch, hg. von Alfred Hoffmann, Bd. 5 Tirol, Wien 1980, S. 211–227, v. a. S. 217 (612 Häuser im Zentrum für ca. 1780); die Zahlen in Tab. 4.1 liegen für die frühe Zeit vermutlich hoch, für 1750 und 1800 eher tief.

18 Moro 1970, wie Anm. 10, v. a. Bd. 1, S. 22–36, 102–144, 405–433, Bd. 2, S. 7–17, 234–239, 292–297 (Zahlenangaben Bd. 1, S. 107, 125, 265, 420, Bd. 2., S. 9); Handbuch der historischen Stätten, Österreich, Bd. 2. Alpenländer mit Südtirol, hg. von Franz Huter, Stuttgart 1978, S. 204–207, 252–257.

19 Favier 1993, wie Bibl., v. a. S. 55–73, 254–301, 403–414, 442–452, Zitat S. 301; Chomel 1976, wie Anm. 10, S. 63–245.

20 Jan de Vries: European Urbanization 1500–1800, London 1984.

21 Paul Bairoch: De Jéricho à Mexico. Villes et économie dans l'histoire, Paris 1985, z. B. S. 636–639; Boserup 1981, wie Bibl., S. 63–75, 95–97.

22 Vgl. Kapitel 2; eine grossräumige Darstellung der regionalen Bevölkerungsdichten liegt erst für den Be-

23 ginn des 19. Jh.s vor: Helmut Haufe: Die Bevölkerung Europas. Stadt und Land im 19. und 20. Jahrhundert, Berlin 1936, v. a. Karte 1.
23 Histoire de la France urbaine, sous la direction de Georges Duby, Bd. 3, Paris 1981, S. 57; Fernand Braudel: Sozialgeschichte des 15.–18. Jahrhunderts, Bd. 3, München 1990, S. 311, verdoppelt die Schätzung von Wilhelm Abel und kommt auf einen vergleichbaren Wert.
24 Hans Bobek: Innsbruck. Eine Gebirgsstadt, ihr Lebensraum und ihre Erscheinung, Stuttgart 1928, S. 34, 86–87; für den Zusammenhang zwischen Höhenlage und Agrarintensivierung oben Kapitel 3.
25 Errechnet aufgrund der topographischen Karten im Massstab 1:200.000; die im Text nicht bezifferten Flächenprozente (unter 1000 m vom 15-km-Umkreis) bei den Alpenstädten betragen: Gap 38, Grenoble 67, Sisteron 75, Belluno 72, Bolzano-Bozen 47, Rovereto 58, Trento 70, Klagenfurt 97, Schwaz 32; der Median für die Alpenstädte beträgt 53.
26 Die Einwohnerzahlen für Belluno und Gap in Tab. 4.1 liegen hoch, vgl. Ferruccio Vendramini: La rivolta dei contadini bellunesi nel 1800, Feltre 1972, S. 30 und Eugenio Sief: Il comune di Belluno in età napoleonica (1805–1813). Tesi di Laurea, Università Cattolica Milano 1990–91, S. 234; Paul Guillaume: Mouvement de la population du département des Haute-Alpes au XIXe siècle, in: Bulletin de la Société d'Etudes des Hautes-Alpes 1908, S. 210. Die zwei anderen Orte ohne Schiffverkehr waren Aosta und Susa, vgl. Brönnimann 1997, wie Bibl.
27 Vendramini 1979, wie Bibl., S. 85, auch 31–32, 87–93; Vendramini 1972, wie Anm. 26, S. 30.
28 Favier 1993, wie Bibl., S. 186–191, 263–265; zur hohen Agrarquote in den südfranzösischen Städten aufgrund späterer Daten Bernard Barbier: Villes et centres des Alpes du Sud. Étude de réseau urbain, Gap 1969, z. B. S. 21–24, 33, 38; einen wichtigen Hinweis auf die mittelalterliche Entwicklung gibt die ausserordentliche Dichte von Bischofsitzen, vgl. Atlas zur Kirchengeschichte. Die christlichen Kirchen in Geschichte und Gegenwart, hg. von Jochen Martin, Freiburg i. B. 1987, S. 71.
29 Favier 1993, wie Bibl., v. a. S. 188–192, 263, 421, 469, Zitat S. 188.
30 Bätzing 1993, wie Bibl., S. 75; seine Alpendefinition ist etwas weiter als die in diesem Kapitel verwendete von Dematteis; die kommunale Struktur veränderte sich im 19./20. Jh. wohl zugunsten der niedrig gelegenen Gemeinden.
31 Der mittlere Flächenanteil unterhalb 1000 m des 15-km-Umkreises beträgt bei den niedrigen Städten (bis 499 m) 72%, bei den höheren Städten (500 m und mehr) 31%.
32 Favier 1993, wie Anm. 3, v. a. S. 146, 157–159, 165, 175, 179–182, 363–365; ähnliche Beispiele zu Versorgungsproblemen findet man für Bergbauorte, vgl. z. B. Mathis 1994, wie Anm. 17, S. 91, 95, 105; Bad Ischl. Ein Heimatbuch, hg. vom Ischler Heimatverein, Linz 1966, S. 164–166, 200, 236, 395.
33 In Belluno wurde das Gemeindegebiet zur napoleonischen Zeit stark ausgedehnt, so dass die Stadtbevölkerung einen künstlichen Wachstumsschub erfuhr (16.000 Einwohner für 1871), vgl. Sief 1990–91, wie Anm. 26; die Agglomerationsbildung über das Gemeindegebiet hinaus lässt sich zum Teil durch die neu entstandenen (Vor-)Städte berücksichtigen, vgl. unten für Innsbruck.
34 Da nur die Stichjahre um 1870 und 1900 berücksichtigt werden, entfallen einige wenige Städte, welche die Kriterien kurzfristig während der Zwischenperiode erreichten, wie Borgo im Trentino. Bei Anlegung der weiteren Zusatzkriterien wie Tab. 4.1 würde sich die Zahl der alpinen Städte auf 29 (für 1870) und 54 (für 1900) erhöhen, vgl. Anhang Tab. A.6.
35 Vgl oben Kapitel 2.
36 Die Probleme der geographischen Zuordnung machen Urbanisierungsquoten (Stadtbevölkerung im Verhältnis zur Gesamtbevölkerung) in diesem Zusammenhang zu einem recht willkürlichen Massstab, weshalb auf entsprechende Angaben verzichtet wird; zu Frankreich schon die zeitgenössische Darstellung von Émile Levasseur: La population française. Histoire de la population avant 1789 et démographie de la France comparée à celle des autres nations au XIXe siècle, 3 Bde., Paris 1889–1892, Bd. 1, S. 326–329, Bd. 3, S. 304–331; zur starken Immigration in Grenoble Chomel 1976, wie Anm. 10, S. 250, 288.

37 Pierre Brunner: Les chemins de fer aux prises avec la nature alpestre, Grenoble 1935, S. 8–38; einen starken Effekt hatte die Eisenbahn in Innsbruck, wo sie zur regionalen Verkehrskonzentration führte, vgl. Bobek 1928, wie Anm. 24, v. a. S. 44, 48, 55–67.
38 Statistik I, 1901, Bd. 3, S. 33–81 (aktive Bevölkerung ohne Rentner und Familienmitglieder); zu Südfrankreich oben Anm. 28.
39 Chomel 1976, wie Anm. 10, S. 256–260, 291, 308–309; Zöllner 1985, wie Anm. 3, S. 83, 97–98, 106–107.
40 Chomel 1976, wie Anm. 10, S. 290 (aktive Bevölkerung ohne Rentner und Familienmitglieder); Statistik F, 1872, S. 225; Statistik F, 1901, S. 93 (population comptée à part); Paul et Germaine Veyret: Petites et Moyennes Villes des Alpes, in: Revue de Géographie Alpine 52 (1964), S. 105–107.
41 Beide Orte hatten eine dezentrale Siedlungsstruktur, wobei Ischl noch 1900 das hier angesetzte Agglomerationskriterium nicht erreichte, obwohl die Gemeinde 9700 Einwohner zählte; zum »kaiserlichen« Kurort vgl. Bad Ischl 1966, wie Anm. 32, S. 232–235, 642–650; zu Davos: Inventar der neueren Schweizer Architektur 1850–1920, hg. von der Gesellschaft für Schweizerische Kunstgeschichte, Bd. 3, Bern 1982, v. a. S. 317–378.
42 Errechnet aufgrund von Andrees Allgemeinem Handatlas, 5. Auflage, Bielefeld, Leipzig 1913, der die Städte nach Bevölkerungsgrösse und dem Stand von ungefähr 1900 wiedergibt; im oben definierten Umlandgebiet habe ich 496 Städte, in den Alpen 38 Städte gezählt; die Alpenfusszone wurde wieder ausgeklammert. Der Vergleich mit den anders erhobenen Zahlen zeigt, dass diese Dichtewerte für 1900 zu niedrig sind, während diejenigen für 1800 zu hoch liegen.
43 Schon während der Bevölkerungskonjunktur zwischen Hoch- und Spätmittelalter scheint es an einzelnen Orten zu starken Konzentrationen gekommen zu sein; Bairoch 1988, wie Bibl., S. 26, 29, nennt für 1300 Sisteron mit 6000 Einwohnern, für 1400 Gap mit 8000 Einwohnern; die französischen Südalpen gelten als Gebiet, das an der Schwelle zwischen Hoch- und Spätmittelalter besonders stark bevölkert war.

5 Umwelt und Entwicklung

1 Hans Jakob Leu, Allgemeines Helvetisches, Eydgenössisches, oder Schweitzerisches Lexikon, Bd. 1, Zürich 1747, S. 136–137.
2 Josias Simler: Vallesiae Descriptio, libri duo. De Alpibus Commentarius, Zürich 1574, S. 65–134 (Faksimile Bologna 1970); Friedrich Ratzel: Die Alpen inmitten der geschichtlichen Bewegungen, in: Zeitschrift des Deutschen und Österreichischen Alpenvereins 27 (1896), S. 62–88; Dossier Alpenforschung in Europa, in: Bulletin Schweizerische Akademie der Geistes- und Sozialwissenschaften/Schweizerische Akademie der Naturwissenschaften 1994, Nr. 1, S. 57–73, hier S. 62.
3 Der folgende Abschnitt stützt sich auf Kapitel 2–4.
4 Othmar Pickl: Die Nutzung der Holz-Ressourcen der Alpen durch den Floss-Fernhandel, in: Bergier, Guzzi 1992, wie Bibl., S. 277–283; Paolo Morigia: Historia della Nobiltà et degne qualità del Lago Maggiore, Milano 1603, zitiert in Raffaello Ceschi: Delitti e conflitti forestali, in: Simonetta Cavaciocchi (Hg.), L'uomo e la foresta secc. XIII–XVIII, Firenze 1996, S. 567–578, hier S. 569.
5 Allgemein zum Themenkreis Joachim Radkau, Ingrid Schäfer: Holz. Ein Naturstoff in der Technikgeschichte, Hamburg, 1987; M. Deveze: Flottage et transport du bois sur les fleuves européens à l'époque moderne (Conséquences pour le développement économique), in: Anna Vannini Marx (Hg.), Trasporti e sviluppo economico, secoli XIII–XVIII, Firenze 1986, S. 181–189.
6 Bernd Gabriel: Die Holzbringungsanlagen am Preintaler Gscheidl – vergessene Meisterleistungen alpenländischer Ingenieurbaukunst, in: Werner Konold (Red.): Historische Wasserwirtschaft im Alpen-

raum und an der Donau, Stuttgart 1994, S. 239–246; für frühere Techniken z. B. Jon Domenic Parolini: Zur Geschichte der Waldnutzung im Gebiet des heutigen Schweizerischen Nationalparks, Diss. ETH Zürich 1995.

7   Rosenberg 1988, wie Bibl., v. a. S. 97, 105–106, 117; Andrée Corvol: L'Homme aux Bois. Histoire des relations de l'homme et de la forêt (XVIIe–XXe siècle), Paris 1987, S. 271–410; Anton Schuler: Die Alpenwälder: Heilige Bannwälder oder Land- und Holzreserve? in: Bergier, Guzzi 1992, wie Bibl., S. 109–116; die moderne Forschung stuft den realen Zusammenhang zwischen Abholzung und Überschwemmungen gering ein, Daniel Brändli, Christian Pfister: Überschwemmungen im Flachland – eine Folge von Abholzungen im Gebirge? Zur Durchsetzung eines neuen Erklärungsmusters im 19. Jahrhundert, in: Ruth Kaufmann-Hayoz (Hg.), Bedingungen umweltverantwortlichen Handelns von Individuen, Bern 1997, S. 50–55.

8   Die Karte in Fernand Braudel: Sozialgeschichte des 15.–18. Jahrhunderts, Bd. 1, München 1990, S. 200; dazu Othmar Pickl: Der innereuropäische Schlachtviehhandel vom 15. bis zum 17. Jahrhundert. Routen, Umfang und Organisation, in: Vannini Marx 1986, wie Anm. 5, S. 123–146, v. a. S. 125 und Anm. 3; Othmar Pickl: Der Viehhandel von Ungarn nach Oberitalien vom 14. bis zum 17. Jahrhundert, in: Westermann 1979, wie Bibl., S. 39–71; Bairoch 1988, wie Bibl., S. 49; Mathis 1977, wie Bibl., S. 44.

9   Wilhelm Abel: Geschichte der deutschen Landwirtschaft vom frühen Mittelalter bis zum 19. Jahrhundert, Stuttgart 1967, v. a. S. 171–180, 315–317; Alain Dubois: L'exportation de bétail suisse vers l'Italie du XVIe au XVIIIe siècle: esquisse d'un bilan, in: Westermann 1979, wie Bibl., S. 11–38; wichtige Hinweise auch in Studien zur Entwicklung und Verbreitung von Viehmärkten, vgl. Anne Radeff: Du café dans le chaudron. Economie globale d'Ancien Régime (Suisse occidentale, Franche-Comté et Savoie), Lausanne 1996.

10 Wilhelm Abel betrachtet solche überproportionalen Preissteigerungen in demographischen Wachstumsperioden als Sondererscheinung (1967, wie Anm. 9, S. 176–177), was angesichts ihrer Häufigkeit für das Untersuchungsgebiet fraglich erscheint; seine Interpretation ist einem malthusianischen Zyklusmodell verpflichtet und übersieht auf der ökonomischen Seite, dass Urbanisierung und Arbeitsteilung schon während der Frühneuzeit unabhängig von der Bevölkerungskonjunktur zu einer Steigerung der Arbeitsproduktivität führen konnten; kritisch z. B. Holenstein 1996, wie Bibl., S. 55–57.

11 Karl Dinklage: Geschichte der Kärntner Landwirtschaft, Klagenfurt 1966, S. 135–137; Viallet 1993, wie Bibl., S. 214; Albin Marty: Die Viehwirtschaft der Urschweiz und Luzerns, insbesondere der Welschlandhandel 1500–1798, Zürich 1951, S. 97.

12 Einen Anreiz für die Exportzunahme gaben die Viehpreise, die in der Innerschweiz schneller stiegen als die Getreidepreise; Marty 1951, wie Anm. 11, S. 61; Dubois 1979, wie Anm. 9, S. 27–30.

13 Marty 1951, wie Anm. 11, S. 48–50; Dubois 1979, wie Anm. 9, S. 26.

14 Atlas steirisches Bauerntum 1976, wie Bibl., Karte 35; stark war die Zunahme von Käseproduktion und -export in schweizerischen Flachland- und Voralpengebieten, die Käsereibewegung verbreitete sich aber auch in den Alpen, Hans Brugger: Die schweizerische Landwirtschaft in der ersten Hälfte des 19. Jahrhunderts, Frauenfeld 1956, v. a. S. 93–107; derselbe: Die schweizerische Landwirtschaft 1850 bis 1914, Frauenfeld 1978, v. a. S. 178, 189, 235; Mathieu 1992, wie Bibl., S. 249.

15 Braudel 1990, wie Bibl., Bd. 1, S. 69 (frz. Aufl. von 1966, Bd. 1, S. 46); Cavaciocchi 1994, wie Bibl.; für die alpine Forschung z. B. Col bastone e la bisaccia per le strade d'Europa. Migrazioni stagionali di mestiere dall'arco alpino nei secoli XVI–XVIII, Bellinzona 1991; Gewerbliche Migration im Alpenraum, Bozen/Bolzano 1994; Räumliche Mobilität 1998, wie Bibl.

16 Fontaine 1993, wie Bibl.; für die Kritik an der Literatur auch dieselbe: Solidarités familiales et logiques migratoires en pays de montagne à l'époque moderne, in: Annales ESC 1990, S. 1433–1450; dieselbe: Les réseaux de colportage des Alpes françaises entre 16e et 19e siècles, in: Col bastone 1991, wie Anm. 15, S. 105–129; Viazzo 1989, wie Bibl., S. 121–177, 294–296.

17 Jan de Vries: European Urbanization 1500–1800, London 1984, S. 218; Dolf Kaiser: Fast ein Volk von Zuckerbäckern? Bündner Konditoren, Cafetiers und Hoteliers in europäischen Landen bis zum Ersten Weltkrieg. Ein wirtschaftsgeschichtlicher Beitrag, Zürich 1985.

18 Jon Mathieu: Migrationen im mittleren Alpenraum, 15.–19. Jahrhundert. Ein Literaturbericht, in: Bündner Monatsblatt 1994, S. 347–362, hier S. 352–353; allgemein zum Zusammenhang Urbanisierung-Migration z. B. de Vries 1984, wie Anm. 17, S. 199–231; Jacques Dupâquier: Macro-migrations en Europe (XVIe–XVIIIe siècles), in: Cavaciocchi 1994, wie Bibl., S. 65–90, v. a. S. 80–84.

19 Viazzo 1989, wie Bibl., S. 261; Albera 1995, wie Bibl., v. a. Kapitel 18.

20 Vgl. oben Kapitel 4, v. a. Karten 4.1 und 4.2; die räumlichen Korrespondenzen geben natürlich nur erste Anhaltspunkte; überhaupt kann die Migration hier bei weitem nicht ausgeleuchtet werden; für bestimmte Regionen und Perioden müssen z. B. Push-Faktoren stärker gewichtet werden.

21 Favier 1993, wie Bibl., S. 349–354; allgemein zum Distanzmodell z. B. Dupâquier 1994, wie Anm. 18, S. 83–84; Christian Pfister: Bevölkerungsgeschichte und historische Demographie 1500–1800, München 1994, S. 44–45, 106–107; aus den gleichen Gründen war die »Landflucht« im 19. Jh. in gewissen Flachlandgebieten spürbarer als in den Alpen.

22 Verschiedene Hinweise in Ceschi 1994, wie Bibl., S. 15–45; Braudel 1990, wie Bibl., S. 58–63.

23 Die Stärken und Schwächen des Dichtearguments für die staatliche Formierung zeigen sich u. a. an den grösseren Städten: Sie bildeten im Untersuchungsgebiet überall Herrschaftszentren, doch ihr Bezug zur staatlichen Macht war sehr variabel, vgl. Tilly 1992, wie Bibl.; Ann Katherine Isaacs, Maarten Prak: Cities, Bourgeoisies, and States, in: Wolfgang Reinhard (Hg.): Power Elites and State Building, Oxford 1996, S. 207–234.

24 Es geht mir im folgenden um die Erörterung ökologischer Argumente für die alpine Geschichte des 16.–19. Jh.s, nicht um wissenschaftsgeschichtliche Aspekte (dazu u. a. Viazzo 1989, wie Bibl.).

25 Blanchard 1938–1956, wie Bibl.; derselbe: La vie humaine en montagne, in: Revue de Géographie de Lyon 27 (1952), S. 211–217, Zitate S. 216–217.

26 Netting 1981, wie Bibl., Zitate S. 42, 90; später kritisierte er das lokale Gleichgewichtsmodell, weil es die historischen Ungleichgewichte und Aussenkontakte vernachlässige, Robert McC. Netting: Reflections on an Alpine Village as Ecosystem, in: Emilio F. Moran (Hg.), The Ecosystem Concept in Anthropology, Boulder 1984, S. 225–235; vgl. auch die erweiterte Diskussion in Netting 1993, wie Bibl.

27 Mitterauer 1986, wie Bibl.; derselbe: Ländliche Familienformen in ihrer Abhängigkeit von natürlicher Umwelt und lokaler Ökonomie, in: Mitterauer 1990, wie Bibl., S. 131–145, Zitat S. 132–133; derselbe: Peasant and non-peasant family forms in relation to the physical environment and the local economy, in: Journal of Family History 17 (1992), S. 139–159; vgl. auch hinten Kapitel 8.

28 Vgl. Kapitel 3, auch zur unhaltbaren Vorstellung von der Transhumanz als einer historisch ursprünglichen Nutzungsweise.

29 Auch Studien, welche nicht die Geschlossenheit, sondern die Offenheit der alpinen Gesellschaft betonen, bedienen sich manchmal des Tragfähigkeitskonzepts, um die Bedeutung der Migration zu unterstreichen, z. B. Fontaine 1991, wie Anm. 16.

30 Ein Beispiel für steigende Umweltabhängigkeit durch Technisierung oben S. 69.

6 Zwei Agrarverfassungen (19. Jahrhundert)

1 Perry Anderson: Lineages of the Absolutist State, London 1979, S. 301; Paul Guichonnet: Le développement démographique et économique des régions alpines, in: Le Alpi 1974–1975, wie Bibl., Bd. 2, S. 138–196, hier S. 149–150; in der französischen, italienischen und schweizerischen Literatur findet man eine Reihe ähnlicher Äusserungen; anders urteilt die österreichische (vgl. Anm. 15).

2   In der Literatur wird der Begriff unterschiedlich verwendet, vgl. Werner Conze: Agrarverfassung, in: Handwörterbuch der Sozialwissenschaften, Bd. 1, Stuttgart 1956, S. 105–113; Heide Wunder: Agriculture and Agrarian Society, in: Germany. A New Social and Economic History, hg. von Sheilagh Ogilvie und Bob Scribner, London u. a. 1996, Bd. 2, S. 63–99, hier S. 74; für den Versuch einer global verwendbaren Typologie Hans P. Binswanger u. a.: Power, Distortions, Revolt and Reform in Agricultural Land Relations, in: Jere Behrman, T. N. Srinivasan (Hg.), Handbook of Development Economics, Bd. 3, Amsterdam u. a. 1995, S. 2659-2772.

3   Angesprochen wird das Thema z. B. bei Viazzo 1989, wie Bibl., v. a. S. 263–268 (betreffend Vererbung, mit punktuellen Belegen); Norbert Ortmayr: Heirat und Familie in den europäischen Alpen, unveröff. Papier, University of Minnesota 1990 (v. a. betreffend Illegitimität, mit statistischer Abstützung); weitere Studien werden im folgenden genannt.

4   Das kontrollierte regressive Verfahren ist für vergleichende Studien zur Agrarverfassung eine wichtige Methode; ein Teil der Literatur geht von der Situation des späten 19. und frühen 20. Jh.s aus, ohne dies kenntlich zu machen oder ohne sich dessen bewusst zu sein.

5   Vgl. v. a. Statistik F, 1862, S. CXIII; Sandgruber 1978, wie Bibl., S. 122–129; Statistik I, 1930, Bd. 2, Teil 1, S. 1–10.

6   Um die an zwei Zeitpunkten aufgenommenen Indikatoren (Illegitimität, Berufe) vergleichen zu können, wurden die Bezirke von 1869 (Bevölkerungszählung) zugrunde gelegt.

7   Vgl. die Einleitungen zu den in Tab. A.2 zitierten Statistiken.

8   So bestand in den Alpes-de-Haute-Provence beim allgemein stark vertretenen individuellen Eigentum fast die Hälfte der Fläche aus »superficie non cultivée«; im interdepartementalen Vergleich war deren Anteil bei den Betrieben von 5–10 ha und von 10–40 ha besonders hoch (Statistik F, 1892, S. 211–225).

9   Statistik A, 1902, S. XV; die beste in der betreffenden Statistik nicht ausgewiesene Vergleichsregion wäre das Trentino; als ausgesprochen kleinbäuerliche Region wurde hier der Kanton Ticino gewählt (Statistik CH, 1905, S. 75*).

10 Die Gesamtzahl der Arbeitskräfte pro Betrieb stieg in Kärnten von 1,8 (für die Betriebe 0–0,5 ha) auf 8,8 (für die Betriebe von 50 ha und mehr); der Anteil der Dienstboten an diesen Arbeitskräften von 4% auf 59% (Statistik A, 1902, S. 31).

11 Gaston Imbert: A la découverte d'une population, étude démographique des Alpes-Maritimes, Aix-en-Provence 1958, S. 21; Édouard Baratier u.a.: Atlas historique Provence, Comtat, Orange, Nice, Monaco, Paris 1969, Karten 198–199; Émile Levasseur: La population française. Histoire de la population avant 1789 et démographie de la France comparée à celle des autres nations au XIXe siècle, 3 Bde., Paris 1889–1892, Bd. 2, S. 30–39.

12 Wie unten Anm. 17.

13 Siegfried von Strakosch: Die Grundlagen der Agrarwirtschaft in Österreich. Eine handels- und produktionspolitische Untersuchung, Wien 1916, S. 153 (quantitative Angaben zu Arrondierungsgrad bzw. Gemengelage für die Kronländer nach amtlichen Erhebungen aus den 1870er Jahren). Diese unterschiedlichen Konstellationen vermindern die ökonomische Vergleichbarkeit der Daten, erhöhen aber ihre soziale Bedeutung.

14 Unterscheidung der östlichen Regionen anhand des Anteils an Mittel- und Grossbetrieben (überall mehr als 30%); z. T. ergänzende Schätzungen für fehlende Daten.

15 Für die »österreichische« Sicht z. B. Mitterauer 1986, wie Bibl.

16 Quellen wie Tab. A.1 im Anhang; in der österreichischen Zählung von 1869 fehlte z. B. eine Kategorie für aktive Familienangehörige in der Landwirtschaft, die teils als »stabile Dienstleute«, teils als »Personen ohne bestimmten Erwerb« gezählt wurden; daher sind auch die familienfremden Dienstboten in der Statistik nicht genau fassbar; die indirekt auf der Zählung basierende Karte bei Mitterauer 1986, wie Bibl., S. 191 ist unrichtig; vgl. auch Gustav Adolf Schimmer: Die unehelich Geborenen in Oesterreich 1831–1874, in:

Statistische Monatsschrift 2 (1876), Wien 1876, S. 149–174, z. B. S. 164; Norbert Ortmayr (Hg.): Knechte. Autobiographische Dokumente und sozialhistorische Skizzen, Wien 1992, S. 297; dass Familienangehörige offiziell als Dienstleute eingestuft wurden, verdient allerdings sozialhistorisches Interesse.

17 Michael Mitterauer: Familienformen und Illegitimität in ländlichen Gebieten Österreichs, in: Archiv für Sozialgeschichte 19 (1979), S. 123–188, Zitat S. 180; derselbe: Auswirkungen der Agrarrevolution auf die bäuerliche Familienstruktur in Österreich, in: Michael Mitterauer, Reinhard Sieder (Hg.), Historische Familienforschung, Frankfurt a. M. 1982, S. 141–170; Mitterauer 1990, wie Bibl., S. 233–287; für die langfristige Entwicklung der Dienstboten auch Peter Schmidtbauer: The changing household: Austrian household structure from the seventeenth to the early twentieth century, in: Richard Wall u.a. (Hg.), Family forms in historic Europe, Cambridge 1983, S. 347–378, hier S. 357.

18 Georges Lefebvre: La grande peur de 1789, Paris 1932, S. 49; Nicolas 1989, wie Bibl., S. 66.

19 Lefebvre 1932, wie Anm 18, v. a. S. 47–50, 197–201, 212–215; Nicolas 1989, wie Bibl., Kap. 2 und 3 (auch zur Rolle der Dauphiné in der Frühphase der Revolution); dazu Baratier 1978, wie Bibl., Bd. 2, S. 397–438; Bligny 1973, wie Bibl., S. 323–337; Georges Duby, Armand Wallon (Hg.): Histoire de la France rurale, Bd. 3, Paris 1976, S. 19–28.

20 Duby, Wallon 1976, wie Anm. 19, S. 28–37; Blum 1978, wie Bibl., v. a. S. 389.

21 Der ausführlichste Überblick zu den Agrarreformen bei Blum 1978, wie Bibl. (Kontinentaleuropa vom Ural bis zu den Pyrenäen, ohne Italien); eine Zusammenstellung von Länderberichten, teilweise ebenfalls mit älteren Forschungsansätzen: L'abolition de la féodalité dans le monde occidental. Actes du Colloque, Toulouse 12–16 novembre 1968, 2 Bde., Paris 1971; zu Savoyen z. B. Blum, S. 216–218, 356.

22 Aus begriffsgeschichtlicher Sicht Dieter Schwab: Eigentum, in: Geschichtliche Grundbegriffe. Historisches Lexikon zur politisch-sozialen Sprache in Deutschland, Bd. 2, Stuttgart 1975, S. 83–113.

23 Z. B. The New Cambridge Modern History, Bd. 9, Cambridge 1965, S. 250–274, Karten in Bd. 14, 1970, S. 44–48.

24 Blum 1978, wie Bibl., v. a. S. 367, 422.

25 William E. Rappard: Le facteur économique dans l'avènement de la démocratie moderne en Suisse. L'agriculture à la fin de l'Ancien Régime, Genf 1912, S. 132–204; Hans Brugger: Die schweizerische Landwirtschaft in der ersten Hälfte des 19. Jahrhunderts, Frauenfeld 1956, S. 180–205, und derselbe: Die schweizerische Landwirtschaft 1850 bis 1914, Frauenfeld 1978, S. 367; die effektive Ablösung im Laufe des 19. Jh.s ist auf schweizerischer Ebene schlecht untersucht.

26 Mathieu 1992, wie Bibl., S. 82–86; Stephan Franscini: Neue Statistik der Schweiz. Nachtrag, aus der italienischen Handschrift übersetzt, Bern 1851, S. 105.

27 Jerome Blum: Noble Landowners and Agriculture in Austria, 1815–1848. A Study in the Origins of the Peasant Emancipation of 1848, Baltimore 1948; in einigen Punkten davon abweichend Friedrich Lütge: Die Grundentlastung in der Steiermark, in: Zeitschrift für Agrargeschichte und Agrarsoziologie 16 (1968), S. 190–209; Roman Sandgruber: Ökonomie und Politik. Österreichische Wirtschaftsgeschichte vom Mittelalter bis zur Gegenwart, Wien 1995, S. 215–217, 233–236 (auch zum folgenden).

28 Karl Grünberg: Die Grundentlastung, in: Geschichte der österreichischen Land- und Forstwirtschaft und ihrer Industrien 1848–1898, Bd. 1, Wien 1899, S. 1–80, Zitat S. 49.

29 Die Länderwerte anhand von Grünberg 1899, wie Anm. 28, S. 70–80; die Kritik von Lütge 1968, wie Anm. 27, ist für unseren groben interregionalen Vergleich nicht zentral; Stolz 1949, wie Bibl., S. 389–400, Zitat S. 394 (die angeführte Gesamtbelastung pro Ackerfläche ist durch weitere, besser geeignete Indikatoren zu ergänzen, die auf eine niedrigere Belastung hinweisen); für die innertirolische Differenzierung: ebenda, S. 395–396 (Ablösungssummen) und die in Kapitel 2 genannten Quellen (Bevölkerung).

30 Die »Leibeigenschaft« wurde im 18. Jh. zu einem Kampfbegriff, vgl. Renate Blickle: Leibeigenschaft. Versuch über Zeitgenossenschaft in Wissenschaft und Wirklichkeit, durchgeführt am Beispiel Altbayerns, in: Peters 1995, wie Bibl., S. 53–79.

31 Auf die anders gelagerten Voraussetzungen für die Agrarreform in Norditalien wird unten hingewiesen, Kapitel 8 mit Anm. 9.
32 Blum 1978, wie Bibl., S. 102–103, 118, 436; Hugo Penz: Das Trentino. Entwicklung und räumliche Differenzierung der Bevölkerung und Wirtschaft Welschtirols, Innsbruck 1984, S. 169–181; die Pachtverhältnisse um 1900 lassen sich, allerdings ungenau, den Betriebsstatistiken entnehmen: Statistik F, 1892, Modes d'exploitation; Statistik CH, 1905, Tab. 13; Statistik A, 1902, Tab. XII.
33 Code civil des Français, Paris 1804, Art. 745 (Zitat), 832 (gegen Zerstückelung); allgemein: Code Law Systems, in: International Encyclopedia of the Social Sciences, Bd. 9, New York 1972, S. 214–217; M. Tcherkinsky: The Evolution of the System of Succession to Landed Property in Europe, in: Monthly Bulletin of Agricultural Economics and Sociology 32 (1941), S. 165–195.
34 Ulrich von Mohr: Geordnete Gesetzes-Sammlung und grundsätzliche Uebersichten der Achtzehn Erbrechte des Eidgenössischen Standes Graubünden nebst einem Entwurf zu einem allgemeinen Erbrechte für den ganzen Canton, Chur 1831; Bündnerisches Civilgesetzbuch. Mit Erläuterungen von P. C. Planta, Chur 1863; Arnold Niederer: Bäuerliches Erbrecht. Kommentar in: Atlas der schweizerischen Volkskunde Teil 1, 7. Lfg, Basel 1968, S. 570–600.
35 Geschichte der österreichischen Land- und Forstwirtschaft und ihrer Industrien 1848–1898, Bd. 1, Wien 1899, v. a. S. 23–27, 282–331, 343–344, 468–487; Ingrid Kretschmer, Josef Piegler: Bäuerliches Erbrecht. Kommentar, in: Österreichischer Volkskundeatlas, 2. Lfg. Graz 1965, S. 1–18.
36 Vgl. unten Kapitel 8 (Karte 8.1 mit Anmerkung 22).
37 Paolo Grossi: Un altro modo di possedere. L'emersione di forme alternative di proprietà alla coscienza giuridica postunitaria, Milano 1977, z. B. S. 194, 237, 320.
38 Albera 1995, wie Bibl., Kap. 20; Nadine Vivier: Une question délaissée: les biens communaux aux XVIIIe et XIXe siècles, in: Revue historique, juillet–septembre 1993, S. 143–160, hier S. 145–155; Geschichte der österreichischen Land- und Forstwirtschaft, wie Anm. 35, v. a S. 81–134, Atlas der Republik Österreich, 5. Lfg., 2. Teil, Karte VIII/3 (Wald: Besitzverhältnisse), Wien 1972.
39 Vgl. Blum 1978, wie Bibl., S. 434.
40 Vgl. Anm. 16

7 Territorien in der frühen Neuzeit

1 Das Gebiet von Savoyen unterlag vielen Veränderungen und wird für das 18. Jh. mit 10.800 qkm beziffert; die Fläche der beiden anderen Gebiete betrug ziemlich genau 10.300 qkm. Zum alpinen Flächenanteil, zur Durchschnittshöhe der Gemeindezentren und zur Bevölkerung nach modernem Gebietsstand oben Kapitel 2, Tab. 2.2 und 2.3.
2 Albera 1995, wie Bibl.; dazu Dionigi Albera: Familles. Destins. Destinations. Entre mosaïque et portrait-robot, in: Le monde alpin et rhodanien 1994, S. 7–26; Pier Paolo Viazzo, Dionigi Albera: The Peasant Family in Northern Italy, 1750–1930: A Reassessment, in: Journal of Family History 15 (1990), S. 461–482; von besonderer Bedeutung sind die österreichischen Studien von Michael Mitterauer, vgl. Mitterauer 1990, wie Bibl.; ein Vergleich mit schweizerischen Verhältnissen bei Jon Mathieu: Von der verstreuten Familie zum »Ganzen Haus«. Sozialgeschichtliche Übergänge im schweizerisch-österreichischen Alpenraum des 17. bis 19. Jahrhunderts, in: Rainer Loose (Hg.), Der Vinschgau und seine Nachbarräume, Bozen 1993, S. 245–255.
3 Albera 1995, wie Bibl., Kap. 7, 12, 16; in Kap. 18 noch eine Untervariante des agnatischen Idealtyps; anders als die beiden anderen Typen hat dieser »agnatische« Typ im Text keine feste Bezeichnung.
4 Für den Bauer-Typ unterstreicht Albera die Bedeutung politischer Bedingungen, den agnatischen Typ erläutert er dagegen nur in einem wirtschaftlichen Kontext (offene, migrationsorientierte Ökonomie);

beim bourgeoisen Typ greift die Studie kursorisch auf eine Formel zurück (horizontale Allianzen bäuerlicher Gemeinden gegen äussere Mächte), die schlecht zu ihrem relationellen Ansatz passt; dazu unten Kapitel 8.

5 Wichtige Abhandlungen zu Savoyen-Piemont sind Roger Devos, Bernard Grosperrin: La Savoie de la Réforme à la Révolution française, Rennes 1985; Giuseppe Galasso (Hg.): Il Piemonte sabaudo. Stato e territori in età moderna (Storia d'Italia, Bd. 8/1), Torino 1994; Guichonnet 1996, wie Bibl.; Nicolas 1978, wie Bibl.; Guido Quazza: Le riforme in Piemonte nella prima metà del Settecento, 2 Bde., Modena 1957; »Savoia«, in: Enciclopedia italiana di scienze, lettere ed arti, Bd. 30, Rom 1936, S. 925–955; Enrico Stumpo: Finanza e stato moderno nel Piemonte del Seicento, Rom 1979; Geoffrey Symcox: Victor Amadeus II. Absolutism in the Savoyard State 1675-1730, London 1983. Die hier berührten Themen werden oft in mehreren Arbeiten behandelt; ich zitiere besonders ausführliche Stellen und weitere Spezialstudien.

6 Devos, Grossperrin 1985, wie Anm. 5, S. 32–34, 47–51, 412, 418, 422; Nicolas 1978, wie Bibl., Bd. 2, S. 596–615.

7 Viktor Amadeus II. meinte mit seinem berühmten, hier gekürzt zitierten Satz, dass seine Autorität in Savoyen von keiner Körperschaft beschränkt sei, wurde aber nicht grundlos in einem allgemeineren Sinn verstanden, vgl. Devos, Grossperrin 1985, wie Anm. 5, S. 418; Walter Barberis: Die Bildung der »milizia paesana« in Piemont: Zentrale Gewalt und lokale Verhältnisse zwischen dem 16. und 17. Jahrhundert, in: Antoni Maczak (Hg.), Klientelsysteme im Europa der Frühen Neuzeit, München 1988, S. 261–297; Quazza 1957, wie Anm. 5, Bd. 1, S. 73–76; Nicolas 1978, wie Bibl., Bd. 2, S. 616–621.

8 Guichonnet 1996, wie Bibl., S. 224 (Zitat Jean Nicolas); Paul Guichonnet: Le cadastre savoyard de 1738 et son utilisation pour les recherches d'histoire et de géographie sociales, in: Revue de Géographie Alpine 43 (1955), S. 255–298; Max Bruchet: Notice sur l'ancien cadastre de Savoie, Annecy 1977; allgemein Kain, Baigent 1992, wie Bibl.

9 Nicolas 1978, wie Bibl., Bd. 1, v. a. Kap. I, IV; Guichonnet 1996, wie Bibl., S. 236.

10 Jean Nicolas: La fin du régime seigneurial en Savoie (1771–1792), in: L'abolition de la féodalité dans le monde occidental, Bd. 1, Paris 1971, S. 27–108; Guichonnet 1996, wie Bibl., S. 225 (Zitat).

11 Devos, Grosperrin 1985, wie Anm. 5, S. 195, 276; Gabriel Pérouse: Etude sur les usages et le droit privé en Savoie au milieu du seizième siècle, in: Mémoires de l'Académie des Sciences, Belles-Lettres et Arts de Savoie, Cinquième Série, T. 2, 1914, S. 305–631 (das Beispiel S. 330); Roger Devos: Vie et traditions populaires savoyardes, Lyon 1991, v. a. S. 32–33, 73–74.

12 Siddle 1986, wie Bibl.; derselbe: Articulating the grid of inheritance: the accumulation and transmission of wealth in peasant Savoy 1561–1792, in: Mattmüller 1986, wie Bibl., S. 123–181; David J. Siddle, Anne M. Jones: Family household structures and inheritance in Savoy 1561–1975, Liverpool Papers in Human Geography 11 (1983); Angaben zu weiteren savoyischen Gemeinden bei Devos, Grosperrin 1985, wie Anm. 5, S. 254.

13 Albera 1994, wie Anm. 2 (S. 20 auch Hinweis auf Savoyen) und Albera 1995, wie Bibl.; Laurence Fontaine: Droit et stratégies: la reproduction des systèmes familiaux dans le Haut-Dauphiné (XVIIe–XVIIIe siècles), in: Annales ESC 1992, no. 6, S. 1259–1277; Siddle, David J.: Mediation and the Discourse of Property Transfer in Early Modern Europe, in: Rural History 6 (1995), S. 11–28 (Savoyen).

14 Nicolas 1978, wie Bibl., v. a. Bd. 1, S. 72–84 (Zitat S. 79), Bd. 2, 606–615, 843–857; Roger Devos u. a. (Hg.): La pratique des documents anciens, Annecy 1980, v. a. Kap. 1–4; François Vermale: Les classes rurales en Savoie au XVIIIe siècle, Paris 1911, S. 200–245; Jean-Paul Poisson: Notaires et Société. Travaux d'Histoire et de Sociologie Notariales, 2. Bde, Paris 1985/1990 (mehrere Aufsätze über Savoyen); Jean L. Laffont (Hg.): Problèmes et méthodes d'analyse historique de l'activité notariale (XVe–XIXe siècles), Toulouse 1991 (u.a. über Briançonnais); Laurence Fontaine: L'activité notariale (note critique), in: Annales ESC 1993, no. 2, S. 475–483.

15 Poisson 1990, wie Anm. 14, S. 94.
16 Silvio Margadant: Land und Leute Graubündens im Spiegel der Reiseliteratur 1492–1800. Ein Beitrag zur Kulturgeschichte und Volkskunde Graubündens, Zürich 1978, S. 108 (Zitat), 157, 252. Klassische Werke über den bündnerischen Freistaat sind Johann Andreas von Sprecher: Kulturgeschichte der Drei Bünde im 18. Jahrhundert, Chur 1976 (1. Aufl. 1875); Friedrich Pieth: Bündnergeschichte, Chur 1945; Oskar Vasella: Geistliche und Bauern. Ausgewählte Aufsätze zu Spätmittelalter und Reformation in Graubünden und seinen Nachbargebieten, Chur 1996; der moderne Forschungsstand im 1999 erscheinenden Handbuch der Bündner Geschichte, wie Bibl.; die Artikel zum Spätmittelalter stammen von Florian Hitz, Arno Lanfranchi/Carlo Negretti, Roger Sablonier, diejenigen zur frühen Neuzeit von Martin Bundi, Silvio Färber, Randolph C. Head, Max Hilfiker, Jon Mathieu, Marc Antoni Nay, Ulrich Pfister, Guglielmo Scaramellini. Ich zitiere besonders ausführliche Stellen und weitere Spezialstudien.
17 Sprecher 1976, wie Anm. 16, S. 492–495, 704–707; Pieth 1945, wie Anm. 16, S. 448–449; persönliche Mitteilung von Erwin Müller, Meliorations- und Vermessungsamt des Kantons Graubünden.
18 Praxisbezogene Studien haben dargelegt, dass der Grad von Zentralisierung, Bürokratisierung und Absolutismus auch in »Modellstaaten« oft überschätzt wurde; Wim Blockmans, Jean-Philippe Genet (Hg.): The Origins of the Modern State in Europe, 13th to 18th Centuries, General Editors' Preface, hier zitiert nach Bd. D, Oxford 1996, S. VII.
19 Der Verlust des Untertanengebiets von 1620–39 war dann mit der tiefsten Krise des Freistaats verbunden; der beste Überblick über die spätmittelalterliche Entwicklung bis um 1512 bei Sablonier 1999, wie Anm. 16; für die Aufbauphase Head 1999, wie Anm. 16.
20 Pfister 1999 und Mathieu 1999, wie Anm. 16; dazu Marc Dosch: Bündner Gemeindewesen an der Wende zur Neuzeit, unveröff. Lizentiatsarbeit, Universität Zürich 1996, v. a. S. 36–37, 49–56.
21 Mathieu 1999 (lokaler Klientelismus) und Färber 1999 (Adelsnennungen), wie Anm. 16.
22 Die Gemeinde hat in der Bündner Geschichtsschreibung einen besonderen Stellenwert, aber ihre frühneuzeitliche Dynamik ist bisher ungenügend erforscht; Hinweise bei Mathieu 1999 (lokale Organisationsverdichtung) und Pfister 1999 (Kirche), wie Anm. 16.
23 Bündnerisches Civilgesetzbuch. Mit Erläuterungen von P. C. Planta, Chur 1863, v. a. S. 454, 457; J. Regi: Differenzas prinzipalas tanter il vegl ed il nouv dret d'eredità, in: Chalender Ladin 6 (1916), S. 69.
24 Jon Mathieu: Bauern und Bären. Eine Geschichte des Unterengadins von 1650 bis 1800, Chur 1987, S. 41–44, 142–145, 174–177; zur Siedlungsgeschichte Mathieu 1992, wie Bibl., S. 66–74, 149–159.
25 Verwandtschaftsbeziehungen spielten in der bündnerischen Bevölkerung eine beträchtliche, vielleicht langfristig zunehmende Rolle, doch sie folgten weniger einer gruppenbezogen-agnatischen als einer offenen bilateralen Konzeption.
26 Die auf die Frühphasen konzentrierte Notariatsliteratur bei Lanfranchi/Negretti 1999 und Hilfiker 1999, wie Anm. 16; Juristenfeindlichkeit war in der frühen Neuzeit ein verbreitetes Phänomen, kam aber in kleinräumigen Kontexten besonders zum Tragen, vgl. Pio Caroni: Statutum et silentium. Viaggio nell'entourage silenzioso del diritto statuario, in: Archivio Storico Ticinese 32 (1995), S. 129–160.
27 Pio Caroni: Einflüsse des deutschen Rechts Graubündens südlich der Alpen, Köln, Wien 1970, S. 120–215, hier v. a. S. 196–199; die südbündnerische Besonderheit zeichnet sich auch in den Haushaltslisten ab, indem hier unter den mehrfachen Familien hin und wieder verheiratete Brüder erscheinen.
28 So im Unter- und Zentralwallis, vgl. Albera 1995, wie Bibl., Kap. 16; Pierre Dubuis: Le jeu de la vie et de la mort. La population du Valais (XIVe–XVIe s.), Lausanne 1994, v. a. S. 261–263, 279.
29 Chambéry: oben Tab. 4.1, die Angabe für 1600 dürfte zu tief liegen, vgl. Devos, Grosperrin 1985, wie Anm. 5, S. 34; Chur: Mathieu 1992, wie Bibl., S. 94.
30 Nicolas 1989, wie Bibl., S. 109, 213, 342 und oben Kapitel 6.
31 Der folgende Abschnitt stützt sich vor allem auf Jean Bérenger: Le Alpi orientali. Gli Asburgo e il peri-

colo turco 1480–1700, in: Martinengo 1988, wie Bibl., S. 237–265; Hermann Braumüller: Geschichte Kärntens, Klagenfurt 1949; Peter G. M. Dickson: Finance and Government under Maria Theresia, 1740–1780, 2 Bde., Oxford 1987; Karl Dinklage: Geschichte der Kärntner Landwirtschaft, Klagenfurt 1966; Fräss-Ehrfeld 1984–1994, wie Bibl.; Walther Fresacher: Der Bauer in Kärnten, 3 Bde., Klagenfurt 1950–1955; Therese Meyer: Dienstboten in Oberkärnten, Klagenfurt 1993; Armin A. Wallas: Stände und Staat in Innerösterreich im 18. Jahrhundert. Die Auseinandersetzung um die Gerichts- und Verwaltungsorganisation zwischen den Kärntner Landständen und der zentralistischen Reformpolitik Wiens, Klagenfurt o. J. (1987). Ich zitiere ausführliche Stellen und weitere Spezialstudien.

32 Fresacher 1950–55, wie Anm. 31, hier v. a. Bd. 2, S. 46–47, 159–161 (Zitat S. 160), Bd. 3, S. 55, 77 (die Studie ist reich an Informationen, aber durchsetzt von fragwürdigen Interpretationen, besonders weil sie das »Recht« in der Manier des 19. Jh.s als feststehende Kategorie betrachtet).

33 Fresacher 1950–55, wie Anm. 31, v. a. Bd. 2, S. 42–43, 56, 65–66, 83, Bd. 3, S. 43, 52, 77–79, 170–186; Fritz Posch: Die Verkaufrechtung auf den landesfürstlichen Pfandherrschaften Kärntens im 16. Jahrhundert, in: Carinthia 147 (1957), S. 465–487; Dinklage 1966, wie Anm. 31, S. 99–142.

34 Bérenger 1988, wie Anm. 31; Wallas 1987, wie Anm 31, S. 23–35.

35 Fräss-Ehrfeld 1984–1994, wie Bibl., Bd. 2, S. 545–575; Wilhelm Wadl: Geschichte der Burg und Herrschaft Sommeregg. Ein Überblick, in: Carinthia 179 (1989), S. 153–168; Dinklage 1966, wie Anm. 31, S. 104; Peter Cede: Die ländliche Siedlung in den niederen Gurktaler Alpen. Kulturlandschaftswandel im Einzelsiedlungsgebiet unter dem Einfluss des Siedlungsrückgangs, Klagenfurt 1991, S. 54.

36 Gustav Adolf v. Metnitz: Geadelte Bürger in Kärnten, in: Carinthia 155 (1965), S. 439 und 156 (1966), S. 187; derselbe: Adel und Bürgertum in Kärnten. 17. Jahrhundert bis 1848/49, in: Carinthia 158 (1968), S. 607; Fräss-Ehrfeld 1984–1994, wie Bibl., Bd. 2, S. 690–708.

37 Fräss-Ehrfeld 1984–1994, wie Bibl., Bd. 2, S. 32–35, 116–117, 222–224, 252–254, 418–421; Fresacher 1950–55, wie Anm. 31, Bd. 1, S. 47–49; Herbert Paschinger: Kärnten. Eine geographische Landeskunde, Klagenfurt 1976, S. 149–150.

38 Auf eindrückliche Weise, wenn auch mit problematischen Konzepten, weist Rebel 1983 in einer Studie zu Oberösterreich auf die Integration der Bauern in die Herrschaftsstruktur hin (wie Bibl.).

39 Fresacher 1950–55, wie Anm. 31, Bd. 2, S. 55–104; Dinklage 1966, wie Anm. 31, S. 124–125.

40 1848 zählte man in Kärnten unter den landwirtschaftlichen Besitzungen 30,7% Ganze Huben, 19,1% Halbe Huben, 11,6% Viertel Huben und 38,6% Keuschen, vgl. Othmar Pickl: Bauer und Boden in Kärnten und Steiermark zwischen 1788 und 1848, in: Blätter für Heimatkunde 55 (1981), S. 131.

41 Dienstboten und Inwohner: Meyer 1993, wie Anm. 31, v. a. S. 151–177; Altenteiler: Thomas Held: Rural retirement arrangements in seventeenth- to nineteenth-century Austria: a cross-community analysis, in: Journal of Family History 7 (1982), S. 227–254; Arbeitskräftepotential: Mitterauer 1986, wie Bibl., S. 242–244 (»Unterschichtenindex« mit gleicher Definition wie KP in Tab. 7.2, aber mit abweichenden Werten, u. a. weil sich seine Zahlen in mehreren Pfarreien nur auf Teilpopulationen beziehen).

42 Anteil der verzeichneten Dienstboten an der Bevölkerung: 32% in den Gurktaler Alpen 1757 (Sample wie Tab. 7.2), 27% in der Grafschaft Ortenburg 1763 (Meyer 1993, wie Anm. 31, S. 178); dagegen 1% in Graubünden 1750–1768 (Sample wie Tab. 7.2).

43 Meyer 1993, wie Anm. 31, zitierte Wendung S. 112.

44 Kain, Baigent 1992, wie Bibl., S. 191–203; Dinklage 1966, wie Anm. 31, S. 173.

45 Wallas 1987, wie Anm. 31, S. 75–76; Braumüller 1949, wie Anm. 31, S. 315–320, 376.

46 Fresacher 1950–55, wie Anm. 31, Bd. 2, S. 104–157, Zitate S. 130, 147.

8 Staatsbildung und Gesellschaft

1. Paul et Germaine Veyret: Au coeur de l'Europe – les Alpes, Paris 1967, S. 263.
2. Fernand Braudel: Sozialgeschichte des 15.–18. Jahrhunderts, Bd. 2, München 1990, v. a. S. 288, 303.
3. Boserup 1993, wie Bibl., S. 77–87.
4. Geschichte der österreichischen Land- und Forstwirtschaft und ihrer Industrien 1848–1898, Wien 1899, Bd. 1, S. 49; Dieter Schwab: Eigentum, in: Geschichtliche Grundbegriffe. Historisches Lexikon zur politisch-sozialen Sprache in Deutschland, Bd. 2, Stuttgart 1975, S. 70–72, 89–92.
5. G. Chittolini, G. Coppola: Grand domaine et petites exploitations: quelques observations sur la version italienne de ce modèle (XIIIe–XVIIIe siècles), in: Gunst, Hoffmann 1982, wie Bibl., S. 175–192.
6. Vgl. oben S. 38, 46, 75–76, 80.
7. Kain, Baigent 1992, wie Bibl., S. 181–190, Zitat S. 187; Renato Zangheri: I catasti, in: Storia d'Italia, hg. von Giulio Einaudi, Bd. 5, Torino 1973, S. 759–806; Carlo Capra: The Eighteenth Century. The Finances of the Austrian Monarchy and the Italian States, in: Richard Bonney (Hg.): Economic Systems and State Finance. The Origins of the Modern State in Europe, Oxford 1995, S. 295–314; für Savoyen oben Kapitel 7.
8. Ruggiero Romano: La Storia economica. Dal secolo XIV al Settecento, in: Storia d'Italia, hg. von Giulio Einaudi, Bd. 2, Torino 1974, S. 1811–1931; Domenico Sella: Italy in the Seventeenth Century, London, New York 1997, S. 34, 63–69.
9. Giorgio Chittolini: Feudalherren und ländliche Gesellschaften in Nord- und Mittelitalien (15.–17. Jahrhundert), in: Antoni Maczak (Hg.), Klientelsysteme im Europa der Frühen Neuzeit, München 1988, S. 243–259; Chittolini 1988, wie Bibl.; Chittolini, Coppola 1982, wie Anm. 5, S. 184–185; Regionalbeispiele bei Scaramellini 1978, wie Bibl., S. 54–58, 164; Hugo Penz: Das Trentino. Entwicklung und räumliche Differenzierung der Bevölkerung und Wirtschaft Welschtirols, Innsbruck 1984, S. 170–174; infolge der besonderen Ausgangslage und politischen Konstellation waren die oberitalienischen Agrarreformen des 19. Jh.s relativ wenig einschneidend: Piero Bevilacqua (Hg.): Storia dell'agricoltura italiana in età contemporanea, Bd. 2, Venezia 1990, S. 45–103.
10. Adam Christian Gaspari: Vollständiges Handbuch der neuesten Erdbeschreibung. Mit genauer Bemerkung der wichtigsten Ereignisse und politischen Umwandlungen, Bd. 1, Augsburg 1802, S. 550; Heide Wunder: Das Selbstverständliche denken. Ein Vorschlag zur vergleichenden Analyse ländlicher Gesellschaften in der Frühen Neuzeit, ausgehend vom »Modell ostelbischer Gutsherrschaft«, in: Peters 1995, wie Bibl., S. 23–49, v. a. S. 25–27.
11. Wunder 1995, wie Anm. 10, S. 24.
12. Für die Diskussion zu Deutschland und Osteuropa etwa Peters 1995, wie Bibl.; Holenstein 1996, wie Bibl.; Heide Wunder: Agriculture and Agrarian Society, in: Germany. A New Social and Economic History, hg. von Sheilagh Ogilvie und Bob Scribner, London u.a. 1996, Bd. 2, S. 63–99; Daniel Chirot (Hg.): The Origins of Backwardness in Eastern Europe. Economics and Politics from the Middle Ages until the Early Twentieth Century, Berkeley 1989.
13. Tilly 1992, wie Bibl., v. a. S. 1–65, 127–160 187–188, Zitat S. 9; für eine Kurzfassung vgl. derselbe: The Long Run of European State Formation, in: Blockmans, Genet 1993, wie Bibl., S. 137–150.
14. Tilly weist wiederholt auf die grossen Unterschiede zwischen Agrarregionen hin (1992, wie Bibl., S. 23, 27, 33–34, 48, 152), kann aber auf der Modellebene nicht auf die Gleichsetzung von Landwirtschaft und Zwangsausübung verzichten; damit müsste man u. a. den ganzen spärlich urbanisierten Alpenraum als »zwangs-intensive« Region bezeichnen, was vor dem Hintergrund der alpinen Freiheitsklischees nicht der Ironie entbehrt; wichtige Anregungen zum Modell stammen von Barrington Moore: Soziale Ursprünge von Diktatur und Demokratie. Die Rolle der Grundbesitzer und Bauern bei der Entstehung der modernen Welt, Frankfurt a. M. 1974.

15 Tilly 1992, wie Bibl., v. a. S. 4, 25–26, 29, 58, 137, 160–187.
16 Herbert Knittler: Zwischen Ost und West. Niederösterreichs adelige Grundherrschaft 1550–1750, in: Österreichische Zeitschrift für Geschichtswissenschaften 4 (1993), S. 191–217, Zitat S. 193; da die Herrschaft auch eine öffentliche Instanz war, ist der von ihm und anderen verwendete moderne Begriff der »Rente« für die verschiedenen Abgaben und Dienste nicht angemessen; er unterschlägt den »Steuer«-Aspekt der Untertanenleistungen und verleitet zu ökonomistischen Interpretationen von Machtverhältnissen; für die Arbeitsleistungen z. B. Renate Blickle: Scharwerk in Bayern. Fronarbeit und Untertänigkeit in der Frühen Neuzeit, in: Geschichte und Gesellschaft 17 (1991), S. 407–433.
17 Knittler 1993, wie Anm. 16, S. 203, 205–206, 210–211; die Rolle des (internationalen) Markts in der Entwicklung der adligen Eigenwirtschaft gehört zu den besonders kontroversen Themen, vgl. Holm Sundhaussen: Zur Wechselbeziehung zwischen frühneuzeitlichem Aussenhandel und ökonomischer Rückständigkeit in Osteuropa: Eine Auseinandersetzung mit der »Kolonialthese«, in: Geschichte und Gesellschaft 9 (1983), S. 544–563.
18 Knittler gibt damit älteren Vorschlägen zu einer Drei- statt Zweiteilung des Raums eine andere Wendung; vgl. Friedrich Lütge: Geschichte der deutschen Agrarverfassung vom frühen Mittelalter bis zum 19. Jahrhundert, Stuttgart 1967, S. 171.
19 Die östliche Gutsherrschaft basierte z. B. nicht auf der Dienstpflicht von »small farms«, wie Tilly 1992, wie Bibl., S. 152 schreibt; die Bauernstellen umfassten zwischen 30 und 70 ha, H. Harnisch, G. Heitz: Feudale Gutswirtschaft und Bauernwirtschaft in den deutschen Territorien. Eine vergleichende Analyse unter besonderer Berücksichtigung der Marktproduktion, in: Gunst, Hoffmann 1982, wie Bibl., S. 24.
20 F. Irsigler: Gross- und Kleinbesitz im westlichen Deutschland vom 13. bis 18. Jahrhundert: Versuch einer Typologie, in: Gunst, Hoffmann 1982, wie Bibl., S. 33–59; die statistischen Materialien in Barthel Huppertz: Räume und Schichten bäuerlicher Kulturformen in Deutschland. Ein Beitrag zur Deutschen Bauerngeschichte, Bonn 1939.
21 David Warren Sabean: Property, production, and family in Neckarhausen, 1700–1870, Cambridge 1990, v. a. S. 13–17, 26–27, 43–44, 71–73, 185–187, 248–249; vgl. derselbe: Aspects of kinship behaviour and property in rural Western Europe before 1800, in: Jack Goody u. a. (Hg.), Family and Inheritance. Rural Society in Western Europe 1200–1800, Cambridge 1976, S. 96–111.
22 Eine wichtige Quelle zur Abschätzung der herrschaftlichen Eigenwirtschaft sind die genannten Robotpatente des späten 18. Jh.s, dazu Knittler 1993, wie Anm. 16, v. a. S. 196–199; für den östlichen Alpenrand auch Helfried Valentinitsch: Gutsherrschaftliche Bestrebungen in Österreich in der frühen Neuzeit. Unter besonderer Berücksichtigung der innerösterreichischen Länder, in: Peters 1995, wie Bibl., S. 279–297. Die Angaben über die Erbform beziehen sich auf den Grundbesitz und beruhen auf den Enqueten des ausgehenden 19. und frühen 20. Jh.s, dazu Ingrid Kretschmer, Josef Piegler: Bäuerliches Erbrecht. Kommentar, in: Österreichischer Volkskundeatlas, 2. Lfg. Graz 1965, S. 1–18; in Karte 8.1 sind verschiedene Mischgebiete und Einzelregionen mit tendenziell geschlossener Vererbung im Westen nicht ausgewiesen; in den Alpen folgt die verzeichnete Linie der Kleinkarte von Kretschmer und Piegler, in Süddeutschland der Karte 1 von Huppertz 1939, wie Anm. 20. Gewisse Ausnahmen von der im Zentral- und Westalpenraum dominierenden Realteilung machten nordalpine Regionen der Schweiz und südfranzösische Gebiete, dazu Arnold Niederer: Bäuerliches Erbrecht. Kommentar in: Atlas der schweizerischen Volkskunde Teil 1, 7. Lfg, Basel 1968, S. 570–600 (auch zum schweizerischen Mittelland) und Dionigi Albera: Familles. Destins. Destinations. Entre mosaïque et portrait-robot, in: Le monde alpin et rhodanien 1994, S. 7–26 (Kritik der traditionellen Zuordnung).
23 Eine graphische Darstellung der Konflikt- und Allianzbeziehungen bei Tilly 1992, wie Bibl., S. 176; David Buisseret (Hg.): Monarchs, Minsters and Maps. The Emergence of Cartography as a Tool of Government in Early Modern Europe, Chicago, London 1992, S. 101–102.
24 Vgl. oben Kapitel 6 und 7.

Anmerkungen Kapitel 8

25 Wilhelm Abel: Geschichte der deutschen Landwirtschaft vom frühen Mittelalter bis zum 19. Jahrhundert, Stuttgart 1967, S. 69; Lutz K. Berkner, Franklin F. Mendels: Inheritance Systems, Family Structure, and Demographic Patterns in Western Europe, 1700-1900, in: Historical Studies of Changing Fertility, hg. von Charles Tilly, Princeton 1978, S. 209–223, hier S. 212.

26 Ein Beispiel für die Entwicklung einer hofzentrierten Verfassung unter Einfluss des Landesherrn ist Salzburg: Geschichte Salzburgs 1983–1991, wie Bibl., Bd. 1, S. 629–633, Bd. 2, S. 2506–2529, 2559–2561; essentialistische Annahmen über die Teilungspräferenzen von Bauern und Herren sowie über die Produktivität von kleinen und grossen Betrieben behindern viele historische Arbeiten.

27 Oben Kapitel 6; um Missverständnissen vorzubeugen, sei betont, dass »Regionen« und »Übergangsregionen« durch die Vergleichsperspektive konstruiert sind; bei anderer Betrachtung können sich andere Einteilungen ergeben.

28 Geschichte der österreichischen Land- und Forstwirtschaft 1899, wie Anm. 4, Bd. 1, S. 285–309; Stolz 1949, wie Bibl., S. 323–327, 435–449; Hermann Wopfner: Bergbauernbuch. Von Arbeit und Leben des Tiroler Bergbauern in Vergangenheit und Gegenwart, 2. Lfg., Innsbruck 1954, S. 133–176; die Literatur nimmt oft rückwirkend Partei für die geschlossene Vererbung; zum Kataster auch Kain, Baigent 1992, wie Bibl., S. 192.

29 Auch die ethnischen Theorien zur Erklärung von Siedlungsformen, welche unter nationalistischem Einfluss grosse Ausstrahlung erlangten und ihre Vorstellungen von »Völkern« ohne Aufhebens in die Vergangenheit projizierten, können als überholt gelten, vgl. z. B. Rainer Loose: Siedlungsgeschichte des südlichen mittleren Alpenraumes (Südtirol, Trentino, Bellunese) seit der Karolingerzeit. Ein Überblick, in: Tiroler Heimat 60 (1996), S. 5–86; das heisst natürlich nicht, dass einzelne Umwelt- und Kulturfaktoren im kleinräumigen, zeitgebundenen Rahmen wirkungslos waren.

30 Bernard Derouet: Pratiques succesorales et rapport à la terre: les sociétés paysannes d'Ancien Régime, in: Annales ESC 1989, S. 173–206, Zitat S. 185; zu seiner problematischen Darstellung der alpinen Gesellschaften und Vererbungsformen vgl. Albera 1995, wie Bibl., v. a. Kap. 4.

31 Vgl. oben S. 69.

32 Mitterauer 1986, wie Bibl., S. 185–324, Zitat S. 192; Mitterauer 1990, wie Bibl., S. 131–145, Zitat S. 137; zur Problematik seines ökotypologischen Ansatzes auch oben Kapitel 5.

33 Vgl. Jon Mathieu: Von der verstreuten Familie zum »Ganzen Haus«. Sozialgeschichtliche Übergänge im schweizerisch-österreichischen Alpenraum des 17. bis 19. Jahrhunderts, in: Rainer Loose (Hg.), Der Vinschgau und seine Nachbarräume, Bozen 1993, S. 245–255, hier S. 247–248.

34 Z. B. Mitterauer 1990, wie Bibl., S. 144; in einem bestimmten Sinn auch Sabean 1990, wie Anm. 21, S. 15–16.

35 Literatur und Materialien zum Siedlungsargument bei Mathieu 1992, wie Bibl., S. 66–73; es ist hier nicht unsere Aufgabe, die mittelalterliche Genese der Siedlungsmuster zu erörtern; zu ihrer modernen Verteilung z. B. Günter Glauert: Die Alpen, eine Einführung in die Landeskunde, Kiel 1975, S. 72, 81.

36 Cole, Wolf 1974, wie Bibl., v. a. S. 233–262; die Studie betont auch den Unterschied zwischen diesen Ideologien und der Praxis; dazu die wichtigen Bemerkungen von Albera 1995, wie Bibl., Kap. 14.

37 So Viazzo 1989, wie Bibl., S. 296; Beispiele für solche Konzepte auch bei Rosenberg 1988, wie Bibl.; Albera 1995, wie Bibl., Kap. 16; für die historische Diskussion Holenstein 1996, wie Bibl., S. 75–81.

38 Regesten und Register zu den Acta Helvetica, bearbeitet von Kurt-Werner Meier u. a., Aarau 1996, Nr. 27 und oben Kapitel 7. Das ökonomische Gefälle in einem Territorium ist schlecht abzuschätzen, wenn man sich auf einzelne randständige Gemeinden beschränkt wie z. B. Randall McGuire, Robert McC. Netting: Levelling peasants? The maintenance of equality in a Swiss Alpine community, in: American Ethnologist 9 (1982), S. 269–290.

39 So z. B. Perry Anderson, vgl. oben S. 129.

40 Pierre Léon u.a.: Régime seigneurial et régime féodal dans la France du sud-est: déclin ou permanence?

(XVIIe–XVIIIe siècles), in: L'abolition de la féodalité dans le monde occidental, Paris 1971, Bd. 1, S. 147–168, Diskussion Bd. 2, S. 609–626; Bernard Bonnin: L'élevage dans les hautes terres dauphinoises aux XVIIe et XVIIIe siècles, in: L'élevage 1984, wie Bibl., S. 263–281, Zitat S. 269.

41 Werner Conze u. a.: Freiheit, in: Geschichtliche Grundbegriffe. Historisches Lexikon zur politisch-sozialen Sprache in Deutschland, Bd. 2, Stuttgart 1975, S. 425–542; Pierangelo Schiera: L'autonomia locale nell'area alpina. La prospettiva storica, in: Schiera 1988, wie Bibl., S. 3–50, 149–154, hier S. 152; Richard Weiss: Die Entdeckung der Alpen. Eine Sammlung schweizerischer und deutscher Alpenliteratur bis zum Jahr 1800, Frauenfeld 1934.

42 Albrecht von Haller: Die Alpen und andere Gedichte, Stuttgart 1965, Fussnote zu Zeile 100; Andreas Bürgi: Höhenflüge, in: Die Schwerkraft der Berge 1774–1997, hg. von Stephan Kunz u. a., Basel 1997, S. 33–35; Nicolas 1989, wie Bibl., S. 168.

43 Othmar Pickl: Wirtschaft und Gesellschaft in den Ostalpenländern Kärnten und Steiermark bis zur Mitte des 19. Jahrhunderts, in: Mattmüller 1986, wie Bibl., S. 38–101, Zitat S. 88–90.

44 Braudel 1990, wie Bibl., S. 51, 53; Holm Sundhaussen: Die Ursprünge der osteuropäischen Produktionsweise in der Frühen Neuzeit, in: Nada Boskovska Leimgruber (Hg.), Die Frühe Neuzeit in der Geschichtswissenschaft. Forschungstendenzen und Forschungserträge, Paderborn 1997, S. 145–162.

45 Bätzing 1991, wie Bibl., S. 102, 113.

Bibliographie

Offizielle statistische Quellen

Zitierweise: Statistik A, 1861 = Statistisches Handbüchlein für die Oesterreichische Monarchie, hg. von der k.k. Direction der administrativen Statistik, Wien 1861.

Statistik A – Österreich

1861: Statistisches Handbüchlein für die Oesterreichische Monarchie, hg. von der k.k. Direction der administrativen Statistik, Wien 1861.

1869: Bevölkerung und Viehstand der im Reichsrathe vertretenen Königreiche und Länder, dann der Militärgränze. Nach der Zählung vom 31. December 1869, hg. von der k.k. Statistischen Central-Commission, 6 Hefte, Wien 1871–1872.

1869b: Orts-Repertorium der gefürsteten Grafschaft Tirol und Vorarlberg, bearbeitet auf Grundlage der Volkszählung vom 31. December 1869. Hg. von der k.k. statistischen Central-Commission in Wien, Innsbruck 1873.

1880: Vollständiges Ortschaften-Verzeichniss der im Reichsrathe vertretenen Königreiche und Länder nach den Ergebnissen der Volkszählung vom 31. December 1880, hg. von der k.k. Statistischen Central-Commission, Wien 1882.

1900: Allgemeines Ortschaften-Verzeichniss der im Reichsrathe vertretenen Königreiche und Länder nach den Ergebnissen der Volkszählung vom 31. December 1900, hg. von der k.k. Statistischen Central-Commission, Wien 1902.

1900b: Oesterreichische Statistik, hg. von der k.k. Statistischen Central-Commission: Die Ergebnisse der Volkszählung vom 31. December 1900 in den im Reichsrathe vertretenen Königreichen und Ländern, Bde. LXIII– LXVI, Wien 1902-1905.

1900-1904: Bewegung der Bevölkerung der im Reichsrathe vertretenen Königreiche und Länder im Jahre 1900 (1901, 1902, 1903, 1904), bearbeitet von dem Bureau der k. k. Statistischen Central-Commission, Wien 1903 (–1908).

1902: Ergebnisse der landwirtschaftlichen Betriebszählung vom 3. Juni 1902 in den im Reichsrate vertretenen Königreichen und Ländern. Bearbeitet von dem Bureau der k.k. statistischen Zentralkommision, Wien 1909.

1981: Österreichisches Statistisches Zentralamt (Hg.): Volkszählung 1981. Wohnbevölkerung nach Gemeinden (revidierte Ergebnisse) mit der Bevölkerungsentwicklung seit 1869, Wien 1983.

Statistik CH – Schweiz

1870: Eidgenössische Volkszählung vom 1. December 1870, hg. vom Statistischen Bureau des eidgenössischen Departements des Innern, 3 Bde., Bern 1872–1876.

1870-1874: Geburten, Sterbefälle und Trauungen in der Schweiz im Jahr 1870 (1871, 1872, 1873, 1874), Bern ohne Jahr.

1895: Schweizerisches Ortschaftenverzeichnis, hg. vom eidg. statistischen Bureau, Zürich 1895.

1900: Die Ergebnisse der Eidgenössischen Volkszählung vom 1. Dezember 1900, hg. vom Statistischen Bureau des eidgenössischen Departements des Innern, 4 Bde., Bern 1904-1908.

1900-1904: Die Bewegung der Bevölkerung in der Schweiz im Jahre 1900 (1901, 1902, 1903, 1904), hg. vom Statistischen Bureau des eidg. Departementes des Innern, Bern 1902 (–1906).

1905: Ergebnisse der eidg. Betriebszählung vom 9. August 1905, Bd. 2: Die Betriebe der Urproduktion. Hg. vom Statistischen Bureau des eidg. Departementes des Innern, Bern 1910.

1905b: Ergebnisse der eidg. Betriebszählung vom 9. August 1905, Nachtrag zum 2. Band: Die Betriebe der Urproduktion. Hg. vom Statistischen Bureau des eidg. Departementes des Innern, Bern 1911.

1906: Schweizerisches Ortschaftenverzeichnis, hg. vom eidg. statistischen Bureau, Zürich 1906.

1952: Eidgenössisches Statistisches Amt (Hg.): Arealstatistik der Schweiz 1952, Bern 1953.

1990: Bundesamt für Statistik (Hg.): Eidgenössische Volkszählung 1990. Bevölkerungsentwicklung 1850–1990. Die Bevölkerung der Gemeinden, Bern 1992.

Statistik F – Frankreich

1862: Statistique de la France. Agriculture. Résultats généraux de l'enquête décennale de 1862, Strassburg 1868.

1870–1874: Statistique de la France, nouvelle série, tome I (II, II, IV): Statistique annuelle, année 1870 (1871, 1872, 1873, 1874), Paris 1874 (–1877).

1872: Statistique de la France, deuxième série, tome XXI: Résultats généraux du dénombrement de 1872, Paris 1873.

1872b: Statistique de la France: Résultats généraux du dénombrement de 1872, Nancy 1874.

1892: Statistique agricole de la France, publiée par le Ministère de l'Agriculture. Résultats généraux de l'enquête décennale de 1892, Paris 1897.

1900–1904: Statistique annuelle du mouvement de la population pour les années 1899 et 1900 (1901, 1902, 1903, 1904). Statistique générale de la France, tomes XXIX et XXX (–XXXIV), Paris 1901 (–1906).

1901: Ministère de l'Intérieur: Dénombrement de la population 1901, Paris 1902.

1901b: Ministère du commerce, de l'agriculture, des postes et des télégraphes: Résultats statistiques du recensement général de la population effectué le 24 mars 1901, 5 tomes, Paris 1904–1907.

1988: INSEE Institut National de la Statistique et des Etudes Economiques: Inventaire Communal 1988 (Computerausdruck aus der Datenbank).

1990: INSEE Institut National de la Statistique et des Etudes Economiques: Recensement général de la population 1990. Population légale. Fascicule départemental, Paris ohne Jahr.

Statistik FL – Fürstentum Liechtenstein

1962: Fürstentum Liechtenstein. Wohnbevölkerung – Volkszählungen 1812–1930, hg. vom Amt für Statistik, Vaduz 1962.

1991: Statistisches Jahrbuch 1991 Fürstentum Liechtenstein, hg. vom Amt für Volkswirtschaft, Vaduz 1991.

Statistik I – Italien

1870–1874: Movimento dello stato civile nell'anno 1870 (1871, 1872, 1873, 1874), compilato per cura del Ministero di Agricultura, Industria e Commercio, Milano (Firenze, Roma) 1872 (–1876).

1871: Ministero di Agricultura, Industria e Commercio: Censimento 31 dicembre 1871, 3 vol., Roma 1874-1876.

1900–1904: Ministero di Agricultura, Industria e Commercio: Statistica della popolazione. Movimento dello stato civile. Anno 1900 (1901, 1902, 1903, 1904), Roma 1902 (–1906).

1901: Ministero di Agricultuara, Industria e Commercio: Censimento della popolazione del Regno d'Italia al 10 febbraio 1901, 5 vol., Roma 1902–1904.

1930: Istituto Centrale di Statistica del Regno d'Italia: Censimento generale dell'agricoltura, 19 Marzo 1930–VIII. Volume II: Censimento delle aziende agricole, 2 parti, Roma 1935–36.

1985: ISTAT Istituto nazionale di statistica: Popolazione residente e presente dei comuni. Censimenti dal 1861 al 1981, Roma 1985.

1988: ISTAT Istituto nazionale di statistica: Comuni, comunità montane, regioni agrarie al 31 dicembre 1988. Codici e dati strutturali, Roma 1990.

1991: Südtirol-Handbuch, hg. von der Südtiroler Landesregierung, Bozen 1991.

Ausgewählte Literatur

Die Liste nennt ausgewählte allgemeine und regionale Studien zur Geschichte des Alpenraums und zu den behandelten Themen. Die weiteren Schriften sind in den Anmerkungen ausgewiesen.

Albera, Dionigi: L'organisation domestique dans l'espace alpin. Equilibres écologiques, effets de frontières, transformations historiques, Thèse d'ethnologie, Université de Provence 1995 (demnächst als Buch).
Atlas zur Geschichte des steirischen Bauerntums, Graz 1976.
Bairoch, Paul und Jean Batou, Pierre Chèvre: La population des villes européennes de 800 à 1850, Genève 1988.
Baratier, Édouard (Hg.): Histoire de la Provence, 2 Bde., Toulouse 1978.
Bätzing, Werner: Die Alpen. Entstehung und Gefährdung einer europäischen Kulturlandschaft, München 1991.
Bätzing, Werner und Mitarbeiter: Der sozio-ökonomische Strukturwandel des Alpenraumes im 20. Jahrhundert. Eine Analyse von »Entwicklungstypen« auf Gemeinde-Ebene im Kontext der europäischen Tertiarisierung, Bern 1993.
Bergier, Jean-François: Pour une histoire des Alpes, Moyen Age et Temps modernes, Hampshire 1997.
Bergier, Jean-François und Sandro Guzzi (Hg.): La découverte des Alpes, Basel 1992.
Bilgeri, Benedikt: Geschichte Vorarlbergs, 5 Bde., Wien u. a. 1971–1987.
Bircher, Ralph: Wirtschaft und Lebenshaltung im schweizerischen »Hirtenland« am Ende des 18. Jahrhunderts, Lachen 1938.
Blanchard, Raoul: Les Alpes Occidentales, 7 Bde., Grenoble 1938–1956.
Bligny, Bernard (Hg.): Histoire du Dauphiné, Toulouse 1973.
Blockmans, Wim und Jean-Philippe Genet (Hg.): Visions sur le développement des états européens. Théories et historiographies de l'état moderne, Rom 1993.
Blum, Jerome: The End of the Old Order in Rural Europe, Princeton 1978.
Boserup, Ester: The conditions of agricultural growth. The economics of agrarian change under population pressure, London 1993 (1. Aufl. 1965).
Boserup, Ester: Population and Technology, Oxford 1981.
Braudel, Fernand: Das Mittelmeer und die mediterrane Welt in der Epoche Philipps II., 3 Bde., Frankfurt a. M. 1990 (1. Aufl. 1949).
Brönnimann, Stefan: Die schiff- und flössbaren Gewässer in den Alpen von 1500 bis 1800. Versuch eines Inventars, in: Der Geschichtsfreund 150 (1997), S. 119–178.
Carlen, Louis und Gabriel Imboden (Hg.): Alpe und Alm. Beiträge zur Kulturgeschichte des Alpwesens, Brig 1994.
Cavaciocchi, Simonetta (Hg.): Le migrazioni in Europa secc. XIII–XVIII, Firenze 1994.
Ceschi, Raffaello: Migrazioni dalla montagna alla montagna, in: Gewerbliche Migration im Alpenraum. Historikertagung in Davos 25.–27. IX. 1991, Bozen/Bolzano 1994, S. 15–45.
Chittolini, Giorgio: Principe e comunità alpine in area lombarda alla fine del medioevo, in: Martinengo 1988, S. 219–235.
Cole, John W. und Eric R. Wolf: The Hidden Frontier. Ecology and Ethnicity in an Alpine Valley [Trentino-Südtirol], New York 1974.
Coppola, Gauro: La montagna alpina. Vocazioni originarie e trasformazioni funzionali, in: Piero Bevilacqua (Hg.): Storia dell'agricoltura italiana in età contemporanea, Bd. 1, Venezia 1989, S. 495–530.
Coppola, Gauro und Pierangelo Schiera (Hg.): Lo spazio alpino: area di civiltà, regione cerniera, Napoli 1991.
Cotrao (Hg.): L'homme et les Alpes, Grenoble 1992.
Dainelli, Giotto: Le Alpi, 2 Bde., Torino 1963.

Dematteis, Giuseppe: Le città alpine, in: Bruno Parisi (Hg.): Le città alpine. Documenti e note, Milano 1975, S. 5–103.

Die Alpen Sloweniens, in: Geschichte der Alpen 2 (1997).

Dubuis, Pierre: Les hommes et le milieu montagnard dans l'histoire européenne, in: Ninth International Economic History Congress Bern 1986. Debates and Controversies, Zürich 1986, S. 3–19.

Favier, René: Les villes du Dauphiné aux XVIIe et XVIIIe siècles, Grenoble 1993.

Fontaine, Laurence: Histoire du colportage en Europe (XVe–XIXe siècles), Paris 1993.

Fräss-Ehrfeld, Claudia: Geschichte Kärntens, bisher 2 Bde., Klagenfurt 1984–1994.

Frödin, John: Zentraleuropas Alpwirtschaft, 2 Bde., Oslo 1940–1941.

Gerosa, Pier Giorgio: La città delle Alpi nella storiografia urbana recente, in: Martinengo 1988, S. 139–159.

Geschichte der Land- und Forstwirtschaft, in: Wirtschafts- und Sozialgeschichte der Slowenen, nach Wirtschaftszweigen enzyklopädisch behandelt (Gospodarska in druzbena zgodovina Slovencev. Enciklopedicna obravnava po panogah), hg. von Izdaja Slovenska akademija znanosti in umetnosti, 2 Bde., Ljubljana 1970–80 [deutsche Zusammenfassung Bd. 2, S. 555–655].

Geschichte Salzburgs. Stadt und Land, hg. von Heinz Dopsch, Hans Spatzenegger, 2 Bde. in 3 und 5 Teilen, Salzburg 1983–1991.

Guichonnet, Paul (Hg.): Histoire et Civilisations des Alpes, 2 Bde., Toulouse, Lausanne 1980.

Guichonnet, Paul (Hg.): Nouvelle histoire de la Savoie, Toulouse 1996.

Gunst, Peter und Tamás Hoffmann (Hg.): Grand domaine et petites exploitations en Europe au moyen âge et dans les temps modernes. Rapport nationaux, Budapest 1982.

Guzzi, Sandro: Agricoltura e società nel Mendrisiotto del Settecento, Bellinzona 1990.

Handbuch der Bündner Geschichte, hg. vom Verein für Bündner Kulturforschung, 4 Bde., Chur demnächst (1999).

Histoire du Canton de Fribourg, 2 Bde., Fribourg 1981.

Histoire et actualité de la transhumance en Provence, Les Alpes de Lumière 95/96, Forcalquier 1986.

Holenstein, André: Bauern zwischen Bauernkrieg und Dreissigjährigem Krieg (Enzyklopädie deutscher Geschichte 38), München 1996.

Janin, Bernard: Une région alpine originale. Le Val d'Aoste. Tradition et renouveau, Grenoble 1968.

Kain, Roger J. P. und Elizabeth Baigent: The Cadastral Map in the Service of the State. A History of Property Mapping, Chicago, London 1992.

Klein, Kurt: Die Bevölkerung Österreichs vom Beginn des 16. bis zur Mitte des 18. Jahrhunderts, in: Heimold Helczmanovszki (Hg.), Beiträge zur Bevölkerungs- und Sozialgeschichte Österreichs, Wien 1973, S. 47–112.

Körner, Martin und François Walter (Hg.): Quand la Montagne aussi a une Histoire. Mélanges offerts à Jean-François Bergier, Bern u. a. 1996.

L'élevage et la vie pastorale dans les montagnes de l'Europe au moyen âge et à l'époque moderne, Clermont-Ferrand 1984.

Le Alpi e l'Europa. Atti del convegno di studi Milano 4–9 ottobre 1973, 4 Bde., Bari 1974–1975.

Livi Bacci, Massimo: La ricostruzione del passato: dall'individuo alla collettività, in: Philippe Braunstein u. a., Il mestiere dello storico dell'Età moderna. La vita economica nei secoli XVI-XVIII, Bellinzona 1997, S. 139-154.

Martinengo, Edoardo (Hg.): Le Alpi per l'Europa. Una proposta politica. Economia, territorio e società. Istituzioni, politica e società, Milano 1988.

Martonne, Emmanuel de: Les Alpes. Géographie générale, Paris 1926.

Mathieu, Jon: Eine Agrargeschichte der inneren Alpen. Graubünden, Tessin, Wallis 1500–1800, Chur 1992.

Mathieu, Jon: »Ihre Geschichte besteht darin, keine zu haben«. Die Alpen der frühen Neuzeit im Spannungsfeld wissenschaftlicher Disziplinen, in: Nada Boskovska Leimgruber (Hg.), Die Frühe Neuzeit in der Geschichtswissenschaft. Forschungstendenzen und Forschungserträge, Paderborn 1997, S. 109–126.

Mathis, Franz: Zur Bevölkerungsstruktur österreichischer Städte im 17. Jahrhundert, München 1977.
Mattmüller, Markus (Hg.): Wirtschaft und Gesellschaft in Berggebieten, Basel 1986.
Mitterauer, Michael: Formen ländlicher Familienwirtschaft. Historische Ökotypen und familiale Arbeitsorganisation im österreichischen Raum, in: Josef Ehmer, Michael Mitterauer (Hg.), Familienstruktur und Arbeitsorganisation in ländlichen Gesellschaften, Wien u. a. 1986, S. 185–324.
Mitterauer, Michael: Historisch-anthropologische Familienforschung. Fragestellungen und Zugangsweisen, Wien, Köln 1990.
Mozzarelli, Cesare und Giuseppe Olmi (Hg.): Il Trentino nel Settecento fra Sacro Romano Impero e antichi stati italiani, Bologna 1985.
Netting, Robert McC.: Balancing on an Alp. Ecological change and continuity in a Swiss mountain community [Wallis], Cambridge 1981.
Netting, Robert McC.: Smallholders, Householders. Farm Families and the Ecology of Intensive, Sustainable Agriculture, Stanford 1993.
Nicolas, Jean: La Savoie au 18e siècle. Noblesse et bourgeoisie, 2 Bde., Paris 1978.
Nicolas, Jean : La Révolution Française dans les Alpes. Dauphiné et Savoie 1789–1799, Toulouse 1989.
Niederer, Arnold: Alpine Alltagskultur zwischen Beharrung und Wandel. Ausgewählte Arbeiten aus den Jahren 1956 bis 1991, Bern u. a. 1993.
Ospelt, Alois: Wirtschaftsgeschichte des Fürstentums Liechtenstein im 19. Jahrhundert. Von den napoleonischen Kriegen bis zum Ausbruch des Ersten Weltkrieges, in: Jahrbuch des Historischen Vereins für das Fürstentum Liechtenstein 72 (1972), S. 5–423 und Anhang S. 1–267.
Peters, Jan (Hg.): Gutsherrschaft als soziales Modell. Vergleichende Betrachtungen zur Funktionsweise frühneuzeitlicher Agrargesellschaften (Historische Zeitschrift Beiheft NF 18), München 1995.
Pfister, Christian: Im Strom der Modernisierung. Bevölkerung, Wirtschaft und Umwelt im Kanton Bern 1700–1914, Bern 1995.
Pickl, Othmar: Brandwirtschaft und Umwelt seit der Besiedlung der Ostalpenländer, in: Hermann Kellenbenz (Hg.), Wirtschaftsentwicklung und Umweltbeeinflussung (14.–20. Jahrhundert), Wiesbaden 1982, S. 27–55.
Räumliche Mobilität und Grenzen, in: Geschichte der Alpen 3 (1998).
Rebel, Hermann: Peasant Classes. The Bureaucratization of Property and Family Relations under Early Habsburg Absolutism 1511–1636 [Oberösterreich], Princeton 1983.
Rodger, Richard (Hg.): European Urban History. Prospect and Retrospect, Leicester, London 1993.
Rosenberg, Harriet G.: A Negotiated World: Three Centuries of Change in a French Alpine Community [Hautes-Alpes], Toronto u.a. 1988.
Sandgruber, Roman: Österreichische Agrarstatistik 1750–1918, München 1978.
Scaramellini, Guglielmo: La Valtellina fra il XVIII e il XIX secolo. Ricerca di geografia storica, Torino 1978.
Schiera, Pierangelo u. a. (Hg.): L'autonomia e l'amministrazione locale nell'area alpina, Milano 1988.
Siddle, David J.: Inheritance strategies and lineage development in peasant society [Savoyen], in: Continuity and Change 1 (1986), S. 333–361.
Stolz, Otto: Rechtsgeschichte des Bauernstandes und der Landwirtschaft in Tirol und Vorarlberg, Bozen 1949.
Tilly, Charles: Coercion, Capital, and European States, AD 990–1992, Oxford 1992.
Vendramini, Ferruccio: Le comunità rurali bellunesi (secoli XV e XVI), Belluno 1979.
Viallet, Hélène : Les alpages et la vie d'une communauté montagnarde: Beaufort du Moyen Age au XVIIIe siècle, Annecy 1993.
Viazzo, Pier Paolo: Upland communities. Environment, population and social structure in the Alps since the sixteenth century, Cambridge 1989.
Vom Alpenübergang zum Alpenraum [über den historischen Forschungsstand], in: Geschichte der Alpen 1 (1996).
Westermann, Ekkehard (Hg.): Internationaler Ochsenhandel (1350–1750), Stuttgart 1979.

Register

Abel, Wilhelm 104, 230
Adel 82, 84, 143, 154–156, 158, 161, 162, 166, 167–171, 182, 187, 192–195
Agrardualismus 181, 182
Agrarintensivierung 45, 49, 53, 56–64, 68, 86, 90, 112, 138, 141, 178, 191
Agrarischer Surplus 85, 86
Agrarkrise 52, 86, 110, 139
Agrarquote 39, 40, 89, 90, 94, 208
Agrarreform 141–145, 147, 238
Agrarverfassung 14, 129, 130, 147, 148, 177–179, 181–189, 198
Aix-en-Provence 20
Alagna 157, 165
Albera, Dionigi 107, 149, 150, 157, 164, 175
Allèves 115
Alpen s. a. Alpennordhang, Alpensüdhang, Ostalpen, Westalpen, Südalpen, Zentralalpen
Alpen, Abgrenzung 14, 16, 26, 27, 99, 100
Alpen, Erforschung 10, 17, 18, 98, 202
Alpen, Ideologie 11, 72, 194, 195, 202
Alpen, innere Differenzierung 36, 40, 50, 70, 100, 137, 148, 150, 175, 186, 195, 199
Alpen, Lage und Relief 0, 14, 15, 72
ALPEN-ADRIA, Arbeitsgemeinschaft 11, 12
Alpenkonvention 11, 196
Alpennordhang 53, 57, 58, 62–64, 105
Alpensüdhang 54, 59, 63, 102, 107, 132, 157, 180
Alpenumland s. Flachland
Alpes-de-Haute-Provence 24, 29, 37, 39, 40, 54, 61, 132, 208–213
Alpes-Maritimes 29, 37, 61, 68, 136, 137, 145, 208–213
Alpiner Regionalismus 12, 177
Alpinismus 56
Alpknechte 48, 136
Alpwirtschaft, Almwirtschaft 45–49, 70, 104, 112, 116, 132
Altenteil 172, 173
Ampezzo 34
Amsterdam 202
Ämter s. Verwaltung

Anderson, Perry 129
Annecy 77
Anpassungstheorem 110–112, 199
Anthropologie 18, 109, 192
Aosta 36, 72, 77, 88, 216, s. a. Valle d'Aosta
Apennin 14, 74
Appenzell 29, 37, 39, 61 208–213
Arbeitsablauf, saisonaler 110, 111, 190
Arbeitsaufwand 45, 53, 57–59, 62, 65–70, 99, 225
Arbeitsdienst, Fronarbeit 143, 144, 173, 183, 184
Arbeitskräfte s. Alpknechte, Dienstboten, Inwohner, Taglöhner
ARGE ALP Arbeitsgemeinschaft Alpenländer 11, 12, 24
Asiago 74
Aufklärung 194, 195
Augsburg 83, 102
Auswanderung s. Migration
Autonomie 23, 109, 180, 193, 195, 200
Avançon 139, 140

Bad Ischl s. Ischl
Bairoch, Paul 73, 74, 78–80, 86
Barcelonnette 74
Basel 184
Bassano 77
Bätzing, Werner 12, 26, 27, 42, 99
Bauern s. Grossbauern, Kleinbauern
Bauernemanzipation s. Feudalrechte-Ablösung
Bayern 12, 22, 136, 141, 184, 186
Beaufortin 57, 59, 104
Bellinzona 82, 217
Bellunese, Provinz Belluno 29, 34, 37, 40, 57, 60, 61, 67, 136, 145, 208–213,
Belluno 77, 89, 216
Berchtesgaden 11
Bergamo 77
Bergbau 83, 84, 95
Bergier, Jean-François 18, 26, 219
Bern 22, 41, 55
Besitz s. Eigentum
Bevölkerung s. a. Agrarquote, Städtewachstum, Übervölkerung

Bevölkerungsdichte 36–42, 50, 54, 58, 81, 86, 102, 179, 195, 200, 201
Bevölkerungsgrösse 29, 35
Bevölkerungskrise 36, 58, 180, 183
Bevölkerungswachstum 35–43, 53, 64, 71, 93, 99, 107, 112, 178, 191, 197
Bewässerung 46, 52, 53, 71
Biella 77
Bischof von Chur 22, 161
Blanchard, Raoul 41, 109–111
Bobek, Hans 88
Bodennutzung 44–64, 178, 224, s. a. einzelne Stichwörter
Böhmen 181, 184
Bolzano s. Bozen
Bonnin, Bernard 193
Bormio 160
Boserup, Ester 86, 178, 223
Botero, Giovanni 72
Bozen 52, 77, 81, 88, 216
Bozen, Provinz 12, 29, 37, 61, 131, 137, 208–213, s. a. Südtirol
Brache 46, 54, 55, 90
Brandwirtschaft 53, 54
Braudel, Fernand 17, 106, 177, 195
Bregenz 136
Brenner 24, 81, 82
Brescia 77
Briançon 91, 95, 140, 216
Briançonnais 91, 192
Bruck an der Mur 95, 216
Buchweizen 55, 59, 60
Bürgertum 143, 177, 202, s. a. Intellektuelle, Staatsbürger
Burgund 151
Butter s. Milchwirtschaft

Caroni, Pio 165
Casteldelfino 157, 165
Cateau-Cambrésis, Frieden von 151
Chambéry 20, 77, 151, 152, 166
Chevaline 157, 165
Chiavenna 160, 217
Chittolini, Giorgio 179, 180
Chur 23, 82, 160, 166, 216
CIPRA Intern. Alpenschutzkommission 11
Cisalpinische Republik 141, 160

Code civil 142, 145, 166
Como 77, 164
Coppola, Gauro 179
COTRAO Communauté de Travail des Alpes Occidentales 11, 12
Cremona 102
Cuneo 77

Dauphiné 20, 23, 41, 59, 68, 84, 91, 140, 193
Davos 93, 95, 100, 116, 160, 216
Dematteis, Giuseppe 72, 74, 100
Demographie 18, 25, 26, 42, 110, 112, 200
Demokratie 129, 140, 195
Derouet, Bernard 189
Deutschland 11, 38, 181–186, s. a. Südwestdeutschland
Dienstboten 89, 111, 116, 134, 136–139, 148, 171–174, 190, 211, 214, 215
Donawitz 95, 216
Dreissigjähriger Krieg 36, 170
Dronero 77
Düngung 52–54, 56, 90
Dürer, Albrecht 115

Eidgenossenschaft 22–24, 105, 129, 141–143, s. a. Schweiz
Eigentumsbegriff 174, 179
Eigentumsbildung 141, 144, 154, 178
Eigentumsform 129, 132, 137, 141, 147
Eisenbahn 82, 94, 95
Emanuel Philibert von Savoyen 20, 151, 152, 155
Engadin 54, 67, 163, 164
Epidemien 36, 107
Erbleihe 161, 181
Erbrecht s. Vererbung
Erdeauftragen 68
Erntehäufigkeit 52–55, 70
Ertrag, landwirtschaftlicher 45, 49, 52, 53, 55, 56, 59, 62, 70, 193
Europa 13, 19, 35, 104, 129, 160, 176–178, 181, 195
Europäische Integration 12
Exilles 53
Extensive Bodennutzung 46, 49, 63, 64

Fahrverkehr 66
Familie s. Haushalt

Favier, René 41, 84
Ferdinand I., Kaiser 22
Ferdinand II., Kaiser 170
Feudal, Feudalität 140, 148, 176, 180, 192, 195, 201
Feudalbelastung 142–144, 181
Feudalrechte 115, 154, 155, 167, 178, 179
Feudalrechte, Ablösung 140–148, 155, 156, 161, 162, 176, 179
Flachland, alpines Umland 16, 17, 41–43, 46, 52, 60, 73–76, 86, 96, 102–109, 198–200, 202
Flusstäler, »golfes de plaine« 50, 56, 63, 70, 74, 100, 112, 147
Fodéré, François Emmanuel 68
Fohnsdorf 95, 216
Fontaine, Laurence 106
Frankreich 11, 38, 94, 103, 131, 140, 141, 145, 150, 189
Franz Joseph I., Kaiser 143
Französische Revolution 33, 115, 139–143
Französischer König 84, 139, 151, 161, 187
Frauen s. Geschlecht
Freiburg (Schweiz) 57, 63, 64
Freiheit, Freiheiten 193–195
Freistift 166, 167, 174, 175
Friaul 149, 225, s. a. Pordenone, Udine
Friesland 202
Frödin, John 44, 47, 49
Fronarbeit s. Arbeitsdienst
Fugger, Familie 83
Futterproduktion 45, 46, 48–50, 52, 53, 58, 65, 69

Gap 77, 89, 90, 140, 216, 229
Geistliche 82, 85, 154, 163
Gemeinde 18, 19, 147, 152, 154, 160–163, 187, 192, 193, 201
Genua 20, 141
Geographie (Disziplin) 12, 45, 52, 58, 72, 73, 98, 106, 109, 177
Gerichtswesen 84, 143, 144, 152, 157, 162–166, 168, 170, 188
Geschichte (Disziplin) 13, 16–18, 25, 44, 72, 73, 98, 160, 161
Geschlecht, männliches/weibliches 107, 145, 146, 150, 156, 158, 162, 164–166, 171, 175, 186, 191
Gesinde s. Dienstboten
Getreide 45, 50, 54–56, 67, 68, 90

Gewerbe 39, 82–85, 104, 107, 108, 172
Glarus 29, 37, 39, 61, 94, 208–213, 216
Gorizia 77
Gotthard 82, 105, 187
Grasse 77
Graubünden 12, 22, 29, 36, 37, 48, 61, 107, 146, 158–166, 173, 208–213
Graz 22, 60, 77
Grenoble 20, 23, 77, 81, 84, 90, 92, 95, 115, 193, 216
Grenzbildung 20, 23, 24, 95, 97, 109
Grenzdichte 12, 199
Grenztheorie 24
Grossbauern 132, 133, 148, 172, 184, 186, 188–190, 214, 215
Grundentlastung s. Feudalrechte-Ablösung
Grundherrschaft 146, 147, 162, 168–171, 175–177, 181, 183, 184
Grundzinse 140, 142, 154, 162
Guichonnet, Paul 17, 18, 26
Gurktaler Alpen 172
Gutsherrschaft 177, 181, 184

Habsburg, Haus 20, 22, 85, 149, 161, 168, 180
Hackbau 68, 69
Hall 82, 83, 216
Haller, Albrecht von 194
Handel s. a. Markt
Handel, dichtebezogener 102–105
Hannibal 98
Haushalt 111, 149–151, 156, 157, 164–166, 172–174, 198, s. a. Landwirtschaflicher Betrieb
Hausherr 148, 156, 158, 173, 175, 192
Haute-Savoie 29, 37, 40, 61, 149, 208–213
Hautes-Alpes 29, 37, 39, 61, 69, 103, 132, 208–213
Heirat 151, 158, 162, 164, s. a. Nuptialität
Helvetische Republik 142
Herrschaft s. Feudalrechte, Gerichtswesen, Grundherrschaft, Gutsherrschaft, Hausherr, Leibherrschaft, Untertanen
Heu s. Futterproduktion
Hirten s. Alpknechte, Küher
Hirtenland 63, 64
Hochosterwitz 116
Höhenlage 37, 40–43, 46, 49, 50, 55, 70, 81, 86–91, 95–101, 110, 112
Holzhandel 102, 103, 116

Holztrift 103
Hötting 92, 216
Hüttau 116

Ilanz 160
Illegitimität 135, 137–139, 148, 174, 213–215
Illyrien 141
Imperia, Provinz 29, 37, 39, 40, 61, 136, 208–213
Industrialisierung 39, 69, 84, 85, 94, 95, 105
Innsbruck 11, 22, 23, 77, 81, 82, 85, 87, 88, 92, 104, 216
Inntal 52, 63
Intellektuelle 98, 143, 147, 194, 195, 202
Intensitätsgefälle, alpines 49, 50, 52, 53, 55, 56, 70, 86, 100, 104
Intensivierung s. Agrarintensivierung
Inwohner 172, 173
Irsigler, Franz 184
Ischl 95, 229
Italien 11, 38, 39, 49, 102, 115, 131, 150, s. a. Lombardei, Oberitalien, Piemont, Venetien
Italienkriege 20, 22, 161, 182, 187
Ivrea 77

Johann, Erzherzog von Österreich 194
Joseph II., Kaiser 143, 174

Kaiser, römisch-deutscher/österreichischer 95, 141, 143, 146
Kant, Immanuel 194
Kärnten 22, 29, 37, 60–62, 68, 104, 136, 137, 144, 166–176, 208–213
Kartoffel 45, 50, 60–62, 64, 71, 99, 110
Käse s. Milchwirtschaft
Kastanien 48, 50, 59
Kataster 115, 154, 155, 160, 174, 176, 180, 189, 196
Kempten 77, 88
Kirche s. Geistliche, Reformation, Zehnten
Klagenfurt 22, 77, 81, 84, 88, 115, 168, 216
Klee, Kunstgras 46, 52, 62
Klein, Kurt 33
Kleinbauern 129, 132, 148, 172, 184, 186, 188–191, 214, 215
Klientelismus s. Patronage
Klimageschichte 50, 52
Knittelfeld 93, 95, 216
Knittler, Herbert 183

Krain 22, 144, 168
Krise s. Agrarkrise, Bevölkerungskrise, Epidemien
Kroatien 11, 184
Kühe s. Rindvieh
Küher 58
Kulturelle Faktoren 9, 89, 108, 157, 162, 165, 189

Laas 53
Lana 52
Landwirtschaft s. einzelne Stichwörter
Landwirtschaftliche Bevölkerung s. Agrarquote, Alpknechte, Dienstboten, Grossbauern, Inwohner, Kleinbauern, Taglöhner
Landwirtschaftlicher Betrieb 130–139, 184, 186, 188, 210, 214, 215, s. a. Haushalt
Lechtal 102
Lefebvre, Georges 139
Leibherrschaft 145, 154
Leoben 95, 216
Leopold I., Kaiser 115
Lepetit, Bernard 34
Lesdiguières, Duc de 84
Liechtenstein 11, 29, 37, 61, 196, 208–213
Ligurische Republik 141
Linz 22
Livi Bacci, Massimo 25
Ljubljana 22
Lombardei 12, 20, 46, 52, 101, 105, 141, 180
Lugano 11, 105, 216
Luzern 77, 82, 194
Lyon 108

Mähren 181, 184
Mailand 80, 102
Mailand, Herzogtum 105, 164, 180, s. a. Lombardei
Mainz 184
Mais 46, 50, 55, 60–62, 69, 115
Malthus, Thomas R. 44, 49
Männer s. Geschlecht
Manosque 77
Maria Theresia, Kaiserin 174, 188
Maribor 77
Markt, Bildung 63, 83, 105, 106, 141, 145, 178, 182
Markt, grossräumiger 62–64, 84, 85, 94, 103–105, 108
Markt, städtischer 82, 86, 89–91
Martonne, Emmanuel de 49–51, 54, 74

Mathis, Franz 82
Matthiolus, Petrus Andreas 115
Mattmüller, Markus 41
Maultier 66
Maurienne 57
Maximilian I., Kaiser 22
Medicus, Ludwig Wallrath 47
Mehrfachanbau 50, 54, 55
Melioration, Gewässerregulierung 56, 70, 100, 112
Meran 52, 216
Mercier, Louis-Sébastien 194
Meyer, Therese 173
Migration 18, 39, 97, 105–108, 110
Milchwirtschaft 48, 57, 89, 105
Militär, Militarisierung 19, 20, 23, 24, 91, 95, 142, 152, 168, 174, 182
Mitterauer, Michael 83, 110, 111, 190
Moldau, Fürstentum 104
Monaco 11, 196
Mondovì 77
Monetarisierung s. Markt-Bildung
Mont Blanc 14
Mont Cenis 81
Montanwesen s. Bergbau
Montdauphin 91
Montgenèvre 81, 187
Montmin 156, 165
Morard, Nicolas 57
München 22
Münster, Sebastian 53
Murau, Bezirk 138
Murtal 95

Nachbarschaft 147, 150, s. a. Gemeinde
Napoleon Bonaparte 141, 145, 194
Nationalstaat 20, 23, 95, 103, 109, 141, 182, 183
Natur s. Umwelt
Nendaz 116
Netting, Robert McC. 110, 111
Nicolas, Jean 154
Niederer, Arnold 18
Niederösterreich 46, 55, 141, 144, 183, 184, 187
Nizza 12, 141, 151
Nobilitierung 155, 162, 170
Nordtirol 46, 60, 137, 138, 144
Notare, Notariat 154, 156–158, 163–165, 175
Nuptialität 106, 110, 164

Oberitalien 46, 58, 80, 104, 179–182, s. a. Lombardei, Piemont, Venetien
Oberösterreich 46, 55, 141, 183, 186, 187
Oberrhein s. Südwestdeutschland
Obstbau 48, 62, 63
Oisans 140
Ökologie 109, 111, 187, 190, 198
Ostalpen 22, 53, 66, 136, 137–139, 146, 190, 193, 198
Österreich 11, 35, 38, 62, 83, 110, 131, 143, 146, 147, 181, 190

Pacht, Pächter 89, 145, 179
Paradeiser, Augustin 166
Paris 140, 194
Passstaaten 24
Passverkehr s. Verkehr
Patronage 162, 192
Pavia 102
Peripherie s. Grenzbildung, Zentrumsbildung
Peyer, Hans Conrad 57
Pflug 68, 69
Pickl, Othmar 104
Piemont 41, 59, 66, 105, 141, 149, 151, 155, 180
Pinerolo 77
Pontechianale 157, 165
Pordenone, Provinz 41, 42
Preintal 103, 116
Preise 91, 94, 104, 105, 139, 142, 230
Produktivität 45, 86, 190, 222, 230, s. a. Arbeitsaufwand, Ertrag
Provence 20, 54, 58, 149
Pustertal 52

Ratzel, Friedrich 98
Rechtsbildung, Verrechtlichung 164, 186–188, 191, 199
Rechtskodifikation 142, 145, 146, 163
Reformation 161, 170
Reis 46
Republik 140, 158, 195
Ressourcen 13, 18, 44, 45, 49, 106, 110–113, 200
Revolte, Revolution 85, 139, 140, 143, 145, 147, 161, 162, 166, s. a. Französische Revolution
Rheintal 63
Rhône-Alpes, Region 11
Rindvieh 48, 50, 57, 58, s. a. Viehhandel

Robot s. Arbeitsdienst
Rosenberg, Harriet G. 103
Rousseau, Jean-Jacques 47, 202
Rovereto 77, 81, 88, 216

Sabean, David Warren 186
Salurn 60
Saluzzo 77
Salzburg 77
Salzburg, Land 12, 22, 29, 37, 46, 61, 116, 132, 136, 137, 208–213
Sardinien, Königreich s. Savoyen-Piemont
Savoie, Departement 29, 37, 61, 149, 208–213
Savoyen, Haus 20, 151, 157
Savoyen, Herzogtum 24, 36, 54, 63, 115, 141, 149, 151–158, 166, 175, 180
Savoyen-Piemont 20, 23, 91, 151, 165
Schafe 50, 57, 58, 63
Scheuchzer, Johann Jakob 54, 55
Scheuermeier, Paul 66
Schiera, Pierangelo 194
Schiffverkehr 88, 89, 103, 116
Schiller, Friedrich 194
Schriftlichkeit 157, 158, 163, 164, 168
Schwaz 77, 80, 81, 83, 216
Schweiz 11, 38, 47, 57, 62, 104, 105, 131, 194, s. a. Eidgenossenschaft
Schwyz 29, 37, 61, 208–213
Sette Comuni 74
Siddle, David J. 156
Siedlungsweise 83, 137, 150, 156, 171, 175, 183, 184, 188, 189, 191
Signot, Jacques 115
Simler, Josias 98
Simmel, Georg 9
Sisteron 77, 217, 229
Slowenien 11, 38, 57, 60, 141, 149, 150, 196
Smith, Adam 154
Sommeregg 168, 170
Sondrio 94, 216
Sondrio, Provinz 22, 29, 36, 37, 40, 61, 149, 208–213
Spezialisierung 39, 57, 63, 90, 108
St. Gallen 29, 37, 39, 61, 77, 88, 208–213
St. Veit 85, 138, 217
Staatsbildung 19, 20, 108, 109, 152, 168, 175, 181–183, 187, 188, 199

Staatsbürger 144, 194
Stadtbegriff 72, 73, 92, 160
Städtedichte 80, 94, 95, 97, 101, 182
Städtewachstum 80–86, 92–97, 100, 101, 104, 105, 166, 178, 197
Stadtgrösse 73–81, 89, 92, 93, 216
Stadtversorgung 86, 88–91, 94–96, 104
Staffler, Johann Jakob 52, 59
Stallhaltung 46, 48–50, 58, 65, 67
Stände 85, 139, 140, 152, 162, 168–171, 180, 183
Stanzach 102
Statistik, Methode 14, 16, 26, 27, 30–35, 73, 74, 92, 131, 132
Steiermark 22, 29, 37, 40, 53, 61, 68, 105, 137, 144, 184, 208–213
Steilheit 50, 64, 65, 68–70, 112
Steuern 145, 152, 154, 160, 163, 168–171, 174, 176, 180
Steyr 77
Stolz, Otto 144
Strassenbau 67, 94
Südalpen, französische 39, 47, 54, 58, 94, 229
Südtirol 24, 46, 63, 138, 144, 150, s. a. Bozen
Südwestdeutschland 182, 184, 186, 191
Susa 77, 81, 82, 88, 94, 216

Taglöhner 89, 136, 138, 190, 211
Tarasp 164, 165, 173
Tarentaise 158
Technologie 64–70, 83, 86, 189, 190
Terrassierung 63, 68, 112
Territorialisierung 19, 20, 162, 175, 180, 188, 191
Tessin 29, 36, 37, 61, 55, 65, 208–213
Testamente 146, 156–158, 163, 165, 166, 186
Ticino s. Tessin
Tilly, Charles 19, 181, 182
Tirol 11, 22, 24, 29, 37, 40, 52, 59–61, 188, 192, 208–213, s. a. Nordtirol, Südtirol
Törbel 110
Tourismus 10, 95, 97, 116
Tragtransport 66
Transhumanz 47, 50, 58
Transport, Transportsystem 64–67, 82, 83, 85, 88, 94, 97, 100, 103, 105
Transportgewerbe 82, 227
Trentino, Provinz Trento 24, 29, 37, 40, 60, 63, 131, 132, 136, 137, 144, 145, 208–213

Trento 11, 13, 22, 77, 81, 88, 216
Trient s. Trentino, Trento
Turin 20, 94, 141, 151, 152
Türkenkriege 168

Ubaye 24
Übervölkerung 42, 43, 106, 109
Udine, Provinz 41, 42
Umwelt 17, 45, 49, 58, 65, 70, 71, 90, 98–101, 109–113, 189, 197, 199, s. a. Höhenlage, Klimageschichte, Steilheit, Vegetationszeit
Ungarn 104, 182, 184
Unproduktive Fläche 35, 36, 132
Untertanen 22, 23, 144, 158, 160, 161, 167, 179, 181
Unterwalden 29, 37, 61, 208–213
Urbanisierung s. Städtewachstum
Uri 29, 37, 61, 208–213

Val Camonica 66
Val di Non 192
Val Sesia 66
Valais s. Wallis
Valence 140
Valle d'Aosta 29, 36, 37, 61, 68, 137, 151, 208–213
Valle di Poschiavo 165
Valle Varaita 149
Vallée de l'Avance 139
Valsassina 107
Vegetationszeit 50, 55, 86, 101, 113
Veltlin 55, 63, 160
Venedig 80, 102, 104, 107, 177, 178
Venetien 20, 22, 46, 58, 89, 104, 141
Vercors 54
Vererbung 145–147, 150, 156–158, 164–167, 171, 175, 184–189, 191, 192, 200
Verkehr 10, 66, 72, 81–83, 85, 94, 219
Verona 77, 88

Verwaltung, öffentliche 85, 86, 92, 95, 103, 109, 131, 152, 157, 158, 171
Verwandtschaft 150, 156, 191, 192, 236
Veyret, Germaine und Paul 12
Viazzo, Pier Paolo 18, 19, 25, 26, 62, 106
Viehhandel 64, 104, 105
Viehwirtschaft 47, 56–59, 63, 64, 70, 104, 105, 111, 112, 190
Vienne 108
Viktor Amadeus II. von Savoyen 151, 152, 158
Vinschgau 52
Vorarlberg 11, 29, 37, 52, 60, 63, 68, 132, 136, 137, 144, 208–213

Wachstum s. Argrarintensivierung, Bevölkerungswachstum, Städtewachstum
Wachstumsdisparität 35, 41–43, 80, 96, 107
Walachei 104
Wald 46, 50, 54, 102–104, 110, 132, 147
Wallis 22, 29, 37, 39, 53, 61, 110, 143, 208–213
Weide 46–49, 104, 147
Weinbau 45, 48, 50, 53, 59, 62, 63, 190, 191
Welschtirol s. Trentino
Westalpen 23, 24, 41, 54, 55, 66, 109, 132, 157, 198, 201
Wien 22, 103, 116, 143, 166, 174, 178, 180
Wiesenbau s. Futterproduktion
Wilten 92, 216
Wipptal 52
Wunder, Heide 130
Württemberg 186

Zehnten 142, 154, 161, 166
Zentralalpen 66, 181, 198, 201
Zentrumsbildung 20, 22, 23, 83–85, 91, 100, 109, 166, 168
Ziege 57, 59
Zürich 22, 55

böhlauWien**neu**

Aaron J. Gurjewitsch
Stumme Zeugen des Mittelalters
Weltbild und Kultur der einfachen Menschen
1997. 340 S. Geb.
ISBN 3-412-14496-7

Günther Blühberger
Wie die Donau nach Wien kam
Die erdgeschichtliche Entwicklung der Landschaft des Donautals und der Nebenflüsse vom Ursprung der Donau bis zum Wiener Becken
1996. 304 S. 16 S. Farb- u. 87 SW-Abb., 21 Tabellen. Geb.
ISBN 3-205-98489-7

Michael Mitterauer
Familie und Arbeitsteilung
Kulturstudien. Bibliothek der Kulturgeschichte
1992. 362 S. zahlr. Tab. u. Grafiken. Br.
ISBN 3-205-05466-0

böhlauWien

Erhältlich in Ihrer Buchhandlung!

böhlauWienneu

Richard van Dülmen (Hg.)
Erfindung des Menschen
Schöpfungsträume und Körperbilder 1500–2000
1998. 682 S. u. 8 Falttafeln m. 350 SW- u.
30 Farbabb. Geb.
ISBN 3-205-98873-6

Das Buch zur Jahrtausendwende zieht eine kritische Bilanz der neuzeitlichen Entwicklung der Menschheit. 30 internationale Autoren schreiben eine neue Zivilisationsgeschichte des Menschen vom Mittelalter bis zur Gegenwart.

Aus dem Inhalt:
I. Der Sünder und das Heil – Vergänglichkeit der Welt (Spätmittelalter)
II. Die Schönheit der Menschen – Die Lust der Welt (Renaissance)
III. Die Bemächtigung des Menschen – Disziplin und Unterwerfung (Frühe Neuzeit)
IV. Der neue Mensch – Entwurf der Moderne (Neuzeit)
V. Die Befreiung des Menschen – Auf dem Weg zur Mündigkeit (20. Jahrhundert)
VI. Homunculus. Der künstliche Mensch – Selbstbestimmung oder Selbstzerstörung
Epilog

Erhältlich in Ihrer Buchhandlung!

böhlauWien